国家出版基金项目
NATIONAL PUBLICATION FOUNDATION

中国近代
思想家文库

◎

董丛林 编

曾国藩卷

中国人民大学出版社
·北京·

总　序

对于近代的理解，虽不见得所有人都是一致的，但总的说来，对于近代这个词所涵的基本意义，人们还是有共识的。一个国家、一个民族走入近代，就意味着以工业化为主导的经济取代了以地主经济、领主经济或自然经济为主导的中世纪的经济形态，也还意味着，它不再是孤立的或是封闭与半封闭的，而是以某种形式加入到世界总的发展进程。尤其重要的是，它以某种形式的民主制度取代君主专制或其他不同形式的专制制度。中国是个幅员广大、人口众多、历史悠久的多民族国家，由于长期历史发展是自成一体的，与外界的交往比较有限，其生产方式的代谢迟缓了一些。如果说，世界的近代是从 17 世纪开始的，那么中国的近代则是从 19 世纪中期才开始的。现在国内学界比较一致的认识，是把 1840 年到 1949 年视为中国的近代。

中国的近代起始的标志是 1840 年的鸦片战争。原来相对封闭的国门被拥有近代种种优势的英帝国以军舰、大炮再加上种种卑鄙的欺诈打开了。从此，中国不情愿地加入到世界秩序中，沦为半殖民地。原来独立的大一统的中央集权的君主专制国家，如今独立已经极大地被限制，大一统也逐渐残缺不全，中央集权因列强的侵夺也不完全名实相符了。后来因太平天国运动，地方军政势力崛起，形成内轻外重的形势，也使中央集权被弱化。经历第二次鸦片战争、中法战争、甲午战争、八国联军入侵的战争以及辛亥革命后的多次内外战争，直至日本全面侵略中国的战争，致使中国的经济、政治、教育、文化，都无法顺利走上近代发展的轨道。古今之间，新旧之间，中外之间，混杂、矛盾、冲突。总之，鸦片战争后的中国，既未能成为近代国家，更不能维持原有的统治秩序。而外患内忧咄咄逼人，人们都有某种程度"国将不国"的忧虑。

"天下兴亡，匹夫有责"，读书明理的士大夫，或今所谓知识分子，尤为敏感，在空前的危机与挑战面前，皆思有所献替。于是发生种种救亡图存的思想与主张。有的从所能见及的西方国家发展的经验中借鉴某些东西，形成自己的改革方案；有的从历史回忆中拾取某些智慧，形成某种民族复兴的设想；有的则力图把西方的和中国所固有的一些东西加以调和或结合，形成某种救亡图强的主张。这些方案、设想、主张，从世界上"最先进的"，到"最落后的"，几乎样样都有。就提出这些方案、设想、主张者的初衷而言，绝大多数都含着几分救国的意愿。其先进与落后，是否可行，能否成功，尽可充分讨论，但可不必过为诛心之论。显而易见，既然救国的问题最为紧迫，人们所心营目注者自然是种种与救国的方案直接相关的思想学说，而作为产生这些学说的更基础性的理论，及其他各种知识、思想，则关注者少。

围绕着救国、强国的大议题，知识精英们参考世界上种种思想学说，加以研究、选择，认为其中比较适用的思想学说，拿来向国人宣传，并赢得一部分人的认可。于是互相推引，互相激励，更加发挥，演而成潮。在近代中国，曾经得到比较广泛的传播的思想学说，或者够得上思潮的，主要有以下几种：

（一）进化论。近代西方思想较早被引介到中国，而又发生绝大影响的，要属进化论。中国人逐渐相信，进化是宇宙之铁则，不进化就必遭淘汰。以此思想警醒国人，颇曾有助于振作民族精神。但随后不久，社会达尔文主义伴随而来，不免发生一些负面的影响。人们对进化的了解，也存在某些片面性，有时把进化理解为一条简单的直线。辩证法思想帮助人们形成内容更丰富和更加符合实际的发展观念，减少或避免片面性的进化观念的某些负面影响。

（二）民族主义。中国古代的民族主义思想，其核心是"非我族类，其心必异"，所以最重"华夷之辨"。鸦片战争前后一段时期，中国人的民族思想，大体仍是如此。后来渐渐认识到"今之夷狄，非古之夷狄"，"西人治国有法度，不得以古旧之夷狄视之"。但当时中国正遭受西方列强的侵略和掠夺，追求民族独立是民族主义之第一义。20世纪初，中国知识精英开始有了"中华民族"的概念。于是，渐渐形成以建立近代民族国家为核心的近代民族主义。结束清朝君主专制，创立中华民国，是这一思想的初步实现。第一次世界大战爆发，中国加入"协约国"，第一次以主动的姿态参与世界事务，接着俄国十月革命爆发，这两件事对近代中国的发展历程造成绝大影响。同时也将中国人的民族主义提升到一个新的层次，即与国际主义（或世界主义）发生紧密联系。也可以说，中国人更加自觉地用世界的眼光来观察中国的问题。新生的中国共产党和改组后的国民党都是如此。民族主义成为中国的知识精英用来应对近代中国所面临的种种危机和种种挑战的一个重要的思想武器。

（三）社会主义。社会主义作为一种模糊的理想是早在古代就有的，而且不论东方和西方都曾有过。但作为近代思潮，它是于19世纪在批判近代资本主义的基础上产生的。起初仍带有空想的性质，直到马克思和恩格斯才创立起科学社会主义。20世纪初期，社会主义开始传入中国。当时的传播者不太了解科学社会主义与以往的社会主义学说的本质区别。有一部分人，明显地受到无政府主义的强烈影响，更远离科学社会主义。直到五四新文化运动兴起之后，中国人始较严格地引介、宣传科学社会主义。但有一段时间，无政府主义仍是一股很大的思想潮流。中国共产党的成立，从思想上说，是战胜无政府主义的结果。中国共产党把在中国实现社会主义乃至共产主义作为自己的奋斗目标。此后，社会主义者，多次同各种非科学社会主义思想的信仰者进行论争并不断克服种种非科学社会主义思想的影响。

（四）自由主义。自由主义也是从清末就被介绍到中国来，只是信从者一直寥寥。直到五四新文化运动兴起，具有欧美教育背景的知识精英的数量渐渐多起来，自由主义始渐渐形成一股思想潮流。自由主义强调个性解放、意志自由和自己承担责任，在政治上反对一切专制主义。在中国的社会条件下，自由主义缺乏社会基础。在政治激烈动荡的时候，自由主义者很难凝聚成一股有组织的力量；在稍稍平和的时候，他们往往更多沉浸在自己的专业中。所以，在中国近代史上，自由主义不曾有，也不可能有大的作为。

（五）激进主义与保守主义。处于转型期的社会，旧的东西尚未完全退出舞台，新的东西也还未能巩固地树立起来，新旧冲突往往要持续很长的时间，有时甚至达到很激烈的程度。凡助推新东西成长的，人们便视为进步的；凡帮助旧东西排斥新东西的，人们便视为保守的。其实，与保守主义对应的，应是进步主义；与顽固主义相对的则应是激进主义。不过在通常话语环境中人们不太严格加以区分。中国历史悠久，特别是君主专制制度持续两千余年，旧东西积累异常丰富，社会转型极其不易。而世界的发展却进步甚速。中国的一部分精英分子往往特别急切地想改造中国社会，总想找出最厉害的手段，选一条最捷近的路，以最快的速度实现全盘改造。这类思想、主张及其采取的行动，皆属激进主义。在中共党史上，它表现为"左"倾或极左的机会主义。从极端的激进主义到极端的顽固主义，中间有着各种程度的进步与保守的流派。社会的稳定，或社会和平改革的成功，都依赖有一个实力雄厚的中间力量。但因种种原因，中国社会的中间力量一直未能成长到足够的程度。进步主义与保守主义，以及激进主义与顽固主义，不断进行斗争，而实际所获进步不大。

（六）革命与和平改革。中国近代史上，革命运动与和平改革运动交替进行，有时又是平行发展。两者的宗旨都是为改变原有的君主专制制度而代之以某种形式的近代民主制度。有很长一个时期，有两种错误的观念，一是把革命理解为仅仅是指以暴力取得政权的行动，二是与此相关联，把暴力革命与和平改革对立起来，认为革命是推动历史进步的，而改革是维护旧有统治秩序的。这两种论调既无理论根据，也不合历史实际。凡是有助于改变君主专制制度的探索，无论暴力的或和平的改革都是应予肯定的。

中国近代揭幕之时，西方列强正在疯狂地侵略与掠夺殖民地和半殖民地，中国是它们互相争夺的最后一块、也是最大的资源地。而这时的中国，沿袭了两千年的君主专制制度已到了奄奄一息的末日，统治当局腐朽无能，对外不足以御侮，对内不足以言治，其统治的合法性和统治的能力均招致怀疑。革命运动与改革的呼声，以及自发的民变接连不断。国家、民族的命运真的到了千钧一发之际，危机极端紧迫。先觉分子救国之心切，每遇稍具新意义的思想学说便急不可待地学习引介。于是西方思想学说纷纷涌进中国，各阶层、各领域，凡能读书读报者，受其影响，各依其家庭、职业、教育之不同背景而选择自以为不错的一种，接受之，信仰之，传播之。于是西方几百年里相继风行的思想学说，在短时期内纷纷涌进中国。在清末最后的十几年里是这样，五四时期在较高的水准上重复出现这种情况。

这种情况直接造成两个重要的历史现象：一个是中国社会的实际代谢过程（亦即社会转型过程）相对迟缓，而思想的代谢过程却来得格外神速。另一个是在西方原是差不多三百年的历史中渐次出现的各种思想学说，集中在几年或十几年的时间里狂泻而来，人们不及深入研究、审慎抉择，便匆忙引介、传播，引介者、传播者、听闻者，都难免有些消化不良。其实，这种情况在清末，在五四时期，都已有人觉察。我们现在指出这些问题并非苛求前人，而是要引为教训。

同时我们也看到，中国近代思想无比的多样性与复杂性呈现出绚丽多彩的姿态，各种思想持续不断地展开论争，这又构成中国近代思想史的一个突出特点。有些论争为我们留下了非常丰富的思想资料，如兴洋务与反洋务之争，变法与反变法之争，革命与改良之争，共和与立宪之争，东西文化之争，文言与白话之争，新旧伦理之争，科学与人生观之争，中国社会性质的论争，社会史的论争，人权与约法之争，全盘西化与本位文化之争，民主与独裁之争，等等。这些争论都不同程度地关联着一直影响甚至困扰着中国人的几个核心问题，即所谓中西问题、古今问题与心物关系问题。

中国近代思想的光谱虽比较齐全，但各种思想的存在状态及其影响力是很不平衡的。有些思想信从者多，言论著作亦多，且略成系统；有些可能只有很少的人做过介绍或略加研究；有的还可能因种种原因，只存在私人载记中，当时未及面世。然这些思想，其中有很多并不因时间久远而失去其价值。因为就总的情况说，我们还没有完成社会的近代转型，所以先贤们对某些问题的思考，在今天对我们仍有参考借鉴的价值。我们编辑这套《中国近代思想家文库》，希望尽可能全面地、系统地整理出近代中国思想家的思想成果，一则借以保存这份珍贵遗产，再则为研究思想史提供方便，三则为有心于中国思想文化建设者提供参考借鉴的便利。

考虑到中国近代思想的上述诸特点，我们编辑本《文库》时，对于思想家不取太严格的界定，凡在某一学科、某一领域，有其独立思考、提出特别见解和主张者，都尽量收入。虽然其中有些主张与表述有时代和个人的局限，但为反映近代思想发展的轨迹，以供今人参考，我们亦保留其原貌。所以本《文库》实为"中国近代思想集成"。

本《文库》入选的思想家，主要是活跃在1840年至1949年之间的思想人物。但中共领袖人物，因有较为丰富的研究著述，本《文库》则未收入。

编辑如此规模的《文库》，对象范围的确定，材料的搜集，版本的比勘，体例的斟酌，在在皆非易事。限于我们的水平，容有瑕隙，敬请方家指正。

《中国近代思想家文库》编纂委员会

目　　录

乙 编

丙　编

戊 编

导　言

　　本书作为《中国近代思想家文库》中的《曾国藩卷》，有必要先对曾国藩其人生平脉络和思想、行事作个梗概性交代，并简要说明本书编选的相关事项。

一

　　曾国藩，初名子城，字居武，又字伯涵，号涤生。曾祖竟希，祖父玉屏，父麟书，母江氏。其本人生于清嘉庆十六年（1811年）十月十一日。前溯其家累世为农，既无仕宦，亦无科名，所谓"五六百载，曾无人与于科目秀才之列"①。靠勤苦治家，至不为贫，从其父辈即有读书条件，到国藩更为家人在科名仕途上寄予厚望，自幼尽心培养。他也努力进取，不但走通了科举之路，而且终成就为同治"中兴名臣"之冠，在晚清历史上有着重大影响，也为后世留下了颇受关注的思想文化遗产。

　　从其读书和科举的历程看：九岁即"读五经毕，始为时文帖括之学"②。最初是跟从父亲在家塾读书，后出外就学于书院。道光十三年（1833年）23岁（虚岁，下同）上考取生员（秀才），这年里完婚，妻本省衡阳欧阳氏。次年入著名学府岳麓书院肄业，当年报捷乡试，考中举人。道光十五、六两年（1835、1836年）两次会试（后届为恩科）不售，回家愈行发愤准备，有谓其"侵晨起读，中夜而休，泛览百家，足不出户"③。道光十八年（1838年）春闱得中，且因朝考作文《顺性

---

　　① 《曾国藩全集（修订本）》，诗文，365页，长沙，岳麓书社，2011。
　　② 黎庶昌编：《曾国藩年谱》，2页，长沙，岳麓书社，1986。
　　③ 同上书，4页。

命之理论》得皇帝赏识被擢拔名次，获点翰林院庶吉士，奠定了科举入
仕的优势初基。

道光二十年（1840 年）散馆（庶吉士"毕业"）后，曾国藩从最低
级别的翰林官做起，后连连擢升，至道光二十七年（1847 年）37 岁时，
升授内阁学士兼礼部侍郎衔。隔年，正式任礼部右侍郎。以后数年中，
还兼任过几个部的侍郎。总之，他任京官后不到十年间，就"七次升
迁，连跃十级"，升至二品大员。这在汉族官员中并不是很多见，连他
自己也不免感到有几分惊异，家书中有"顾影扪心，实深惭悚"、"德薄
才劣，何以堪此"① 之言。

京官期间，曾国藩履职之外，于读书和修身方面亦颇致力，并且是
将两者密切结合进行。任初级翰林官时，就拜同为湘籍的当时理学名流
唐鉴为师，被教以"读书之法"：专重理学，"当以《朱子全书》为宗"，
"最宜熟读"，"治经宜专一经，一经果能通，则诸经可旁及"；又被告以
"检身之要"："检摄于外，只有'整齐严肃'四字；持守于内，只有
'主一无适'（专一，无杂念）四字"②。还被荐以效法同是从学于唐氏
的倭仁记省察日记，即经常反省自己，记下"私欲不克"有失检点之
处，勉力改之，曾国藩也曾认真遵行。检其当时日记，对诸如爱出游串
门、多语巧舌、欠笃欠诚、谑浪无节等项多有反省记载。甚至连睡梦中
见别人得利而觉羡慕，以及听别人谈及女色自己有所心动这等事情，也
不避记出，写下"真禽兽矣"之类的自詈之词。他曾立"三戒"，即
"一戒吃烟，二戒妄语，三戒房闼不敬"③。又曾立"课程"十二条，即
（主）敬、静坐、早起、读书不二、读史、谨言、养气、保身、日知所
亡、月无忘所能、作字、夜不出门。④ 尽管类似刻板的省察方式曾国藩
并未长久坚持，但修身养性的意旨终生不弃，目标就是所谓"内圣外
王"，"修齐治平"。在为学方面，注重理学也是其终身性的，只是并非
仅仅胶着于此。道光二十六年（1846 年）夏秋之交，他因病僦居城南
报国寺休养，与精于考据的湖北籍人士刘传莹交流学问，兼取汉学。此
后，视野和路径上愈趋开豁。

在为官本职上，京官时期的曾国藩在升迁顺境中更想"锦上添花"，

---

① 《曾国藩全集（修订本）》，家书之一，133 页。
② 同上书，日记之一，92 页。
③ 同上书，日记之一，130 页。
④ 参见上书，日记之一，137 页。

有抢眼和惊人之举。咸丰元年（1851 年）夏间，他向新皇帝激言进谏、险些惹祸之事，即不失为典型事例。此时清朝危机日益明显暴露，太平天国起义已在广西爆发。曾国藩上奏进谏，在"敬陈圣德"而"预防流弊"的名义下，旨在要新帝警惕和戒除"琐碎"、"文饰"和"骄矜"之弊。据说咸丰帝览奏大怒，"掷折于地"，欲行问罪，是因有亲近大臣说项方罢，只是在谕中责其奏言"语涉过激，未能持平"，"或仅见偏端，拘执太甚"①，而未予处分。曾国藩虽有"折子初上之时，余意恐犯不测之威，业将得失祸福置之度外"的说法，但还是以未被追究而深感侥幸，从中接受教训，在家书中就说，"此后奏折虽多，亦断无有似此折之激直者"②。他随后所上的奏折，像《备陈民间疾苦疏》、《平银价疏》之类，从标题上即可看出所陈说事情的主题，关注国计民生而又不冒犯皇帝，自不会再有风险。

　　至于曾国藩做京官期间的生活状况，可以用"贵而不富"四字概括。当时官员的正式薪俸不高，京官一般又没有地方官那样的"养廉银"，并且曾国藩也属较为清廉之辈。官场常规生活所需以及交往应酬费用，使他常常入不敷出，靠借债贴补。即使他身为部堂之后，这种状况也没有从根本上改变。当时京官赴外省充当乡试考官，公发路费、补贴之外，接受"门生"所送"份子"是不算"贪腐"的一种惯例，故而一趟试差下来会有一笔较为可观的收入。曾国藩于道光二十三年（1843年）做过一次四川乡试主考官，对改善经济条件有所补益。及至咸丰二年（1852 年），又获派充江西乡试主考官，并且这一次还打算在完差之后，绕路顺便回湖南老家省亲，也被皇帝批准。不料在他赴差途中，接到母亲去世的讣告，未能到差便改道奔丧回籍。阴差阳错，由此不但结束了他的京官生涯，而且促成他由"文"到"武"的一个节点性转折。

二

　　曾国藩理丧完毕在家"守制"，不久就接到了让他赴省城出办"团练"的谕旨。当时在太平天国起义规模不断扩大的形势下，清廷正实施让相关省份兴办团练以配合防御的决策，在籍较高级别的卸任官员，往

往被选充此等职事。曾国藩不过是其中之一员，他却借此走上了"移花接木"的练兵之路。当然，所练是不同于当时国家"经制兵"（"八旗"及"绿营"）的湖南"勇营"，也就是通常所谓"湘军"的滥觞。

曾国藩编练湘军，自有独特的原则、方法。譬如对官弁和兵勇，有着特定的要求条件。对军官，所持条件是第一要才堪治民，第二要不怕死，第三要不汲汲名利，第四要耐受辛苦，而最为根本的是要有"忠义血性"。在曾国藩看来，有了"忠义血性"，那四点也就有随之而具的可能，若无"忠义血性"，其余的则一概谈不上。那么，具备这种条件的人员何处寻觅？曾国藩认定，本省志同道合的读书人中就是富源。其实，在他出山就武以前，乡人中已不乏书生充当"武将"的先例，像更先出领团练的王鑫、罗泽南等人即是。也正是从他们身上，曾国藩更看到书生为将的现实可能性，相信让有"忠义血性"的士人来领兵，比那些出身旧行伍、平日骄悍而临阵怯懦的"经制军"官弁要强百倍。那么士兵呢？他所把握的条件也很特别，就是以技艺娴熟、年轻力壮、朴实而有农民土气者为上，而对油头滑面、有市井气、有衙门气的人员概不收用。为了便于募集这种理想的兵员，他指示募兵地点要特别注重于偏僻山区，而尽量避开交通便利的市镇和水乡。所谓"选士人，领山农"，成为湘军的一条基本组织原则，体现着曾国藩此番练兵所谓"扫除陈迹，别开生面，赤地新立"的深意。并且，从官到兵逐层私人选置，形成"兵为将有"、层层"私属"的关系，这也是与国家"经制兵"的重大区别。还有，其军费、军饷方面，也不同于官军的完全由国家拨发，而主要靠在地方自筹，这是与官兵不同的又一重要方面。从军种上说，湘军不但练有陆师，而且还练有水师，水陆配合，也是湘军的一大特征。

曾国藩在编练湘军的过程中，并非一帆风顺。除了人力、经费等练兵本身方面外，本省官场上的矛盾和掣肘是更大的影响因素。有些官员看不上曾国藩当时那种特立独行的派头，故意与他为难。而曾国藩对湖南绿营兵的松懈、腐败气习则很不满，想借机能对其有所矫正。他着力笼络利用一个叫塔齐布（满洲旗人）的原绿营军官，这个人在他心目中正派、忠勇，非同寻常，他想树之为榜样扩大影响。再者，是让绿营参加他勇营的集训。可绿营兵受不了这个约束，更要紧的是绿营军官不容他插手其军越俎代庖，遂与之公开交恶，并放纵乃至教唆部下发难。咸丰三年（1853 年）秋季的一天，绿营兵竟成群结队、明火执仗地寻杀塔齐布，未果之下，又气势汹汹地闯到曾国藩公馆闹事。而当时的湖南巡抚骆秉章则装聋作哑，即使曾国藩告明后也并不认真处置。在这种情况下，曾国藩为"退避"计，离开省城长沙而移驻衡州，水师便主要是于此编练。尽管困难重重，但曾国藩发奋而为，终有所成。

至咸丰四年（1854年）春间，所练湘军正式所谓"建旗东征"，投赴镇压太平天国的战场。这时其军规模，陆师十营，水师十营，连上随军夫役，共有一万七千余人。出征之时，曾国藩发布题曰《讨粤匪檄》的文告。其内容很有特色，基调不在于声讨"粤匪"反清作乱（当然其中也包含有这样的意思），而最主要是从"卫道"的角度立论。除了污蔑太平军如何残暴外，特别强调的是它所谓"窃外夷之绪，崇天主之教"，"举中国数千年礼仪人伦、诗书典则，一旦扫地荡尽"，说这不仅是"大清之变"，更是"名教之奇变"。显然是要最广泛地进行社会动员，特别是号召"读书人"起而投身镇压"粤匪"的行列。

湘军出战后，并没有立马显出《讨粤匪檄》中所谓"大兵一压，玉石俱焚"的威力，从其最初几年的战况看，可谓有胜有负，胜少负多，并且有时败得很惨。像出战不久的当年四月间，在离省城长沙不远靖港地方的战事中，曾国藩亲自督率之部便遇敌大溃，他下死令都没法遏制，自己羞愤难耐之下竟投水自杀，是被随从救了起来。返至长沙后他还是执意不活，连遗折都写下了，只因在湘潭的湘军另部捷报传来，才了却一死念头，重新振作起来。及至八月下旬，所部取得夺下湖北武昌、汉阳的胜利。咸丰皇帝接报高兴之下，有任命曾国藩署理湖北巡抚之命。据说，时有大臣提醒，谓"曾国藩以侍郎在籍，犹匹夫耳。匹夫居闾里一呼，蹶起从之者万余人，恐非国家福也"[1]！意思是怕有尾大不掉之患。这样被提醒之下，咸丰帝遂即收回成命，令曾国藩带兵东下作战。湖北巡抚之职，在排除由曾国藩担任后，所用的自是非湘系人员，但任者无法控制局面，变故多生。至咸丰五年（1855年），清廷改让曾在曾国藩手下为部将的胡林翼担任（先署理，次年实授）。胡林翼也是一大干才，把湖北经营成湘系势力的重要基地，不管是对湘系群体还是曾国藩个人，都起到至关重要的支持作用。

而曾国藩未获署理鄂抚率军东下后，先是在鄂、赣交界地区的田家镇（属湖北）一带获胜，随后于当年十二月（1855年1月）在江西湖

---

① 丁凤麟、王欣之编：《薛福成选集》，252页，上海，上海人民出版社，1987。

口战役中则遭受惨败。其水师被太平军分割成内湖（鄱阳湖）外江（长江）两个部分，不能相互援应。太平军抓住战机，巧攻猛袭，致其损失惨重，连"大帅"座船也被俘获。曾国藩既愤且惭，又不止一次地要寻死，被人劝止。此番也许做做样子的成分不小，并不像前次那样真心，但其因战败而深感窘迫羞愤显而易见。

曾国藩移驻江西后的磨难，远不止是军事上的，更有清朝阵营内部的斗法。他率部在该省数年间，处于"客寄虚悬"的地位，相当难堪和被动，这可以说是他一生中最为困厄的一个阶段。按照他向清廷上奏中总结的此期"艰难情状"，有这样三大方面：一是部下在升迁补官方面受巡抚和提督的排挤，自己却无能为力，"虽据兵部堂官之位，而事权反不如提镇（提督和总兵的合称）"。二是地方上的官吏层层相属，自为一体，大都把他曾国藩看作外人，根本不放在眼里。这样，办起事来呼应不能灵通，特别是筹饷之事，更处处受到阻挠。自己说话，州县不肯听从，百姓也不相信。三是自己的关防印信奉命多次更换，让人怀疑，屡次发生有部属被羁押刑辱，而他出示印札无效的事情，甚至连给人发放的收捐凭证，地方上都不予承认。在另外言论场合，他甚至有过"窘若拘囚，群疑众侮，积泪涨江"① 的痛说。

咸丰七年（1857 年）二月，曾国藩在军中接到父亲去世的讣告，这似乎为他摆脱困境提供了一个机会，在向朝廷奏报丁忧并请求开缺后，不等谕旨批准，就弃军回籍，并接二连三地要求在籍守制（军务需要本是不必按常规之制的）。他这样做，表示重孝之外，更是要借机向清廷表明在军之艰难（上面述及的"艰难"三大方面，即此间奏言）而要挟地方事权。朝廷鉴于当时江西军情不是特别急迫，便来个顺水推舟，允准他暂时在家守制，使得曾国藩以退为进的筹谋落空，有苦难言。舆论上则不但对他不予怜悯，许多人反而落井下石，朝中官员多以他擅自委军为非，湖南地方上对他也颇有微词。不要说政敌之辈，即使湘系同党人物左宗棠，对他也大加责难。这时左宗棠正在湖南巡抚骆秉章幕中，是个在很大程度上能左右幕主的"特殊幕僚"。其人的做法使曾国藩颇感恼火，两人因此交恶，甚至到了"不通音问"的地步。

此番曾国藩在籍期间，是他心理上备受煎熬的一段时日。他既负亡父之哀痛，又为朝廷所"婉弃"，再加外间非议，百不遂意，忧郁难解，

---

① 《曾国藩全集（修订本）》，诗文，156 页。

竟得"不寐"（失眠）之症。在家人面前一向沉稳严肃的他，这时也仿佛变成了另一个人，常因一些不值得的小事就谩骂诸弟，甚至怒斥弟媳，性情反常地粗暴起来，简直是显出一种病态。

不过，曾国藩并没有真的在籍"终制"，由于同党要员（特别是胡林翼）的帮助和前敌军事上的需要，清廷在咸丰八年（1858年）夏间终于让其复出。由此，曾国藩改变了官场处事策略。就复出之事本身而言，可谓毫不拖泥带水，没有半点讨价还价，闻命即行。路过省城长沙时，便主动面见左宗棠以示和解，还集"敬胜怠，义胜欲；知其雄，守其雌"十二字，请左氏为他书写篆联，实际上是隐示自己"守雌"让步的态度，两人之间迅速改善了关系。如果说他们之间的这种关系改善，难免有一种"湘人同党"间顾全大局的宽容因素在起作用，那么在与非湘系同党人物关系的处理上，曾国藩也同样有着明显的策略改变，并对此非常看重也颇觉有效。在当年十二月间的一封家书中他就说："吾往年在外，与官场中落落不合，几至到处荆榛。此次改弦易辙，稍觉相安。"① 更后他还曾总结说，改弦易辙后他"大约以能立能达为体，以不怨不尤为用"。并具体解释，"立者，发愤自强，站得住也；达者，办事圆融，行得通也"②。看来，在官场人际关系调节方面是真的收到了效用。

三

就清朝镇压太平天国的阵线格局而言，自曾国藩复出之后也不断发生变化。在他复出当年之秋，扎于扬州的江北大营第二次被太平军摧毁后未再复建（其第一次被攻溃是在咸丰六年即1856年春），特别是到咸丰十年（1860年）的春夏之交，扎在太平天国都城天京城下的江南大营亦被太平军彻底摧毁。本有此江南、北大营两相配合，清廷以之作为其军事要图，是想让湘军在上游地区承担艰危，而让其"经制兵"收取拿下太平天国都城之功。至江南大营此时彻底覆灭（它在咸丰六年夏也曾被攻破过一次而重建），使清廷靠其收功的企图落空。为了镇压太平天国的需要，清廷不得不把全战线对湘军开放。同时，也不好再以不给

---

① 《曾国藩全集（修订本）》，家书之一，400页。
② 同上书，家书之二，476页。

曾国藩地方事权、让他军政分离来进行限制，终在这年四月间让其署理两江总督，六月间便告实授，并让他以钦差大臣统理相关数省军务。这是曾国藩个人政治生涯和湘系发展历程中的一个重要界标，其个人权势得以显赫起来，湘系群体势力也由此很快走向峰巅。

曾国藩的走向疆吏之路可谓曲折。除前述署湖北巡抚未果之事外，咸丰九年（1859 年）间，借有朝命让其带兵入川，胡林翼还曾为之着力谋取四川总督之职，结果也未如愿。唯恐其没有督符入川孤危致败，又只好设法争得免其入川而留下来合力"图皖"。总之，不给曾国藩督抚之权，仅让他带领湘军打仗，这是清廷多年间控制曾国藩和湘系的重要策略。而镇压太平天国的大局需要，又注定它不能不向曾国藩开放疆吏职权的闸门。当然，曾国藩获职江督后，还有一个为时多半年的困厄阶段，这主要倒不是由清朝内部的明争暗斗造成，而是由于其本人战略决策失误，又刚愎自用不听别人劝告，执意进驻皖南祁门而陷入"绝地"所致。有说他此间"无日不在惊涛骇浪之中"，以至于长悬利剑于帐中准备随时自刭。不过，到咸丰十一年（1861 年）三四月间移出祁门后，其处境便随之大为改观。况且，一直有胡林翼的支撑、配合，胡在湖广，曾在两江，地域上连成一片，两人密切协同，对湘系势力来说是出现了前所未有的有利局面。

以"以上制下"之势沿江推进是湘军最基本的战略方针。敌对双方在沿江特别着力争夺的几大据点，自上而下顺次是武汉、九江、安庆，再下就是太平天国的都城天京了。曾反复易手的武汉，自从咸丰六年（1856 年）间被胡林翼指挥夺取，太平天国方面就未能再夺回。九江是在咸丰八年（1858 年）间被湘军攻下的，这主要也是由胡林翼指挥完成，当时曾国藩正借丁父忧弃军在籍。而太平天国方面丢失九江之后，安庆就成为其从上游屏蔽天京的主要据点。

出任两江总督后的曾国藩，特别是在他脱离祁门之困以后，最主要致力的，就是与胡林翼共同部署和指挥安庆战役。安庆，作为"金陵之门户"，不管是对于太平天国还是清方来说，其战略意义都非常重要。在曾国藩的心目中，"安庆之得失，关系吾家之气运，即关系天下之安危"①。其弟曾国荃，作为"出道"有年的湘军一大悍将，担任的是率部进围安庆的任务，其间尽管事变多有，但他坚持不摇不动。就此役部

---

① 《曾国藩全集（修订本）》，家书之一，604 页。

署的方略而言，湘军是典型的"围点打援"。"围点（安庆）"之军便主要是曾国荃部，参战的清方其他各军，主要任务则是外围"打援"，即对付前来援应的各路太平军，使之无法破解安庆之围和有效地援助城内太平军。"打援"的战事自亦艰危异常，但最终收取头功的自然还是"围点"部队。当然，"围点"与"打援"不会是绝对分割的，譬如曾国荃部湘军，在就近打援的战事中也不失为中坚。

安庆战役是与所谓太平军的"二次西征"密切牵连的。其"二次西征"在咸丰十年（1860 年）秋至次年夏间，主要由陈玉成、李秀成率部进行，旨在"合取湖北"而牵动湘军以兼解安庆之围。由于太平天国方面对这次行动实施上的失误，此事流于无果。而湘军方面，曾国藩离开祁门后指挥安庆战役有了得力条件，胡林翼也早有相关军事部署。双方决战期的一系列战事可谓酷烈异常，及至咸丰十一年（1861 年）八月初，曾国荃军破城而入，最终取胜。此役估计太平天国军民共死三万余人，城中"凡可取之物，扫地而尽"①。

安庆战役之后，太平天国的都城天京直接暴露在湘军的攻势之下。尽管也时有局部的战事胜利和战局转机，但太平天国方面越来越被动和艰难的总体战局态势难以逆转。及至同治三年（1864 年）四月，天王洪秀全末路"归天"，他十五岁的儿子洪天贵福以幼天王继位。此际湘军对其都城已进入紧锣密鼓的最后围攻阶段，太平天国方面已无力回天。六月十六日（7 月 19 日），都城被攻破。太平天国写完了它十四年多的历史，至此画下了一个悲壮的句号。湘军在城中烧杀抢掠之惨，令人发指。多少天后，城中还是"尸骸塞路，臭不可闻"②。大火连绵不息，竟至旬日。暴屠天京，可谓湘军特别是曾部湘军战史上的一次总结性的"杰作"。此役的前敌"首席"指挥官乃曾国荃，而其军的总帅则是曾国藩。

四

从曾国藩本人到清朝整个阵营，对镇压下太平天国当然都感到是天大好事，但高兴之外，也不免都有基于自身安危祸福的忧虑。对于曾国

---

①　《太平天国史料丛编简辑》，第三册，201 页，北京，中华书局，1962。
②　同上书，375 页。

藩来说，最大的忧虑就是怕因"功高震主"，落个"兔死狗烹"的下场。所以，他不敢有居功自傲的气态，而努力表现"自抑"。其人这种"盈满为患"的心理，并不是到此时才萌发，而是根基早有。当年在京的时候，他就曾以"求阙斋"名其书舍。从事军政之后，更是惕励有加。诚然，在受抑制、少权势的时候，他曾倍感苦恼，也设法争竞，但在出任两江总督兼节制数省军务之后，又有"昔太无权，今太有权，天下事难得恰如题分也"[1] 的感慨！这绝非虚矫作态，而是他盈满为惧心理的真实反映。所谓"权太重，位太高，虚望太隆，悚惶之至"[2] 云云，为其肺腑之言。他不止一次地上奏"辞谢大权"，特别是对"节制四省"的权柄辞意尤切。他不但自己奏请削权，而且还为乃弟曾国荃辞谢过浙江巡抚之职。清廷允准与否另当别论，但其主动请辞是实在的。

曾氏湘军攻下天京之后，清廷对有关"功臣"们当然要进行奖赏，曾氏兄弟也自然会在最显之列，特别是曾国藩封侯对汉家大臣来说已属罕有。不过，有人认为这仅是表面文章，实际对曾氏兄弟是"大功不赏"。无论如何，曾国藩还是摆出一副受宠若惊的样子，对清廷表示千恩万谢，颂扬备至。似乎君臣关系亲密无间，实际上清廷对曾氏兄弟的疑忌和抑制有增无减，甚至以隐含杀机的言词对曾氏兄弟进行警告。何况，拿下天京之后，现实的种种变端不断增加着对曾国藩的刺激。譬如，关于幼天王的下落和原太平天国都城中财货真相问题，就不失为两大要端。

幼天王从天京逃出是既定事实，但曾国藩起初向朝廷的奏报中，说其人在宫殿举火自焚，随后即使知道了实情仍不情愿道明，态度暧昧。不要说这引起外间怀疑，人言籍籍，即使湘系要员左宗棠，也不给曾国藩稍留情面，上奏中直揭实底，并强调余留的太平军尚有十万多，其"复借伪幼主为名，号召贼党"。这难免刺痛清廷，上谕中明言指责曾国藩所奏失实。由此，引发曾国藩与左宗棠的再度交恶。至于太平天国都城里的财物，虽然不会像传说的那样"金银如海，百货充盈"，但为湘军抢掠私获之巨实堪惊人。为此，曾国藩虽千方百计地加以弥缝、掩饰，但终究哄骗不了舆论，朝廷自然也会怀疑，只是出于策略的需要，没有特别严厉地公开追逼而已。即使所谓"追抄之谣"，也足以让曾国

---

[1] 《曾国藩全集（修订本）》，家书之一，715 页。
[2] 同上书，日记之二，227 页。

藩惶惶不安。在这种情况下，平时就常怀忧危保泰之心的他，岂能不变本加厉。总之，攻下天京后曾国藩喜外有忧，喜外有惧，绝非庸人自扰。他对乃弟曾国荃难掩居功而骄甚至不无嫌怨朝廷的表现，十分担心，忧灼地予以训诫，认为其开缺回籍是当下最妥选择，说是"功成身退，愈急愈好"①。

　　曾国藩为释朝廷疑忌，遂有"裁湘留淮"的举措。攻下太平天国都城的当年九月初，他在写给李鸿章的信中说："湘勇强弩之末，锐气全消，力不足以制捻，将来戡定两淮，必须贵部淮勇任之。国藩蚤（早）持此议，幸阁下为证成此言。"②"裁湘留淮"决策的实施，可谓雷厉风行，并且是忍痛割爱地从曾家的嫡系部队"下刀"。由曾国荃直接统带攻取天京的那大约五万人的队伍，在不到一年的时间里，即分批裁撤殆尽，此外还裁掉湘军的其他若干营头，所剩湘军多已不直属曾国藩统辖、指挥。从湘军的总体情况看，无疑是较前大大削弱了。而李鸿章的淮军，则"仅裁撤老弱数千，其各营劲旅尚存五万余人"③，基干得以保留下来，并且随后又得进一步扩充。

　　此番兵力上的消长变化，对于曾湘、李淮的前途至关紧要，可以说有着一失百失、一得百得的影响作用。其最为直接的影响，就是关乎清方镇压捻军的兵力构成格局。要说，清廷本来是把"平捻"的希望寄托在蒙古王爷僧格林沁身上，欲借以显示满蒙贵族的威重。不料僧格林沁在同治四年（1865 年）四月毙命于山东战场，清廷只好改图变计，让曾国藩继任统帅镇压捻军。而这时的曾国藩，尚未从释兵避祸、自抑保身的焦虑中缓过劲来，又因朝中发生慈禧太后与恭亲王奕䜣之间的政争风波，并且有关奏疏中有牵连他的词语，更感忧惧非常。此时，他对于挂帅平捻，只是迫不得已勉强应命而已。特别是经"裁湘留淮"，他统带镇压捻军的部队主力上已是淮军。淮军唯李鸿章马首是瞻，曾国藩难以节制自如，这当是导致他"平捻无功"而最后不得不向李鸿章移交帅符的最主要因素。

　　就军事本身而言，捻军的特点与太平军有很大不同，譬如它有骑兵发挥重要作用，转移迅速，"飘忽不定"。对此，曾国藩则有的放矢地采取"以静制动"、"动静结合"的方略：以安徽临淮、江苏徐州、河南周

---

① 《曾国藩全集（修订本）》，家书之二，329 页。
② 同上书，书信之七，152 页。
③ 中国近代史资料丛刊《捻军》，第一册，112 页，上海，神州国光社，1953。

口、山东济宁为"四镇"分驻重兵,在一个颇为广阔的地域内对捻军形成相对固定的围势,不像僧格林沁那样被动地一味疲惫追击。但又不是完全"守株待兔",而另设游击之师,有目标地追踪和牵制敌人。并且,其部署也非一成不变,而随时有所调整。应该说,其大旨上不为不妥。而到后来改由李鸿章挂帅,在基本战略方针上也实无大变,而终得奏功,这除了李鸿章的坚持不懈之外,部属比较听命、指挥相对得心应手当为重要原因。

曾、李易帅是在同治五年(1866 年)冬间。易帅事局,进而牵连使得曾湘、李淮的地位再次发生重大变化。尽管曾国藩在卸去帅印之后还保留两江总督的要职,但毕竟他被证明"平捻无功"。而易帅李鸿章之事本身,就显示其人在这方面比曾氏"中用"。李鸿章则因势利导,乘机进一步扩充淮军,在兵事上也放开阵势,锋芒毕露,因此被心态迥异的曾国藩视为大忌,有李"近颇傲,殊非吉兆"、"必不能制贼"① 之言。曾国藩在"谨守"心理支配下的这种担心,虽不能说毫无道理,但从基本情况看,正是因为李鸿章不像曾国藩那样瞻前顾后、谨小慎微,而是放手放胆,"坚定不摇",才顶过偌多挫折磨难,最后收平捻"头功"。镇压捻军的事局,对曾湘、李淮来说,可谓其主观能动因素和客观实力水平的综合检测器,显示李淮方面"优胜"成为既定的客观事实。

五

及至同治七年(1868 年)秋间,曾国藩接到移调他为直隶总督的朝命。要说直隶拱卫京师,在天子脚下,安危与皇家息息相关,政治地理位置特别重要,自为朝廷格外重视,受命做该省最高军政长官,曾国藩岂不会觉得荣幸?其实不然。到此时他任两江总督算来已有七八年之久,两江既是他镇压太平天国的最终收功之地,又是他长期营造的个人势力根基深厚之区,在这里的军政事务自能相对顺手。清廷从该区把他调开,是否有防范他尾大不掉之患的意图?反正曾国藩是处在这样的疑虑之中。他以善后交接为由,迟延至冬间才动身北上,先到京城觐见朝廷,并在那里度岁过年,起码在表面上受到了朝廷的极高礼遇。同治八年(1869 年)正月下旬,他离京赴直隶省城保定,到后与署理总督的

---

① 《太平天国史料丛编简辑》,第三册,408 页。

官文交接完毕，正式开始履行他直隶总督的职责。

　　曾国藩对直隶"吏治风俗"的印象非常之差，感到政务棘手，但还是尽力整饬，力争改善，特别是抓了"练兵"、"饬吏"再加"河工"三大政。练兵自然是重中之重。曾国藩在京接受召见中，觉察到太后对此事尤其牵肠挂肚，反复叮嘱，他当然得听命。就"绥靖"直隶地方而言，自然也须强军。他除了建议把当时在山东驻防的淮军刘铭传部调来以外，又筹划在该省前有"练军"（从绿营兵中抽调精壮仿湘淮军之制编练的营伍）的基础上进一步扩练，使军队达到二万人的规模。但事实上，并未能善终其事。在"饬吏"即整顿吏治方面，他针对贪官污吏虐民，致使民间冤狱、积狱太多的情况，拟用"刚猛"手段整治。如一次就参劾玉田知县许春田等十一人，与此同时，表彰了大名知府李朝仪等十名贤员，以示彰贤罚劣，严格分明。曾国藩力倡勤政，大力扭转以往官员疲沓散漫的弊习，在多半年的时间里，全省共审结注销旧案一万二千多起，新案二万八千多起，在清理积压讼事方面取得可观成绩。当然，吏治毕竟受大环境的制约，他终归也无法使之脱胎换骨。当时直隶的河患也相当严重，尤其是永定河。曾国藩用心调研，着力治理，但一则此系繁难工程，绝非一朝一夕即可奏功，再则用度浩繁，财力不支，到头来治理虽不无局部成效，但终归难有大改善。

　　除上述事项外，曾国藩对文教之事也颇关心。到任伊始，就很关注书院情况。特别是坐落于省城保定的莲池书院，属本省书院中的最高级别者，具有"龙头"地位，自也是他最为看重并最方便督查的院所。他亲自督课，调换山长，着力要通过改善书院教育，一矫他心目中直隶近年"学风朴陋"之弊，进而带动一省风气改良。除了整饬书院外，他还特设"礼贤馆"，集合各州县遴选的"才德之士"，考察择用。尽管实际上并没有收到预期效果，但也可见其借以激励和搜罗人才、改良风习之用心，与对书院的整饬相辅相成。在督学聚材的过程中，曾国藩有《劝学篇示直隶士子》之文的出台。这可视为指导直隶文教的一篇纲领性文献，其主旨在于分析燕赵之区文化传统特点，教以现实的为学途径和方针，以士风来影响人才和社会风气的转移。

　　曾国藩在直隶总督任间，还遭遇一件关涉外交的大事，即"天津教案"。同治九年（1870年）春夏之交，天津一带盛传法国在天津所设的天主教堂，主使用"迷药"迷拐人口，挖眼剖心，并有种种让人信实的诱因，闹得人心惶惶。民间高度防备，并且不止一次地逮获所谓"拐犯"

送官究办。五月二十三日，天津官府人员押着新近逮获的"拐犯"武兰珍到教堂对质，围观群众与教方发生争斗，场面失控。法国驻津领事丰大业怨清方官员镇压不力，竟对其开枪行凶。这更激怒民众，乱中将丰大业打死，又杀了包括教士在内的多名外国人，烧毁了法国教堂、领事馆等处所。这场乱事发生的时候曾国藩在省城保定，清廷谕令他赶紧赴天津办理案事。曾国藩明白这非同小可，会内外受制，因此作了最坏估计，写下遗嘱。他抵津后，案子办起来的确非常棘手，尽管不是与外国方面一点不争，但总体结局肯定是屈从于对方，引得朝野舆论一片谴责之声。就在曾国藩被天津教案搞得焦头烂额之际，恰好发生了两江总督马新贻被刺杀事件，八月初有曾国藩回任两江、直隶总督由李鸿章接替的朝命。曾国藩在赴京觐见和短时逗留之后首途，于当年闰十月间回抵南京。

回任两江总督后的当务之急，就是合同刑部尚书郑敦谨审结"刺马案"。此前，该案已由江宁将军魁玉、漕运总督张之万审办并奏报。关于该案的缘由和内情，当时就纷说不一，后世更是"戏说"多有。而曾国藩和郑敦谨的审办，基本仍认同和维持魁玉、张之万的原则认定，即凶手张文祥乃因挟私报复而行凶，背后并无他人主使。最后对其凌迟处死，并于马新贻灵前摘心致祭。

曾国藩此期任间在日常政务方面，算得上出色手笔者无多，倒是"洋务"上有他最后的"漂亮收笔"，即与李鸿章一道奏定幼童赴美留学之事。此前，他曾有诸多"洋务"事项。譬如，于咸丰十一年（1861年）末设立"安庆内军械所"，成为通常所谓"洋务运动"的发端标志性事件之一；同治四年（1865 年）在上海设立江南机器制造局，这是洋务派最为典型的军工厂家，属他与李鸿章的合作成果。也就是在该局建设中，曾国藩遇合了一个重要的"洋务参谋"，即容闳。容闳作为留学美国（由教会学校被带往）并在名牌大学毕业的中国第一人，不但受曾国藩的派遣为江南机器制造局的建设赴美购办过机器，而且是派遣幼童赴美留学之事的倡议和参办者，从中起了重要作用。这中间历时多年，曲折颇多，曾国藩是积极支持者之一。及至他回任两江总督任后，不止一次地奏及此事。在同治十年（1971年）七月初，他与李鸿章联名所上奏折中，陈说派员出洋"远适肄业，集思广益，所以收远大之效"，"学齐语者，须引而置之庄岳之间"①。这时派遣留学之事不但业

① 《曾国藩全集（修订版）》，奏稿之十二，403 页。

已得到清廷的原则批准，而且已经涉及具体计划。尽管实际派遣之局曾国藩生前未及看到，但毕竟是由他主导促成该事的定议。这年八至十月间，他拖着病躯在辖区巡阅多处军旅和机器厂局，自也和"洋务"密切关联。

曾国藩做而未了或是欲做未及的事情自多，但其生命历程已不允许继续。同治十一年（1872 年）二月初四日午后，他由儿子陪伴在署内西花园散步，当是中风突发，被扶掖回书房，至夜间戌刻亡故。

六

曾国藩一生，由一个传统士子，历经多年寒窗，得以登科入仕，又终成举足轻重的大员，军务、政事自然成为他履历中的要项；然而，读书向学又是其终身不泯的倾心挚爱，即使在戎马倥偬、政事繁复之际也难舍难弃，在学术、文化史上留下了其抹不去的印记。他身处官场政坛，牵连于复杂的人际，终不能不顺应"官道"，取法权变；但他一直又注重修身养性，以"进德"刻刻自励，成为当年这方面的一个"典范"。他为朝之重臣、邦之梁柱，身属君国，志存"公忠"；而对身家之事也常萦心头，既有的放矢地力持齐家之道，又殚精竭虑于自身和家人的安危祸福，如此等等。在那个年代，修齐治平，内圣外王，也许可谓官僚士大夫们的"通箴"，但真正像曾国藩这样，在相关各事上都留下系统言说和践行实迹的"全才"并不多有，他在政事、军事、人事、德事（修身）、学事、家事等方面，都有值得注意的表现，既反映在思想上，又体现于行事上。以上关于他的生平介绍中，是以他的军政履历为主线（这由其人的身份决定），兼涉其他，当然难能面面俱到（譬如"家事"方面就较少涉及），而在本书后面所附的"年谱简编"中会有相应弥补，而选文上则更会顾及全面。

曾国藩留下了数量颇为可观的公牍、私函、日记、诗文等各类文献，具有结集的良好资料条件。就其综合性的集子并皆名《曾文正公全集》者而言，以同（治）末光（绪）初长沙传忠书局刊本最为原始和著名，其后有光绪二十九年（1903 年）上海鸿文书局、鸿宝书局分别石印本，民国十一年（1922 年）中华图书馆铅印本，民国二十一年（1932 年）上海扫叶山房石印本，民国二十五年（1936 年）国学整理社、上海新文化社、上海世界书局、上海大达图书供应社不止一种的铅印本，民国三十二年（1943 年）成都中国古书流通社的铅印本等①，所辑篇章和所分卷数多有不同。1970 年，有台湾文海出版社以传忠书局木刻初版本为主体（另采补了其他版本的"大事记"及"荣哀录"等）②的影印本问世，作为"近代中国史料丛刊"续编第一辑。该书可谓基本上是"旧版新出"，大大扩展了原传忠书局本的传播和利用。再后，大陆则有名为《曾国藩全集》的新编本问世。到目前为止，收录最全、文献分类最为合理、编校也最为精良者，自是岳麓书社 2011 年版凡 31 册 1 400 万字的《曾国藩全集（修订本）》。此前，该社于 1985—1994 年陆续出全了凡 30 册的同名之书，当时已属空前的相对完备之本。而新版修订本又进一步增收佚文，改正所见初版本中的差错，考订了若干作品的写作时间，使内容进一步丰富，质量进一步提高。尤其是"岳麓本"所取工作底本，诸多系馆藏档件，这不是通常情况下谁人都能够阅及的。

　　鉴此，窃以为本"文编"的操作，如若不取新近的岳麓书社《曾国藩全集（修订本）》，就难有统一的工作底本，不但选文资源要大受局限，而且会造成多本杂凑，甚至连文题都难统一（譬如书信，旧本题中的致信对象是用官称、敬称之类，新本中则直出其姓名）的问题。故而，本"文编"是直接自岳麓书社《曾国藩全集（修订本）》中选文（只有一篇该书未载，是编者从他书中发现并认为可信者）。所选之文版面总字数 40 余万（本"文编"设计 50 万的版面字数中，包括《目录》、《导言》、《曾国藩年谱简编》计近 4 万字），约占原书总字数的 3%。编排上，则不按文献类别，而是依作者履历的时段分为甲、乙、丙、丁、戊"编"，甲编为其科举和京官时段，乙编为其编练、统带湘军而尚未充任疆吏时段，丙编为其自出任疆吏至镇压下太平天国时段，丁编为其"裁湘留淮"实施和挂帅"平捻无功"时段，戊编为其移督直隶和回任两江时段。本《导言》中前边一至五部分的介绍文字，便基本是分别对

---

　　① 参见姚伭绥、周新民、岳小玉合编《中国近代史文献必备书目》（北京，中华书局，1996）中相关条目。所注录的这些版本中，笔者并未全见。

　　② 据曾昭六《曾文正公全集影印前言》，载台湾文海出版社影印"曾集"首册前置页中。曾昭六系曾国藩的曾侄孙（曾国荃的曾孙），所作《曾文正公全集编刊考略》（置于该影印本"曾集"的最末），介绍了《曾文正公全集》纂辑、刊印的缘起和过程，并纠正了后世关于其版本注记之误（如"金陵书局刻本"、"江宁书局刻本"、"江宁传忠书局刻本"等），肯定实为长沙传忠书局刻本，后长沙思贤堂续有刷印。

应于这五个时段的。

本书每编当中各件亦按时序排列，这样更便于显示内容上的可能联系。不明月份之件置于该年之末，不明日期之件置于该月之末。篇题是依岳麓本者，唯日记系"某年某月某日日记"形式的新加拟题（日期连续的以一个篇题分日标出；一个时段内较为集中选录的统于该时段"日记选"一个篇题之下）。有的文献从初写到完成有一个时间过程，本书中所标原则上取其写定、改定时间。书信一般为其写成发送时间，奏章则为出奏时间（个别例外者予以注明）。有的信件和文章末尾所具"国藩顿首"、"涤生手草"之类的下款字样删去。岳麓本奏折后或有的朱批文字不录，家书和书信文前原编者所加的提要文字亦予删除。原注则只选留需要者（个别注文或有删减），属本书编者的新加之注，注文后加"——本书编者注"字样以示区分。岳麓本中的原有编校字符，皆照样保留，据其说明，对原件"凡遇倒讹衍脱之处一仍其旧，而于其后加方括号［］标出正字或作简单说明。原稿缺字用△表示，漫漶难以辨识之字用□表示，补字以尖括号〈〉标识"。原文中所夹较小字号的说明性、记注性文字，亦照样保留。本书编校中遇有疑问字词，凡属"传忠书局本"中有同一篇文者，便主要以之参校，该书中无者则另参他件，有异者以"XX本中为X"的形式注出。篇文作有删节者注明。对原分段、标点或有改动（所改涉奏稿、文章者稍多，他类较少），则不出注。需要说明，就单篇文字而言，在无碍基本文义的前提下，有些地方怎样分段和标点，并无绝对性、唯一性，而是相对的、可选的（不同分法、点法或皆可）。不过，就全书而言，就有一个需要尽量把握统一原则的问题。本书在分段和标点上所作改动，除有的系纠正疑似错误或窃觉"更妥"者之外，更多即属按"统一"原则所需的操作。譬如奏折中所转录上谕文字，岳麓版书中或用"缩格独段"、不加引号的形式（前边多此），或用通常段落格式而以引号标出的形式（后边多此），本书中则统一于后者。还有涉及"统一原则"的其他事项，不再一一列举。若因改动造成错讹，当然要由本书编选者负责。

最后特别道明，岳麓书社《曾国藩全集（修订本）》的问世，给本书编选提供了极大便利，此选本中自包含了原书编者的诸多辛劳和智慧，在此，向他们表示崇高的敬意和深切的感谢！

董丛林

2013 年 5 月

甲

编

顺性命之理论*
（道光十八年四月下旬）

　　尝谓性不虚悬，丽乎吾身而有宰；命非外铄，原乎太极以成名。是故皇降之衷，有物斯以有则；圣贤之学，惟危惕以惟微。盖自乾坤奠定以来，立天之道曰阴与阳，静专动直之妙，皆性命所弥纶；立地之道曰柔与刚，静翕动辟之机，悉性命所默运。是故其在人也，絪缊化醇，必无以解乎造物之吹嘘。真与精相凝，而性即寓于肢体之中。含生负气，必有以得乎乾道之变化。理与气相丽，而命实宰乎赋畀之始。以身之所具言，则有视、听、言、动，即有肃、乂、哲、谋。其必以肃、乂、哲、谋为范者，性也；其所以主宰乎五事者，命也。以身之所接言，则有君、臣、父、子，即有仁、敬、孝、慈。其必以仁、敬、孝、慈为则者，性也；其所纲维乎五伦者，命也。此其中有理焉，亦期于顺焉而已矣。

　　请申论之：性浑沦而难名，按之曰理，则仁、义、礼、智，德之赖乎扩充者，在吾心已有条不紊也。命于穆而不已，求之于理，则元、亨、利、贞，诚之贯乎通复者，在吾心且时出不穷也。有条不紊，则践形无亏，可以尽己性，即可以尽人物之性，此顺乎理者之率其自然也；时出不穷，则泛应曲当，有以立吾命，即有以立万物之命，此顺乎理者之还其本然也。彼乎持矫揉之说者，譬杞柳以为杯棬，不知性命，必致戕贼仁义，是理以逆施而不顺矣。高虚无之见者，若浮萍遇于江湖，空谈性命，不复求诸形色，是理以惝恍而不顺矣。惟察之以精，私意不自蔽，私欲不自挠，惺惺常存，斯随时见其顺焉。守之以一，以不贰自惕，以不已自循，栗栗惟惧，斯终身无不顺焉。此圣人尽性立命之极，亦即中人复性知命之功也夫！

---

　　* 本文为朝考策文。

道光二十年六月初七日日记

留馆后，本要用功，而日日玩愒，不觉过了四十余天。前写信去家，议接家眷。又发南中诸信。比作季仙九师寿文一首。余皆怠忽，因循过日，故日日无可记录。兹拟自今以后，每日早起，习寸大字一百，又作应酬字少许；辰后，温经书，有所知则载《茶余偶谈》；日中读史亦载《茶余偶谈》；酉刻至亥刻读集，亦载《茶余偶谈》；或有所作诗文，则灯后不读书，但作文可耳。

忆自辛卯年，改号涤生。涤者，取涤其旧染之污也；生者，取明袁了凡之言："从前种种，譬如昨日死；从后种种，譬如今日生也。"改号至今九年，而不学如故，岂不可叹！余今年已三十，资禀顽钝，精神亏损，此后岂复能有所成？但求勤俭有恒，无纵逸欲，以丧先人元气。困知勉行，期有寸得，以无失词臣体面。日日自苦，不至佚而生淫。如种树然，斧斤纵寻之后，牛羊无从而牧之；如蒸灯然，膏油欲尽之时，无使微风乘之。庶几稍稍培养精神，不至自速死。诚能日日用功有常，则可以保身体，可以自立，可以仰事俯蓄，可以惜福，不使祖宗积累自我一人享受而尽，可以无愧词臣，尚能以文章报国。谨记于此。六月初七夜记。

道光二十一年七月十四日日记

阴雨

晏起。饭后走梅世兄处，明日渠扶榇南归，今日走去探问一切。旋至许世叔处送行，又至周华甫之母处拜寿，又至胡润芝处，问伊扶榇归葬事宜。胡送余《陶文毅全集》二部。又至唐镜海先生处，问检身之要、读书之法。先生言当以《朱子全书》为宗。时余新买此书，问及，因道此书最宜熟读，即以为课程，身体力行，不宜视为浏览之书。又言治经宜专一经，一经果能通，则诸经可旁及。若遽求兼精，则万不能通一经。先生自言生平最喜读《易》。又言为学只有三门：曰义理，曰考核，曰文章。考核之学，多求粗而遗精，管窥而蠡测。文章之学，非精于义理者不能至。经济之学，即在义理内。又问：经济宜何如审端致力？答曰：经济不外看史，古人已然之迹，法戒昭然；历代典章，不外乎此。又言近时河南倭艮峰仁前辈用功最笃实，每日自朝至寝，言动，坐作饮食，皆有札记。或心有私欲不克，外有不及检者皆记出。先生尝教之口：不是将此心别借他心来把捉才提醒，便是闲邪存诚。又言检摄于外，只有"整齐严肃"四字；持守于内，只有"主一无适"四字。又言诗、文、词、曲，皆可不必用功，诚能用力于义理之学，彼小技亦非所难。又言第一要戒欺，万不可掩着云云。听之，昭然若发蒙也。又至陈筠心处、金竹虔处、岱云处，始归。夜写卅个。

禀祖父母
（道光二十二年八月初一日）

孙男国藩跪禀祖父母大人万福金安：

七月初五日发第九号信，内言六月二十四后，孙与岱云意欲送家眷回南，至七月初一谋之于神，乃决计不送。

初五日发信后，至初八日九弟仍思南归，其意仍坚，不可挽回。与孙商量，孙即不复劝阻。九弟自从去年四月父亲归时，即有思归之意。至九月间，则归心似箭。孙苦苦细问，终不明言其所以然。年少无知，大抵厌常而喜新。未到京则想京，既到京则思家，在所不免。又家中仆婢，或对孙则恭敬，对弟则简慢，亦在所不免。孙于去年决不许他归，严责曲劝，千言万语，弟亦深以为然。几及两月，乃决计不归。今年正月病中又思归，孙即不敢复留矣。三月复元后，弟又自言不归。四、五、六月读书习字，一切如常。至六月底，因孙有送家眷之说，而弟之归兴又发。孙见其意，是为远离膝下，思归尽服事之劳。且逆夷滋扰，外间讹言可畏。虽明知蕞尔螳臂，不足以当车辙，而九弟既非在外服官，即宜在家承欢，非同有职位者，闻警而告假，使人笑其无胆，骂其无义也。且归心既动，若强留在此，则心如悬旌，不能读书，徒废时日。兼此数层，故孙比即定计，打发他回，不复禁阻。恰好郑莘田先生名世任，长沙人，癸酉拔贡，小京官，由御史升给事中，现放贵西兵备道将去贵州上任，迂道走湖南省城，定于十六日起程。孙即将九弟托他结伴同行。此系初八九起议，十四日始决计。即于数日内将一切货物办齐，十五日雇车。

郑宅大车七辆渠已于十三日雇定，九弟雇轿车一辆，价钱二十七千文时价轿车本只要二十三千，孙见车店内有顶好官车一辆，牲口亦极好，其车较常车大二寸，深一尺，坐着最舒拂，故情愿多出大钱四千，恐九弟在道上受热生病。雇底下人名向泽，其人新来，未知好歹。观其光景，似尚有良心者昨九弟出京七日，在任丘县寄信来京，云向泽伺候甚好。十六日未刻出京，孙送至城外二十里。见道上有积潦甚多，孙大不放心，恐路上有翻车陷车等事，深为懊悔。二十三日接到弟在途中所发信，始稍放心。兹将九弟原信附呈。孙交九弟途费纹银三十二两整先日交车行上脚大钱十三千五百文及上车现大钱六千文两项在外，外买货物及送人东西另开一单九弟带回。外封银十两，敬奉堂上六位老人吃肉之资孙对九弟云，万一少途费，即扯此银亦可，若到家后，断不可以他事借用此银，然途费亦断不至少也。向泽订工费大钱二千文，已在京交楚。郑家与九弟在长沙分队，孙嘱其在省换小船到县，向泽即在县城开销他。向泽意欲送至家，如果至家，留住几日打发，求祖父随时斟酌。

九弟自到京后，去年上半年用功甚好。六月因甲三病，耽搁半月余。九月弟欲归，不肯读书，耽搁两月。今春弟病耽搁两月。其余工夫，或作或辍，虽多间断，亦有长进。计此一年半之中，惟书法进功最大。外此则看《纲鉴》三十六本，读《礼记》四本，读《周礼》一本，读《斯文精萃》两本半因《周礼》读不熟，故换读《精萃》，作文六十余篇，读文三十余首。父亲出京后，孙未尝按期改文，未尝讲书，未能按期点诗文。此孙之过，无所逃罪者也。读文作文全不用心，凡事无恒，屡责不改。此九弟之过也。好与弟谈伦常、讲品行，使之扩见识、立远志，目前已颇识为学之次第，将来有路可循。此孙堪对祖父者也。待兄甚敬，待侪辈甚慈，循规蹈矩，一切匪彝慆淫之事毫不敢近，举止大方，性情挚厚。此弟之好处也。弟有最坏之处，在于不知艰苦。年纪本轻，又未尝辛苦，宜其不知；再过几年，应该知道。

九弟约计可于九月半到家。孙恐家中骇异，疑兄弟或有嫌隙，致生忧虑，故将在京出京情形，述其梗概。至琐细之故，九弟到家详述，使堂上大人知孙兄弟绝无纤介之隙也。

孙身体如常，惟常耳鸣，不解何故。孙妇及曾孙兄妹二人皆好。丫环因其年已长，其人太蠢，已与媒婆兑换一个京城有官媒婆，凡买姜买婢，皆由他经纪，彼此不找一钱。此婢名双喜，天津人，年十三岁。貌比春梅更陋，而略聪明。寓中男仆皆如故。

同县谢果堂先生为其子捐盐大使，王道隆王恒信之侄捐府经历，黄鉴之子捐典史，以外无人。

孙在京一切自宜谨慎，伏望堂上大人放心。

禀祖父母
（道光二十二年九月十七日）

孙男国藩跪禀祖父母大人万福金安：

九月十三日接到家信，系七月父亲在省所发，内有叔父信及欧阳牧云致函。知祖母于七月初三日因占犯致恙，不药而愈，可胜欣幸。

高丽参足以补气，然身上稍有寒热，服之便不相宜，以后务须斟酌用之。若微觉感冒，即忌用。此物平日康强时，和入丸药内服最好。然此时家中想已无多，不知可供明年一单丸药之用否？若其不足，须写信来京，以便觅便寄回。四弟、六弟考试又不得志，颇难为怀。然大器晚成，堂上不必以此置虑。闻六弟将有梦熊之喜，幸甚。近叔父为婶母之病劳苦忧郁，有怀莫宣。今六弟一索得男，则叔父含饴弄孙，瓜瓞日蕃，其乐何如！唐镜海先生德望为京城第一，其令嗣极孝，亦系兄子承继者。先生今年六十五岁，得生一子，人皆以为盛德之报。

英夷在江南，抚局已定。盖金陵为南北咽喉，逆夷既已扼吭而据要害，不得不权为和戎之策，以安民而息兵。去年逆夷在广东曾经就抚，其费去六百万两。此次之费，外间有言二千一百万者。又有言此项皆劝绅民捐输，不动帑藏。皆不知的否。现在夷船已全数出海，各处防海之兵陆续撤回，天津亦已撤退。议抚之使，系伊里布、耆英及两江总督牛鉴三人。牛鉴有失地之罪，故抚局成后即革职拿问。伊里布去广东代奕山为将军，耆英为两江总督。自英夷滋扰，已历二年，将不知兵，兵不用命，于国威不无少损。然此次议抚，实出于不得已。但使夷人从此永不犯边，四海晏然安堵，则以大事小，乐天之道，孰不以为上策哉！

孙身体如常，孙妇及曾孙兄妹并皆平安。同县黄晓潭鉴荐一老妈吴姓来。渠在湘乡苦请他来，而其妻凌虐婢仆，百般惨酷，黄求孙代为开脱。孙接至家住一月，转荐至方夔卿太守宗钧处，托其带回湖南。大约明春可到湘乡。

今年进学之人，孙见题名录，仅认识彭惠田一人。不知二十三四都进人否？谢宽仁、吴光煦取一等，皆少年可慕。一等第一，题名录刻黄生平，不知即黄星平否？

孙每接家信，常嫌其不详，以后务求详明。虽乡间田宅婚嫁之事，不妨写出，使游子如神在里门。各族戚家，尤须一一示知。幸甚。

敬请祖父母大人万安。余容后呈。

致澄弟温弟沅弟季弟
（道光二十二年十月二十六日）

十月二十一接九弟在长沙所发信，内途中日记六叶，外药子一包。二十二接九月初二日家信，欣悉以慰。

自九弟出京后，余无日不忧虑，诚恐道路变故多端，难以臆揣。及读来书，果不出吾所料。千辛万苦，始得到家。幸哉幸哉！郑伴之不足恃，余早已知之矣。郁滋堂如此之好，余实不胜感激。在长沙时，曾未道及彭山屺，何也？又为祖母买皮袄，极好极好，可以补吾之过矣。

观四弟来信甚详，其发奋自励之志，溢于行间。然必欲找馆出外，此何意也？不过谓家塾离家太近，容易耽搁，不如出外较清净耳。然出外从师，则无甚耽搁；若出外教书，其耽搁更甚于家塾矣。且苟能发奋自立，则家塾可读书，即旷野之地、热闹之场亦可读书，负薪牧豕，皆可读书；苟不能发奋自立，则家塾不宜读书，即清净之乡、神仙之境皆不能读书。何必择地？何必择时？但自问立志之真不真耳！

六弟自怨数奇，余亦深以为然。然屈于小试辄发牢骚，吾窃笑其志之小，而所忧之不大也。君子之立志也，有民胞物与之量，有内圣外王之业，而后不忝于父母之生，不愧为天地之完人。故其为忧也，以不如舜不如周公为忧也，以德不修学不讲为忧也。是故顽民梗化则忧之，蛮夷猾夏则忧之，小人在位贤才否闭则忧之，匹夫匹妇不被己泽则忧之，所谓悲天命而悯人穷。此君子之所忧也。若夫一身之屈伸，一家之饥饱、世俗之荣辱得失、贵贱毁誉，君子固不暇忧及此也。六弟屈于小试，自称数奇，余窃笑其所忧之不大也。

盖人不读书则已，亦即自名曰读书人，则必从事于《大学》。《大学》之纲领有三：明德、新民、止至善，皆我分内事也。若读书不能体贴到身上去，谓此三项与我身了不相涉，则读书何用？虽使能文能诗，博雅自诩，亦只算得识字之牧猪奴耳！岂得谓之明理有用之人乎？朝廷以制艺取士，亦谓其能代圣贤立言，必能明圣贤之理，行圣贤之行，可以居官莅民、整躬率物也。若以明德、新民为分外事，则虽能文能诗，而于修己治人之道实茫然不讲，朝廷用此等人作官，与用牧猪奴作官何以异哉？然则既自名为读书人，则《大学》之纲领，皆己身切要之事明矣。其条目有八，自我观之，其致功之处，则仅二者而已：曰格物，曰诚意。

格物，致知之事也；诚意，力行之事也。物者何？即所谓本末之物也。身、心、意、知、家、国、天下皆物也，天地万物皆物也，日用常行之事皆物也。格者，即物而穷其理也。如事亲定省，物也；究其所以当定省之理，即格物也。事兄随行，物也；究其所以当随行之理，即格物也。吾心，物也；究其存心之理，又博究其省察涵养以存心之理，即格物也。吾身，物也；究其敬身之理，又博究其立齐坐尸以敬身之理，即格物也。每日所看之书，句句皆物也；切己体察、穷究其理即格物也。此致知之事也。所谓诚意者，即其所知而力行之，是不欺也。知一句便行一句，此力行之事也。此二者并进，下学在此，上达亦在此。

吾友吴竹如格物工夫颇深，一事一物，皆求其理。倭艮峰先生则诚意工夫极严，每日有日课册，一日之中一念之差、一事之失、一言一默皆笔之于书。书皆楷字，三月则订一本。自乙未年起，今三十本矣。盖其慎独之严，虽妄念偶动，必即时克治，而著之于书。故所读之书，句句皆切身之要药。兹将艮峰先生日课抄三叶付归，与诸弟看。余自十月初一日起亦照艮峰样，每日一念一事，皆写之于册，以便触目克治，亦写楷书。冯树堂与余同日记起，亦有日课册。树堂极为虚心，爱我如兄，敬我如师，将来必有所成。余向来有无恒之弊，自此次写日课本子起，可保终身有恒矣。盖明师益友，重重夹持，能进不能退也。本欲抄余日课册付诸弟阅，因今日镜海先生来，要将本子带回去，故不及抄。十一月有折差，准抄几叶付回也。

余之益友，如倭艮峰之瑟僴，令人对之肃然；吴竹如、窦兰泉之精义，一言一事，必求至是；吴子序、邵蕙西之谈经，深思明辨；何子贞之谈字，其精妙处，无一不合，其谈诗尤最符契。子贞深喜吾诗，故吾自十月来已作诗十八首。兹抄二叶，付回与诸弟阅。冯树堂、陈岱云之立志，汲汲不遑，亦良友也。镜海先生，吾虽未尝执贽请业，而心已师之矣。

吾每作书与诸弟，不觉其言之长，想诸弟或厌烦难看矣。然诸弟苟有长信与我，我实乐之，如获至宝。人固各有性情也。

余自十月初一日起记日课，念念欲改过自新。思从前与小珊有隙，实是一朝之忿，不近人情，即欲登门谢罪。恰好初九日小珊来拜寿，是夜余即至小珊家久谈。十三日与岱云合伙，请小珊吃饭。从此欢笑如初，前隙尽释矣。

金竺虔报满用知县，现住小珊家，喉痛月余，现已全好。李笔峰在汤家如故。易莲舫要出门就馆，现亦甚用功，亦学倭艮峰者也。同乡李石梧已升陕西巡抚。两大将军皆锁拿解京治罪，拟斩监候。英夷之事，业已和抚。去银二千一百万两，又各处让他码头五处。现在英夷已全退矣。两江总督牛鉴，亦锁解刑部治罪。

近事大略如此，容再续书。

道光二十二年十至十二月日记选

十月

初三日

一早，心嚣然不静。辰正出门拜何子敬，语不诚。至岱云处，会课一文一诗，誊真，灯初方完。仅能完卷，而心颇自得，何器小若是！与同人言多尖颖，故态全未改也。归，接家信。岱云来，久谈，彼此相劝以善。予言皆己所未能而责人者。岱云言余第一要戒"慢"字，谓我无处不着怠慢之气，真切中膏肓〔肓〕也。又言予于朋友，每相恃过深，不知量而后入，随处不留分寸，卒至小者龃龉，大者凶隙，不可不慎。又言我处事不患不精明，患太刻薄，须步步留心。此三言者皆药石也。天头：直哉，岱云克敦友谊。默坐，思此心须常有满腔生意；杂念憧憧，将何以极力扫却？勉之！复周明府乐清信。利心已萌。记本日事。

初四日

早起，读《咸卦》，较前日略入，心仍不静。饭后往何家拜寿，拜客五家。归，吴竹如来，长谈，彼此考验身心，真畏友也。艮峰先生来。对二君，心颇收摄。竹如言"敬"字最好，予谓须添一"和"字，则所谓敬者方不是勉强把持，即礼乐不可斯须去身之意。天头：敬自和乐，勉强固不是敬，能常勉强亦好。艮峰。① 躬行无一，而言之不怍，岂不愧煞！黎月乔前辈来，示以近作诗。赞叹有不由中语，谈诗妄作深语，己所不逮者万万。丁诵生来，应酬言太多。酉正走何子贞处，唱清音，

---

① 艮峰，倭仁字。前所排小字（原在天头）为其人批语（下同，前则中小字当亦此）。曾国藩是效法倭仁记此等省身日记的，故请其审阅作批。——本书编者注。

若自收摄，犹甚驰放，幸少说话。酒后，与子贞谈字，亦言之不怍。一日之间，三犯此病，改过之意安在？归，作字一百，心愈拘迫，愈浮杂。记本日事。又酒时忽动名心，为人戒之。

初五日

早起，高诵养气章，似有所会，愿终身私淑孟子。虽造次颠沛，皆有孟夫子在前，须臾不离，或到死之日可以仰希万一。昏浊如此，恐旋即背弃也，戒之！读《易·恒卦、遯卦》，无心得。会客三次。未正，走冯树堂处，看树堂日课，因与语收摄之方，无诸己而责诸人，可耻！且谈时心有骄气，总由心不虚故。归寓静坐，一时成寐，何不振也！饭后，岱云来，谈诗、字心得。语一经说破，胸中便无余味，所谓德之弃也。况无心得，而有掠影之谈乎？临帖二百字。记本日事。作字时，心颇活泼。

初八日

早，诵养气章。读《易》，仅三页，即有俗事来扰，心亦随之而驰。会客二次。饭后，心不静，不能读《易》，因为何子贞题画梅卷子。果能据德依仁，即使游心于诗字杂艺，亦无在不可静心养气。无奈我作诗之时，只是要压倒他人，要取名誉，此岂复有为己之志？未正诗成。何丹溪来，久谈，语多不诚。午正，会客一次，语失之佞。酉正客散。是日，与人办公送礼，俗冗琐杂可厌，心亦逐之纷乱，尤可耻也。灯后，何子贞来，急欲谈诗，闻誉，心忡忡，几不自持，何可鄙一至于是！此岂复得为载道之器乎？凡喜誉恶毁之心，即鄙夫患得患失之心心〔衍一心字〕也。于此关打不破，则一切学问才智，适足以欺世盗名为已矣。谨记于此，使良友皆知吾病根所在。与子贞久谈，躬不百一，而言之不怍，又议人短，顷刻之间，过恶丛生，皆自好誉之念发出。习字一百，草率记本日事。

初九日

大人寿辰。辰正陪客，至申初方散。酒食太菲，平日自奉不俭，至亲前反不致隆，何不加察也？客散后，料俗事数件。晡时，走小珊处。小珊前与予有隙，细思皆我之不是。苟我素以忠信待人，何至人不见信？苟我素能礼人以敬，何至人有慢言？且即令人有不是，何至肆口漫骂，忿戾不顾，几于忘身及亲若此！此事余有三大过：平日不信不敬，相恃太深，一也；比时一语不合，忿恨无礼，二也；龃龉之后，人反平易，我反悍然不近人情，三也。恶言不出于口，忿言不反于身，此之不知，遑问其他？谨记于此，以为切戒。天头：自反极是！与小珊、竺虔谈甚久，总是说话太多。两日全未看书，且处处不自检点，虽应酬稍繁，实由自新之志不痛切，故不觉放松耳。记本日事。

初十日

早，读《明夷卦》，无所得。饭后，办公礼送海秋家，烦琐。出门，谢寿数处，至海秋家赴饮。渠女子是日纳采。座间，闻人得别敬，心为之动。昨夜，梦人得利，甚觉艳羡，醒后痛自惩责，谓好利之心至形诸梦寐，何以卑鄙若此！方欲痛自湔洗，而本日闻言尚怦然欲动，真可谓下流矣！与人言语不由中，讲到学问，总有自文浅陋之意。席散后闲谈，皆游言。见人围棋，跃跃欲试，不仅如见猎之喜，口说自新，心中实全不真切。归，查数，久不写账，遂茫不清晰，每查一次，劳神旷功。凡事之须逐日检点者，一日姑待后来补救，则难矣。况进德修业之事乎？是日席间，海秋言人处德我者不足观心术，处相怨者而能平情，必君子也。此余所不能也。记本日事。

十一日

三十二初度。同年十人在寓中会课。绝早客来，灯后方散。出题太难，又以生辰，同人皆不完卷，余亦不作，无恒。主人气先散漫，故众亦懒散，说话又多戏谑。是日，酒食较丰，而大人寿辰反菲，颠倒错谬，总由不静故。应酬稍繁之时，便漫无纪律。戏作自寿诗，限三讲全韵。以己之能病人，浅露极矣！天头："寿"字易，"警、勉"等字如何？艮峰。客散后，走何子贞处。夜已深，尚不在家静养，何浮躁也！与子敬久谈后，子贞归。后，兄弟立次予自寿诗韵，欣羡其才，何为人骛外之见如此其重，而为己之志如此其不坚也。真浊物矣！归已三更。今日精力疲乏，明日读书，必不入。记本日事。

十二日

起晏。作《初度次日书怀》诗一首。饭后，读《易·家人卦》，心不潜入。言物行恒，诚身之道也，万化基于此矣。余病根在无恒，故家内琐事，今日立条例，明日仍散漫，下人无常规可循，将来莅众，必不能信，作事必不能成，戒之！未正，冯树堂来，阅予日课，云："说得已是，须切诚而致行之耳。"申初出门，拜客谢寿。晚归，作《忆弟》诗一首。数日心沾滞于诗，总由心不静故。不专一，当力求主一之法，诚能主一，养得心静气恬，到天机活泼之时，即作诗亦自无妨。我今尚未也，徒以浮躁之故，故一日之间，情志屡迁耳。查数，许久乃晰。记本日事。

十三日

早起，读《易·睽卦》。凡睽起于相疑，相疑由于自矜。明察我之于小珊，其如"上九"之于"六三"乎？吴氏谓合睽之道，在于推诚守正，委曲含宏，而无私意猜疑之弊，戒之勉之！此我之要药也。习字一百。未正，走岱云处，与渠同请客一席，至三更方散。是日，口过甚多，中有一言戏谑，非特过也，直大恶矣！同人射覆，有求胜心；夜深对客，有慢易之态。客去，与易莲舫论食色之非性。谈理时，心颇和平。

十四日

起晏。心浮不能读书，翻《陈卧子年谱》，涉猎悠忽。饭后，读《易·蹇卦》。因心浮，故静坐，即已昏睡，何不自振刷也！未初，客来，示以时艺，赞叹语不由中。予此病甚深。孔子之所谓巧令，孟子之所谓餂，其我之谓乎？以为人情好誉，非是不足以悦其心，试思此求悦于人之念，君子乎？女子小人乎？且我诚能言必忠信，不欺人，不妄语，积久人自知之。不赞，人亦不怪。天头：不管人怪否，要忠信。艮峰。苟有试而誉人，人且引以为重。天头：重否？若日日誉人，人必不重我言矣！欺人自欺，灭忠信，丧廉耻，皆在于此，切戒切戒！接次客来，申正方散。写联二付。灯后，仍读《易》，心较静。作《忆弟》诗一首。誊本月诗。记昨日、今日事。

十五日

早起，读《易》数页。走会馆敬神。拜客数家。访竹如，不值，饭杜兰溪处。谒房师季仙九先生。自庚子送别，今始服阕入都，容颜较老矣。归寓，竹如来，久谈。竹如说理，实有体验，言舍"敬"字别无下手之方，总以严肃为要。自问亦深知"敬"字是吃紧下手处，然每日自旦至夜，瑟㥶赫喧之意曾不可得，行坐自如，总有放松的意思，及见君子时，又偏觉整齐些，是非所谓掩着者耶？《家人》"上九"曰："有孚威如。"《论语》曰："望之俨然。"要使房闼之际、仆婢之前、燕昵之友常以此等气象对之方好，独居则火灭修容，切记切记！此第一要药。能如此，乃有转机，否则堕落下流，不必问其他矣。接次会客，酉正方散。灯后，冯树堂来，与谈礼乐不可斯须去身之义，甚畅然。只是善谈，何益于己？乏甚，早寝。

廿日

早起，作《忆九弟》五律二首。饭后，读《夬卦》、《姤卦》。读书时，心外驰，总是不敬之咎，一早清明之气，乃以之汩溺于诗句之小技，至日间仍尔昏昧。文辞溺心最害事，朱子云，平淡自摄，岂不较胜思量诗句耶！艮峰。巳正会客一次。申初进城看房子，便拜客三家，灯时始归。车上有游思。归，乏甚。夜读《夬》、《姤》二卦，颇入。记《茶余偶谈》一则。日内不敬不静，常致劳乏，以后须从"心正气顺"四字上体验。谨记谨记！又每日游思，多半是要人说好。为人好名，可耻！而好名之意，又自谓比他人高一层，此名心之症结于隐微者深也。何时能拔此根株？天头：此心断不可有。

廿一日

晨醒，贪睡晏起，一无所为，可耻。饭后，读《易》仅两页。竺虔来，久谈。接九弟信，喜已到省，而一路千辛万苦，读之深为骇悸。又接郭云仙信并诗。两信各一二千字，读之又读，兄弟友朋之情，一时凑集。未正出门，为办公礼事，拜客三家，归。饭后，岱云来，谈至三更。说话太多，神倦，心颇有骄气。斗筲之量，真可丑也。岱云每日工夫甚多而严，可谓惜分阴者，予则玩世不振。客去后，念每日昏锢，由于多吃烟，因立毁折烟袋，誓永不再吃烟。如再食言，明神殛之！

廿二日

早起，读《萃卦》，心颇入，总有浮气。饭后，读《升卦》，未毕。走晏同甫处拜寿，便拜黎樾乔前辈。渠今日请客，因被留住谈诗。又是说话太多，举止亦绝无瑟侗之意。灯后归。接家信，大人教以保身三要：曰节欲、节劳、节饮食。又言凡人交友，只见得友不是而我是，所以今日管鲍，明日秦越，谓我与小珊有隙，是尽人欢、竭人忠之过，宜速改过。走小珊处，当面自认不是。又云使气小非保身体之道。小子读之悚然。小子一喜一怒，劳逸疴痒，无刻不萦于大人之怀也。若不敬身，其禽兽矣。仍读《易》数刻。记昨日、今日事。翻阅杜诗，涉猎无所得。

廿四日

早起，读《困卦》，心驰出，不在《易》而在诗，以昨日接筠仙诗，思欲和之故也。饭后，强把此心读《易》，竟不能入，可恨！细思不能主一之咎，由于习之不熟，由于志之不立，而实由于知之不真。若真见得不主一之害心废学，便如食乌喙之杀人，则必主一矣。不能主一，无择无守，则虽念念在四书、五经上，亦只算游思杂念，心无统摄故也。况本为歧念乎？午正走岱云处，闻窦兰泉论予为祖寿称觞云："承父命则可，非承命则俗也。"论事最显而确，因决计不称庆。走何子贞处谈诗，夸诞。归，翰城来。饭罢，天黑，一日闲游荒业，可愧可恨！夜作《答筠仙》诗四首。

廿七日

晏起。意欲节劳，而游思仍多，心动则神疲，静则神裕，不得徒以旷功坐废为敬身，所谓认贼作子也。饭后，临帖二百字。巳正出门会竺虔、道喜两处，城内拜艮峰前辈，谒唐先生，拜竹如、窦兰泉，灯初方归。艮峰前辈言：无间最难，圣人之纯亦不已，颜子之"三月不违"，此不易学，即"日月之至"，亦非诸贤不能，"至"字煞宜体会。我辈但宜继继续续求其时习而说。唐先生言，最是"静"字功夫要紧，大程夫子是三代后圣人，亦是"静"字功夫足。王文成亦是"静"字有功夫，所以他能不动心。若不静，省身也不密，见理也不明，都是浮的。总是要静。又曰：凡人皆有切身之病，刚恶柔恶，各有所偏，溺焉既深，动辄发见，须自己体察所溺之病，终身在此处克治。天头：心静则体察精，克治亦省力。若一向东驰西骛，有溺焉而不知，知而无如何者矣！艮峰。余比告先生，谓素有忿很不顾气习，偏于刚恶，既而自究所病只是好动不好静。先生两言盖对症下药也。务当力求主静，如使神明如日之升，即此以求其继继续续者，即所谓缉熙也。知此而不行，真暴弃矣！真小人矣！夜，何子敬来，久谈，语多不诚，总是巧言，二更去。戏作《傲奴》诗。子敬讲字甚有益。

廿九日

早起，心不静。走邵蕙西处谈，有骄气。归，蕙西来，久不见，甚觉亲切，然彼此都不近里。读《鼎卦》，不入。会客三次，总是多言，且气浮嚣。晚饭后，会二客，心简慢而格外亲切，言不诚。灯后客去。余亦出门，走岱云处。不能静坐，只好出门。天头：心不耐闲，是病。自戒烟以来，心神彷徨，几若无主，遏欲之难，类如此矣！不挟破釜沉舟之势，讵有济哉！旁注：诚然。同岱云走晤何家兄弟，词气骄浮，多不检。归，已夜深。记本日事。

十一月

朔日

晏起。走会馆敬神。至琉璃厂买书，拜客两家。至汇元堂拜田敬堂之尊人寿，因在彼应酬一日。楼上堂客，注视数次，大无礼。与人语多不诚，日日如此，明知故犯。酉正归。灯后，记《馈贫粮》，记本日事，点古文一卷。是日思存心则缉熙光明，如日之升；修容则正位凝命，如鼎之镇。内外交养，敬义夹持，何患不上达！慎之，勉之！无忘斯言，《诗》曰："颜之厚矣。"殆言躬不逮者与？

初五日

早起。读《艮卦》，午正毕，心颇入。会客一次，甚久。旋窦兰泉来，言理见商，余实未能心领其语意，而妄有所陈，自欺欺人，莫此为甚。总由心有不诚，故词气虚恹，即与人谈理，亦是自文浅陋，徇外为人，果何益哉？可恨，可羞！申初，记《馈贫粮》半时。灯后，冯树堂来，渠近日养得好，静气迎人。谈半时，邀余同至岱云处久谈，论诗文之业亦可因以进德。天头：固是。然一味耽著诗文，恐于进德无益也。艮峰。彼此持论不合，反复辩诘。余内有矜气，自是特甚，反疑人不虚心，何明于责人而暗于责己也？归，已三更，点古文一卷，心不入，神疲故也。申正记昨日事。

初六日

早起，读《易·渐卦》。饭后，读《归妹卦》。尚未看王弼本。邵蕙西来，久谈。旋贺麓樵来，与之谈艺，有巧言。此刻下手工夫，除谨言、修容、静坐三事，更从何处下手？每日全无切实处，尚晓晓与人说理，说他何益？吴子序约吃饭，未正去，席间谐语无节。散后，走何子贞家，观人围棋，跃跃然心与之驰。归，乏甚。日来心愈浮，则言愈繁，而神愈倦。记昨日、今日事。

初八日

醒早，沾恋，明知大恶，而姑蹈之，平旦之气安在？真禽兽矣！要此日课册何用？无日课岂能堕坏更甚乎？尚腼颜与正人君子讲学，非掩著而何？辰正起，读《旅卦》。饭后，读《巽卦》，一无所得。白文都不能背诵，不知心忙甚么。丹黄几十叶书，如勉强当差相似，是何为者？平生只为不静，断送了几十年光阴。立志自新以来，又已月余，尚浮躁如此耶！新买缪刻《太白集》，翻阅高吟数十章，甚畅，即此可见重外轻内矣。未正，出门拜寿，拜客三家，晡时归。饭后，岱云来。余写联幅七纸，岱云欲观予《馈贫粮》本，予以雕虫琐琐深闭固拒，不欲与之观。一时掩著之情，自文固陋之情，巧言令色，种种丛集，皆从好名心发出，盖此中根株深矣。初更客去。复黄晓潭信，伪作亲厚语，意欲饵他馈问也。喻利之心鄙极丑极！即刻猛省痛惩，换写一封，作疏阔语。
天头：迁改勇甚，可敬！记昨日、今日事。昨日心境已记不清切，自治之
疏极矣。三更，点古文一卷半。

初九日

早起，读《兑卦》。冯树堂来，邀同至岱云家拜年伯母寿，吃面。
席间一语，使人不能答，知其不能无怨。言之不慎，尤悔丛集，可不戒
哉！散后，宜速归，乃与竺虔同走何家。与人围棋一局，又看人一局，
不觉耽阁一时。急抽身回家，仍读《兑卦》。申刻，走岱云家晚饭，席
前后气浮言多。与海秋谈诗文，多夸诞语，更初散。又与海秋同至何
家，观子贞、海秋围棋，归已亥正。凡往日游戏随和之处，不能遽立崖
岸，惟当往还渐稀，相见必敬，渐改征逐之习；平日辩论夸诞之人，不
能遽变聋哑，惟当谈论渐低卑，开口必诚，力去狂妄之习。此二习痼弊
于吾心已深。天头：要紧要紧！前日云，除谨言静坐，无下手处，今忘之
耶？以后戒多言如戒吃烟。如再妄语，明神殛之！并求不弃我者，时时
以此相责。

十三日

又晏起，真下流矣！树堂来，与言养心养体之法。渠言舍静坐更无
下手处，能静坐而天下之能事毕矣。因教我焚香静坐之法，所言皆阅历
语，静中真味，煞能领取。言心与气总拆不开，心微浮则气浮矣，气散
则心亦散矣。此即孟子所谓"志壹则动气，气壹则动志"也。与树堂同
走岱云处早饭，席间一语欺树堂。午初归。因昨日《李集》、《乐府题
解》已抄一半，索性接抄，灯后，始抄完，共八叶。焚香静坐一时，心
仍驰放，勉强支持，犹颓然欲睡，何也？记昨日、今日事。作《题塞外
课经图》诗一首，凡笔墨应酬，须即日打发，既不失信于人，此心亦大
清净。

十四日

起亦不早。焚香静坐半时。饭后，誊诗送去，数月方报，不恕之
至。王翰城来，谈半时去。剃发。仍静坐，不得力，枕肘睡去，醒来心
甚清。点古文一卷。饭后，张楠皆、李笔峰来久坐，灯后去。点古文一
卷，静坐小半时，颓然欲睡，可恨之至。细思神明则如日之升，身静则
如鼎之镇，此二语可守者也。惟心到静极时，所谓未发之中，寂然不动
之体，毕竟未体验出真境来。意者只是闭藏之极，逗出一点生意来，如
冬至一阳初动时乎？贞之固也，乃所以为元也；蛊之坏也，乃所以为启

也；谷之坚实也，乃所以为始播之种子也。然则不可以为种子者，不可谓之坚实之谷也。此中无满腔生意，若万物皆资始于我心者，不可谓之至静之境也。然则静极生阳，盖一点生物之仁心也。息息静极，仁心不息，其参天两地之至诚乎？颜子三月不违，亦可谓洗心退藏，极静中之真乐者矣。我辈求静，欲异乎禅氏入定冥然冈觉之旨，其必验之此心，有所谓一阳初动，万物资始者，庶可谓之静极，可谓之未发之中，寂然不动之体也。不然，深闭固拒，心如死灰，自以为静，而生理或几乎息矣，况乎其并不能静也。有或扰之，不且憧憧往来乎？深观道体，盖阴先于阳，信矣。然非实由体验得来，终掠影之谈也。始记于此，以俟异日。记本日事。早寝。此所谓复其见天地之心也。次早又记。

十五日

早起，至会馆敬神，便拜客五家，巳正归。在车中看《中孚卦》，思人必中虚，不著一物而后能真实无妄，盖实者不欺之谓也。人之所以欺人者，必心中别著一物，心中别有私见，不敢告人，而后造伪言以欺人。若心中不著私物，又何必欺人哉？其所以自欺者，亦以心中别著私物也。所知在好德，而所私在好色，不能去好色之私，则不能不欺其好德之知矣。是故诚者，不欺者也。不欺者，心无私著也。无私著者，至虚者也。是故天下之至虚，天下之至诚者也。当读书则读书，心无著于见客也；当见客则见客，心无著于读书也。一有著则私也。灵明无著，物来顺应，未来不迎，当时不杂，既过不恋，是之谓虚而已矣，是之谓诚而已矣。以此读《无妄》、《咸》、《中孚》三卦，盖扞格者鲜矣。是日，女儿周岁，吃面，不觉巳醉。出门拜客二家，皆说话太多。申正归。饭后，岱云来久谈，因同出步月，至田敬堂寓，有一言谐谑，太不检。归，作《琐琐行》诗，子初方成。

十六日

早起，誊昨夜诗，尽改换大半。饭后，走何子敬处，欲与之谈诗，凡有所作，辄自适意，由于读书少，见理浅，故器小易盈，如是可耻之至！与子敬围棋一局。前日服树堂之规而戒之，今而背之，且由我倡议，全无心肝矣。归，房闼大不敬，成一大恶。细思新民之事，实从此起。万化始于闺门，除刑于以外无政化，除用贤以外无经济，此之不谨，何以谓之力！吾自戒吃烟，将一月，今差定矣！以后余有三戒：一戒吃烟，二戒妄语，三戒房闼不敬。一日三省，慎之慎之！下半天悠忽将一时，可恨！夜，作诗一首，十二早已作十句，足成之。记本日、昨日事。不读《易》，荒正业已五日矣，尚得为人乎？作"地用莫如马"二章。

十七日

早起，思将昨夜三诗誊稿，了此一事，然后静心读书。乃方誊之时，意欲求工，展转不安，心愈迫，思愈棘，直至午正方誊好。因要发家信，又思作诗寄弟，千情缠绵，苦思不得一句。凡作诗文，有情极真挚，不得不一倾吐之时。然必须平日积理既富，不假思索，左右逢原，其所言之理，足以达其胸中至真至正之情，作文时无镌刻字句之苦，文成后无郁塞不吐之情，皆平日读书积理之功也。若平日蕴酿不深，则虽有真情欲吐，而理不足以适之，不得不临时寻思义理。义理非一时所可取办，则不得不求工于字句。至于雕饰字句，则巧言取悦，作伪日拙，所谓修词立诚者，荡然失其本旨矣！以后真情激发之时，则必视胸中义理何如，如取如携，倾而出之可也。不然，而须临时取办，则不如不作，作则必巧伪媚人矣。谨记谨记。未正，竺虔来，久谈。背议人短，不能惩忿。送竺虔出门，不觉至渠寓，归已将晚。写家信呈堂上，仅一叶，寄弟信三千余字。

廿二日

晏起。病已愈矣，尚尔沾恋，何也？阅书仅数叶。早饭，记前日、昨日事。走邵蕙西处谈。归，阅《山谷集》，涉猎无得，可恨！好光阴长是悠忽过了。又围棋一局，此事不戒，何以为人？日日说改过，日日悔前此虚度，毕竟从十月朔起，改得一分毫否？未正，朱廉甫前辈偕蕙西来，二君皆直谅多闻者，廉甫前辈之枉过，盖欲引予为同志，谓可与适道也。岂知予绝无改过之实，徒有不怍之言，竟尔盗得令闻，非穿窬而何？贻父母羞辱，孰有大于此哉！二君久谈，廉甫自言，得力于师友为多。接次会客，至二更初方散。点诗二卷。

廿三日

早，点诗一卷。至出敬堂处会课，写折子五开，申正归，饭。点诗三卷。古文尚未点完，忽迁而点诗，无恒不知戒耶？记昨日、今日事。自立志自新以来，至今五十余日，未曾改得一过，所谓"三戒"、"两如"及静坐之法，养气之方，都只能知，不能行，写记此册，欲谁欺乎？此后直须彻底荡涤，一丝不放松。从前种种，譬如昨日死，以后种种，譬如今日生。务求息息静极，使此生意不息，庶可补救万一。慎之，勉之！天头：力践斯言，方是实学。艮峰。无徒巧言如簧也。

二十四日

晏起。点诗数页。饭后拜客，至申正止。晤朱廉甫前辈，看诗二首，是宗韩者，虽不多说，然尚有掠影之谈。晤竹如，走艮峰前辈处，送日课册，求其箴砭。见其整肃而和，知其日新不已也。而余内不甚愧愤，何麻木不仁至是！竟海先生处，惜不久谈。申正，赴何子贞饮约。座间太随和，绝无严肃之意。酒后，观人围棋，几欲攘臂代谋，屡惩屡忘，直不是人！天头：我辈既知此学，便须努力向前，完养精神，将一切闲思维、闲应酬、闲言语扫除净尽，专心一意，钻进里面，安身立命，务要另换一个人出来，方是功夫进步，愿共勉之！艮峰。便至岱云处，与之谈诗，倾筐倒箧，言无不尽，至子初方归。比时自谓与人甚忠，殊不知已认贼作子矣。日日耽著诗文，不从戒惧谨独上切实用功，已自误矣，更以之误人乎？且无论是非，总是说得太多。

廿六日

晏起，可恨！点诗一卷。至杜兰溪家拜寿，说话谐谑，无严肃意，中有一语谑而为虐矣。谨记大恶。拜客两处，微近巧言。未正至竹如处，谈至昏时。竹如有弟之丧，故就之谈以破寂，所言多血气用事。竹如辄范我于义理，竹如之忠于为友，固不似我之躁而浅也。归，接到艮峰前辈见示日课册，并为我批此册，读之悚然汗下，教我扫除一切，须另换一个人。安得此药石之言！细阅先生日课，无时不有戒惧意思，迥不似我疏散，漫不警畏也。不敢加批，但就其极感予心处著圈而已。夜深，点诗一卷。

廿七日

早起，读《中孚卦》，心颇入。饭后，走唐诗甫处拜其年伯冥寿，无礼之应酬，勉强从人，盖一半仍从毁誉心起．怕人说我不好也。艮峰前辈教我扫除闲应酬，殆谓此矣。张雨农邀同至厂肆买书，又说话太多。黄莪卿兄弟到京，便去看。与岱云同至小珊处，渠留晚饭，有援止而止底意思。又说话太多，且议人短。细思日日过恶，总是多言，其所以致多言者，都从毁誉心起。欲另换一个人，怕人说我假道学，此好名之根株也。尝与树堂说及，树堂已克去此心矣，我何不自克耶？记廿四、五、六、七四日事。

十二月

朔日

早起，读《易》数页。走会馆敬神。拜客数家。车上有游思。午正，至寄云处会课，手冷，竟不成字，久荒故也。父大人若知我不写白折，必窃忧之。便走岱云处，观渠日课册，因论二人之不如艮峰先生之密。同走子序处谈，便过子贞处，仍至寄云处。晚饭后，予复至子序处，因子贞劝做寿屏，故往求子序撰文也。听子序谈《中庸》，甚畅。复走何子贞处，求写寿屏，因论诗甚畅。又围棋一局，何以为人？归已三更，倦极。本日扰扰，几不知有所谓自新者。又席间一言犯众，疏极！每日大过，都在语言。

初七日

晏起。看《浮邱子》五十叶。未初走蕙西处，谈片刻。归，剃头。申初海秋来久谈，言不诚。酉初出门拜客，饭岱云处。同走子贞处，商寿文。与子敬谈，多言。岱云之勤，子贞之直，对之有愧。归，读史十叶。寝不寐，有游思，殆夜气不足以存矣。何以遂至于是！不圣则狂，不上达则下达，危矣哉！自十月朔立志自新以来，两月余渐渐疏散，不严肃，不谨言，不改过，仍故我矣。树堂于昨初一重立功课，新换一个人，何我遂甘堕落耶？从此谨立课程，新换为人，毋为禽兽。

课程

敬整齐严肃。无时不惧。无事时心在腔子里，应事时专一不杂。如日之升。

静坐每日不拘何时，静坐半时。体验来复之仁心。正位凝命，如鼎之镇。

早起黎明即起，醒后勿粘恋。

读书不二一书未点完，断不看他书。东翻西阅。徒徇外为人。每日以十叶为率。

读史丙申购廿三史。大人曰："尔借钱买书，吾不惮极力为尔弥缝。尔能圈点一遍，则不负我矣。"嗣后每日点十叶，间断不孝。

谨言刻刻留心，是功夫第一。

养气气藏丹田，无不可对人言之事。

保身十月廿二奉大人手谕曰："节劳、节欲、节饮食。"时时当作养病。

日知所亡每日记《茶余偶谈》二则。有求深意是徇人。

月无忘所能每月作诗文数首，以验积理之多寡，养气之盛否。不可一味耽着，最易溺心丧志。

作字早饭后作字半时，凡笔墨应酬，当作自己课程。凡事不可待明日，愈积愈难清。

夜不出门旷功疲神，切戒切戒。

十二日

早起，与岱云同至艮峰先生处，谈至学臣之难称职，余言有徇外为人意。同至唐先生处，先生命吃便饭。不终席，出城赴吴莘畲饮约。座间，晤姜樟圃曾、崔芋堂乃犟及朱廉甫前辈。姜长于形势，足迹遍天下，口如悬河；崔长于词赋。予力戒多言，恐毫无实学，而声闻日广也。归，拜客一家，至蕙西处略谈。归，心浮而神疲，静坐片刻。读史五叶。树堂来，邀同至岱云处，强与同行，久谈，多谐语。树堂较默。夜深方归。仍读史五叶，记《茶余偶谈》二则。是日闻樟圃言，镇箪总兵长春，字松心，将材也。虚衷下士，爱士卒，又娴文事。廉甫闻而舞蹈，好贤之诚不可及。

十三日

晏起，可恨。读史，恐本夜有事耽搁，至午初方毕。何子贞作祖父母寿文，读之甚惬心。而以后半叙次不甚似祖大人气象，意欲自加润色，良久，乃修饰妥当。持稿示蕙西，蕙西责予曰："子孙孝思，曾不系乎此，此世俗所谓尊其亲者也。君不宜以此逐逐，徒浪费耳。且君只拟作一副寿屏，既请子序撰文，不宜复商之子贞；子贞作文，君亦不得赞一词，节次差缪，总为俗见所蔽，遂致小事都迷。"闻言悚然，回看子序文，良深远绝俗，益信闻誉言则气易骄，闻箴言则心易虚，良友夹持可少乎哉？因定计办屏两架，以文吾过。饭后，走琉璃厂买纸，与岱云同至海秋处，因渠不得京察代，故往慰籍。语太激厉，又议人短，每日总是口过多，何以不改？归，岱云在寓，久谈，三更始散。留客贪谈，心不静也。记《茶余偶谈》二则。

十五日

早起，读《易·系》十叶。饭后，午初至会馆，便拜客半日。至岱云处，留晚饭。同至萧汉溪前辈寓。座间，劝予写折子，实忠告之言，而我听之藐藐，意谓我别有所谓工夫也。细思我何尝用工夫，每日悠悠忽忽，一事未作，既不能从身心上切实致力，则当作考差工夫，冀博堂上之一欢，两不自力，而犹内有矜气，可愧可丑！与汉溪、可亭、岱云同至江小帆同年处，江服阕，初至也。二更尽，归。寒月清极，好光阴荡过，可惜！读史十叶。记《茶余偶谈》一则。

十六日

晏起，直不成人。日高三丈，客已来矣。翰城来，留吃早饭。讹言是日某武臣部拟斩立决，人邀同往西市观，欣然乐从，仁心丧尽，比时悔之而不速返，徘徊良久，始归。旷日荒缪至此，尚得为人乎？读海秋《浮邱子》一篇，读史十叶。蕙西来久谈。料理公事二三端，已晚矣。又断送一日。夜，走雨三处，求写寿屏，渠不得闲。谈次，闻色而心艳羡，真禽兽矣。复走子贞处，无事夜行，心贪嬉游，尚说甚学！又围棋一局，要日课册何用？归记《茶余偶谈》一则。是日，奉到家信。

十九日

晏起，绝无警惧之意矣！一早悠忽。饭后，读史十叶。房闱又不敬。前誓有三戒，今忘之耶？既写日课册，于此等大过，尚不改，其他更复何说？甘心为禽兽，尚敢厚颜与正人君子往还耶？竺虔来，略谈，与同至子贞处看寿屏。旋同走岱云处，久谈。余语多失之谐，又背议人短，亦见豕负涂之象，不能惩忿，生出多少毛病来。岱云留晚饭。饭后，三人同走竺虔处。归，写家信禀堂上，楷信二叶，寄弟信五叶，恨自己无实学，教弟虽多，言总不得要领也。记《茶余偶谈》一则。

廿三日

晏起。改诗三句。写绢。饭后，携交田敬堂。走雨三处，为云陔托销假事。旋至子序处，不晤。便过子贞，见其作字，真学养兼到。天下事皆须沉潜为己〔之〕，乃有所成，道艺一也。子敬留围棋一局。嬉戏游荡，漫不知惧，适成为无忌惮之小人而已矣。便过岱云，久谈，语多不怍。归，留客晚饭。树堂来，谈及日来工夫甚疏，待明年元旦荡涤更新。渠深自惭，予则更无地自容矣。邵蕙西来，三人畅谈。祭灶后，因共小酌。予言有夸诞处，一日间总是屡犯欺字耳！客去，读史十叶。记《茶余偶谈》一则，勉强凑，无心得。

廿六日

晏起，料理各项帐目，兼平公私银两，约耽阁一时许。已至〔正〕与蕙西同至子序处唁吊，便至寄云处略谈。归，读史五叶。心摇摇如悬旌，又皇皇如有所失，不解何故？盖以凤诺久不偿，甚疚于心，又以今年空度，一事无成，一过未改，不胜愤恨。又以九弟之归，心常耿耿。及他负疚于师友者，百念丛集，故昨两夜不能寐。下半天，蕙西来。夜，树堂来，又雨三、岱云、少平三同年来，留树堂久坐，畅谈，四更方归。树堂谓予有周旋语，相待不诚。诚伪最不可掩，则何益矣！予闻之，毛骨悚然。然比时周旋语已不自记忆，疏而无忌，一至是耶？与树堂吃酒后，心略安帖。

廿七日

早起。读史至午初止，共廿余叶，补昨日之程，以后切戒。旋看下人收拾房屋，约半时。剃头、写对联约一时。欲作诗，不成。下半日，因俗事走岱云处。归，因下人侵蚀钱项，忿怒不能释。日来以尤悔百端，心忡忡无主，又添一番懊恼，更不安矣。勉强围棋，亦复视而不见。行有不慊则气馁，今我则悔吝丛集，气固馁，心尤愧恨，奈何！记昨日、今日事。记《茶余偶谈》二则，以补昨日之程。

致澄弟温弟沅弟季弟
（道光二十三年正月十七日）

诸位老弟足下：

正月十五日接到四弟、六弟、九弟十二月初五日所发家信。

四弟之信三叶，语语平实。责我待人不恕，甚为切当。谓月月书信徒以空言责弟辈，却又不能实有好消息，令堂上阅兄之书，疑弟辈粗俗庸碌，使弟辈无地可容云云。此数语，兄读之不觉汗下。

我去年曾与九弟闲谈，云为人子者，若使父母见得我好些，谓诸兄弟俱不及我，这便是不孝；若使族党称道我好些，谓诸兄弟俱不如我，这便是不弟。何也？盖使父母心中有贤愚之分，使族党口中有贤愚之分，则必其平日有讨好底意思，暗用机计，使自己得好名声，而使其兄弟得坏名声，必其后日之嫌隙由此而生也。刘大爷、刘三爷兄弟皆想做好人，卒至视如仇雠。因刘三爷得好名声于父母族党之间，而刘大爷得坏名声故也。今四弟之所责我者，正是此道理，我所以读之汗下。但愿兄弟五人，各各明白这道理，彼此互相原谅。兄以弟得坏名为忧，弟以兄得好名为快。兄不能使弟尽道得令名，是兄之罪；弟不能使兄尽道得令名，是弟之罪。若各各如此存心，则亿万年无纤芥之嫌矣。

至于家塾读书之说，我亦知其甚难，曾与九弟面谈及数十次矣。但四弟前次来书，言欲找馆出外教书。兄意教馆之荒功误事，较之家塾为尤甚。与其出而教馆，不如静坐家塾。若云一出家塾便有明师益友，则我境之所谓明师益友者，我皆知之，且已夙夜熟筹之矣。惟汪觉庵师及阳沧溟先生，是兄意中所信为可师者。然衡阳风俗，只有冬学要紧，自五月以后，师弟皆奉行故事而已。同学之人，类皆庸鄙无志者，又最好讪笑人其笑法不一，总之不离乎轻薄而已。四弟若到衡阳去，必以翰林之弟相笑。薄俗可恶。乡间无朋友，实是第一恨事。不惟无益，且大有损。习俗染人，所谓与鲍鱼处，亦与之俱化也。兄尝与九弟道及：谓衡阳不可以读书，涟滨不可以读书，为损友太多故也。今四弟意必从觉庵师游，则千万听兄嘱咐，但取明师之益，无受损友之损也。

接到此信，立即率厚二到觉庵师处受业。其束脩，今年谨具钱十挂。兄于八月准付回，不至累及家中。非不欲从丰，实不能耳。兄所最虑者，同学之人无志嬉游，端节以后放散不事事，恐弟与厚二效尤耳。切戒切戒。凡从师必久而后可以获益。四弟与季弟今年从觉庵师，若地方相安，则明年仍可从游；若一年换一处，是即无恒者，见异思迁也，欲求长进难矣。

此以上答四弟信之大略也。

六弟之信，乃一篇绝妙古文。排奡似昌黎，拗很似半山。予论古文，总须有倔强不驯之气，愈拗愈深之意。故于太史公外，独取昌黎、半山两家。论诗亦取傲兀不群者，论字亦然。每蓄此意，而不轻谈。近得何子贞意见极相合，偶谈一二句，两人相视而笑。不知六弟乃生成有此一枝妙笔。往时见弟文，亦无大奇特者。今观此信，然后知吾弟真不羁才也。欢喜无极，欢喜无极！凡兄所有志而力不能为者，吾弟皆可为之矣。

信中言兄与诸君子讲学，恐其渐成朋党。所见甚是。然弟尽可放心。兄最怕标榜，常存暗然尚䌹之意，断不至有所谓门户自表者也。信中言四弟浮躁不虚心，亦切中四弟之病。四弟当视为良友药石之言。

信中又有荒芜已久，甚无纪律二语。此甚不是。臣子与君亲，但当称扬善美，不可道及过错；但当谕亲于道，不可疵议细节。兄从前常犯此大恶，但尚是腹诽，未曾形之笔墨。如今思之，不孝孰大乎是？常与阳牧云并九弟言及之，以后愿与诸弟痛惩此大罪。六弟接到此信，立即至父亲前磕头，并代我磕头请罪。

信中又言弟之牢骚，非小人之热中，乃志士之惜阴。读至此，不胜惘然，恨不得生两翅忽飞到家，将老弟劝慰一番，纵谈数日乃快。然向使诸弟已入学，则谣言必谓学院做情。众口铄金，何从辨起！所谓塞翁失马，安知非福。科名迟早，实有前定，虽惜阴念切，正不必以虚名萦怀耳。

来信言看《礼记》疏一本半，浩浩茫茫，苦无所得，今已尽弃，不敢复阅，现读朱子《纲目》，日十余叶云云。说到此处，兄不胜悔恨。恨早岁不曾用功，如今虽欲教弟，譬盲者而欲导人之迷途也，求其不误难矣。然兄最好苦思，又得诸益友相质证，于读书之道，有必不可易者数端：

穷经必专一经，不可泛骛。读经以研寻义理为本，考据名物为末。读经有一耐字诀。一句不通，不看下句；今日不通，明日再读；今年不精，明年再读。此所谓耐也。读史之法，莫妙于设身处地。每看一处，如我便与当时之人酬酢笑语于其间。不必人人皆能记也，但记一人，则恍如接其人；不必事事皆能记也，但记一事，则恍如亲其事。经以穷理，史以考事。舍此二者，更别无学矣。

盖自西汉以至于今，识字之儒约有三途：曰义理之学，曰考据之学，曰词章之学。各执一途，互相诋毁。兄之私意，以为义理之学最大。义理明则躬行有要而经济有本。词章之学，亦所以发挥义理者也。考据之学，吾无取焉矣。此三途者，皆从事经史，各有门径。吾以为欲读经史，但当研究义理，则心一而不纷。是故经则专守一经，史则专熟一代，读经史则专主义理。此皆守约之道，确乎不可易者也。

若夫经史而外，诸子百家，汗牛充栋。或欲阅之，但当读一人之专集，不当东翻西阅。如读昌黎集，则目之所见，耳之所闻，无非昌黎。以为天地间，除《昌黎集》而外，更别无书也。此一集未读完，断断不换他集，亦专字诀也。六弟谨记之。

读经、读史、读专集、讲义理之学，此有志者万不可易者也。圣人复起，必从吾言矣。然此亦仅为有大志者言之。若夫为科名之学，则要读四书文，读试帖、律赋，头绪甚多。四弟、九弟、厚二弟天质较低，必须为科名之学。六弟既有大志，虽不科名可也，但当守一耐字诀耳。观来信言读《礼记》疏似不能耐者，勉之勉之。

兄少时天分不甚低，厥后日与庸鄙者处，全无所闻，窍被茅塞久矣。及乙未到京后，始有志学诗古文并作字之法，亦洎无良友。近年得一二良友，知有所谓经学者、经济者，有所谓躬行实践者，始知范、韩可学而至也，马迁、韩愈亦可学而至也，程、朱亦可学而至也。慨然思尽涤前日之污，以为更生之人，以为父母之肖子，以为诸弟之先导。无如体气本弱，耳鸣不止，稍稍用心，便觉劳顿。每自思念，天既限我以不能苦思，是天不欲成我之学问也。故近日以来，意颇疏散。计今年若可得一差，能还一切旧债，则将归田养亲，不复恋恋于利禄矣。粗识几字，不敢为非以蹈大戾已耳，不复有志于先哲矣。吾人第一以保身为要。我所以无大志愿者，恐用心太过，足以疲神也。诸弟亦须时时以保身为念，无忽无忽。

来信又驳我前书，谓必须博雅有才，而后可明理有用。所见极是。兄前书之意，盖以躬行为重，即子夏"贤贤易色"章之意。以为博雅者不足贵，惟明理者乃有用，特其立论过激耳。六弟信中之意，以为不博雅多闻，安能明理有用？立论极精，但弟须力行之，不可徒与兄辩驳见长耳。

来信又言四弟与季弟从游觉庵师，六弟、九弟仍来京中，或肄业城南云云。兄之欲得老弟共住京中也，其情如孤雁之求曹也。自九弟辛丑秋思归，兄百计挽留，九弟当能言之。及至去秋决计南归，兄实无可如何，只得听其自便。若九弟今年复来，则一岁之内忽去忽来，不特堂上诸大人不肯，即旁观亦且笑我弟轻举妄动。且两弟同来，途费须得八十金，此时实难措办。弟云能自为计，则兄窃不信。曹西垣去冬已到京，郭云仙明年始起程，目下亦无好伴。惟城南肄业之说，则甚为得计。兄于二月间准付银二十两至金竺虔家，以为六弟、九弟省城读书之用。竺虔于二月起身南旋，其银四月初可到。

弟接到此信，立即下省肄业。省城中兄相好的如郭云仙、凌笛舟、孙芝房，皆在别处坐书院。贺蔗农、俞岱青、陈尧农、陈庆覃诸先生皆官场中人，不能伏案用功矣。惟闻有丁君者名叙忠，号秩臣，长沙廪生学问切实，践履笃诚。兄虽未曾见面，而稔知其可师。凡与我相好者，皆极力称道丁君。两弟到省，先到城南住斋，立即去拜丁君托陈季牧为介绍，执贽受业。凡人必有师；若无师，则严惮之心不生。即以丁君为师，此外择友则慎之又慎。昌黎曰："善不吾与，吾强与之附；不善不吾恶，吾强与之拒。"一生之成败，皆关乎朋友之贤否，不可不慎也。

来信以进京为上策，以肄业城南为次策。兄非不欲从上策，因九弟去来太速，不好写信禀堂上。不特九弟形迹矛盾，即我禀堂上亦必自相矛盾也。又目下实难办途费。六弟言能自为计，亦未历甘苦之言耳。若我今年能得一差，则两弟今冬与朱啸山同来甚好。目前且从次策。如六弟不以为然，则再写信来商议可也。此答六弟信之大略也。

九弟之信，写家事详细，惜话说太短。兄则每每太长，以后截长补短为妙。尧阶若有大事，诸弟随去一人帮他几天。牧云接我长信，何以全无回信？毋乃嫌我话太直乎？扶乩之事，全不足信。九弟总须立志读书，不必想及此等事。季弟一切皆须听诸兄话。此次折弁走甚急，不暇钞日记本。余容后告。

冯树堂闻弟将到省城，写一荐条，荐两朋友。弟留心访之可也。

复贺长龄
（道光二十三年）

国藩顿首顿首耦庚前辈大人阁下：

二月接奉手示，兼辱雅贶，感谢感谢！过蒙矜宠，奖饰溢量。国藩本以无本之学，寻声逐响，自从镜海先生游，稍乃粗识指归，坐瞀见明，亦耿耿耳。乃甫涉向道之藩，遽钓过情之誉，是再辱也。

盖尝抉剔平生之病源，养痈藏瘤，百孔杂出，而其要在不诚而已矣。窃以为天地之所以不息，国之所以立，贤人之德业之所以可大、可久，皆诚为之也。故曰："诚者，物之终始，不诚无物。"今之学者，言考据则持为骋辩之柄，讲经济则据为猎名之津，言之者不怍，信之者贵耳，转相欺谩，不以为耻。至于仕途积习，益尚虚文，奸弊所在，蹈之而不怪，知之而不言，彼此涂饰，聊以自保，泄泄成风，阿同骇异。故每私发狂议，谓今日而言治术，则莫若综核名实；今日而言学术，则莫若取笃实践履之士。物穷则变，救浮华者莫如质。积玩之后，振之以猛，意在斯乎？方今时事孔棘，追究厉阶之生，何尝不归咎于发难者。彼岂实见天下之大计，当痛惩而廓清之哉！岂预知今日之变，实能自我收之哉？不过以语言欺人，思先登要路耳。国藩以兹内省早岁所为，涉览书册，讲求众艺者，何一非欺人之事？所为高谈今古，嘤嘤自许者，何一非欺人之言？中夜以思，汗下如雷。顷观先生所为楹帖"道在存诚"云云，旨哉其阐然君子之言乎？果存诚而不自欺，则圣学王道又有他哉？镜海先生庶几不欺者也。倭艮峰前辈见过自讼，言动无妄，吴竹如比部天质木讷，贞足干事。同乡则黎月桥前辈至性肫肫，陈岱云行己知耻，冯树堂有志力学，皆勉于笃实者也。

国藩虽愚柔，既闻明训，敢不请事。若夫读书之道，博学详说，经世之才，遍采广询，自度智慧精神，终恐有所不逮。惟当谨守绳墨，不敢以浮夸导子弟，不敢以暴弃殆父母之遗体。其有所进，幸也；无所进，终吾身而已矣。辱承扶掖之盛心，恐不察其浅鄙而期许过实，故谨布一二，以为请益之地，亦附于《皇华》三拜之义云。书不宣尽，伏维垂鉴。国藩顿首顿首！

致刘蓉
（道光二十三年）

去岁辱惠书，所以讲明学术者，甚正且详，而于仆多宽假之词，意欲诱而进之，且使具述为学大指，良厚良厚！盖仆早不自立，自庚子以来，稍事学问，涉猎于前明、本朝诸大儒之书，而不克辨其得失。闻此间有工为古文诗者，就而审之，乃桐城姚郎中鼐之绪论，其言诚有可取。于是取司马迁、班固、杜甫、韩愈、欧阳修、曾巩、王安石及方苞之作，悉心而读之，其他六代之能诗者，及李白、苏轼、黄庭坚之徒，亦皆泛其流而究其归，然后知古之知道者，未有不明于文字者也。能文而不能知道者或有矣，乌有知道而不明文者乎？古圣观天地之文、兽连鸟迹而作书契，于是乎有文，文与文相生而为字，字与字相续而成句，句与句相续而成篇，口所不能达者，文字能曲传之。故文字者，所以代口而传之千百世者也。伏羲既深知经纬三才之道而画卦以著之，文王、周公恐人之不能明也，于是立文字以彰之，孔子又作《十翼》、定诸经以阐显之，而道之散列于万事万物者，亦略尽于文字中矣。所贵乎圣人者，谓其立行与万事万物相交错而曲当乎道，其文字可以教后世也。吾儒所赖以学圣贤者，亦借此文字以考古圣之行，以究其用心之所在。然则此句与句续、字与字续者，古圣之精神语笑胥寓于此。差若毫厘，谬以千里。词气之缓急，韵味之厚薄，属文者一不慎，则规模立变；读书者一不慎，则卤莽无知。故国藩窃谓今日欲明先王之道，不得不以精研文字为要务。

三古盛时，圣君贤相承继熙洽，道德之精，沦于骨髓，而问学之意，达于闾巷。是以其时虽置兔之野人，汉阳之游女，皆含性贞娴吟咏，若伊莱〔莘〕、周召、凡伯、仲山甫之伦，其道足文工，又不待言。降及春秋，王泽衰竭，道固将废，又亦殆殊已。故孔子睹获麟，曰："吾道穷矣！"畏匡，曰："斯文将丧！"于是慨然发愤，修订六籍，昭百王之法戒，垂千世而不刊，心至苦，事至盛也。仲尼既没，徒人分布，转相流衍。厥后聪明魁桀之士，或有识解撰著，大抵孔氏之苗裔，其文之醇驳，一视乎见道之多寡以为差。见道尤多者，文尤醇焉，孟轲是也；次多者，醇次焉；见少者，文驳焉；尤少者，尤驳焉。自荀、扬、庄、列、屈、贾而下，次第等差，略可指数。

夫所谓见道多寡之分数何也？曰：深也，博也。昔者，孔子赞《易》以明天道，作《春秋》以衷人事之至当，可谓深矣。孔子之门有四科，子路知兵，冉求富国，问礼于柱史，论乐于鲁伶，九流之说，皆悉其原，可谓博矣。深则能研万事微芒之几，博则能究万物之情状而不穷于用。后之见道不及孔氏者，其深有差焉，其博有差焉。能深且博而属文复不失古圣之谊者，孟氏而下，惟周子之《通书》、张子之《正蒙》，醇厚正大，邈焉寡俦。许、郑亦能深博，而训诂之文，或失则碎。程、朱亦且深博，而指示之语，或失则隘。其他若杜佑、郑樵、马贵与、王应麟之徒，能博而不能深，则文流于蔓矣；游、杨、金、许、薛、胡之俦，能深而不能博，则文伤于易矣。由是有汉学、宋学之分，断断相角，非一朝矣。仆窃不自揆，谬欲兼取二者之长，见道既深且博，而为文复臻于无累，区区之心，不胜奢愿，譬若以蚊而负山，盲人而行万里也，亦可哂已。盖上者仰企于《通书》、《正蒙》，其次则笃耆〔嗜〕司马迁、韩愈之书，谓二子诚亦深博而颇窥古人属文之法。今论者不究二子之识解，辄谓迁之书，愤懑不平；愈之书，傲兀自喜。而足下或不深察，亦偶同于世人之说，是犹睹《盘》、《诰》之聱牙而谓《尚书》不可读；观郑、卫之淫乱，而谓全《诗》可删，其毋乃漫于一概而未之细推也乎？

孟子曰："君子所性，虽大行不加焉，虽穷居不损焉。"仆则谓君子所性，虽破万卷不加焉，虽一字不识无损焉。离书籍而言道，则仁义忠信反躬皆备，尧、舜、孔、孟非有余，愚夫愚妇非不足，初不关乎文字也。即书籍而言道，则道犹人心所载之理也，文字犹人身之血气也，血气诚不可以名理矣，然舍血气则性理亦胡以附丽乎？今世雕虫小夫，既溺于声律绘藻之末，而稍知道者，又谓读圣贤书，当明其道，不当究其文字，是犹论观人者，当观其心所载之理，不当观其耳目言动血气之末也，不亦诬乎？知舍血气无以见心理，则知舍文字无以窥圣人之道矣。

周濂溪氏称文以载道，而以"虚车"讥俗儒。夫"虚车"诚不可，无车又可以行远乎？孔、孟没而道至今存者，赖有此行远之车也。吾辈今日苟有所见，而欲为行远之计，又可不早具坚车乎哉？故凡仆之鄙愿，苟于道有所见，不特见之，必实体行之，不特身行之，必求以文字传之后世。虽曰不逮，志则如斯。其于百家之著述，皆就其文字以校其见道之多寡，剖其铢两而殿最焉。于汉、宋二家构讼之端，皆不能左袒以附一哄；于诸儒崇道贬文之说，尤不敢雷同而苟随。极知狂谬，为有道君子所深屏，然默而不宣，其文过弥甚。聊因足下之引诱而一陈涯略，伏惟悯其愚而绳其愆，幸甚幸甚！

五箴并序
（道光二十四年二月初二日）

少不自立，荏苒遂洎今兹。盖古人学成之年，而吾碌碌尚如斯也，不其戚矣。继是以往，人事日纷，德慧日损，下流之赴，抑又可知。夫疢疾所以益智，逸豫所以亡身，仆以中才而履安顺，将欲刻苦而自振拔，谅哉其难之欤！作五箴以自创云。

立志箴

煌煌先哲，彼不犹人。藐焉小子，亦父母之身。聪明福禄，予我者厚哉！弃天而佚，是及凶灾。积悔累千，其终也已。往者不可追，请从今始。荷道以躬，舆之以言。一息尚存，永矢弗谖。

居敬箴

天地定位，二五胚胎。鼎焉作配，实曰三才。俨恪斋明，以凝女命。女之不庄，伐生戕性。谁人可慢？何事可弛？弛事者无成，慢人者反尔。纵彼不反，亦长吾骄。人则下女，天罚昭昭。

主静箴

斋宿日观，天鸡一鸣。万籁俱息，但闻钟声。后有毒蛇，前有猛虎。神定不慑，谁敢予侮？岂伊避人，日对三军。我虑则一，彼纷不纷。驰骛半生，曾不自主。今其老矣，殆扰扰以终古。

谨言箴

巧语悦人，自扰其身。闲言送日，亦搅女神。解人不夸，夸者不解。道听途说，智笑愚骇。骇者终明，谓女贾欺。笑者鄙女，虽矢犹疑。尤悔既丛，铭以自攻。铭而复蹈，嗟女既耄。

有恒箴

自吾识字，百历及兹。廿有八载，则无一知。曩者所忻，阅时而鄙。故者既抛，新者旋徙。德业之不常，日为物迁。尔之再食，曾未闻或愆。黍黍之增，久乃盈斗。天君司命，敢告马走。

致澄弟温弟沅弟季弟
（道光二十四年八月二十九日）

四位老弟左右：

昨二十七日接信，快畅之至，以信多而处处详明也。

四弟七夕诗甚佳，已详批诗后。从此多作诗亦甚好，但须有志有恒，乃有成就耳。余于诗亦有工夫，恨当世无韩昌黎及苏、黄一辈人可与发吾狂言者。但人事太多，故不常作诗，用心思索，则无时敢忘之耳。

吾人只有进德、修业两事靠得住。进德，则孝弟仁义是也；修业，则诗文作字是也。此二者由我作主，得尺则我之尺也，得寸则我之寸也。今日进一分德，便算积了一升谷；明日修一分业，又算余了一文钱。德业并增，则家私日起。至于功名富贵，悉由命定，丝毫不能自主。昔某官有一门生为本省学政，托以两孙当面拜为门生。后其两孙岁考临场大病，科考丁艰，竟不入学。数年后两孙乃皆入，其长者仍得两榜。此可见早迟之际，时刻皆有前定。尽其在我，听其在天，万不可稍生妄想。六弟天分较诸弟更高，今年受黜，未免愤怨。然及此正可困心横虑，大加卧薪尝胆之功，切不可因愤废学。

九弟劝我治家之法，甚有道理，喜甚慰甚。自荆七遣去之后，家中亦甚整齐，问率五归家便知。《书》曰："非知之艰，行之维艰。"九弟所言之理，亦我所深知者。但不能庄严威厉，使人望若神明耳。自此后，当以九弟言书诸绅而刻刻警省。

季弟信天性笃厚，诚如四弟所云"乐何如之"。求我示读书之法及进德之道，另纸开示。余不具。

求阙斋记
（道光二十五年五月）

　　国藩读《易》，至《临》而喟然叹曰：刚侵而长矣。至于八月有凶，消亦不久也，可畏也哉！天地之气，阳至矣，则退而生阴；阴至矣，则进而生阳。一损一益者，自然之理也。

　　物生而有耆欲，好盈而忘阙。是故体安车驾，则金舆镜衡不足于乘；目辨五色，则黼黻文章不足于服。由是八音繁会不足于耳，庶羞珍膳不足于味。穷巷瓮牖之夫，骤膺金紫，物以移其体，习以荡其志，向所扼捥而不得者，渐乃厌鄙而不屑御。旁观者以为固然，不足訾议。故曰："位不期骄，禄不期侈。彼为象箸，必为玉杯。"积渐之势然也。而好奇之士，巧取曲营，不逐众之所争，独汲汲于所谓名者。道不同不相为谋，或贵富以饱其欲，或声誉以厌其情，其于志盈一也。夫名者，先王所以驱一世于轨物也。中人以下，蹈道不实，于是爵禄以显驱之，名以阴驱之，使之践其迹，不必明其意。若君子人者，深知乎道德之意，方惧名之既加，则得于内者日浮，将耻之矣。而浅者哗然骛之，不亦悲乎！

　　国藩不肖，备员东宫之末，世之所谓清秩。家承余荫，自王父母以下，并康强安顺。孟子称"父母俱存，兄弟无故"，抑又过之。《洪范》曰："凡厥庶民，有猷有为有守，不协于极，不罹于咎，女则锡之福。"若国藩者，无为无猷，而多罹于咎，而或锡之福，所谓不称其服者欤？于是名其所居曰"求阙斋"。凡外至之荣，耳目百体之耆，皆使留其缺陷。礼主减而乐主盈，乐不可极，以礼节之，庶以制吾性焉，防吾淫焉。若夫令问广誉，尤造物所靳予者，实至而归之。所取已贪矣，况以无实者攘之乎？行非圣人而有完名者，殆不能无所矜饰于其间也。吾亦将守吾阙者焉。

书《学案小识》后
（道光二十五年十二月）

唐先生撰辑《国朝学案》，命国藩校字付梓。既毕役，乃谨书其后，曰：

天生斯民，予以健顺五常之性，岂以自淑而已，将使育民淑世而弥缝天地之缺憾。其于天下之物，无所不当究。二仪之奠，日月星辰之纪，氓庶之生成，鬼神之情状，草木鸟兽之咸若，洒扫应对进退之琐，皆吾性分之所有事。故曰："万物皆备于我。"人者，天地之心也。圣人者，其智足以周知庶物，其才能时措而咸宜。然不敢纵心以自用，必求权度而洁之。以舜之睿哲，犹且好问好察；周公思有不合，则夜以继日。孔子，圣之盛也，而有事乎好古敏求。颜渊、孟子之贤，亦曰"博文"，曰"集义"。盖欲完吾性分之一源，则当明凡物万殊之等；欲悉万殊之等，则莫若即物而穷理。即物穷理云者，古昔贤圣共由之轨，非朱子一家之创解也。

自陆象山氏以本心为训，而明之余姚王氏乃颇遥承其绪。其说主于良知，谓吾心自有天，则不当支离而求诸事物。夫天则诚是也。目巧所至，不继之以规矩准绳，遂可据乎？且以舜、周公、孔子、颜、孟之知如彼，而犹好问好察，夜以继日，好古敏求，博文而集义之勤如此，况以中人之质，而重物欲之累，而谓念念不过乎则，其能无少讹耶？自是以后，沿其流者百辈。间有豪杰之士思有以救其偏，变一说则生一蔽。高景逸、顾泾阳氏之学，以静坐为主，所重仍在知觉，此变而蔽者也。

近世乾嘉之间，诸儒务为浩博。患定宇、戴东原之流钩研诂训，本河间献王实事求是之旨，薄宋贤为空疏。夫所谓事者，非物乎？是者，非理乎？实事求是，非即朱子所称即物穷理者乎？名目自高，诋毁日月，亦变而蔽者也。别有颜习斋、李恕谷氏之学，忍嗜欲，苦筋骨，力勤于见迹，等于许行之并耕，病宋贤为无用，又一蔽也。排王氏而不塞其源，是五十步笑百步之类矣。由后之二蔽，矫王氏而过于正，是因噎废食之类矣。

我朝崇儒一道，正学翕兴。平湖陆子，桐乡张子，辟诐辞而反经，确乎其不可拔。陆桴亭、顾亭林之徒，博大精微，体用兼赅。其他巨公硕学，项领相望。二百年来，大小醇疵，区以别矣。唐先生于是辑为此编，大率居敬而不偏于静，格物而不病于琐，力行而不迫于隘，三者交修。采择名言，略依此例。其或守王氏之故辙，与变王氏而邻于前三者之蔽，则皆厘而剔之。岂好辩哉？去古日远，百家各以其意自鸣。是丹非素，无术相胜。虽其尤近理者，亦不能餍人人之心而无异辞。道不同不相为谋，则亦已矣。若其有嗜于此而取途焉，则且多其识，去其矜，无以闻道自标，无以方隅自囿。不惟口耳之求，而求自得焉，是则君子者已。是唐先生与人为善之志也。

答刘蓉
（道光二十五年）

孟容足下：

二年三辱书，一不报答，虽槁木之无情，亦不恝置若此。性本懒惰，然或施于人人，岂谓施诸吾子，每一伸纸，以为足下意中欲闻不肖之言，不当如是已也，辄复置焉。日月在上，惟足下鉴之。

伏承信道力学，又能明辨王氏之非，甚盛甚盛！国藩窃有见于仁义之说者，敢略陈大凡，吾子取证而裁焉。

盖天下之道，非两不立，是以立天之道，曰阴与阳，立地之道，曰柔与刚，立人之道，曰仁与义，乾坤毁则无以见《易》，仁义不明则亦无所谓道者。传曰："天地温厚之气，始于东北而盛于东南，此天地之盛德气也，此天地之仁气也；天地严凝之气，始于西南而盛于西北，此天地之尊严气也，此天地之义气也。"斯二气者，自其后而言之，因仁以育物，则庆赏之事起；因义以正物，则刑罚之事起。中则治，偏则乱。自其初而言之，太和絪缊流行而不息，人也，物也，圣人也，常人也，始所得者均耳，人得其全，物得其偏。圣人者，既得其全，而其气质又最清且厚，而其习又无毫发累，于是曲践乎所谓仁义者，夫是之谓尽性也。推而放之凡民而准，推而放之庶物而准，夫是之谓尽人性、尽物性也。常人者，虽得其全而气质拘之，习染蔽之，好不当则贼仁，恶不当则贼义，贼者日盛，本性日微，盖学问之事自此兴也。

学者何？复性而已矣。所以学者何？格物诚意而已矣。格物则剖仁义之差等而缕晰之，诚意则举好恶之当于仁义者而力卒之。兹其所以难也，吾之身与万物之生，其理本同一源，乃若其分，则纷然而殊矣。亲亲与民殊，仁民与物殊，乡邻与同室殊，亲有杀，贤有等，或相倍蓰，或相什佰，或相千万，如此其不齐也。不知其分而妄施焉，过乎仁，其流为墨；过乎义，其流为杨。生于心，害于政，其极皆可以乱天下，不至率兽食人不止。故凡格物之事所为委曲繁重者，剖判其不齐之分焉尔。

朱子曰："人心之灵，莫不有知。"此言好恶之良知也。曰："天下之物，莫不有理。惟于理有未穷，故其知有不尽。"此言吾心之知有限，万物之分无穷，不究乎至殊之分，无以洞乎至一之理也。今王氏之说，曰致良知而已，则是任心之明，而遂曲当乎万物之分，果可信乎？冠履不同位，凤凰鸱鸮不同栖，物所自具之分殊也。瞽瞍杀人，皋陶执之，舜负之；鲧堙洪水，舜殛之，禹郊之，物与我相际之分殊也。仁义之异施，即物而区之也。今乃以即物穷理为支离，则是吾心虚悬一成之知于此，与凡物了不相涉，而谓皆当乎物之分，又可信乎？朱子曰："知为善以去恶，则当实用其力，务决去而求必得之。"此言仁义之分，既明则当，毕吾好恶以既其事也。今王氏之说，曰"即知即行"，"格致即诚意功夫"，则是任心之明，别无所谓实行。心苟明矣，不必屑屑于外之迹，而迹虽不仁不义，亦无损于心之明，是何其简捷而易从也。循是说而不辨，几何不胥天下而浮屠之趋哉？尧、舜、禹、汤、文、武、周公、孔子之学岂有他与？即物求道而已。物无穷，则分殊者无极，则格焉者无已时，一息而不格，则仁有所不熟，而义有所不精。彼数圣人者，惟息息格物，而又以好色恶臭者竟之，乃其所以圣也。不如是，吾未见其圣也。自大贤以下，知有精粗，行有实不实，而贤否以次区焉。

国藩不肖，亦谬欲从事于此。凡伦类之酬酢，庶务之磨砻，虽不克衷之于仁，将必求所谓蔼然者焉；虽不克裁之于义，将必求所谓秩然者焉。日往月来，业不加修，意言意行，尤悔丛集，求付一物之当其分而不可得，盖陷溺者深矣。自维此生，纵能穷万一之理，亦不过窥钻奇零，无由底于逢原之域，然终不敢弃此而他求捷径，谓灵心一觉，立地成圣也。下愚之人，甘守下愚已耳。智有所不照，行有所不慊，故常馁焉。不敢取彼说者，廓清而力排之。愚者多柔，理有固然。今足下崛起僻壤，乃能求先王之道，开学术之蔀，甚盛甚盛！此真国藩所祷祀以求者也。

此间有太常唐先生，博闻而约守，矜严而乐易，近著《国朝学案》一书，崇二陆二张之归，辟阳儒阴释之说，可谓深切著明，狂澜砥柱。又有比部六安吴君廷栋、蒙古倭君，皆实求朱子之指而力践之。国藩既从数君子后，与闻末论，而浅鄙之资，兼嗜华藻，笃好司马迁、班固、杜甫、韩愈、王安石之文章，日夜以诵之不厌也。故凡仆之所志，其大者盖欲行仁义于天下，使凡物各得其分；其小者则欲寡过于身，行道于妻子，立不悖之言以垂教于宗族乡党。其有所成与？以此毕吾生焉；其无所成与？以此毕吾生焉。辱知最厚，辄一吐不怍之言，非敢执途人而断断不休如此也。

　　贱躯比薄弱不胜思，然无恙，合室无恙。郭大栖吾舍，又有冯君卓怀课吾儿，都无恙，且好学。国藩再拜。

君子慎独论
（道光二十七年四月二十七日）

尝谓独也者，君子与小人共焉者也。小人以其为独而生一念之妄，积妄生肆，而欺人之事成；君子懔其为独而生一念之诚，积诚为慎，而自慊之功密。其间离合几微之端，可得而论矣。

盖《大学》自格致以后，前言往行，既资其扩充；日用细故，亦深其阅历。心之际乎事者，已能剖晰乎公私；心之丽于理者，又足精研其得失。则夫善之当为，不善之宜去，早画然其灼见矣。而彼小人者，乃不能实有所见，而行其所知。于是一善当前，幸人之莫我察也，则趋焉而不决；一不善当前，幸人之莫或伺也，则去之而不力。幽独之中，情伪斯出，所谓欺也。惟夫君子者，惧一善之不力，则冥冥者有堕行；一不善之不去，则涓涓者无已时。屋漏而懔如帝天，方寸而坚如金石。独知之地，慎之又慎。此圣经之要领，而后贤所切究者也。

自世儒以格致为外求，而专力于知善知恶，则慎独之旨晦。自世儒以独体为内照，而反昧乎即事即理，则慎独之旨愈晦。要之，明宜先乎诚，非格致则慎亦失当；心必丽于实，非事物则独将失守。此入德之方，不可不辨者也。

致澄弟沅弟季弟
（道光二十七年六月十八日）

澄侯、子植、季洪三位老弟足下：

五月寄去一信，内有大考赋稿，想已收到。

六月二日蒙皇上天恩及祖父德泽，予得超升内阁学士。顾影扪心，实深惭悚。湖南三十七岁至二品者，本朝尚无一人。予之德薄才劣，何以堪此！近来中进士十年得阁学者，惟壬辰季仙九师、乙未张小浦及予三人。而予之才地，实不及彼二人远甚，以是尤深愧仄。

冯树堂就易念园馆，系予所荐，以书启兼教读，每年得百六十金。李竹屋出京后，已来信四封。在保定，讷制台赠以三十金，且留干馆与他。在江苏，陆立夫先生亦荐干俸馆与他。渠甚感激我。考教习，余为总裁，而同乡寒士如蔡贞斋等皆不得取，余实抱愧。

寄回祖父、父亲袍褂二付。祖父系夹的，宜好好收拾。每月一看，数月一晒，百岁之后，即以此为敛服，以其为天恩所赐，其材料外间买不出也。父亲做棉的，则不妨长着，不必为深远之计。盖父亲年未六十，将来或更有君恩赐服，亦未可知。

祖母大人葬后，家中诸事顺遂，祖父之病已好，予之癣疾亦愈，且骤升至二品，则风水之好可知，万万不可改葬。若再改葬，则谓之不祥，且大不孝矣。然其地予究嫌其面前不甚宽敞，不便立牌坊起诰封碑亭，又不便起享堂立神道碑。予意欲仍求尧阶相一吉地，为祖父大人将来寿藏。弟可将此意禀告祖父，不知可见允否？盖诰封碑亭，断不可不修，而祖母又断不可改葬，将来势不能合葬。乞禀告祖父，总以祖父之意为定。

前此问长女对袁家，次女对陈家，不知堂上之意如何？现在陈家信来，谓我家一定对，渠甚欢喜。余容后具。

答欧阳勋
（道光二十七年）

　　春间辱惠书并诗一首，荷意良厚而陈义甚高，有非浅陋所敢当者。然于足下教我之厚意，不敢不敬承之也。盖仆寡昧之资，不自振厉，恒资辅车以自强，故生平于友谊兢兢焉。尝自虑执德不宏，量既隘而不足以来天下之善，故不敢执一律求之。虽偏长薄善，苟其有裨于吾，未尝不博取焉以自资益。其有以谠言争论陈于前者，即不必有当于吾，未尝不深感其意，以为彼之所以爱我者，异于众人泛然相遇之情也。昨秋与二陈兄弟相见，论辩之间不合者十六七矣，然心雅重其人，以为实今日豪杰之士，所见虽不尽衷于道，而要其所以自得者，非俗儒口耳之学所及；持论虽不必矩于醇，而其所讪切实，足以匡吾之不逮。至于性情气诣〔调〕之相感，又别有微契焉。别后独时时念之，以为如斯人实友朋中所不可少者，而不敢以门户之见参之也。盖平日区区所以自励，而差堪自信者如此。

　　今观来书，操主宰而不分畛域之言，乃适有会于余心焉，故辄述此怀以答雅意。抑足下方妙年而所见及此，其识解有大过人者，故乐举为足下告也。凡人材高下，视其志趣，卑者安流俗庸陋之规，而日趋污下；高者慕往哲盛隆之轨，而日即高明，贤否智愚所由区矣。足下慨然病俗学之陋，且知务训诂词章以取名者之不足贵，志趣所存有足尚者，诚于此审趋向、循绳尺以求之，所造岂有量哉？秋闱伊迩，计当专意举业，但循其程度而勿置得失于意中，亦君子之所以异于人者也。

　　广敷千里奔丧，良堪悯念，不知比已扶榇归里否？欲以一书唁之，并问讯懿叔行止，倘有便鸿，希并示及。所录诗词，似尚非其佳者。往见渠兄弟诗古文各数十首，倘〔尚〕可续寄否耶？

　　王船山《通鉴论》已刷出未？告为代觅一部，行纳价付意城处也。偶逢便羽，走此布复，惟裁察不悉。

致澄弟温弟沅弟季弟
（道光二十九年三月二十一日）

澄侯、温甫、子植、季洪足下：

正月初十日发第一号家信，二月初八日发第二号家信，报升任礼部侍郎之喜，二十六日发第三号信，皆由折差带寄。三月初一日由常德太守乔心农处寄第四号信，计托带银七十两、高丽参十余两、鹿胶二斤、一品顶带三枚、补服五付等件。渠由山西迁道转至湖南，大约须五月端午前后乃可到长沙。

予尚有寄兰姊、蕙妹及四位弟妇江绸棉外褂各一件，仿照去年寄呈母亲、叔母之样。前乔心农太守行时不能多带，兹因陈竹伯新放广西左江道，可于四月出京，拟即托渠带回。

澄弟《岳阳楼记》，亦即托竹伯带回家中。二月初四澄弟所发之信，三月十八接到。正月十六七之信，则至今未收到。据二月四日书云，前信着刘一送至省城，共二封，因欧阳家、邓星阶、曾厨子各有信云云。不知两次折弁何以未见带到？温弟在省时，曾发一书与我，到家后未见一书，想亦在正月一封之中。此书遗失，我心终耿耿也。

温弟在省所发书，因闻澄弟之计，而我不为揭破，一时气忿，故语多激切不平之词。予正月复温弟一书，将前后所闻温弟之行，不得已禀告堂上，及澄弟、植弟不敢禀告而误用诡计之故一概揭破。温弟骤看此书，未免恨我，然兄弟之间，一言欺诈，终不可久。尽行揭破，虽目前嫌其太直，而日久终能相谅。

现在澄弟书来，言温弟鼎力办事，甚至一夜不寐，义不辞劳，又耐得烦云云。我闻之欢喜之至，感激之至。温弟天分本高，若能改去荡佚一路，归入勤俭一边，则兄弟之幸也，合家之福也。

我待温弟似乎近于严刻，然我自问此心，尚觉无愧于兄弟者，盖有说焉。大凡做官的人，往往厚于妻子而薄于兄弟，私肥于一家而刻薄于亲戚族党。予自三十岁以来，即以做官发财为可耻，以官〔宦〕囊积金遗子孙为可羞可恨，故私心立誓，总不靠做官发财以遗后人。神明鉴临，予不食言。此时侍奉高堂，每年仅寄些须，以为甘旨之佐。族戚中之穷者，亦即每年各分少许，以尽吾区区之意。盖即多寄家中，而堂上所食所衣亦不能因而加丰，与其独肥一家，使戚族因怨我而并恨堂上，何如分润戚族，使戚族戴我堂上之德而更加一番钦敬乎？将来若作外官，禄入较丰，自誓除廉俸之外，不取一钱。廉俸若日多，则周济亲戚族党者日广，断不畜积银钱为儿子衣食之需。盖儿子若贤，则不靠宦囊，亦能自觅衣饭；儿子若不肖，则多积一钱，渠将多造一孽，后来淫佚作恶，必且大玷家声。故立定此志，决不肯以做官发财，决不肯留银钱与后人。若禄入较丰，除堂上甘旨之外，尽以周济亲戚族党之穷者。此我之素志也。

至于兄弟之际，吾亦惟爱之以德，不欲爱之以姑息。教之以勤俭，劝之以习劳守朴，爱兄弟以德也；丰衣美食，俯仰如意，爱兄弟以姑息也。姑息之爱，使兄弟惰肢体，长骄气，将来丧德亏行，是即我率兄弟以不孝也，吾不敢也。我仕宦十余年，现在京寓所有惟书籍、衣服二者。衣服则当差者必不可少，书籍则我生平嗜好在此，是以二物略多。将来我罢官归家，我夫妇所有之衣服，则与五兄弟拈阄均分。我所办之书籍，则存贮利见斋中，兄弟及后辈皆不得私取一本。除此二者，予断不别存一物以为宦囊，一丝一粟不以自私。此又我待兄弟之素志也。恐温弟不能深谅我之心，故将我终身大规模告与诸弟，惟诸弟体察而深思焉。

去年所寄亲戚各项，不知果照单分送否？杜兰溪为我买《皇清经解》，不知植弟已由省城搬至家中否？

京寓一切平安。纪泽《书经》读至《冏命》。二儿甚肥大。易南馥开复原官，来京引见。闻左青士亦开复矣。同乡官京中者，诸皆如常。余不一一。

再者，九弟生子大喜，敬贺敬贺。自丙午冬葬祖妣大人于木兜冲之后，我家已添三男丁，我则升阁学，升侍郎，九弟则进学补廪。其地之吉，已有明效可验。我平日最不信风水，而于朱子所云"山环水抱"、"藏风聚气"二语，则笃信之。木兜冲之地，予平日不以为然，而葬后乃吉祥如此，可见福人自葬福地，绝非可以人力参预其间。家中买地，若出重价，则断断可以不必；若数十千，则买一二处无碍。

宋湘宾去年回家，腊月始到。山西之馆既失，而湖北一带又一无所得。今年因常南陔之约重来湖北，而南陔已迁官陕西矣。命运之穷如此！去年曾有书寄温弟，兹亦付去，上二次忘付也。

李笔峰代馆一月，又在寓钞书一月，现在已搬出矣。毫无道理之人，究竟难与相处。庞省三在我家教书，光景甚好。邹墨林来京捐复教官，在元通观住，日日来我家闲谈。长沙老馆，我今年大加修整，人人皆以为好。琐事兼述，诸惟心照。

应诏陈言疏
（道光三十年三月初二日）

奏为应诏陈言事。

二月初八日奉皇上谕令："九卿科道有言事之责者，于用人、行政一切事宜，皆得据实直陈，封章密奏。"仰见圣德谦冲，孜孜求治。

臣窃维用人、行政，二者自古皆相提并论，独至我朝，则凡百庶政，皆已著有成宪，既备既详，未可轻议。今日所当讲求者，惟在用人一端耳。方今人才不乏，欲作育而激扬之，端赖我皇上之妙用。大抵有转移之道，有培养之方，有考察之法，三者不可废一，请为我皇上陈之。

所谓转移之道，何也？我朝列圣为政，大抵因时俗之过而矫之，使就于中。顺治之时，疮痍初复，民志未定，故圣祖继之以宽；康熙之末，久安而吏弛，刑措而民偷，故世宗救之以严；乾隆、嘉庆之际，人尚才华，士骛高远，故大行皇帝敛之以镇静，以变其浮夸之习。一时人才循循规矩准绳之中，无有敢才智自雄、锋芒自逞者。然有守者多，而有猷有为者渐觉其少。大率以畏葸为慎，以柔靡为恭。以臣观之，京官之办事通病有二，曰退缩，曰琐屑。外官之办事通病有二，曰敷衍，曰颟顸。退缩者，同官互推，不肯任怨，动辄请旨，不肯任咎是也。琐屑者，利析锱铢，不顾大体，察及秋毫，不见舆薪是也。敷衍者，装头盖面，但计目前剜肉补疮，不问明日是也。颟顸者，外面完全，而中已溃烂，章奏粉饰，而语无归宿是也。有此四者，习俗相沿，但求苟安无过，不求振作有为，将来一有艰巨，国家必有乏才之患。我大行皇帝深知此中之消息，故亟思得一有用之才，以力挽颓风。去年京察人员，数月之内，擢臬司者三人，擢藩司者一人，盖亦欲破格超迁，整顿积弱之习也。无如风会所趋，势难骤变，今若遽求振作之才，又恐躁竞者因而幸进，转不足以收实效。臣愚以为，欲使有用之才不出范围之中，莫若使之从事于学术。汉臣诸葛亮曰："才须学，学须识。"盖至论也。然欲人才皆知好学，又必自我皇上以身作则，乃能操转移风化之本。臣考圣祖仁皇帝登极之后，勤学好问，儒臣逐日进讲，寒暑不辍，万寿圣节，不许间断，三藩用兵，亦不停止，召见廷臣，辄与之往复讨论。故当时人才济济，好学者多。至康熙末年，博学伟才，大半皆圣祖教谕而成就之。今皇上春秋鼎盛，正与圣祖讲学之年相似。臣之愚见，欲请俟二十七月后，举行逐日进讲之例。四海传播，人人响风。召见臣工，与之从容论难。见无才者，则勖之以学，以痛惩模棱罢软之习；见有才者，则愈勖之以学，以化其刚愎刻薄之偏。十年以后，人才必大有起色。一人典学于宫中，群英鼓舞于天下，其几在此，其效在彼。康熙年间之往事，昭昭可观也。以今日之委靡因循，而期之以振作；又虑他日更张偾事，而泽之以《诗》、《书》。但期默运而潜移，不肯矫枉而过正。盖转移之道，其略如此。

所谓培养之方，何也？凡人才未登仕版者，姑不具论。其已登仕版者，如内阁、六部、翰林院最为荟萃之地，将来内而卿相，外而督抚，大约不出此八衙门。此八衙门者，人才数千，我皇上不能一一周知也。培养之权，不得不责成于堂官。所谓培养者，约有数端：曰教诲，曰甄别，曰保举，曰超擢。堂官之于司员，一言嘉奖，则感而图功；片语责惩，则畏而改过。此教诲之不可缓也。榛棘不除，则兰蕙减色；害马不去，则骐骥短气。此甄别之不可缓也。嘉庆四年、十八年，两次令部院各保司员，此保举之成案也。雍正年间，甘汝来以主事而赏人参，放知府；嘉庆年间，黄钺以主事而充翰林，入南斋。此超擢之成案也。盖尝论之，人才譬之禾稼，堂官之教诲犹种植耘耔也，甄别则去其稂莠也，保举则犹灌溉也。皇上超擢，譬之甘雨时降，苗勃然兴也；堂官常到署，譬之农夫日日田间，乃能熟悉穑事也。今各衙门堂官，多内廷行走之员，或累月不克到署，与司员恒不相习，自掌印、主稿数人而外，大半不能识面，譬之嘉禾、稂莠，听其同生同落于畎亩之中，而农夫不问。教诲之法无闻，甄别之例亦废。近奉明诏保举，又但及外官，而不及京秩，培养之道，不尚有未尽者哉！自顷岁以来，六部人数日多，或二十年不得补缺，或终身不得主稿；内阁、翰林院员数亦三倍于前，往往十年不得一差，不迁一秩，固已英才摧挫矣。而堂官又多在内廷，终岁不获一见。如吏部六堂，内廷四人；礼部六堂，内廷四人；户部六堂，皆直内廷；翰林两掌院，皆直内廷。在诸臣随侍御园，本难分身入署，而又或兼摄两部，或管理数处。为司员者，画稿则匆匆一面，白事则寥寥数语。纵使才德俱优，曾不能邀堂官之一顾，又焉能达天子之知哉！以若干之人才，近在眼前，不能加意培养，甚可惜也。臣之愚见，欲请皇上稍为酌量，每部须有三四堂不入直内廷者，令其日日到署，以与司员相砥砺。翰林掌院亦须有不直内廷者，令其与编、检相濡染。务使属官之性情、心术，长官一一周知。皇上不时询问，某也才，某也直，某也小知，某也大受，不特属官之优劣粲然毕呈，即长官之深浅亦可互见，旁考参稽，而八衙门之人才，同往来于圣主之胸中。彼司员者，但令姓名达于九重，不必升官迁秩，而已感激无地矣。然后保举之法，甄别之例，次第举行乎旧章。皇上偶有超擢，则梗楠一升，而草木之精神皆振。盖培养之方，其略如此。

所谓考察之法，何也？古者询事、考言，二者并重。近来各衙门办事，小者循例，大者请旨。本无才猷之可见，则莫若于言考之。而召对陈言，天威咫尺，又不宜喋喋便佞，则莫若于奏折考之矣。国家定例，内而九卿科道，外而督抚藩臬，皆有言事之责。各省道员，不许专折谢恩，而许专折言事。乃十余年间，九卿无一人陈时政之得失，司道无一折言地方之利病，相率缄默，一时之风气，有不解其所以然者。科道间有奏疏，而从无一言及主德之隆替，无一折弹大臣之过失，岂君为尧、舜之君，臣皆稷、契之臣乎？一时之风气，亦有不解其所以然者。臣考本朝以来，匡言主德者，孙嘉淦以自是规高宗，袁铣以寡欲规大行皇帝，皆蒙优旨嘉纳，至今传为美谈。纠弹大臣者，如李之芳参劾魏裔介，彭鹏参劾李光地，厥后四人，皆为名臣，亦至今传为美谈。自古直言不讳，未有盛于我朝者也。今皇上御极之初，又特诏求言，而褒答倭仁之谕，臣读之至于抃舞感泣，此诚太平之象。然臣犹有过虑者，诚见我皇上求言甚切，恐诸臣纷纷入奏，或者条陈庶政，颇多雷同之语，不免久而生厌；弹劾大臣，惧长攻讦之风，又不免久而生厌。臣之愚见，愿皇上坚持圣意，借奏折为考核人才之具，永不生厌斁之心。涉于雷同者，不必交议而已；过于攻讦者，不必发钞而已。此外则但见其有益，初不见其有损。人情狃于故常，大抵多所顾忌，如主德之隆替，大臣之过失，非皇上再三诱之使言，谁肯轻冒不韪？如藩、臬之奏事，道员之具折，虽有定例，久不遵行，非皇上再三迫之使言，又谁肯立异以犯督抚之怒哉？臣亦知内外大小，群言并进，即浮伪之人，不能不杂出其中。然无本之言，其术可以一售，而不可以再试，明鉴高悬，岂能终遁！方今考九卿之贤否，但凭召见之应对；考科道之贤否，但凭三年之京察；考司道之贤否，但凭督抚之考语。若使人人建言，参互质证，岂不更为核实乎？臣所谓考察之法，其略如此。三者相需为用，并行不悖。

臣本愚陋，顷以议礼一疏荷蒙皇上天语褒嘉，感激思所以报。但憾识见浅薄，无补万一，伏求皇上怜其愚诚，俯赐训示，幸甚。谨奏。

答冯卓怀
（道光三十年）

树堂仁弟左右：

两省来书，伏承剀眷，关山相望，渴慕如何！自与足下缔好，深言密意，多在癸甲之年。片语之达，则金石洞穿；小心相熨，则冰丝暖润。回首旧爱，极不忘也。乙丙以后，离索频仍，间亦商榷德业，咨度轨途，自惭一步未移，问途空熟，是以恶焉而不言，言焉而不竟耳。

来教示以道虽难尽，知可自进，意将十驾前追，昼夜不舍，此诚惕惕君子之用心也。仆虽浅顽，亦尝侧闻长者之风矣。盖君子之学道，尤病于近名。人禀气于天地，受形于父母，苟官骸得职，作事有伦，虽一字不识，阒寂无闻，于我乎无损也；虽著述万卷，誉满天下，于我乎无加也。世士不察，乃欲舍此之由，急彼之骛，校经，则汉宋分门；论文，则奇偶异帜。小学、金石、算术、舆地之事，名目既繁，风尚日新，穷年而殚日，悴力而敝身，则足以炽其好名争胜之私已矣，岂笃于为己者哉？

仆之往岁，亦尝驰逐众说，昏庸作辍，百无一成。穷而思返，恍若有悟，乃知德性未尊，则问学适以助长；德性既尊，然后吾之知识少焉而不足耻，多焉而不足矜。周公之材艺，孔子之多能，吾不如彼，非吾疚也。若其践形尽性，彼之所禀，吾亦禀焉。一息尚存，不敢不勉。是以迩日业术虽无寸进，而心志大定，寤寐安恬。前年为序送汉阳刘君，亦曾道及于此。今录往一通，足下视之，亦足察仆之指趣矣。

足下好古覃思，发箧钩元，诚虑以少知为耻，行且以多识为矜，未收其效，先储其弊。区区规献，非至笃好，安肯率尔乎？《庄子独见》浅人所次，不足尘渎，仆爱其离章分节，差便观览，故加丹黄奉呈。诚熟讽彼书，亦砭削名心之要齐也。书不一一，惟保身为祝。天寒道远，相思相思。

《河南通志》，为我购一部，好致京师。又河南金石最富，如偃师、洛阳、登封三县，尤碑版之渊薮。倘有好缘，无甚烦人力者，为我购致数十种。自唐以上能购得者，尤可贵也。其直行奉酬，不必以惠我，盖亦不贱矣。再拜。

敬陈圣德三端预防流弊疏
（咸丰元年四月二十六日）

奏为敬陈圣德，仰赞高深事。

臣闻美德所在，常有一近似者为之淆。辨之不早，则流弊不可胜防。故孔门之告六言，必严去其六蔽〔弊〕①。臣窃观皇上生安之美德，约有三端。而三者之近似，亦各有其流弊，不可不预防其渐，请为我皇上陈之。

臣每于祭祀侍仪之顷，仰瞻皇上对越肃雍，跬步必谨，而寻常莅事，亦推求精到，此敬慎之美德也。而辨之不早，其流弊为琐碎，是不可不预防。人臣事君，礼仪固贵周详，然苟非朝祭大典，难保一无疏失。自去岁以来，步趋失检，广林以小节被参；道旁叩头，福济、麟魁以小节被参；内廷接驾，明训以微仪获咎；都统暂署，惠丰以微仪获咎。在皇上仅予谴罚，初无苛责之意，特恐臣下误会风旨，或谨于小而反忽于大，且有谨其所不必谨者。行礼有"仪注"古今通用之字也。近来避皇上之嫌名，乃改为行礼礼节。朔望常服，既经臣部奏定矣，而去冬忽改为貂褂。御门常服挂珠，既经臣部奏定矣，而初次忽改为补褂。以此等为尊君，皆于小者谨其所不必谨，则于国家之大计必有疏漏而不暇深求者矣。夫所谓国家之大计，果安在哉？即如广西一事，其大者在位置人才，其次在审度地利，又其次在慎重军需。今发往广西人员不为不多，而位置之际未尽妥善。姚莹年近七十，曾立勋名，宜稍加以威望，令其参赞幕府，若泛泛差遣委用，则不能收其全力。严正基办理粮台，而位卑则难资弹压，权分则易致牵掣。夫知之而不用，与不知同；用之而不尽，与不用同。诸将既多，亦宜分为三路，各有专责。中路专办武宣大股，西路分办泗镇南太，东路分办七府一州。至于地利之说，

---

① 原作"六蔽"亦不误，语出《论语·阳货》。——本书编者注。

则钦差大臣宜驻扎横州，乃可以策应三路。粮台宜专设梧州，银米由湖南往者，暂屯桂林，以次而输于梧；由广东往者，暂屯肇庆，以次而输于梧。则四方便于支应，而寇盗不能劫掠。今军兴一载，外间既未呈进地图，规画全势，而内府有康熙舆图、乾隆舆图，亦未闻枢臣请出，与皇上熟视审计。至于军需之说，则捐输之局万不可开于两粤。捐生皆从军之人，捐资皆借凑之项，辗转挪移，仍于粮台乎取之。此三者皆就广西而言，今日之大计也。即使广西无事，而凡为臣子者，亦皆宜留心人材，亦皆宜讲求地利，亦皆宜筹画国计。图其远大，即不妨略其细微。汉之陈平，高祖不问以决狱；唐之房、杜，太宗惟责以求贤。诚使我皇上豁达远观，罔苛细节，则为大臣者不敢以小廉曲谨自恃，不敢以寻行数墨自取竭蹶，必且穆然深思，求所以宏济于艰难者。臣所谓防琐碎之风，其道如此。

又闻皇上万几之暇，颐情典籍；游艺之末，亦法前贤，此好古之美德也。而辨之不细，其流弊徒尚文饰，亦不可不预防。自去岁求言以来，岂无一二嘉谟至计？究其归宿，大抵皆以"无庸议"三字了之。间有特被奖许者，手诏以褒倭仁，未几而疏之万里之外；优旨以答苏廷魁，未几而斥为乱道之流。是鲜察言之实意，徒饰纳谏之虚文。自道光中叶以来，朝士风气专尚浮华，小楷则工益求工，试律则巧益求巧。翰、詹最优之途，莫如两书房行走，而保荐之时，但求工于小楷者。阁部最优之途，莫如军机处行走，而保送之时，但取工于小楷者。衡文取士，大典也，而考差亦但论小楷、试律，而不复计文义之浅深。故臣常谓欲人才振兴，必使士大夫考古来之成败，讨国朝之掌故，而力杜小楷、试律工巧之风，乃可以崇实而黜浮。去岁奏开日讲，意以人臣陈说古今于黼座之前，必不敢不研求实学，盖为此也。今皇上于军务倥偬之际，仍举斯典，正与康熙年三藩时相同。然非从容召见，令其反复辨说，恐亦徒饰虚文，而无以考核人才。目前之时务虽不可妄议，本朝之成宪独不可称述乎？皇上于外官来京，屡次召见，详加考核。今日之翰、詹，即异日之督抚、司道也，甫脱乎小楷、试律之间，即与以兵、刑、钱、谷之任，又岂可但观其举止便捷、语言圆妙，而不深究其深学真识①乎？前者，臣工奏请刊布《御制诗文集》，业蒙允许。臣考《高

---

① "深学真识"，（传忠书局）刻本《曾文正公奏议》作"真学真识"。

祖文集》①刊布之年，圣寿已二十有六；列圣《文集》刊布之年，皆在三十、四十以后。皇上春秋鼎盛，若稍迟数年再行刊刻，亦足以昭圣度之谦冲，且明示天下以敦崇实效②、不尚虚文之意。风声所被，必有朴学兴起，为国家任栋梁之重。臣所谓杜文饰之风，其道如此。

臣又闻皇上娱神淡远，恭己自怡，旷然若有天下而不与焉者，此广大之美德也。然辨之不精，亦恐厌薄恒俗而长骄矜之气，尤不可以不防。去岁求言之诏，本以用人与行政并举。乃近来两次谕旨，皆曰黜陟大权，朕自持之。在皇上之意，以为中无纤毫之私，则一章一服，皆若奉天以命德，初非自执己见，岂容臣下更参末议？而不知天视自民视，天听自民听。国家设立科道，正民视、民听之所寄也。皇上偶举一人，军机大臣以为当，左右皆曰贤，未可也；臣等九卿以为当，诸大夫皆曰贤，未可也；必科道百僚以为当，然后为国人皆曰贤。黜陟者，天子一人持之；是非者，天子与普天下人共之。宸衷无纤毫之私，可以谓之公，未可谓之明也。必国人皆曰贤，乃合天下之明以为明矣。古今人情不甚相远，大率戆直者少，缄默者多，皇上再三诱之使言，尚且顾忌濡忍，不敢轻发苟见；皇上一言拒之，谁复肯干犯天威？如禧恩之贪黩，曹履泰之污鄙，前闻物论纷纷，久之竟寂无弹章，安知非畏雷霆之威而莫敢先发以取罪哉？自古之重直臣，非特使彼成名而已。盖将借其药石，以折人主骄侈之萌，培其风骨，养其威棱，以备有事折冲之用，所谓疾风知劲草也。若不取此等，则必专取一种谐媚软熟之人，料其断不敢出一言以逆耳而拂心，而稍有锋芒者，必尽挫其劲节而销铄其刚气。一旦有事，则满庭皆疲苶沓泄，相与袖手，一筹莫展而后已。今日皇上之所以使赛尚阿视师者，岂不知千金之弩轻于一发哉？盖亦见在廷他无可恃之人也。夫平日不储刚正之士，以培其风骨而养其威棱，临事安所得才而甩之哉？目今军务警报，运筹于一人，取决于俄顷，皇上独任其劳，而臣等莫分其忧，使广西而不遽平，固中外所同虑也。然使广西遽平，而皇上意中或遂谓天下无难办之事，眼前无助我之人，此则一念骄矜之萌，尤微臣区区所大惧也。昔禹戒舜曰："无若丹朱傲。"周公戒成王曰："无若殷王受之迷乱。"舜与成王，何至如此！诚恐一念自矜，则直言日觉其可憎，佞谀日觉其可亲，流弊将靡所底止。臣之过虑，实类

---

① "《高祖文集》"，（传忠书局）刻本《曾文正公奏议》作"《高宗文集》"。
② "实效"，（传忠书局）刻本《曾文正公奏议》作"实政"。

乎此。

　　此三者，辨之于早，只在几微之间，若待其弊既成而后挽之，则难为力矣。臣谬玷卿陪，幸逢圣明若此，何忍不竭愚忧，以仰裨万一。虽言之无当，然不敢激切以沽直声，亦不敢唯阿以取容悦。伏惟圣慈垂鉴。谨奏。

致澄弟温弟沅弟季弟
（咸丰元年五月十四日）

澄侯、温甫、子植、季洪四位老弟足下：

四月初三日发第五号家信。厥后折差久不来，是以月余无家书。五月十二折弁来，接到家中四号信，乃四月一日所发者。具悉一切。植弟大愈，此最可喜。

京寓一切平安。癣疾又大愈矣，比去年六月更无形迹。去〈年〉①六月之愈，已为五年来所未有，今又过之。或者从此日退，不复能为恶矣。皮毛之疾，究不甚足虑，久而弥可信也。

四月十四日考差题"乐民之乐者，民亦乐其乐"，经文题"必有忍，乃其〔其乃〕有济；有容，德乃大"，赋得"濂溪乐处"得"焉"字。

二十六日，余又进一谏疏，敬陈圣德三端，预防流弊。其言颇过激切，而圣量如海，尚能容纳，岂汉唐以下之英主所可及哉！余之意，盖以受恩深重，官至二品，不为不尊；堂上则诰封三代，儿子则荫任六品，不为不荣。若于此时再不尽忠直言，更待何时乃可建言？而皇上圣德之美出于天亶自然，满廷臣工，遂不敢以片言逆耳，将来恐一念骄矜，遂至恶直而好谀，则此日臣工不得辞其咎。是以趁此元年新政，即将此骄矜之机关说破，使圣心日就兢业而绝自是之萌。此余区区之本意也。现在人才不振，皆谨小而忽于大，人人皆习脂韦唯阿之风。欲以此疏稍挽风气，冀在廷皆趋于骨鲠，而遇事不敢退缩。此余区区之余意也。

折子初上之时，余意恐犯不测之威，业将得失祸福置之度外矣。不意圣慈含容，曲赐矜全。自是以后，余益当尽忠报国，不得复顾身家之私矣。然此后折奏虽多，亦断无有似此折之激直者。此折尚蒙优容，则

---

① 据传忠书局刻本补。

以后奏折，必不致或触圣怒可知矣。诸弟可将吾意细告堂上大人，毋以余奏折不慎，或以戆直干天威为虑也。

父亲每次家书，皆教我尽忠图报，不必系念家事。余敬体吾父之教训，是以公尔忘私，国尔忘家。计此后但略寄数百金偿家中旧债，即一心以国事为主，一切升官得差之念，毫不挂于意中。故昨五月初七大京堂考差，余即未往赴考。侍郎之得差不得差，原不关乎与考不与考。上年己酉科，侍郎考差而得者三人：瑞常、花沙纳、张芾是也。未考而得者亦三人，灵桂、福济、王广荫是也。今年侍郎考差者五人，不考者三人。是日题"以义制事以礼制心论"，诗题"楼观沧海日"得"涛"字。五月初一放云贵差，十二放两广、福建三省，名见京报内，兹不另录。袁漱六考差颇为得意，诗亦工妥，应可一得，以救积困。

朱石翘明府初政甚好，自是我邑之福。余下次当写信与之。霞仙得县首，亦见其犹能拔取真士。

刘继振既系水口近邻，又送钱至我家求请封典，义不可辞。但渠三十年四月选授训导，已在正月二十六恩诏之后，不知尚可办否？当再向吏部查明。如不可办，则当俟明年四月升祔恩诏，乃可呈请。若并升祔之时推恩不能及于外官，则当以钱退还。家中须于近日详告刘家，言目前不克呈请，须待明年六月乃有的信耳。

澄弟河南、汉口之信皆已接到。行路之难，乃至于此！自汉口以后，想一路载福星矣。刘午峰、张星垣、陈谷堂之银皆可收，刘、陈尤宜受之，不受反似拘泥。然交际之道，与其失之滥，不若失之隘。吾弟能如此，乃吾之所以欣慰者也。西垣四月二十九到京，住余宅内，大约八月可出都。

此次所寄折底，如欧阳家、汪家及诸亲族不妨钞送共阅。见余忝窃高位，亦欲忠直图报，不敢唯阿取容，惧其玷辱宗族，辜负期望也。余不一一。

备陈民间疾苦疏
（咸丰元年十二月十八日）

奏为备陈民间疾苦，仰副圣主爱民之怀事。

臣窃闻国贫不足患，惟民心涣散，则为患甚大。自古莫富于隋文之季，而忽致乱立，民心去也；莫贫于汉昭之初，而渐致乂安，能抚民也。我朝康熙元年至十六年，中间惟一年无河患，其余岁岁河决，而新庄、高堰各案，为患极巨。其时又有三藩之变，骚动九省，用兵七载，天下财赋去其大半，府藏之空虚，殆有甚于今日。卒能金瓯无缺，寰宇清谧，盖圣祖爱民如伤，民心固结而不可解也。我皇上爱民之诚，足以远绍前徽。特外间守令或玩视民瘼，致圣主之德意不能达于民，而民间之疾苦不能诉于上。臣敢一一缕陈之：

一曰银价太昂，钱粮难纳也。苏、松、常、镇、太钱粮之重，甲于天下。每田一亩，产米自一石五六斗至二石不等，除去佃户平分之数与抗欠之数，计业主所收，牵算不过八斗。而额征之粮已在二斗内外，兑之以漕斛，加之以帮费，又须〈各〉去米二斗。计每亩所收之八斗，正供已输其六，业主只获其二耳。然使所输之六斗皆以米相交纳，则小民犹为取之甚便。无如收本色者少，收折色者多。即使漕粮或收本色，而帮费必须折银。地丁必须纳银。小民力田之所得者米也，持米以售钱，则米价苦贱而民怨；持钱以易银，则银价苦昂而民怨。东南产米之区，大率石米买钱三千，自古迄今，不甚悬远。昔日两银换钱一千，则石米得银三两。今日两银换钱二千，则石米仅得银一两五钱。昔日卖米三斗，输一亩之课而有余。今日卖米六斗，输一亩之课而不足。朝廷自守岁取之常，小民暗加一倍之赋。此外如房基，如坟地，均须另纳税课。准以银价，皆倍昔年，无力监追者，不可胜计。州县竭全力以催科，犹恐不给，往往委员佐之，吏役四出，昼夜追比，鞭朴满堂，血肉狼藉，岂皆酷吏之为哉？不如是，则考成不及七分，有参劾之惧；赔累动以巨万，有子孙之忧。故自道光十五年以前，江苏尚办全漕，自十六年至今，岁岁报歉，年年蠲缓，岂昔皆良而今皆刁？盖银价太昂，不独官民交困，国家亦受其害也。浙江正赋与江苏大略相似，而民愈抗延，官愈穷窘，于是有"截串"之法。"截串"者，上忙而预征下忙之税，今年而预截明年之串。小民不应，则稍减其价，招之使来。预截太多，缺分太亏，后任无可复征，虽循吏亦无自全之法，则贪吏愈得借口鱼肉百姓，巧诛横索，悍然不顾。江西、湖广课额稍轻，然自银价昂贵以来，民之完纳愈苦，官之追呼亦愈酷。或本家不能完，则锁拿同族之殷实者而责之代纳，甚者或锁其亲戚，押其邻里。百姓怨愤，则抗拒而激成巨案。如湖广之耒阳、崇阳，江西之贵溪、抚州，此四案者，虽闾阎不无刁悍之风，亦由银价之倍增，官吏之浮收，差役之滥刑，真有日不聊生之势。臣所谓民间之疾苦，此其一也。

二曰盗贼太众，良民难安也。庐、凤、颍、亳一带，自古为群盗之薮，北达丰、沛、萧、砀，西接南、汝、光、固，此皆天下腹地，一有啸聚，患且不测。近闻盗风益炽，白日劫淫，捉人勒赎，民不得已而控官。官将往捕，先期出示，比至其地，牌保辄诡言盗遁。官吏则焚烧附近之民房，示威而后去；差役则讹索事主之财物，满载而后归，而盗实未遁也。或诡言盗死，毙他囚以抵此案，而盗实未死也。案不能雪，赃不能起，而事主之家已破矣，吞声饮泣，无力再控。即使再控，幸得发兵会捕，而兵役平日皆与盗通，临时卖放，泯然无迹；或反借盗名以恐吓村愚，要索重贿，否则指为盗伙，火其居而械系之；又或责成族邻，勒令缚盗来献，直至缚解到县，又复索收押之费，索转解之资。故凡盗贼所在，不独事主焦头烂额，即最疏之戚，最远之邻，大者荡产，小者株系，比比然也。往者嘉庆川、陕之变，盗魁刘之协者业就擒矣，太和县〈役〉①卖而纵之，遂成大乱。今日之劣兵蠹役，豢盗纵盗，所在皆是，每一念及，可为寒心。臣在刑部见疏防盗犯之稿，日或数十件，而行旅来京言被劫不报、报而不准者，尤不可胜计。南中会匪名目繁多，或十家之中，三家从贼，良民逼处其中，心知其非，亦姑且输金钱、备酒食以供盗贼之求，而头旦夕之安。臣尝细询州县所以讳盗之故，彼亦有难焉者。盖初往踩缉，有拒捕之患；解犯晋省，有抢夺之患；层层勘转，道路数百里，有繁重之患；处处需索，解费数百金，有赔累之患。

———————————

① "役"，据刻本《曾文正公奏议》补。

或报盗而不获，则按限而参之；或上司好粉饰，则目为多事而斥之。不如因循讳饰，反得晏然无事。以是愈酿愈多，盗贼横行，而良民更无安枕之日。臣所谓民间之疾苦，此又其一也。

三曰冤狱太多，民气难伸也。臣自署理刑部以来，见京控、上控之件，奏结者数十案，咨结者数百案，惟河南知府黄庆安一案、密云防御阿祥一案，皆审系原告得失，水落石出。此外各件，大率皆坐原告以虚诬之罪，而被告者反得脱然无事。其科原告之罪，援引例文，约有数条：或曰申诉不实，杖一百；或曰蓦越进京告重事不实，发边远军；或曰假以建言为由，挟制官府，发附近军；或曰挟嫌诬告本管官，发烟瘴军。又不敢竟从重办也，则曰怀疑误控，或曰诉出有因，于是有收赎之法，有减等之方，使原告不曲不直，难进难退，庶可免于翻案，而被告则巧为解脱，断不加罪。夫以部民而告官长，诚不可长其刁风矣。若夫告奸吏舞弊，告蠹役诈赃，而谓案案皆诬，其谁信之乎？即平民相告，而谓原告皆曲，被告皆直，又谁信之乎？圣明在上，必难逃洞鉴矣。臣考定例所载，民人京控，有提取该省案卷来京核对质讯者，有交督抚审办者，有钦派大臣前往者。近来概交督抚审办，督抚发委首府，从无亲提之事。首府为同寅弥缝，不问事之轻重，一概磨折恫喝，必使原告认诬而后已。风气所趋，各省皆然。一家久讼，十家破产，一人沉冤，百人含痛，往往有纤小之案，累年不结，颠倒黑白，老死囹圄，令人闻之发指者。臣所谓民间之疾苦，此又其一也。

此三者，皆目前之急务。其盗贼太众、冤狱太多二条，求皇上申谕外省，严饬督抚务思所以更张之。其银价太昂一条，必须变通平价之法。臣谨胪管见，另拟银钱并用章程一折，续行入奏。国以民为本，百姓之颠连困苦，苟有纤毫不得上达，皆臣等之咎也。区区微诚，伏乞圣鉴。谨奏。

复胡大任
（咸丰元年）

莲舫仁兄同年左右：

去腊奉到手书，恳恳数千言。昔睹霭蕞之面，今知故人之心。别纸所陈数事，空山忧戚之中，乃能盏伤民瘼，遂欲拯桑梓于水火，起疮痍而沐浴之。其为恻怛，岂胜钦挹。

以世风之滔滔，长民者之狭隘酷烈，而吾子伏处闾巷，内度身世，郎署浮沉，既茫乎未有畔岸；外观乡里，饥溺满眼，又汲汲乎有生涯日蹙之势，进不能以自效，退不足以自存，则吾子之迫切而思，以吁于九阍者，实仁人君子之至不得已也。然事顾有难者，自客春求言以来，在廷献纳，不下数百余章，其中岂乏嘉谟至计？或下所司核议，辄以"毋庸议"三字了之，或通谕直省，则奉行一文之后，已复高阁束置，若风马牛之不相与。如足下所条数事，盖亦不能出乎交议、通谕之外，其究亦归于簿书尘积堆中，而书生之血诚，徒以供胥吏唾弃之具。每念及兹，可为愤懑。故初奉尊书，本思投瓯径献；继念身处山中，而属他人上书阙下，近世已无此风，且足下祥琴未届，反授人以口实。故与可亭同年熟商，若其托名他氏，无难缕晰入告；若以尊名特达，则恐无益于民，先损于身，固未可率尔以尝也。中如林、周二公仿汉代绣衣直指之说，良足以铲剧贼而惩墨吏。国藩将据以上请，会林公遽归道山，周公奉命抚粤，而粤西盗贼亦日炽，而不可向迩，于是事有专重，而治盗之使不复能旁及矣。

今春以来，粤盗益复猖獗，西尽泗镇，东极平梧，二千里中，几无一尺净土。推寻本原，何尝不以有司虐用其民，鱼肉日久，激而不复反顾。盖大吏之泄泄于上，而一切废置不问者，非一朝夕之故矣。国藩尝私虑，以为天下有三大患：一曰人才，二曰财用，三曰兵力。人才之不振，曾于去岁具疏略陈大指；财用、兵力二者，昨又具疏言之。兹录一通，敬尘清览，未审足下以为有补万一否？如以为可行，则他日仍当渎请也。

国藩学识短浅，自以猎跻高位，不敢不悚切讲求，奈疾病相寻，心血亏损，夜不善寐，稍一构思，辄心动手颤。年方壮岁，境亦安荣，而脆耗如此，理不可解。蒲苇之质，势难坚强以谬附于松柏，辱足下知爱，合倾诚相告耳。至于簪绂之荣，骄人之态，虽在不肖，犹能涤此腥秽；足下乃以衔版见投，毋乃细人视我而鄙为不足深语？今亦不复相璧，但求捐此陋俗，而时以德言箴我，幸甚无量！书不详尽，伏维鉴察。并乞多谢王君子寿，倘有药石，幸贶故人。瞻望云天，企伫曷已！

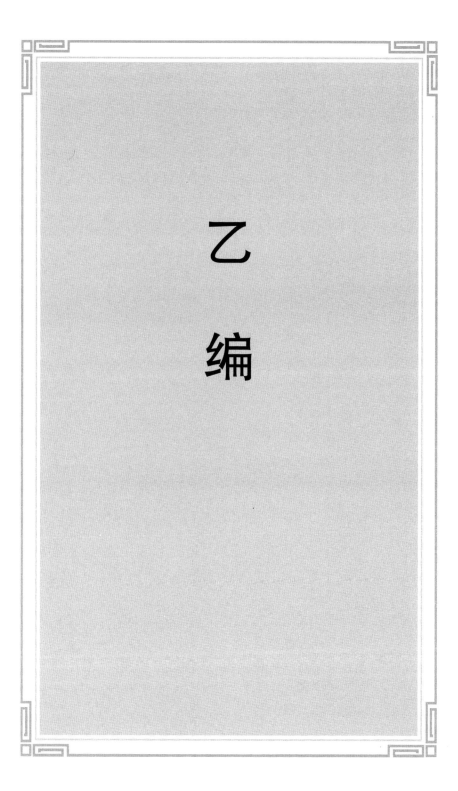

乙编

敬陈团练查匪大概规模折
（咸丰二年十二月二十二日）

奏为遵旨帮办团练查匪事务，敬陈现办大概规模，仰祈圣鉴事。

本月十三日准湖南巡抚咨称，承准军机大臣字寄，咸丰二年十一月二十九日奉上谕："前任丁忧侍郎曾国藩，籍隶湘乡，闻其在籍，其于湖南地方人情自必熟悉，着该抚传旨，令其帮同办理本省团练乡民、搜查土匪诸事务。伊必尽力，不负委任"等因。钦此。又于十五日接巡抚函称，武昌省城被贼攻陷。闻信之下，不胜愤懑。贼势猖獗如此，于大局关系匪轻，念我皇上宵旰南顾，不知若何焦灼。臣虽不才，亦宜勉竭愚忠，稍分君父之忧，即于十七日由家起程，二十一日驰抵省城，与抚臣面商一切，相对感歉。

伏维圣谕团练乡民一节，诚为此时急务。然团练之难，不难于操习武艺，而难于捐集费资。小民倚财为命，即苦口劝谕，犹迟疑而不应，若经理非人，更哗然而滋扰，非比嘉庆川楚之役，官给练费，不尽取之民也。臣此次拟访求各州县公正绅耆，以书信劝谕，使之董理其事，俾百姓知自卫之乐，而不复以捐资为苦，庶几有团练之实效而无扰累之流弊。

至圣谕搜查土匪一节，前日抚臣张亮基曾有一札，严饬各州县查拿土匪痞棍，令州县力能捕者自捕之，力不能者专丁送信至抚臣署内，设法剿办。现在各州县遵札办理，屡破巨案，业有成效。臣又以信谕绅耆，令其留心查察，本团之匪徒断不能掩本团绅耆之耳目，绅耆密告州县，州县密告抚臣，即日派人剿捕，可期无案不破。

抑臣又有请者，逆匪既破武昌，凶焰益炽，如湖南、安徽、江西毗连之省，皆为其所窥伺。长沙重地，不可不严为防守。臣现来省察看，省城兵力单薄，询悉湖南各标兵丁多半调赴大营，本省行伍空虚，势难再调，附近各省又无可抽调之处，不足以资守御。因于省城立一大团，认真操练，就各县曾经训练之乡民，择其壮健而朴实者招募来省，练一人收一人之益，练一月有一月之效。自军兴以来二年有余，时日不为不久，糜饷不为不多，调集大兵不为不众，而往往见贼逃溃，未闻有与之鏖战一场者；往往从后尾追，未闻有与之拦头一战者；其所用兵器，皆以大炮、鸟枪远远轰击，未闻有短兵相接，以枪靶与之交锋者，其故何哉？皆由所用之兵未经训练，无胆无艺，故所向退怯也。今欲改弦更张，总宜以练兵为务。臣拟现在训练章程，宜参访前明戚继光、近人傅鼐成法，但求其精，不求其多；但求有济，不求速效。诚能实力操练，于土匪足资剿捕，即于省城防守亦不无裨益。臣与抚臣熟商，意见相同。谨将现办情形敬陈大概，伏乞皇上圣鉴训示。谨奏。

与湖南各州县公正绅耆书
（咸丰三年正月）

启者：

自逆匪窜扰湖南以来，我百姓既受粤寇杀戮之惨，又加以土匪之抢劫，潮勇之淫掠，丁壮死于锋镝，老弱转于沟壑，种种毒苦，不堪言状。而其最可痛恨者，尤有二端。

逆匪所到之处，掳我良民，日则看守，不许外出，夜则围宿，不许偷逃。约之为兄弟，诱之以拜上。从之则生，背之则死。掳入贼中，不过两月，头发稍深，则驱之临阵。每战以我民之被掳者列于前行，而彼以牌刀手压其后，反顾亦杀，退奔亦杀。我民之被掳者，进则为官兵所擒，退则为牌刀手所杀，不得已，闭目冒进，冲锋力战。数战之后，终归于死。生为被胁之民，死为含冤之鬼。但见其从逆，谁怜其苦衷？此其可痛恨者一也。

潮勇在楚，奸淫抢掠，诚所不免。然现已遣回广东，其在湖南滋扰之时不甚久，经过之地不甚多，岂比粤寇之穷凶极恶？粤寇所淫之妇，何止万数；所焚之屋，何止十万；所屠之民，何止百万。近因恶潮勇之故，遂有一种莠言，称颂粤寇，反谓其不奸淫，反谓其不焚掠，反谓其不屠戮。愚民无知，一唱百和，议论颠倒，黑白不分，此其可痛恨者二也。

现在逆匪已陷湖北，凶焰益炽。湖南与之唇齿相依，烽火相望，若非人人敌忾，家家自卫，何以保我百姓安生而乐业哉？国藩奉天子命，办理本省团练事务。是用致书各州、县公正绅耆，务求努力同心，佐我不逮。

团练之道非他，以官卫民，不若使民自卫；以一人自卫，不若与众人共相卫，如是而已。其有地势利便，资财丰足者，则或数十家并为一村，或数百人结为一寨，高墙深沟，屹然自保。如其地势不便，资财不足，则不必并村，不必结寨，但数十家联为一气，数百人合为一心，患难相顾，闻声相救，亦自足捍御外侮。农夫、牧童皆为健卒，耰锄、竹木皆为兵器，需费无多，用力无几，特患我民不肯实心奉行耳。

国家承平日久，刑法尚宽，值兹有事之秋，土匪乘间窃发，在在有之，亦望公正绅耆，严立团规，力持风化。其有素行不法，惯为猾贼造言惑众者，告之团长、族长，公同处罚，轻则治以家刑，重则置之死地。其有逃兵、逃勇，经过乡里劫掠扰乱者，格杀勿论。其有匪徒痞棍，聚众排饭，持械抄抢者，格杀勿论。若有剧盗成群，啸聚山谷，小股则密告州县，迅速掩捕；大股则专人来省，或告抚院辕门，或告本处公馆。朝来告，则兵朝发；夕来告，则兵夕发，立时剿办，不逾晷刻。除丑类以安善良，清内匪以御外患，想亦众绅耆所乐为效力者也。

国藩奉命以来，日夜悚惕。自度才能浅薄，不足谋事。唯有"不要钱、不怕死"六字，时时自矢，以质鬼神，以对君父，即借以号召吾乡之豪杰。湖南之大，岂乏忠义贯金石、肝胆照日星之人？相与倡明大义，辅正除邪，不特保桑梓于万全，亦可荡平贼氛，我国家重有赖焉者也。时艰孔亟，翘企维殷。书不十一，诸惟心鉴。

与冯卓怀
（咸丰三年正月）

树堂仁弟左右：

自别以后，无日不神驰侍侧。十月二十五日下人丁贵等自鄂中接行李归，言在岳州会晤吾子，方扬帆北上。不数日，而有逆匪下窜之耗。于是日夕悬悬，不知行踪果将何依。厥后闻假馆常中丞处，而友朋交相惊怖，日以戚惧。至十二月二十一国藩奉命来省，晤曹西垣，始知足下于十一月六日仓惶自武昌逃去，渡江北上。不数日而贼陷汉阳，又未几而陷武昌。戎马奔走，幸脱于难。前国藩经过鄂中，与足下相对感歔。常言彼中防堵之疏，词气之骄，殆不可恃，今果如是，虽曰天命，岂非人事哉？

国藩以八月二十三日抵家，抚棺一痛，恍如隔生。母子别离十有四年，归对北堂，千号不应。而风鹤警报，朝夕以异，益为不孝之子增此骇浪，以助愁惨。闭目静思，诚不知所谓官者何荣，所谓生者何乐也！遵亲命，即于九月十三日权厝先妣于居室后山，尚思别寻葬地，稍展微忱。腊月中旬被命出山，几筵之供奉莫亲，椿庭之定省复缺。前罪未赎，后疚仍臻。宦场伦次，各有职思。置此不宦不绅之人，哽塞其间，于人觉耳目之非是，于吾则承乘之并乖。欲有所措置以行吾志，盖时时与大轫相丁，又不特肯綮之伤刃已也。惟土匪实繁，谕旨特重。在此亦欲稍学武健之吏，以伸一割之用。三四十年来，应杀不杀之人充满山谷，遂以酿成今日流寇之祸，岂复可姑息优容，养贼作子，重兴萌蘖而贻大患乎？是以致书各州县绅耆，又剀切示谕，惟以除暴为务。才虑短浅，无足取信于人，未知终裨万分之一二否。

贱眷在京，自尔迫切思归。然迂道由蜀中归，则大为失计。盖自蜀还乡，亦须由巴峡而下荆州，不如径由河南至樊城，与彼路相去不远。

足下会试若不获利，敬求为我送眷口南旋。以车抵樊城，而以轿自樊抵澧，或者不至中梗亦未可知。且死生祸福，自有前定，即出险途，未必不安。望足下断以不疑，为我历尽千辛万苦，其为感激，实非言词所能倾竭。书不十一，惟祈心鉴。

与朱孙诒
（咸丰三年二月二十七日）

石翘老父台大人阁下：

久疏音敬，想兴居安吉，政祉绥和，至以为慰！

国藩久虱此间，毫无裨补。自去岁以来，抢劫之案各县多有，惟吾邑无之，亦无以他事冤抑持片词来控诉者，仁人之所被，岂浅鲜哉！现在设法购拿各劫案首要诸犯，至则立予磔死，不复拘守常例，持之稍久，巨案或可少息。方今民穷财困，吾辈势不能别有噢咻生息之术计，惟力去害民之人，以听吾民之自挈自活而已矣。

去冬之出，奉命以团练为名。近来不谈此二字，每告人曰：乡村宜团而不宜练；城厢宜练而不宜多。如此立说，明知有日就懈散之弊，然懈散之弊尚少。若一意操切行之，则新进生事者，持札四出，讹索逼勒，无所不至，功无尺寸而弊重邱山，亦良可深虑也。

朱岚暄五兄闻遂捐万金以赈饥，可谓豪杰之士。湘潭左家，弟已面劝其大捐以济本邑之赈务，虽小有允诺，然恐不过千金以外。弟又拟为书函，以劝同里各富人，不知何处较易为力？便中尚祈示悉。散放之法，古人皆以放钱放米为善，设粥厂非佳政也。

吾邑县试，闻已示期。三月八日阅卷一席，弟有好友高君静轩倬书，品学兼优，实堪上客之聘，特以奉荐，务祈推爱礼致，感幸无涯。书不十一，诸惟心照。

与徐嘉瑞
（咸丰三年二月）

玉山老公祖大人阁下：

启者：国藩于去夏奉使江西，七月二十五日在安徽太湖县途次痛闻先慈大故，即由九江买舟西上，行至武昌，始闻长沙被围之信，匍匐间行，于八月二十三日抵家。风鹤警报，日夕惶惧。奉严亲命，于九月十三日权厝先慈于居室后山。仓卒措办，诸未尽礼，尚思别寻葬地，稍展孝思。腊月十三忽奉帮办团防之命，兼闻武昌沦陷之信，即日驰赴省垣，筹商一切。

吾乡疮痍之后，惟芟除土匪为第一要务。二三十年来，应办不办之案，应杀不杀之人，充塞于郡县山谷之间，民见夫命案盗案之首犯皆得逍遥法外，固已藐视王章而弁髦官长矣。又见夫粤匪之横行，土匪之屡发，乃益嚣然不靖，痞棍四出，劫抢风起，各霸一方，凌藉小民而鱼肉之。鄙意以为宜大加惩创，择其残害于乡里者，重则处以斩枭，轻亦立毙杖下。戮其尤凶横者，而其党始稍戢；诛其尤害民者，而良民始稍息。但求于孱弱之百姓少得安恬，即吾身得武健严酷之名，或有损于阴骘慈祥之说，亦不敢辞已。将此意详告各州县牧令，又以书函致各处绅耆矣。更祈老公祖严饬所属，申明鄙意，但求无案不破，无犯不惩，一切大小处分，皆可宽免。

贵属若有著名会匪、教匪骤难施手者，尚祈密函示我，设法剿办。果其划除丑类，万家安眠，则造福于我桑梓之邦，实无涯矣。惟希鉴察，书不详尽，顺问升安。

与江忠源
（咸丰三年八月三十日）

岷樵仁弟足下：

二十八、初一日两次探差回，接手书，具审一切。又得罗山兄书，知安福于十三日收复，泰和于十八日收复，省围未解之候，已有余力分办各属土匪，足以见阁下之整暇而夺逆匪之残魄。

木筏直下冲撞，诚为此时攻贼舟之善策，惟闻贼营有大火药包，一抛掷，则所烧之地甚宽，而其为时颇久。木筏不甚宽长，不审有法能御之否？又彼所谓大药包者，其形制若何，吾能为之以焚贼舟否？

国藩每念今日之兵，极可伤恨者，在"败不相救"四字。彼营出队，此营张目而旁观，哆口而微笑。见其胜，则深妒之，恐其得赏银，恐其获保奏；见其败，则袖手不顾，虽全军覆没，亦无一人出而援手拯救于生死呼吸之顷者。以仆所闻，在在皆然。盖缘调兵之初，此营一百，彼营五十。征兵一千而已，抽选数营或十数营之多，其卒与卒已不相习矣，而统领之将，又非平日本营之官。一省所调若此，他省亦如之。即同一营也，或今年一次调百人赴粤，明年一次调五十赴楚，出征有先后，赴防有远近，劳逸亦遂乖然不能以相入。"败不相救"之故，半由于此。又有主将远隔，不奉令箭不敢出救者；又有平日构隙，虽奉令箭，故迟回不往救者。至于兵与勇遇，尤嫉恨次骨，或且佯为相救，而倒戈以害勇，翼蔽以纵贼。种种情态，国藩尚得之闻问，阁下则身经百战，目所亲见者也。今欲扫除而更张之，非营营互相救应不可。欲营营互相救应，非得万众一心不可。

阁下前在九江奏片有云"调云贵、湖广兵六千，募勇三千，合为一万，自成一军，誓灭此贼"等语，今募勇三千，仆已于六月办齐发往矣。至于添兵六千，则鄙意以为不如概行添勇。盖兵勇嫉妒不和之说，已尽于上云云矣。而六千之多，必有二三镇将统之，其势不能相下。而将弁中又多卑庸，无足与语，终恐不能为阁下一出死力。鄙意欲再募勇六千，合成万人，概交阁下为扫荡澄清之具。

敝友王璞山，忠勇男子，盖刘崑、祖逖之徒。昨二十日仆以一书抵璞山，璞山亦恰以十九日为书抵我，誓率湘中子弟慷慨兴师，即入江西，一以愤二十四之役，为诸人报仇雪耻；一以为国家扫此逆氛，克复三城，尽歼群丑，以纾宵旰之忧。其书热血激风云，忠肝贯金石。今录一通往，阁下试观之，洵足为君添手足之助矣。

国藩拟即日添募义勇，以湘乡、宝庆人为主，而他县人亦时用之。一面训练技艺，一面劝捐助饷，大约璞山以十月率勇二千前往。又别求忠勇之士，十一月率二千前往，十二月再率二千前往，合现在江省之楚勇、湘勇，足成一万之数。士皆忠愤，将尽同心，阁下可以驰驱中原，所向披靡矣。当于九月中旬入奏拜折后，即令璞山遄行。其折尾，或书会同阁下入奏，盖计虽出自鄙人，统此军者则阁下也。是否有当，务祈即日示复。璞山之行，或仍从樟镇顺流而下，或由义宁出修水下流兜截而上，概求详细复答。

国藩已于二十七日到衡，诸事顺平，足慰存注，诸惟心照。

憩亭、石樵、筠仙、罗山诸兄，均皆致候。

与吴文镕
（咸丰三年九月初六日）

受业制曾国藩顿首谨启甄甫夫子大人钧座：

顷接同门仓少平来函，知吾师于十八日自沅江解缆，重九前后可到长沙。并由朱亮甫同年寄声，令国藩晋省迎候，面聆训诲。国藩久违师范，迫欲抠谒，一展依恋之忱。且乡团各务，亦思亲奉提命，冀有秉承。只以茶陵土匪窜据城垣，近闻裹胁颇多，此间安仁、衡山、酃、攸等县风鹤相惊，文报沓至，衡郡不无讹言，一有动摇，恐居民相率迁徙。且王县丞鑫约日内来衡，与国藩面商一切。近剿茶陵之匪，远谋兴义之师，亦须留此与之熟商。函丈在望，不获亲炙，怅歉奚如！

茶陵之事，中丞已调塔将带兵勇八百余，王丞带道标勇三百余前往。其上游张太守荣组所带之兵五百，王县丞鑫所带之湘勇四百，国藩在此，当催其即日同往兜剿。共计兵勇二千有奇，攻数百残败复然之匪，亮可一鼓歼灭。

至粤匪窜据九江，鄂省有张石翁在彼，重以我师之威望，应可无虞。南省城守之具，自六月以来，差为完备。在外之师，则调往茶陵者二千，岷樵所统湘楚各勇四千，亦皆首尾相应。惟两省饷项并皆支绌，几有朝不谋夕之虑，而鄂中更甚。南省本有催提广东之饷八万，索偿江西垫款二万八千，计已解送在途，而未知何日可到，良深焦灼。

国藩以去秋差次闻讣旋里，其时长沙之围未解，乡里讹传，草木皆怖，仓皇葬母于居室后山。风水之说，慎终之礼，诸多未讲，只积罪疚。腊月十三，奉到帮办团练之命，本思陈情不出，为辞折将发矣，十五日忽闻鄂中沦陷之耗，义不敢深居不问，以自邻于畏死趋避之徒。遂驰抵省门，厕身于不官不绅之间。

春间与乡人细究团练一事，咸以为"团练"二字当分为两层。"团"即保甲之法，清查户口，不许容留匪人，一言尽之矣。"练"则养丁请师，制旗造械，为费较多，乡人往往疑畏不行。今练或择人而举，团则宜遍地兴办。总以清查本境土匪，以绝勾引为先务。遂设一审案局，与乡人约：凡捆送会匪、教匪、抢犯来者，立予正法。前后杀戮二百余人，强半皆绅耆擒拿。国藩因博武健之名，而地方颇收安静之效。

初到之时，即奏请练勇以为剿办土匪之用，亦欲求三年之艾，阴养劲旅以为讨贼之储。会张石翁招湘勇千人到省，遂日日训练，分为三营：中营为罗教谕管带，昨援江西，剿安福贼者是也；左营为王县丞管带，衡山、桂东、兴宁屡著战功者是也；右营为监生邹寿璋管带，目今浏阳守卡者是也。此三营者皆久经操练，缓急可恃。因练勇之便，时与塔将言及城中各兵亦可抽演试操，四五月间兵勇会操，居然严明，时予薄赏，以示鼓励，亦欲作其亲上死长之气，以惩窳惰骄蹇之习。塔将独能勤劳奋发，以是器之，而清副将为湘中万口所不许，又宴逸不事事，亦遂恶之。由是清大不满于塔，忮恨次骨。六月初提军来省，乃媒孽其短，百端构煽。于是文武不和，兵勇不睦之象，渐次成矣。国藩以黑白颠倒，薰莸同器，大拂舆情，为保塔而劾清。适会张石翁保塔劾清之折同时并发，不谋而合。石翁又有札，严责塔将何以不操练。提军遂疑石翁与国藩并力以排之，而不留余地也。疑尽涉私见，而非公忠之道也，吾师试察究焉。石翁之公荩固无论，即国藩亦岂若是之浅小哉？平日之忠信光明，不足见孚于人人，内愧而已。

七月十三湘勇试枪，误伤一提标长夫。标下弁兵执旗吹号，操军火器械于城外校场寻湘勇而开仗。国藩以勇系湘乡，夫系常德，事涉嫌疑，但将此勇送城上，面责二百棍，而彼兵则置之不论，冀克己以和众也。八月初四，永顺兵与辰勇以赌博细故，又执旗吹号，下城开仗。国藩以屡次称兵内斗，将来何以御贼，思按军法治之。咨文甫出，而有初六夜之变，毁坏馆室，杀伤门丁。国藩思据实入告，为臣子者不能为国家弭大乱，反以琐事上渎君父之听，方寸窃所不安；欲隐忍濡迹长沙，则平日本以虚声弹压匪徒，一旦挫损，鼠辈行将跳踉自恣，初终恐难一律。是以抽掣转移，急为衡州之行，盖二月曾经奏明衡、永、郴、桂匪类极多，将来驻衡数月也。

至于粤匪猖獗，神人共愤。国藩虽愚昧闲散，亦未尝须臾忘灭贼之事。痛夫今日之兵，东调五十，西调一百，卒与卒不习，将与将不和，胜则相忌，败不相救，万无成功之一日。意欲练成一万，以资廓清扫荡之具。顷有与江岷樵、王璞山各一书。璞山亦有书来，若合符契。兹并录呈清览，吾师视之，亦足以察微志之所在。惟捐项极难，事不遽就，尚求秘而不宣，至幸至幸！

本拟遣厉伯符大令至省迎谒，道达一切，因恐大旆东指，是以缕书奉闻，言虽繁冗，尚不百一。统俟续布，诸惟心鉴，敬请钧安。

与张亮基
（咸丰三年九月初九日）

石卿仁兄大公祖同年大人阁下：

二十五日奉惠书，未即笺复，比闻简调山东，自以密迩畿辅，重资鸿筹，作镇海岱。惟两湖吏治方就整饬，军政亦有起色，遽尔移节东征，不独文武方振之纲莫为赓续，即南北绅庶，亦若失所依倚。

弟自今岁以来，所办之事，强半皆冒侵官越俎之嫌，只以时事孔艰，苟利于国，或益于民，即不惜攘臂为之，冀以补疮痍之万一，而扶正气于将歇。练勇之举，亦非有他，只以近日官兵在乡，不无骚扰，而去岁潮勇有奸淫掳掠之事，民间倡为谣言，反谓兵勇不如贼匪之安静。国藩痛恨斯言，恐民心一去不可挽回，誓欲练成一旅，秋毫无犯，以挽民心而塞民口。每逢三、八操演，集诸勇而教之，反复开说至千百语，但令其无扰百姓。自四月以后，间令塔将传唤营兵，一同操演，亦不过令弁委前来听我教语。每次与诸弁兵讲说，至一时数刻之久，虽不敢云说法点顽石之头，亦诚欲以苦口滴杜鹃之血。练者其名，训者其实；听者甚逸，讲者甚劳。今各弁固在，具有天良，可覆按而一一询也。国藩之为此，盖欲感动一二，冀其不扰百姓，以雪兵勇不如贼匪之耻，而稍变武弁漫无纪律之态。迨六月初，提军到省，谓防堵不宜操兵，盛暑不宜过劳，遂切责塔将，而右护清将。而中丞亦疑弟不宜干预兵事。会弟与老兄有举塔劾清之折同时并发，而尊处又有札斥塔将何不操练，提军遂疑兄与弟并力排之，皆挟私见而非公忠也，岂其然哉！岂其然哉！嗣后兵勇相争，弟虽常持正议，而每抑勇而伸兵。自谓寸心无私，可见谅于人人。逮初六日，兵哗之变出，论者或谓是有指嗾，或谓早伏阴机，何不预为之所。君子直道而行，岂肯以机械崄巇与人相竞御哉？惟弟本以乡绅，半涉官事，全恃虚声以弹压匪徒，一有挫损，则宵小得以窥伺，而初终恐难一律，是以抽掣转移，暂驻衡州。盖因二月一奏，曾言上四属土匪极多，将来请驻衡数月也。

到衡不十日，而茶陵、安仁相继失守，去衡州较近，距长沙略远。弟奏中亦虑及此，曾言吉安土匪恐被江西剿急，窜入安、酃一带，不幸言中。弟来衡似不为无益，现已命塔副将、王同知之勇，自北往攻；王县丞及舍弟之勇，自西往攻。东南两路，令驻扎兴宁之湘勇兜截，未审能即日扑灭否。然究系乌合，想无足深虑。

至于粤贼大局，若以各处兵力剿之，恐终难了此。鄙意欲练勇万人，概归岷樵管带，或犹能指挥如意。除岷老现带之楚勇、湘勇四千外，拟再练六千人。弟别有寄岷老信、寄王县丞鑫信，王君亦有与弟书，三件皆抄呈敝座师甄甫先生，计日内已到。阁下如有暇，试一取阅，亦足以知微志之所存。其练勇之费，不能不取之捐输。国藩虽不才，敝乡之仁人君子，犹当有起而应我者。不审鸿裁果以为然否？

粤贼竟据九江，田家镇之师，不审果足资堵御否。如贼势稍纾，大旆当即北发，相去益远，会合无因，依依之情，笔不能罄。诸惟心照，顺请台安。

与彭洋中曾毓芳
（咸丰三年九月十七日）

筱房、香海两兄大人左右：

屡接筱兄书，昨匆匆一报，未罄鄙怀。屡接香兄书，阙然未复，寸心耿耿，兹用疚歉。

粤逆于八月二十二退出江西，过湖口后即分窜上下游，一破安庆，一据九江。比闻北陷黄梅，南扰兴国。此时大局糜烂，即使三城克复，秦晋无惊，而流贼之势固已成矣。

岷樵勋望日隆，全握兵柄，是意中事。鄙意欲练勇万人，概交岷老统带，以为扫荡澄清之具。近时各营之兵，东调一百，西拨五十，将与将不和，卒与卒不习，胜则相忌，败不相救，即有十万众在我麾下，亦且各怀携贰，离心离德。居今之世，用今之兵，虽诸葛复起，未必能灭此贼也。鄙意必须万众一心，诸将一气，而后改弦更张，或有成功之一日。昨已为书告邑人王璞山鑫，又以书告岷樵矣。璞山亦有书抵我，痛夫江西七月二十四之役，湘勇阵亡者八十余人，又重以带勇者四人，大兴义愤，思报友仇而纾国难。兹将渠书并弟书二件，抄呈尊览。两人者起意不同，而指归则一。现拟于衡州广募新勇，大加训练。

前六月间托魁太守所招之勇，邵阳各勇较胜于新化。后弟自省归，邵勇交塔副将带往醴陵防堵，昨在安仁剿江西土匪，一战而荡平者是也。新化勇则散遣归农矣。弟来衡时，闻新勇并未散，且屡来具呈禀请赴江杀贼，是以复行招集，现存二百余人。鄙意欲再招百五十人，合成三百六十，以符弟之营制。兹着新化勇数人回籍，令其自行招集，呼朋引类，或可得劲悍之卒，亦未可知。香海兄若素知新化健卒何处最多，或见此数人加以指踪，无取浮滑之辈，而求土作之类，是为至要！其途费业经议定：来时不给一钱，到衡之日，每人给钱三百文而已。此事各勇自能了之，两兄不管亦可。自新化勇而外，弟又欲招魁太守曾经训练之邵阳勇一营，计三百六十人，以为弟之亲兵。烦两兄与荫翁商妥，须择其精而又精者。荫兄无留上驷自用，而以下驷应客，至祷至感！其口粮银数，在衡操演，每日给予一钱；出征本省土匪，每日一钱四分；征外省粤匪，每日一钱五分。其为队长、哨长，以次而加；养伤银上等三十，中等二十，下等十两；阵亡恤银六十两。征本省土匪减半。弟若不出外，或交岷樵，亲兵亦如之。望两兄与诸勇晰言之也。此次初出，无所谓安家银两，在宝亦不能先给几日口粮，途费亦惟到衡之日，每人给三百文而已。

抑又有请者，不难于勇，而难于带勇之人。带勇之人第一要才堪治民，第二要不怕死，第三要不急急名利，第四要耐受辛苦。治民之才，不外公、明、勤三字。不公不明，则诸勇必不悦服；不勤，则营务细巨皆废弛不治，故第一要务在此。不怕死，则临阵当先，士卒乃可效命，故次之。为名利而出者，保举稍迟则怨，稍不如意则怨，与同辈争薪水，与士卒争毫厘，故又次之。身体羸弱者，过劳则病；精神乏短者，久用则散，故又次之。四者似过于求备，而苟阙其一，则万不可以带勇。故弟尝谓带勇须智浑勇沉之士，文经武纬之才。数月以来，梦想以求之，焚香以祷之，盖无须臾或忘诸怀。大抵有忠义血性，则四者相从以俱至；无忠义血性，则貌似四者，终不可恃。两兄平生物色，果有此等人否？如其有之，万望道达鄙意，礼请以出，非弟之私好也，为天下出也。弟之汲汲，尤在于此，千万千万！书不尽意，诸惟心鉴，顺候著安。

荫翁尊兄老公祖处，均此致候。

与王鑫
（咸丰三年十一月初六日）

璞山仁弟足下：

近日在敝处攻足下之短者甚多，其来尊处言仆之轻信谗谤、弃君如遗者，亦必不少。要之两心炯炯，各有深信之处，为非毁所不能入，金石所不能穿者，别自有在。今欲多言，则反以晦真至之情，古人所谓窗棂愈多，则愈蔽明者也。特书与足下约，计必从鄙意而不可改者五条，不必从仆，听足下自为屈伸主张者三条，仆自密办，而不遽以书告足下者二条，并具于左。

一、必从鄙意而不可改者五：

各勇宜操练两个月，体弱者，艺低者，油滑者，陆续严汰，明春始行远出。

每营必须择一营官，必画然分出营数，此时即将全数交付与他，不必由足下一手经理。任人则逸，独任则劳。此后必成流贼，股数甚多，吾须分投与之相逐。若平日由足下一人统带，临阵始分股逐贼，则差之毫厘，谬以千里矣。

帮办者，每营须四五人，必须博求贤俊，不尽取之湘乡。万一营官有病，则帮办即可统领，断不可草率。足下现物色得帮办者几人？祈开单见示。

器械必赶紧制办，局中窳脆之件，概不可用。伯韩所造抬枪甚好，不知鸟枪已成若干？石樵言帐房宜用夹的，是否属实，祈复示。如必须改的，此时尚可赶办。邹岳屏所捐锚杆亦不好，竟须另觅硬木圆身，未经锯破者。如有一械未精，不可轻出。

战船能多更妙，纵使不能，亦当雇民船百余号，与陆路之兵同宿同行，夹江而下。凡米、煤、油、盐、布匹、干肉、钱项、铁铅、竹木之类，百物皆备，匠工皆全。凡兵勇扎营，即以船为市。所发之饷，即换吾船之钱。所换之钱，即买吾船之货。如此展转灌输，银钱总不外散，而兵勇无米盐断缺之患，无数倍昂贵之患。

一、不必从仆，听足下自为屈伸主张者三：

鄙意定为十营，合长夫计之，得五千人。非不知其太少，实恐口粮无出也。已由公犊札饬足下仅留四营，如足下能设法劝捐，多留一营亦可。

鄙意欲足下来衡州合操，若惮于往返，即在省别操亦可。竹庄可带一营，可嘱其管带来衡。石樵归时，必来衡商议大局。足下倘不同来，必须开一单，与石樵粗定规模，再由敝处核定。

阵法原无一定，然以一队言之，则以鸳鸯、三才二阵为要。以一营言之，则一正两奇，一接应，一设伏，四者断不可缺一。此外听足下自为变化。将多人以御剧寇，断不可无阵法也。

一、自为密办而不遽以书奉告者二：

有人愿带五百人随同远征，已许之矣。

船户已请多人去邀集，未知果有成否。足下亦有相契之船否？祈示。

以上各条，皆切要之语，务求迅速回示。盼切，盼切！即候勋安。

复吕贤基
（咸丰三年十一月十七日）

鹤田老前辈大人阁下：

前奉惠书，笺复稍稽。旋因田镇失防，鄂垣震恐，虞驿递乖失，久不奉报，伏惟宥谅。

暌违教益，仅逾周期，不谓世事糜烂，遽已至此！江南三城，沦为贼窟；两星使坐拥重兵，恬不事事。盐漕大利，一举而掷之不可复问之地。贵省及江西、两湖，耳不绝风鹤之警，目不断逆帆之驰。计今岁以来，四省所费，已不下百余万。幸而竭力支撑，稍敦辅车之谊。楚可援江，湘可援鄂，虽郡县蹂躏，而会垣尚无恙也。假令再延岁月，仍守故辙，兵饷两绌，罗掘并空，自顾不暇，何论邻省！统筹全局，自应为四省合防之计，且须谋以剿为堵之道。该逆以舟楫为巢穴，以掳掠为生涯，千舸百艘，小汊支湖，横行无忌。今为堵御之谋，若全仗官兵之力，则四省会合，既无统领之人，各营参差，又无齐一之志。有事则相诿，临难不相救，官场之颓风，弁兵之恶习，老前辈想亦稔知之，而亦痛恨之矣。鄙人愚见，欲合四省之绅耆，各招乡勇，共成斯举。召募精壮而受约束之卒，择血性而晓军事之君子将之，不调入营已夕之兵，不用守备以上之将。扫除积习，更弦新张，或者犹有小补。前曾有书与岷樵中丞议及此事，岷老深以为然。近拟筹备炮船，水陆并进。蚊虻负山，商距驰河，智小谋大，自识可笑。然目击时艰，岂宜坐视。闻阁下与少荃编修练勇剿匪，屡次奏绩。伏望部署储峙，早修同舟之谊，共图宏济之艰。至要至要！

前承询及敝乡团练之规，侍专任此事，实惭溺职。盖近世司牧之官，既不见信于民，而一二绅耆，非借端以谋利，即费多而少成，是以鄙人尝与乡邦约曰："团则遍地皆行，练则择人而办。"亦实见利害相为乘除，不得不为此苦心分别之词也。书不详尽，诸惟心照，顺请台安。

与胡林翼
（咸丰四年正月十六日）

咏芝老前辈大人阁下：

十三夜奉到七日手示，敬悉一切。

阁下治军鄂渚，为甄师喜，为两湖喜。而同时又接庐州失陷，岷樵殉难之信，为天下忧，为吾党忧。国藩自九月来，募练诸勇，造备战船，拟与甄师、岷老合为一气，共商四省合防之策，兼筹以剿为堵之道，意将奉甄师为主，而侍与岷老辅之。不谓斯材遽成名以去，而甄师又被群言谤劾。孤立无助，对此茫茫，止堪痛哭！

侍先后招用陆勇六千人，训练可用者略近三千。水勇五千人，皆新集之船工、水手，不知军火为何物，战斗为何事。调集之官、招聘之绅，亦无敢以舟师自任，愿与此贼相搏于风涛浩渺之中者。以是毫无把握，日夜焦思。计自衡至鄂，舟行当逾二旬，可以逆风之暇，操演数次。船只仿粤东之式，有所谓快蟹、长龙者，人多见谓可用。炮则不满六百，稍与分配，即行成军以出。鄂中望助孔亟，亦不复可延候矣。计二月之杪，当与旌从相遇。

季翁坚卧不起，郭筠仙亦无意再出，萧可卿以年逾六十，不愿即戎，谭湘溪老母在堂，家无昆弟，欧赤城新有母丧，工元圃去秋没矣！此外聘求之士尚有数人，相见伊迩，当一一为阁下道之。方今世变孔棘，而宦场泄沓之风，曾无少为振作。有识者以是深惧，皆怀入山恐不深，入林恐不密之志。故侍之不克罗致英彦，固由素行浅薄，不足以引钩拾芥，亦实因有道之往往潜藏，不肯轻予人以一知也。尊书所拔滇黔各材，想甄师必以入告，不知曾会贱衔否。

所须军械，到黄即可分用。此行以水次为粮台，一切军装米盐皆储舟中，较之陆路粮台稍便耳。书不百一，诸惟心照，敬请勋安，不尽欲言。

目今之急，筹饷更难于将兵，舍勒捐一法，盖别无可图。侍此行并长夫雇船凡二万人，每月需饷十万。鄙意欲求甄师于湖北司道中假阁下一席，奏明督办劝捐事件，而以王子寿辅之。鄮侯转饷，汉军不匮，计亦非巨手不能也。又欲奏朱石樵往江西劝捐，夏憩亭、郭筠仙在湖南劝捐。舍此一法，则三月即饷竭师溃矣。幸先与甄师一商。

与郭嵩焘
（咸丰四年正月二十一日）

翼臣仁弟足下：

久未奉书，亦〔未〕得常问兴居。去冬筠老来此小住数日，而家书敦促，险语逼人，遂不能复为我地公孙同乘兄弟也。胡再不谋以今日之大局，而必欲骧首前进，攘臂求名？虽大愚之人，尚不至此。则肥遁以鸣高，蔬食以自足，入山惟恐不深，入林惟恐不密，亦市井寻常之人所乐图而优为者，初非一二有道君子独得之秘也。

若论古今之大义，则我国家深仁厚泽。吾辈之高、曾、祖、父久食升平之福，而席诗书之荣。而君家长公身为词臣，乃历世所称极宠之秩，又以江西戎事，特恩授职编修。而足下与令弟又皆以科名慰其亲心，而誉于乡国。此岂得秦越视之，而谓国事于己无与，置之不闻不问之列？此揆之君臣之义，君家有所不得而逃也。逆匪崇天主之教，弃孔氏之经，但知有天，无所谓君也；但知有天，无所谓父也。蔑中国之人伦，从夷狄之谬妄。农不能自耕以纳赋，而师贾氏官田之法，以谓皆天王之田；商不能自运以取息，而借王氏贷民之说，以谓皆天土之货。假令鄂垣不守，则湖南即其囊中之物，湖南有事，则君家所谓梓木洞者，独得晏然已乎？彼且履君之室，而田君之田，辱君以雠结，而强君以缧聘；彼又将禁弃人家之诗书，而变易人家之伦常。此岂独我大清之变？乃尧舜以来之奇变，我仲尼之所痛哭于九原〔泉〕① 者也。足下讽孔氏之经亦有岁年，今独无所激于中乎？秦燔经籍而儒生积愤怨以覆其国；今以天主教横行中原，而儒者或漠然不以关虑，斯亦廉耻道丧，公等有所不得而辞者也。

国藩现筹备战舰，水陆并进，虽薄劣之才，艰难之时，明知无补万

---

① 原作"九原"亦不误，即"九泉"意。——本书编者注。

一，而正大之名，忠直之气，固可以上对日月，下对鬼神。惟时势愈艰，识者多引避伏处。孤忧耿耿，谋而无与同，失而无与匡，是以奉书拜告足下，不以为下走之私聘，而以为国家之公义，不以为兵家讨伐之常，而以为孔门千古之变。幕府有奏章之职，有书记之席，刻已请邓君小耘充书记，欲以奏章一事重烦左右。

足下雄才伟辩不如季高，文义雅健不如长公，而叙述明畅，老妪能解，则鄙人之所私好也。此间公定薪水章程，此二席者皆每月五十金，巨细条款悉以入奏，刊发粮台。明此乃天家之公糈，非主戎者所得而私也。君家清德介声，诸季同守谋生之道，或尚求校文之馆，趋有司之门，不免啄粟于野田，饮马于清渭，尚未能迥绝人世，何必出自人者皆义，而出自我者皆不义乎？若必以幽栖自喜，而以他辞却谢，则于廿年石交，毋乃少恝？恳切奉干，伏惟心鉴。恭请台安。

讨粤匪檄
（咸丰四年正月）

为传檄事。

逆贼洪秀全、杨秀清称乱以来，于今五年矣。荼毒生灵数百余万，蹂躏州县五千余里。所过之境，船只无论大小，人民无论贫富，一概抢掠罄尽，寸草不留。其掳入贼中者，剥取衣服，搜刮银钱，银满五两而不献贼者，即行斩首。男子日给米一合，驱之临阵向前，驱之筑城浚壕；妇人日给米一合，驱之登陴守夜，驱之运米挑煤。妇女而不肯解脚者，则立斩其足以示众妇；船户而阴谋逃归者，则倒抬其尸以示众船。粤匪自处于安富尊荣，而视我两湖、三江被胁之人，曾犬豕牛马之不若。此其残忍惨酷，凡有血气者，未有闻之而不痛憾者也！

自唐虞三代以来，历世圣人，扶持名教，敦叙人伦，君臣父子，上下尊卑，秩然如冠履之不可倒置。粤匪窃外夷之绪，崇天主之教。自其伪君伪相，下逮兵卒贱役，皆以兄弟称之，谓惟天可称父，此外凡民之父，皆兄弟也；凡民之母，皆姊妹也。农不能自耕以纳赋，而谓田皆天王之田；商不能自贾以取息，而谓货皆天工之货；士不能诵孔子之经，而别有所谓耶苏之说、《新约》之书。举中国数千年礼义人伦、诗书典则，一旦扫地荡尽。此岂独我大清之变，乃开辟以来名教之奇变，我孔子、孟子之所痛哭于九原！凡读书识字者，又乌可袖手安坐，不思一为之所也！

自古生有功德，没则为神。王道治明，神道治幽。虽乱臣贼子、穷凶极丑，亦往往敬畏神祇。李自成至曲阜，不犯圣庙；张献忠至梓潼，亦祭文昌。粤匪焚郴州之学宫，毁宣圣之木主，十哲两庑，狼藉满地。嗣是所过郡县，先毁庙宇。即忠臣义士，如关帝、岳王之凛凛，亦皆污其宫室，残其身首。以至佛寺、道院、城隍、社坛，无庙不焚，无像不灭。斯又鬼神所共愤怒，欲一雪此憾于冥冥之中者也！

本部堂奉天子命，统师二万，水陆并进，誓将卧薪尝胆，殄此凶逆；救我被虏之船只，拔出被胁之民人。不特纾君父宵旰之勤劳，而且慰孔孟人伦之隐痛；不特为百万生灵报枉杀之仇，而且为上下神祇雪被辱之憾。是用传檄远近，咸使闻知：倘有血性男子，号召义旅，助我征剿者，本部堂引为心腹，酌给口粮；倘有抱道君子，痛天主教之横行中原，赫然奋怒，以卫吾道者，本部堂礼之幕府，待以宾师；倘有仗义仁人，捐银助饷者，千金以内给予实收部照，千金以上专折奏请优叙；倘有久陷贼中，自拔来归，杀其头目，以城来降者，本部堂收之帐下，奏授官爵；倘有被胁经年，发长数寸，临阵弃械，徒手归诚者，一概免死，资遣回籍。

在昔汉、唐、元、明之末，群盗如毛，皆由主昏政乱，莫能削平。今天子忧勤惕厉，敬天恤民，田不加赋，户不抽丁。以列圣深厚之仁，讨暴虐无赖之贼，无论迟速，终归灭亡，不待智者而明矣。若尔被胁之人，甘心从逆，抗拒天诛，大兵一压，玉石俱焚，亦不能更为分别也。

本部堂德薄能鲜，独仗"忠信"二字为行军之本。上有日月，下有鬼神，明有浩浩长江之水，幽有前此殉难各忠臣烈士之魂，实鉴吾心，咸听吾言。檄到如律令，无忽！

报东征起程日期折
（咸丰四年二月初二日）

奏为恭报微臣起程日期事。

窃臣于上年十一月二十三日奉旨援剿皖省，迄今已满两月，曾经具奏，一俟战船办齐，广炮解到，即行起程，两次奏明在案。兹于正月二十六日衡州船厂毕工，臣于二十八日自衡起程。湘潭分造之船厂尚未尽毕，臣到潭须耽搁数日，昼夜督办。到长沙时，支领军械数千余件，搬运子药二十余万，又须守催数日，即行趱程长征，驰赴下游。臣所办之船，拖罟一号，快蟹十号①，长龙五十号，三板艇一百五十号，皆仿照广东战舰之式，又改造钓钩船一百二十号，雇载辎重船一百余号。所配之炮，借用广西者一百五十位，广东购办者，去年解到八十位，今年解到二百四十位，本省提用者一百余位。所募之勇，陆路五千余人，水师五千人。陆路各营②编列字号，五百人为大营，不满五百者为小营。水路分为十营，前、后、左、右、中为五正营，正营之外，又分五副营。正营旗用纯色，副营旗用镶边。陆路操练已久，差觉可用；水路招集太骤，尚无可恃。所备之粮台，带米一万二千石，煤一万八千石，盐四万斤，油三万斤，军中应需之器物，应用之工匠，一概携带随行。合以陆路之长夫、随丁，水路之雇船、水手，粮台之员弁、丁役，统计全军约一万七千人。

臣才智浅薄，素乏阅历，本不足统此大众。然当此时事艰难、人心涣散之秋，若非广为号召，大振声威，则未与贼遇之先，而士卒已消沮不前矣。是以与抚臣往返函商，竭力经营，图此一举。事之成败不暇深思，饷之有无亦不暇熟计，但期稍振人心而作士气，即臣区区效命之微

---

① "十号"，社会科学文献出版社 1994 年版《清政府镇压太平天国档案史料》（第十二册）作"四十号"。

② 原作"军"，据《清政府镇压太平天国档案史料》（第十二册）改。

诚也。

至臣前折称必待张敬脩解炮到楚，乃可起行。顷专弁自粤归来，知张敬脩为粤省奏留，不能赴楚，续购之炮，亦不能遽到。下游贼势急于星火，臣更不可少延矣。合并陈明。

所有微臣起程日期，恭折由驿五百里具奏，伏乞皇上圣鉴训示。谨奏。

靖港败溃自请治罪折
（咸丰四年四月十二日）

奏为靖港战败，水师半溃，请旨将臣交部从重治罪，并现在急筹补救，吁请特派大臣总统此军，恭折奏祈圣鉴事。

窃臣自三月十四日回泊省河，二十四五等日派水师剿贼靖港，两获胜仗；二十八九、初一、初二、初三、初四等日派水陆各营在湘潭连获大胜，杀贼近万人，烧船千余号，大股歼灭，克复县城，现已会同抚臣另折具报。惟初二日靖港水勇溃败，实由微臣调度乖方，有不忍不直陈于圣主之前者。

自去冬钦奉谕旨，速援皖、鄂，两省之盼望既殷，微臣之求效愈急，而其办理亦愈乖谬。臣之所以失者，约有数端：

征战之事，论胆技或兵不如勇，论纪律则勇不如兵。募勇万余人，必须有大员协同管带，又须有文武员弁及得力绅士一二百人节节统辖，乃足互相维系。我皇上前次谕旨即已预虑及之。臣先时未能奏请大员帮同管带，又未尝多调文武员弁分布各营，每营仅一二官绅主之，纪纲不密，维系不固，以致溃散。其谬一也。

靖港之战，臣因湘潭水陆大捷，意欲同时并举，破贼老巢，使贼首尾不能相顾。是日风太顺，水太溜，进战则疾驰如飞，退回则寸步难挽。逮贼舟来逼，炮船牵挽维艰，或纵火自焚，或间以资贼，战舰失去三分之一，炮械失去四分之一。是臣[1]但知轻进之利，不预为退败之地。其谬二也。

水勇无曾经行阵之人，不得已招集船户、水于，编派成军，训练未及一月，陆勇虽曾经训练，亦须随同久经战阵之兵接仗一二次，乃可期得力。今驱未经战阵之勇，骤当百战凶悍之贼，一营稍挫，全军气夺，

---

① 原作"日"，据台湾"故宫博物院"《先正曾国藩文献汇编》改。

非真勇不可用，乃臣不善调习而试用之故。其谬三也。

臣整军东下，本思疾驱出境，乃该逆大举南犯，臣师屡挫，鄂省危急不能速援，江面贼氛不能迅扫，大负圣主盼望殷切之意。清夜以思，负罪甚大，愧愤之余，但思以一死塞责。然使臣效匹夫之小谅，置大局于不顾，又恐此军立归乌有，我皇上所倚以为肃清江面之具者，一旦绝望，则臣身虽死，臣罪更大，是以忍耻偷生，一面俯首待罪，一面急图补救。现在臣处一军，除溃败及汰遣外，水师仅留湘潭大胜五营二千余人，陆路仅存战胜湘潭与留防平江之勇二千余人，若率以东下，太觉单薄。而大小战船自洞庭遭风、靖港退败以后，存者须加修葺，失者仍须添造。臣前于二月初五在湘潭时，察知水勇未必可恃，当即咨商广西抚臣劳崇光代募曾经战阵之水勇一千名。旋准咨复，已在浔、梧一带如数招募，委知府李孟群管带。臣已迭次咨催，令其迅速前来。又，臣于三月初七日在岳州遇风坏船，回省时即派人往衡州续造大快蟹船二十号。又准两广督臣叶名琛咨称，现派总兵陈辉龙督水师二百六十名，解炮一百位，已于二月二十五日起程前来。此时尚未见到，亦已咨催。合此三者，又将水手认真挑换，一两月间，水师当有起色。但微臣自憾虚有讨贼之志，毫无用兵之才，孤愤有余，智略不足，仰累圣主知人之明，请旨将臣交部从重治罪，以示大公。并吁恳皇上天恩，特派大臣总统此军。[①] 臣非敢因时事万难，遂推诿而不复自任，未经赴部之先，仍当竭尽血诚，一力经理。如船只已修，水勇可恃，臣亦必迅速驶赴下游，不敢株守片刻。

所有微臣办理错谬，据实直陈，自请治罪，并请特派大臣缘由，恭折由驿具奏，伏乞皇上圣鉴训示。谨奏。

---

① 此处台湾"故宫博物院"《先正曾国藩文献汇编》有旁批："汝罪固大，总须听朕处分，岂有自定一拿问之罪？殊觉可笑。想汝是时心摇摇如悬旌，漫无定见也。"

官军大破田家镇贼折[*]
（咸丰四年十月二十一日）

　　奏为官军大破田家镇贼防，烧毁贼船四千余号，田家镇及蕲州两处之贼悉数逃窜，恭折驰奏仰祈圣鉴事。

　　窃官军与逆贼力争田家镇一关，初四、初五等日，陆军大战，砍断铁锁，夺占南岸，业经驰奏在案。该逆安置铁锁之法，与吴人成法不同。吴人于两岸凿石穿铁，江中无物承之，故一处熔断，全锁皆沉。该逆则节节用小船承之，中用木排三架承之。船与排之头尾，皆用大锚钩于江底。铁锁四道，横于船、排之上，以铁码钤之。故虽南岸砍断一节，而其余数十节仍牢系如故。自初六以后，该逆复将南岸一节续行钩联于半壁山下。排上安炮，船上置枪，以防我舟师之进逼；排上铺沙，船中贮水，以防我火弹之延烧。自铁锁以上，皆贼之战船，大小约三四十号。自铁锁以下，皆贼之民船，湾泊约六十里，大小约五千号，亦时放枪炮，以助声威。其北岸则于田镇街外筑一土城，长约二里。街尾为吴王庙贼营一座，系铁锁北岸之根，伪燕王秦日纲驻其中。街之上为老鼠山贼营一座，又上为磨盘山贼营一座，又上为牛肝矶贼炮台一座。自牛肝矶下至吴王庙，长约六七里，皆密排炮眼，向江心轰击，全力以防舟师。南岸自初四、初五大败之后，不敢复于半壁山上扎营，仅于山下十里富池口扎营三座，以护下游之贼舟。此该逆设防之实在情形也。

　　我军战船自初九日进扎蕲州之下，十二日遂进扎见峰咀，去田家镇仅九里。右营参将杨载福、左营同知彭玉麟等密登南岸，至臣塔齐布及罗泽南营内共商大举破贼之策。杨载福、彭玉麟归船，传知各营官、哨官曰：“明日破贼，当分战船为四队：第一队专管斩断铁锁，凡炭炉、铁剪、大椎、大斧之类皆备；第二队专管攻贼炮船，与之对相轰击；第三队俟铁锁开后，直追下游，大烧贼船；第四队坚守老营，以防贼船冒死上犯。"十三日辰刻，战船出队。臣塔齐布督同罗泽南、周凤山等率陆军六千人，排列江之南岸，以助水师之声威。该逆自牛肝矶炮台以下直至吴王庙，尽锐抗拒，千炮环轰，子落如雨。我水师第一队哨官刘国斌、万瑞书等循南岸急桨而下，一炮不发，径赴半壁山下铁锁之前。贼以炮船开近救护，我军第二队环围击之，烧其快蟹船二号，该逆不敢复护铁锁。刘国斌等椎断船上之铁码，船即自锁下抽出，哨官孙昌凯继以洪炉、大斧，且熔且椎，须臾锁断，各三板飞桨驶下。该逆见官军冲过铁锁，惊顾失色，即时旗靡众乱。排上放炮之贼，已驾小划而遁；下游贼舟，仓皇扬帆下窜。我军三板追及，纵火焚之。杨载福等先夕与各哨官议曰："先烧在上者，则在下者开窜远矣，不如穷追数十里，从下游延烧而上。"至是，各哨船梭穿于千百贼船之中，迅如飞鸟，炮声雷动。申酉之际，追至三十余里之武穴地方，乃纵火大烧，烟焰蔽天。仰托皇上威福，苍穹默佑，是时东南风大作，贼舟不能下行，纷纷扑水，号哭浮沉，昏懵无知，或反攀战船求救，辄被官军刺毙；或缘登贼舟，贼亦抽刀斫之，不能相顾。其悍贼开驾下窜，或被劲风吹还，撞近南岸，陆路之军又从而纵火，焚毁其火药大船最多，往往冲入重霄，碎板乱飞。当水军冲过铁锁之时，臣塔齐布即督饬陆军从半壁山飞驰而下，呼声震天，与战船炮声相应。将近富池口贼营二三里，该逆并不抵敌，出营大溃。尚有二三百人逃窜不及者，全数追逐落水。陆军与水勇争前刺杀，纵火烧其营盘。自半壁山以至富池口，中间沙洲数里，前此初四、初五之战，尚有千余贼尸未收，至是焚溺半死之贼，复混杂于沙际水滨，残骸堆积，断肢漂流，目不忍睹。

杨载福、刘培元、洪定陛、李成谋等，见武穴以上焚烧略尽，武穴以下尚有贼船，复率十余舟鼓棹穷追，又三十里至龙坪，时已三更，凡烧船约四千余号，百里内外，火光烛天。皆该逆历年所掳民船，同归浩劫。杨载福至次日巳刻始行归队，以竟日不食，积劳呕血。各勇夺获贼船至五百余号之多。彭玉麟恐船只太多，争夺贻误，又恐众勇饱则思飏，遂将夺回之船一并焚之。

臣等一军，陆路杀贼之多，无过初四半壁山之战；水路烧船之多，无有过于是日者。该逆舟楫被毁，无巢可归，无粮可食，无子药可用，遂于十三夜四更自焚营垒而遁。此水师大破田家镇贼防之实在情形也。

至蕲州陆贼，号与田镇之贼为一，而两路抗拒各有头目。踞田镇之逆首为伪燕王秦日纲、伪国宗韦俊等，踞蕲州之逆首为伪检点曾凤传、陈玉成等，各有真贼数千，胁从数万。田镇之贼力争南岸之半壁山，南军破之于前，水师焚之于后。蕲州之贼与北军相持日久，本拟调罗泽南渡江会剿，因臣塔齐布兵力单薄，未敢分兵北渡。臣国藩屡饬魁玉、杨昌泗等深沟高垒，暂主守而不主战；并饬署黄州府许赓藻等扼要驻守，遏贼上窜之路；又有南军护卫水师之陆勇二千人，亦饬扼守北岸烂泥滩一带。十二日，都司杨名声、教谕唐训方等率护水师之二千人移营栅栏山。十三日，田镇鏖战之时，蕲州贼忽出数千人来扑，杨名声等督勇迎敌，接战逾时。该逆忽从左侧山后抄出一股，各营惊溃，阵亡四十余人，营棚被毁。逆党尾追，水师战船向岸开炮，轰毙大旗贼目数名，贼始退入蕲城。十四日，贼党三千人复偷搭浮桥，从牛马坳来扑魁玉等各营，别由东路菩提坝分股抄尾，并扑至曹家河，劫抢粮米，营盘亦被焚毁。杨昌泗等分途抵御，许赓藻、李玉田等并力策应，始将该逆击退。蕲州之贼两次上扑北岸各军，尚不知田镇老巢已破，逆舟已焚，遂尔猖獗自恣。旋闻下游大败，顿失所恃，遂于十四夜三更弃城而逃，窜往广济一带。此北岸官军虽挫，蕲州之贼闻败逃窜之实在情形也。

伏查该逆以田家镇为金陵咽喉，并力争此关隘。臣等以南岸山高，早经筹定先攻南岸，次攻江面，然后合攻北岸。不图铁锁一破，焚舟数千，不特田镇之贼不战自溃，即蕲州乘胜之贼亦胆破宵遁。此皆我皇上忧勤惕厉，上格天心，故能使风伯助威，祝融效命。且大战数日，伤亡亦并无多。臣等实念不到此。现已飞饬水师全队乘胜进攻九江。臣塔齐布等即日由陆路前进。

此次水陆将士非常出力，应请立沛破格恩施，以劝将来。副将衔升用参将杨载福、即选同知彭玉麟，共定四队进兵之议，众船大战，条理不乱。杨载福彻夜追贼，劳苦无比，应请记名以副将用，仍加总兵衔。彭玉麟将夺获之船烧尽，禁贪息争，纪律尤严，应请记名以知府用，并赏加勇号。浙江宁绍台道罗泽南谋勇俱备，夺占半壁山，为此次第一功绩，应请赏加按察使衔。保升游击普承尧，首先扑营，应请赏换花翎。守备刘培元，守备衔千总秦国禄、孙昌国，外委洪定陞，各带本营战船，奋勇冲阵，穷追下游四十余里。刘培元武汉之役身受重伤，拟保都司，尚未出奏，此次仍请以都司升用，并赏换花翎。秦国禄，武汉案内拟保都司，尚未出奏，此次仍请以都司即补，并赏戴蓝翎。孙昌国请以守备补用。洪定陞武昌之役头面受伤，拟保千总，尚未出奏，蕲州两战，最为奋勇，此次请以千总即补，加守备衔，并赏戴蓝翎。其余出力员弁兵勇，仰恳天恩，容臣等开单保奖，以励军心。阵亡兵勇，查明照例办理。

所有官军攻破田家镇，烧尽逆船，收复蕲州各缘由，谨会同湖广督臣杨需恭折由驿六百里驰奏，伏乞皇上圣鉴训示遵行。谨奏。

晓谕新募乡勇
（约作于咸丰四年）

为晓谕事。照得本部堂招你们来充当乡勇，替国家出力。每日给你们的口粮，养活你们，均是皇上的国帑。原是要你们学些武艺，好去与贼人打仗、拚命。你们平日如不早将武艺学得精熟，将来遇贼打仗，你不能杀他，他便杀你；你若退缩，又难逃国法。可见学的武艺，原是保护你们自己性命的。若是学得武艺精熟，大胆上前，未必即死；一经退后，断不得生。此理甚明，况人之生死有命存焉。你若不该死时，虽千万人将你围住，自有神明护佑，断不得死；你若该死，就坐在家中，也是要死。可见与贼打仗，是怕不得的，也可不必害怕。

于今要你们学习拳棍，是操练你们的筋力；要你们学习枪法，是操练你们的手脚；要你们跑坡跳坑，是操练你们的步履；要你们学习刀、矛、钯、叉，是操练你们的技艺；要你们看旗帜、听号令，是操练你们的耳目；要你们每日演阵，住则同住，行则同行，要快大家快，要慢大家慢，要上前大家上前，要退后大家退后，是操练你们的行伍，要你们齐心。你们若是操得筋力强健，手足伶俐，步履便捷，技艺纯熟，耳目精明，而又大家齐心，胆便大了。一遇贼匪，放炮的放炮，放枪的放枪，刀、矛、钯、叉一齐上前，见一个杀一个，见十个杀十个，那怕他千军万马，不难一战成功。你们得官的得官，得赏的得赏，上不负皇上深仁厚泽，下即可慰本部堂一片苦心。本部堂于尔等有厚望焉。①

---

① 以下具体开列操练日期、赏恤等项，略去。——本书编者注。

统筹全局折[*]
（咸丰五年二月二十七日）

奏为统筹全局，将臣等一军应办事宜，分条驰奏，仰祈圣鉴事。

窃正月十九日用地雷轰毙贼众，及内河水师重加整理情形，业经奏明在案。自后该匪未敢出城。二月十二日，逆贼约出千余，分路来扰，四处山脚，广为埋伏。我军不动声色，暗自提防。该匪之凶悍者，一股进前猛扑，臣塔齐布分道抄击，贼众败窜，毙四十余名，生擒十二名，当予凌迟枭示。

屡接各路文报及探卒禀报，臣等两次所遣回李孟群、彭玉麟等炮船，于正月初七、初九先后到鄂，共船一百三十余号，分泊武昌城下，屡次开仗获胜。北岸之贼，其由黄梅、广济攻扑督臣杨霈营盘而上犯者，已于初七日窜至汉口；其由小池口、武穴沿江岸而上犯者，初九日始窜至黄州。自黄州以下各市镇，如巴河、兰溪、蕲州、武穴、隆坪等处，现均有贼盘踞。南岸初本无贼，北岸之贼分千余人由富池口南渡至兴国州，掳人数千，攻陷兴国、通山、崇阳、通城等州县，现尚分屯崇阳、咸宁、兴国，时扰江西武宁境上。九江之贼，于新坝添筑砖城，对岸小池口亦筑砖城，为死守抗拒之计。其在鄱湖以东者，湖口之贼虐役乡民，增高城堞，梅家洲大筑土城，长逾三里，贼卡浮桥，至今未拆，上盖木板，加以土石。都昌之贼，攻扑饶州，又有匪党自东流、建德而来，并集于饶州，分扰乐平、石镇街，屯聚于景德镇，合计七八千人。又东窜祁门、休宁，并有攻陷徽州之信。伪翼王石达开、伪丞相罗大纲久踞九江、湖口两处。而饶州贼党亦张罗大纲之旗帜，意将侵扰广信，窥伺浙江各等情。此近日探报各路贼情之大略也。

以湖北、安徽、江西三省全局论之，陆路须有劲兵四支，水路须有

劲兵两支，乃足以资剿办：北岸自蕲水、广济、黄梅以达于太湖、宿松，是为内一路；自汉口、黄州、蕲州、田镇、武穴滨江而下以达于小池口、望江县，是为外一路。南岸自九江以上，兴国、通山、崇阳、武宁等属，皆土匪勾结粤贼之渊薮，是为西一路；自湖口以下，东流、建德，饶、池、徽、宁四府，皆逆匪觊觎浙江之要途，是为东一路。北岸之黄梅、太湖，前临大江，后枕灊岳，一山绵亘数县，屏蔽舒、庐，为该逆必争之地。南岸池洲虽瘠区，而大通镇、殷家汇水陆交冲，南窥徽、严，东障芜湖，亦为该逆必争之地。故南岸以东一路为最要，而西路次之；北岸以内一路为最要，而滨江一路次之。此四路者，须陆兵四支，缺一不可者也。水师自武昌以达湖口为上一支；自小孤山逾东、西梁山以达太平、采石为下一支，乃与红单船相接。两支各自成军，分段肃清，庶免首尾不顾、腹背受敌之患，亦缺一不可者也。

今臣等水军陷入鄱湖之船百余号，回救鄂省之船百余号，业已分为上下两支，似有因祸得福之机。然内湖一军，臣国藩来江整理造船、添勇，无难就绪。回鄂一军，以被风击坏之船，当将士疲劳之后，与汉口新窜之贼相持，臣等又不能分身前往统领，日夜悬念。每闻春风之怒号，则寸心欲碎；见贼帆之上驶，则绕屋彷徨。不知李孟群等果能添置小船，复振军威否？至陆路须劲旅四支，而臣等只此一军，欲分为两支，则立形单弱，欲常聚一处，而事势所迫，有不得不分者，又不敢过于持重，致失机宜也。谨就目前之急务，度臣等力之所能办者，分条布置，为我皇上陈之：

一、现在贼窜饶州、乐平，分扰景德镇、祁门、徽州等处，所谓东路者也，为江、浙转饷之路，亦为奏报入京之路，关系大局非轻。臣等分派罗泽南统带湘勇三千，由江西省城绕出湖东，攻剿饶州之贼。又与抚臣陈启迈合募平江勇四千，同剿东路。俟饶郡克复，即引兵直下，或趋景德镇，或由建德进攻池州。此路有重兵，使安庆之贼大为震动，则浙江之患可以少纾。臣等前折所谓贼攻我之所必救，我亦攻贼之所必救也。

一、悍贼石达开等坚守九江及对岸之小池口，臣塔齐布一军仍留五千人稳驻浔郡，伺隙攻城，使贼不敢全数上窜武汉，亦不敢奔突他处。惟前此攻围浔城至万五千人之多，两次派胡林翼、王国才回援鄂省者六千余人，此次派罗泽南驰剿饶州者又三千人，存浔官军，过形单薄，俟筹添兵勇，续行具奏。

一、正月二十八日，臣国藩派水师船六十余号至康山地方驻扎，外防大江之贼驶船入湖，内防饶州之贼掳船出湖，其余弁勇尚在江省修船，日内修完，大队进扎南康、青山一带。其湖口贼卡浮桥既坚，铺以木板，填以土石，人力难以遽破。俟春江盛涨，水陆并攻，即当力破浮桥，冲出大江。

一、臣国藩来江已逾月余，日内船只修齐，即驻扎鄱阳湖内，四处游绎，西近臣塔齐布九江一军，声息常通，东近罗泽南饶州一军，调度亦便。两军相隔已在六百里外，全赖水师在湖中递接信息，庶几首尾相应。如东路攻剿得手，能至彭泽、东流等处，将来水师出江，乃得所依护而无孤悬之患。

以上四条，就目前之急务，臣等力之所能行者，筹商办理。是否有当，伏乞皇上圣鉴训示施行。

再，臣等正月初五、初八、廿七日三次奏报，均未奉到朱批。此次改由湖南绕出荆州驿递进京，合并声明。谨奏。

谕纪鸿
（咸丰六年九月二十九日）

字谕纪鸿儿：

家中人来营者，多称尔举止大方，余为少慰。凡人多望子孙为大官，余不愿为大官，但愿为读书明理之君子。勤俭自持，习劳习苦，可以处乐，可以处约。此君子也。余服官二十年，不敢稍染官宦气习，饮食起居，尚守寒素家风，极俭也可，略丰也可，太丰则吾不敢也。凡仕宦之家，由俭入奢易，由奢返俭难。尔年尚幼，切不可贪爱奢华，不可惯习懒惰。无论大家小家、士农工商，勤苦俭约，未有不兴，骄奢倦息，未有不败。尔读书写字不可间断，早晨要早起，莫坠高曾祖考以来相传之家风。吾父吾叔，皆黎明即起，尔之所知也。

凡富贵功名，皆有命定，半由人力，半由天事。惟学作圣贤，全由自己作主，不与天命相干涉。吾有志学为圣贤，少时欠居敬工夫，至今犹不免偶有戏言戏动。尔宜举止端庄，言不妄发，则入德之基也。手谕。时在江西抚州门外。

谕纪泽
（咸丰六年十月初二日）

字谕纪泽儿：

　　胡二等来，接尔安禀，字画尚未长进。尔今年十八岁，齿已渐长，而学业未见其益。陈岱云姻伯之子号杏生者，今年入学，学院批其诗冠通场。渠系戊戌二月所生，比尔仅长一岁，以其无父无母家渐清贫，遂尔勤苦好学，少年成名。尔幸托祖父余荫，衣食丰适，宽然无虑，遂尔醺豢佚乐，不复以读书立身为事。古人云劳则善心生，佚则淫心生，孟子云生于忧患，死于安乐，吾虑尔之过于佚也。新妇初来，宜教之入厨作羹，勤于纺绩，不宜因其为富贵子女不事操作。大、二、三诸女已能做大鞋否？三姑一嫂，每年做鞋一双寄余，各表孝敬之忱，各争针黹之工；所织之布，所寄衣袜等件〔抄本顶批："此处似有阙文。"〕，余亦得察闺门以内之勤惰也。余在军中不废学问，读书写字未甚间断，惜年老眼蒙，无甚长进。尔今未弱冠，一刻千金，切不可浪掷光阴。四年所买衡阳之田，可觅人售出，以银寄营，为归还李家款。父母存，不有私财，士庶人且然，况余身为卿大夫乎？

　　余癣疾复发，不似去秋之甚。李次青十七日在抚州败挫，已详寄沅浦函中。现在崇仁加意整顿，三十日获一胜仗。口粮缺乏，时有决裂之虞，深用焦灼。

　　尔每次安禀详陈一切，不可草率，祖父大人之起居，合家之琐事，学堂之工课，均须详载。切切此谕。

谕纪泽
（咸丰六年十一月初五日）

字谕纪泽儿：

　　接尔安禀，字画略长进，近日看《汉书》。余生平好读《史记》、《汉书》、《庄子》、韩文四书，尔能看《汉书》，是余所欣慰之一端也。

　　看《汉书》有两种难处，必先通于小学、训诂之书，而后能识其假借奇字；必先习于古文辞章之学，而后能读其奇篇奥句。尔于小学、古文两者皆未曾入门，则《汉书》中不能识之字、不能解之句多矣。欲通小学，须略看段氏《说文》、《经籍纂诂》二书。王怀祖名念孙，高邮州人先生有《读书杂志》，中于《汉书》之训诂极为精博，为魏晋以来释《汉书》者所不能及。欲明古文，须略看《文选》及姚姬传之《古文辞类纂》二书。班孟坚最好文章，故于贾谊、董仲舒、司马相如、东方朔、司马迁、扬雄、刘向、匡衡、谷永诸传皆全录其著作；即不以文章名家者，如贾山、邹阳等四人传、严助朱买臣等九人传、赵充国屯田之奏、韦元成议礼之疏以及贡禹之章、陈汤之奏狱，皆以好文之故，悉载巨篇。如贾生之文，既著于本传，复载于《陈涉传》、《食货志》等篇；子云之文，既著于本传，复载于《匈奴传》、《王贡传》等篇，极之《充国赞》、《酒箴》，亦皆录入各传。盖孟坚于典雅瑰玮之文，无一字不甄采。尔将十二帝纪阅毕后，且先读列传。凡文之为昭明暨姚氏所选者，则细心读之；即不为二家所选，则另行标识之。若小学、古文二端略得途径，其于读《汉书》之道思过半矣。

　　世家子弟最易犯一奢字、傲字。不必锦衣玉食而后谓之奢也，但使皮袍呢褂俯拾即是，舆马仆从习惯为常，此即日趋于奢矣。见乡人则嗤其朴陋，见雇工则颐〔颐〕指气使，此即日习于傲矣。《书》称"世禄之家，鲜克由礼"，《传》称"骄奢淫佚，宠禄过也"。京师子弟之坏，未有不由于骄、奢二字者，尔与诸弟其戒之。至嘱至嘱。

与李元度
（咸丰七年闰五月初三日）

次青仁弟左右：

闰五月初三日专丁至，接五月十五日惠缄，敬悉一切。借承兴居佳畅，勋望日崇，至以为慰。

国藩抵里，倏及三月。顷于近宅七八里觅得葬地一区，闰五月初三日发引，计十五六日可以负土成阡。江右军事，刻不去怀。目下瑞、浔、临、吉皆驻劲旅，所难者不在筹兵，而在筹饷。以兵事言之，则得将军、中丞二人，固可妥商调遣，而绰有余裕。以饷事言之，则理财本非鄙人所长，而钱漕、劝捐、抽厘等事又属地方官之专政，将越俎而代谋，动猜疑之丛生。即足下去年之枵腹从事，自捐自养，而其不见亮于人者亦已多矣。至口食不继，谓以国藩相处较久之故，欲以甘言抚慰众心，尤属可暂而不可常。反复思维，纵使迅速赴军，实不能有裨于军国之万一。而两次夺情，得罪名教，乃有孝子慈孙百世莫改之愆。前此博询众议，求衷至是。近得各处复书，如吴南屏、冯展云辈，皆谓宜奏请终制。顷于五月二十二日具折陈请，抄稿敬呈仁览。〈六月〉二十一二可奉朱批，届期再当布闻。

自维即戎数载，寸效莫展，才实限之，命实尸之，即亦无所愧恨。所愧恨者，上无以报圣主优容器使之恩，下无以答诸君子患难相从之义。常念足下与雪芹，鄙人皆有三不忘焉。雪芹当岳州败时，正棹孤舟，搜剿西湖，后由龙阳、沅江偷渡，沉船埋炮，潜身来归，一不忘也；五年春初，大风坏舟，率破船数十号，挈涓滴之饷项、涣散之人心，上援武汉，二不忘也；冬间直穿贼中，芒鞋徒步，千里赴援，三不忘也。足下当靖港败后，宛转护持，入则欢愉相对，出则雪涕鸣愤，一不忘也；九江败后，特立一军，初志专在护卫水师，保全根本，二不忘也；樟镇败后，鄙人部下别无陆军，赖台端支持东路隐然巨镇，力撑绝续之交，以待楚援之至，三不忘也。生也有涯，知也无涯。此六不忘者，鄙人盖有无涯之感，不随有生以俱尽。

自读礼家居，回首往事，眷眷于辛苦久从之将士，尤眷眷于足下与雪芹二人。龙方伯血性男子，当能青睐相加。耆中丞新政昭融，一改前此旧习。意者贵军有先否后喜之日，保举之案，必不待鄙人之至而后出奏。惟饷项支绌，协款日穷，则同一束手耳。

霞仙来此会葬，因其太公恸念少子，不克应耆中丞之聘。云仙枉吊，聚晤数日，比闻其将赴京供职。润公时有书来，才气宏放，而用意深微，殊不可及。因来书垂询，聊贡一二。诸惟心照，顺问捷安。

附呈折稿一件，与吴南屏信稿一件，墓志一首。

沥陈办事艰难仍吁恳在籍守制折
（咸丰七年六月初六日）

奏为沥陈微臣办事艰难竭蹶，终恐贻误，吁恳在籍守制，恭折奏祈圣鉴事。

窃臣谬厕戎行，与闻军事，仰蒙圣慈垂注，帱载恩深。凡有奏请，多蒙俞允，即有过失，带荷有原，遭逢圣明，得行其志，较之古来疆场之臣掣肘万端者，何止霄壤之别。惟以臣之愚，处臣之位，历年所值之时势，亦殊有艰难情状无以自申者，不得不略陈于圣主之前。

定例军营出缺，先尽在军人员拔补，给予札付。臣处一军，概系募勇，不特参、游、都、守以上无缺可补，即千、把、外委亦终不能得缺。武弁相从数年，虽保举至二三品，而充哨长者仍领哨长额饷，充队目者仍领队目额饷。一日告假，即时开除，终不得照绿营廉俸之例，长远支领。弁勇互生猜疑，徒有保举之名，永无履任之实。或与巡抚、提督共事一方，隶人衙门，则挑补实缺；隶臣麾下，则长生觖望。臣未奉有统兵之旨，历年在外，不敢奏调满汉各营官兵。实缺之将领太少，大小不足以相维，权位不足以相辖。去年会筹江西军务，偶欲补一千、把之缺，必婉商巡抚，请其酌补。其隶九江镇标者，犹须商之总兵，令其给予札付。虽居兵部堂官之位，而事权反不如提镇，此办事艰难之一端也。

国家定制，各省文武黜陟之权，责成督抚，相沿日久，积威有渐。督抚之喜怒，州县之荣辱，进退系焉。州县之敬畏督抚，盖出于势之不得已；其奉承意旨，常探乎心之所未言。臣办理军务，处处与地方官相交涉。文武僚属，大率视臣为客，视本管上司为主。宾主既已歧视，呼应断难灵通。防剿之事，不必尽谋之地方官矣。至于筹饷之事，如地丁、漕折、劝捐、抽厘，何一不经由州县之手。或臣营抽厘之处，而州县故为阻挠；或臣营已捐之户，而州县另行逼勒。欲听之，则深虑事势之窒碍；欲惩之，则恐与大吏相龃龉。钱漕一事，小民平日本以浮收为苦，近年又处积困之余。自甲寅冬间，两路悍贼窜入江西，所在劫掠，民不聊生。今欲于未经克复之州县征收钱漕，劝谕捐输，则必有劲旅屯驻，以庇民之室家。而又或择良吏以恤民隐，或广学额以振士气，或永减向日之浮收，或奏豁一年之正课，使民感惠于前，幸泽于后，庶几屡捐而不怨，竭脂膏奉公上而不以为苦。然此数者，皆巡抚之专政。臣身为客官，职在军旅，于劝捐扰民之事，则职分所得为；于吏治、学额、减漕、豁免诸务，则不敢越俎代谋。纵欲出一恺恻详明之告示，以儆官邪而慰民望，而身非地方大吏，州县未必奉行，百姓亦终难见信。此办事艰难之一端也。

臣帮办团练之始，仿照通例，镌刻木质关防，其文曰"钦命帮办团防查匪事务前任礼部右侍郎之关防"。咸丰四年八月，臣剿贼出境，湖南抚臣咨送木印一颗，其文曰"钦命办理军务前任礼部侍郎关防"。九江败后，五年正月换刻"钦差兵部侍郎衔前礼部侍郎关防"。是年秋间补缺，又换刻"钦差兵部右侍郎之关防"。臣前后所奉援鄂、援皖、筹备船炮，肃清江面诸谕，皆系接奉廷寄，未经明降谕旨，外间时有讥议。或谓臣系自请出征，不应支领官饷；或谓臣未奉明诏，不应称钦差字样；或谓臣曾经革职，不应专折奏事。臣低首茹叹，但求集事，虽被侮辱而不辞。迄今岁月太久，关防之更换太多，往往疑为伪造，酿成事端。如李成谋战功卓著，已保至参将矣，被刑辱于芷江县，出示以臣印札而不见信；周凤山备历艰辛，已保至副将矣，被羁押于长汀县，亦出示以臣印札而不见信。前福建巡抚吕佺孙，曾专函驰询臣印不符之故。甚至捐生领臣处之实收，每为州县猜疑，加之鞫讯，或以为不足据，而勒令续捐。今若再赴军营，又须另刻关防，歧舛愈多，凭信愈难。臣驻扎之省，营次无定，间有部颁紧要之件，亦不径交臣营。四年所请部照，因久稽而重请。六年所请实官执照，至今尚无交到确耗。此外文员之凭、武官之札，皆由督抚转交，臣营常迟久而不到。军中之事，贵取信如金石，迅速如风霆，而臣则势有所不能。斯又办事艰难之一端也。

兹三者其端甚微，关系甚巨。以臣细察今日局势，非位任巡抚，有察吏之权者，决不能以治军。纵能治军，决不能兼及筹饷。臣处客寄虚悬之位，又无圆通济变之才，恐终不免于贻误大局。凡有领军之责者，军覆则死之；有守城之责者，城破则死之。此天地之常经，古今之通义，微臣讲求颇熟，不敢逾闲。今楚军断无覆败之患，省城亦无意外之虞。臣赴江西，无所容其规避，特以所陈三端艰难情形既如此，而夺情两次，得罪名教又如彼。斯则宛转萦思，不得不泣陈于圣主之前者也。臣冒昧之见，如果贼势猖狂，江西危迫，臣当专折驰奏，请赴军营，以明不敢避难之义。若犹是目下平安之状，则由将军、巡抚会办，事权较专，提挈较捷。臣仍吁恳天恩在籍终制，多守数月，尽数月之心；多守一年，尽一年之心。出自圣主逾格鸿慈，不胜惶恐待命之至。所有沥陈办事艰难，仍吁恳终制缘由，恭折驰奏，伏乞皇上圣鉴，训示施行。谨奏。

致胡林翼[*]
（咸丰七年八月初三日）

润翁老前辈大人阁下：

六月二十六日接立秋日惠缄，七月十六日接初八日黄州复函，敬悉一切。

国藩自到籍后，未用官封，又不借用县城、省城官封，故于各处书问，不能迅速奉报。

皖贼大犯北岸，欲用五年春间故智上袭汉阳，得李方伯、鲍副将屡捷大创；而麾下出黄州后，又闻迭战获胜，从此凶锋大挫，蕲、黄肃清，武汉安于泰山，此亦近岁军事一大关键。人但知杨公不能保北岸之罪，而不言今年御北贼之功，则识微之士固少，而曲突徙薪，例乏恩泽也。

国藩尝观古之所谓征、镇者，不特征无定所，即镇亦无定在。近世督抚分土而治，当此大难未平，两省交界之处当别有大员开府立镇，乃足以联络军势。如黄梅须立重镇，经略宿、太、舒、桐、梅、广、蕲、黄等处，方能通皖、楚两省之气。此处则和州须立重镇，乃能西通饶州，南通宣、徽，东通金陵一军之气。皖、楚之交，国藩曾两次陈奏及之。今麾下将经营此路，实与鄙见相合，犹恨舒、庐无人成雄师相应和。和州去年颇有官军，今则前功尽弃。自昔图金陵者，力争历阳，盖取对岸斜趁之势。今不此之图，恐庐州既失门外之御，而扬州亦乏上游之助。至南岸自湖口以至芜湖，四五年来无人过问，亦必须立军于铜陵，庶三省渐相联合，而贼局可期日蹙。肤浅之见，不审有当于万一否？

* 据徐泰来、罗绍志主编《学者笔下的曾国藩》（长沙，岳麓书社，1997）所载湖南省社科院万里发现原件。

瑞州克复，江省局势为之一振。惟峙衡殉节，殒一良将，实堪悼惜！顿兵城下已及年余，终日坐对，怒眦欲裂，未及城破者数时，而不及睹此城之克，亲啖逆贼之肉，冥冥之恨，有穷期耶？闻其灵榇初一日抵县城，国藩拟于中秋后往刘家吊唁，抚棺一哭，以写予哀。去年春夏，江西与两湖文报不通，前后送信者多被杀害。荷蒙阁下分峙衡一军来援，千里遄征，孤军深入，西路顿有生机，有功于江西甚大。长城遽失，贤愚同叹！

国藩前约至罗家一展罗山之墓，此次可同往也。

六月六日续请终制一折，七月一日奉到批旨，暂准守制。谕旨抄呈台览。教诲而裁成之，幸甚！肃复。即请台安！诸惟心鉴。

目疾未愈，不克自行缮写，乞恕。

致沅弟
（咸丰七年十二月二十一日）

沅甫九弟左右：

十九日亮一等归，接展来函，具悉一切。

临江克复，从此吉安当易为力，弟黾勉为之。大约明春可复吉郡，明夏可克抚、建。凡兄所未了之事，弟能为我了之，则余之愧憾可稍减矣。

余前在江西，所以郁郁不得意者：第一不能干预民事，有剥民之权，无泽民之位，满腹诚心无处施展；第二不能接见官员，凡省中文武官僚晋接有稽，语言有察；第三不能联络绅士，凡绅士与我营款惬，则或因吃醋而获咎万簏轩是也。坐是数者，方寸郁郁，无以自伸。然此只坐不应驻扎省垣，故生出许多烦恼耳。弟今不驻省城，除接见官员一事无庸议外，至爱民、联绅二端皆可实心求之。现在饷项颇充，凡抽厘劝捐，决计停之。兵勇扰民，严行禁之。则吾夙昔爱民之诚心，弟可为我宣达一二矣。

吾在江西，各绅士为我劝捐八九十万，未能为江西除贼安民。今年丁忧奔丧太快，若翘然弃去，置绅士于不顾者，此余之所悔也若少迟数日，与诸绅往复书问乃妥。弟当为余弥缝此阙。每与绅士书札往还，或接见畅谈，具言江绅待家兄甚厚，家兄抱愧甚深等语。就中如刘仰素、甘子大二人，余尤对之有愧。刘系余请之带水师，三年辛苦，战功日著，渠不负吾之知，而余不克始终与共患难。甘系余请之管粮台，委曲成全，劳怨兼任，而余以丁忧遽归，未能为渠料理前程。此二人皆余所惭对，弟为我救正而补苴之。

余在外数年，吃亏受气实亦不少，他无所惭，独惭对江西绅士。此日内省躬责己之一端耳。弟此次在营境遇颇好，不可再有牢骚之气，心平志和，以迓天休。至嘱至嘱。

承寄回银二百两收到。今冬收外间银数百袁漱六、郭雨三各二百，而家用犹不甚充裕，然后知往岁余之不寄银回家，不孝之罪，上通于天矣。澄弟于十四日赴县，二十日回家。赖古愚十七日上任。亦山先生十七日散学。邓先生尚未去。萧组田、罗伯宜并已归去。韩升亦于十七日旋省矣。

四宅大小平安。余日内心绪少佳，夜不成寐，盖由心血积亏、水不养肝之故，春来当好为调理。甲三所作八股文近颇长进，科一、四、六三人之书尚熟。二先生皆严惮，良师也。一切弟可放心。即颂年祺，不一一。

致沅弟
（咸丰八年正月十九日）

沅甫九弟左右：

正月十七日蒋一等归，接十一日信，借悉一切。兄于初五、十二、十四、十六共发四信，十六之信系交戈什哈李卿云带去，中有报销折稿，计二月初可到。次青处回信及密件，弟办理甚好。

民宜爱而刁民不必爱，绅宜敬而劣绅不必敬。弟在外能如此条理分明，则凡兄之缺憾，弟可一一为我弥缝而匡救之矣。昨信言无本不立，无文不行，大抵与兵勇及百姓交际，只要此心真实爱之，即可见谅于下。余之所以颇得民心勇心者，此也。与官员及绅士交际，则心虽有等差而外之仪文不可不稍隆，余之所以不获于官场者，此也。去年与弟握别之时，谆谆嘱弟，以效我之长，戒我之短。数月以来，观弟一切施行，果能体此二语，欣慰之至。惟作事贵于有恒，精力难于持久，必须日新又新，慎而加慎，庶几常葆令名，益崇德业。

亦山先生十六日到，十七日上学。科四、科六书尚熟。九弟妇近日平安。季洪所请乳母十七已到。六弟妇、二妹子、青山舅舅皆常在左右不离。南五舅爹十七日来，十九日归。邓先生十九日可到。余身体如常。请刘镜湖先生，要二十四五始至。四宅眷口均吉。母亲改卜吉城之事，余常常在念。现请刘为章来乡，大约正月可到。猫面脑之地，必须渠与尧阶等一看始可放心。此外寻新穴颇不易得，然余决志在今年办妥。新宁知县许九霞过此，自言于风水颇精，许来帮同寻觅。惟渠新被劾，未便在乡久住。弟在外亦尝闻有明眼人可延至家者否？若无其人，不必为此更纷心也。余俟续布，即候近好。

湘乡县宾兴堂记
（咸丰八年五月）

自古开国之主，以武功戡定祸乱，而继体蒙业之君，恒以文德致太平。如汉，如魏，如宋，如陈，如拓拔魏，如高齐，如唐，如明，其第二世嗣为帝者，皆谥曰文。我朝龙兴辽沈，太祖以神武肇基。其制造国书、右文布化、郊庙斋戒诸大典，多成于太宗文皇帝之世。盖武以开之，文以守之，干戈方兴，未遑雅教。非其智有不逮，亦其时会有不得兼焉者也。

咸丰二年，粤贼洪、杨之徒既已逾岭而北，由湖湘而犯江汉，长驱东下，入金陵而据之。遂北寇河朔，东蹢瀛碣，西扰汾晋，中原糜沸。我湘乡实始兴义旅，转战于两湖、江西、广西、广东、河南、安徽诸行省，所在破敌克城，声威烜然，号曰"湘勇"。"湘勇"之名闻天下。一时宿将，如罗忠节公、王壮武公、李君续宾兄弟、萧君启江、赵君焕联、刘君腾鸿、蒋君益澧，及余弟国荃辈，皆以仁勇为士卒所亲附，历久而不渝，盖武功之懋，非他州县所可望而及。秦汉称山西出将，考之安定、天水、陇西诸郡，曾不能敌今日之一县。可谓盛矣！其官斯土者，则有朱侯孙诒、唐侯逢辰、黄侯醇熙、赖侯史直，又皆一方贤俊，有循良之绩。与邦人士讲求吏治将略，互相称美，沂合无间，同明相照，同气相求，何其翕应者与！

咸丰癸丑，唐侯临莅兹邑，倡捐助饷，练勇防堵。越二年，申详大宪，奏请增广文武学额，圣恩加增，永为定额，人争颂唐侯之功不衰。是年天下士会试于礼部，湘乡独无人赴部应试。唐侯喟然曰："湘乡之武，非无文也。今或无一士与于春官之试，岂余之不德，不足以兴文教欤？抑军兴久而生事绌，公车之欲北者，不足于资欤？"于是捐金若干，买七都田六十三亩，为宾兴公费。又劝谕士民，捐买田宅若干，以子午卯酉年租入为会试旅费，寅申巳亥年租入为乡试途费，辰戌丑未年租入为岁科试卷费。置宾兴堂，择廉正者经纪之。立条明约，既简既坚，以期久远。自唐世长吏设宾主，陈俎豆，备管弦，行乡饮酒礼，歌《鹿鸣》之诗以饯士，差具前古兴贤之义，今犹略存其法，独不得与计吏偕。士或起白屋，无所资藉，则刓廉捐义，偷为一切，苟以集事，无匮乏。枉吾尺以求一日之直，彼有所迫而然也。

　　湘乡山邑，多狷介自守之士。唐侯礼贤惠众，所以爱士者甚重，则士之所以自待者，愈不得轻。入无仰事俯蓄之累，出无裒敝可怜之色，抟心壹志，以道于君子之道，而委蛇以隐射乎有司者之程度，境裕而神暇，事半而功倍。然犹有失焉者，盖什而不能以一二耳。方今大难削平，弓矢载囊，湘中子弟忠义之气，雄毅不可遏抑之风，郁而发之于文。道德之宏，文章之富，将必有震耀寰区，称乎今日之武功，而又将倍焉蓰焉者。余虽衰钝，尚庶几操左券于此，请以右券责之。

谕纪泽
（咸丰八年八月初三日）

字谕纪泽：

八月一日，刘曾撰来营，接尔第二号信并薛晓帆信，得悉家中四宅平安，至以为慰。

汝读《四书》无甚心得，由不能虚心涵泳，切己体察。朱子教人读书之法，此二语最为精当。尔现读《离娄》，即如《离娄》首章"上无道揆，下无法守"，吾往年读之，亦无甚警惕。近岁在外办事，乃知上之人必揆诸道，下之人必守乎法。若人人以道揆自许，从心而不从法，则下凌上矣。"爱人不亲"章，往年读之，不甚亲切。近岁阅历日久，乃知治人不治者，智不足也。此切己体察之一端也。涵泳二字，最不易识，余尝以意测之。曰：涵者，如春雨之润花，如清渠之溉稻。雨之润花，过小则难透，过大则离披，适中则涵濡而滋液；清渠之溉稻，过小则枯槁，过多则伤涝，适中则涵养而浡兴。泳者，如鱼之游水，如人之濯足。程子谓鱼跃于渊，活泼泼地；庄子言濠梁观鱼，安知非乐？此鱼水之快也。左太冲有"濯足万里流"之句，苏子瞻有夜卧濯足诗，有浴罢诗，亦人性乐水者之一快也。善读书者，须视书如水，而视此心如花如稻如鱼如濯足，则涵泳二字，庶可得之于意言之表。尔读书易于解说文义，却不甚能深入，可就朱子涵泳体察二语悉心求之。

邹叔明新刊地图甚好。余寄书左季翁，托购致十副。尔收得后，可好藏之。薛晓帆银百两宜璧还。余有复信，可并交季翁也。此嘱。

谕纪泽
（咸丰八年八月二十日）

字谕纪泽儿：

　　十九日曾六来营，接尔初七日第五号家信并诗一首，具悉。次日入闱，考具皆齐矣。此时计已出闱还家。

　　余于初八日至河口。本拟由铅山入闽，进捣崇安，已拜疏矣。光泽之贼窜扰江西，连陷泸溪、金溪、安仁三县，即在安仁屯踞。十四日派张凯章往剿。十五日余亦回驻弋阳。待安仁破灭后，余乃由泸溪云际关入闽也。

　　尔七古诗，气清而词亦稳，余阅之忻慰。凡作诗，最宜讲究声调。余所选抄五古九家、七古六家，声调皆极铿锵，耐人百读不厌。余所未抄者，如左太冲、江文通、陈子昂、柳子厚之五古，鲍明远、高达夫、王摩诘、陆放翁之七古，声调亦清越异常。尔欲作五古七古，须熟读五古七古各数十篇。先之以高声朗诵，以昌其气；继之以密咏恬吟，以玩其味。二者并进，使古人之声调，拂拂然若与我之喉舌相习，则下笔为诗时，必有句调凑赴腕下。诗成自读之，亦自觉琅琅可诵，引出一种兴会来。古人云"新诗改罢自长吟"，又云"煅诗未就且长吟"，可见古人惨淡经营之时，亦纯在声调上下工夫。盖有字句之诗，人籁也；无字句之诗，天籁也。解此者，能使天籁人籁凑泊而成，则于诗之道思过半矣。

　　尔好写字，是一好气习。近日墨色不甚光润，较去年春夏已稍退矣。以后作字，须讲究墨色。古来书家，无不善使墨者，能令一种神光活色浮于纸上，固由临池之勤染翰之多所致，亦缘于墨之新旧浓淡，用墨之轻重疾徐，皆有精意运乎其间，故能使光气常新也。

　　余生平有三耻：学问各途，皆略涉其涯涘，独天文算学，毫无所知，虽恒星五纬亦不识认，一耻也；每作一事，治一业，辄有始无终，二耻也；少时作字，不能临摹一家之体，遂致屡变而无所成，迟钝而不适于用，近岁在军，因作字太钝，废阁殊多，三耻也。尔若为克家之子，当思雪此三耻。推步算学，纵难通晓，恒星五纬，观认尚易。家中言天文之书，有《十七史》中各天文志，及《五礼通考》中所辑观象授时一种。每夜认明恒星二三座，不过数月，可毕识矣。凡作一事，无论大小难易，皆宜有始有终。作字时，先求圆匀，次求敏捷。若一日能作楷书一万，少或七八千，愈多愈熟，则手腕毫不费力。将来以之为学，则手钞群书，以之从政，则案无留牍。无穷受用，皆自写字之匀而且捷生出。三者皆足弥吾之缺憾矣。

今年初次下场，或中或不中，无甚关系，榜后即当看《诗经》注疏。以后穷经读史，二者迭进。国朝大儒，如顾、阎、江、戴、段、王数先生之书，亦不可不熟读而深思之。光阴难得，一刻千金。以后写安禀来营，不妨将胸中所见，简编所得，驰骋议论，俾余得以考察尔之进步，不宜太寥寥。此谕。书于弋阳军中澄侯、季洪两弟左右：

八月十九曾象五来营，二十一日蒋得胜来，接两弟初一、二、三等日之信，具悉家中四宅平安，不胜忻慰。

余于八月初八日至河口，本拟即日入闽，由铅山进捣崇安，十二日已拜折矣，其折稿寄吉安转寄至家。因闽贼出窜江西，连破泸溪、金溪、安仁三县，不得已派张凯章回剿。十八日抵安仁。十九日大战获胜，克复县城，杀贼约四千余，追至万年、乐平等县，尚未收队。待张军归来，余即率以入闽也。

刘星槎尚未到营。以后家信不可交投效之人带来，渠或中途变计忽归，或投别处军营，即果到亦迟而又迟，莫如交省城左季高处最为便捷。

家中养鱼、养猪、种竹、种蔬四事，皆不可忽。一则上接祖父以来相承之家风，二则望其外有一种生气，登其庭有一种旺气，虽多花几个钱，多请几个工，但用在此四事上总是无妨。澄弟在家教科一、厚七、旺十习字极好，不特学生有益，亦可教学相长。弟近年书法远逊于昔，在家无事，每日可仍临帖一百字，将浮躁处大加收敛。心以收敛而细，气以收敛而静。于字也有益，于身于家皆有益。明年请师，仍请邓寅皆先生，人品学问，皆为吾邑第一流人。若在我家教得十年，则子侄皆有成矣。葛翚山先生前言愿来余营，不知其计已决否？若不果来，可仍请之教科四、科六。若渠决来军，则科四、六亦可请邓先生教之。

左头横屋配房二间甚好，但嫌其不甚光亮，又嫌由阶基至账房即韩升等住房须由地坪绕入耳。思云馆之外、染坊架子之下尚须添种王瓜竹，夏月思云馆中可生凉风。牛路之内须筑墙一道。田塘上田一丘，秋冬可作菜园。此皆余在家时与澄弟熟商者，望即行之。

季弟远隔紫甸，余总不放心。汤家屋场之业及各处田业，余皆不愿受。若季弟能在近处居住，或在老屋之上新屋之下中间择买一屋，与季弟安居，我则愿寄钱文至家办成此事。否则，余守旧规不敢少改也。

后辈子侄，总宜教之以礼。出门宜常走路，不可动用舆马，长其骄惰之气。一次姑息，二次、三次姑息，以后骄惯则难改，不可不慎。顺问近好。

致胡林翼
（咸丰八年九月二十九日）

润之宫保老前辈大人礼次：

　　二十六日接岳阳舟次惠缄，二十八日得希庵书，敬悉扶奉灵榇八月杪安抵里门，至以为慰。日内酬接纷繁，悲喜交集，冗忙之状，抑可想见。犹闻茇怀刻刻不忘天下至计，鄂中军民暨杨、彭、二李并敝处事件时切萦虑。襟抱之宏，风谊之笃，金石可穿。岂仅吾党数人次骨而已！

　　张凯章一军于二十四日拔营由杉关入闽。萧军二十七八拔营由广昌石城入闽中。洋口之匪为周天培所破，现已归并顺昌，数不满万，土匪居多。汀州之贼，亦甚散漫无纪。闽境山多水寒，米贵异常，贼之死于无食，死于地气者，动以千计。沿途狼藉，无人掩瘗。现在州县次第收复，贼党无心恋闽，将告肃清，实不尽由官军之善战也。

　　敝军自抵建昌，病者极多。张营三千七百，病者近八百人。吴营一千三百，病者逾四百人。不知入关以后，气候更复何如，日夜焦虑。九舍弟以二十六日抵建，所部撤去其半，带千二百人来此。

　　鄂中八、九、十月饷尚未见到，日内枯涸特甚，已缄商骆帅。湘省请益万金，虽恃季公内应，未知果允否也？

　　"讨贼则可，服官则不可"，义正辞严，何能更赞一语？惟今日受讨贼之任者，不若地方官之确有凭借。晋、宋以后之都督三州、四州、六州、八州军事者，必求领一州刺史。唐末之招讨使、统军使、团练使、防御史、处置应援等使，远不如节度使之得势，皆以得治土地人民故也。阁在道义知交之末，万不敢以夺情服官，奉浼强起。然离土地人民而以奉使自效，则介而离山，砀而失水，亦恐不足发抒伟抱，尚望熟思而审计之。尊体素非甚强，年来提振支撑，不无亏伤。及此庐居少暇，保啬珍护，慎惜天下之躬，以副中外之望。幸无多分忧虑，致违葆练。诸维心照，不尽百一。

复邓汪琼
（咸丰八年十一月初二日）

寅阶仁兄大人阁下：

十一月朔日接得惠书，如亲教言。即维兴居辑祜，为道日益，至以为慰。弟于役江浙，倏阅五月，贼势日衰。方冀逐渐荡平，不意迪庵三河失利，全军溃散。近并有都、鲍军败之信，英夷逆船驶入长江，直达汉口。大局破坏，迥出意表。弟夙夜兢业，罔敢疏虞。惟目光昏花，近更增甚，常恐陨越，诒知己羞。

小儿纪泽作四书文，阁下专教之学陈勾山、管韫山文，最得要领。鄙意勾山尚有非浅学所能领悟者，若专学韫山，或更能主一无适，用志不纷。泽儿前禀请学作他艺，弟告之以学作赋。盖以赋之为艺，可以道古，可以适今也。嗣后每月六课，令其逢三作四书文，逢八作赋可耳。

"敬"、"恕"二字，细加体认，实觉刻不可离。"敬"则心存而不放，"恕"则不蔽于私。孟子之所谓"推"，所谓"达"，所谓"扩充"，指示至为切近。《中庸》之十三章，《论语》之告子贡，告仲弓，皆以"恕"字为开宗要义。大抵接人处事于见得他人不是，极怒之际，能设身易地以处，则意气顿平。故"恕"字为求仁极捷之径。来示以"致知"为大头脑工夫。鄙意"敬"是平日涵养之道，"恕"是临时应事之道，"致知"则所以讲求此"敬"、讲求此"恕"者也。质之高明，以为何如？

来示以意气、意见为累，而以局中人作局外想。鄙意作局外想，犹讼者设身而处词证之地。若圣门所谓恕者，能近取譬，是原告设身而处被告之地也。窃谓意见、意气，亦惟强恕者足以平之。"忍"字、"因"字，谨当奉以从事。"忍"字有功而致，"因"字无迹可求。

义子一事，已寄信沅甫舍弟，嘱其到家后妥为调停。沅弟素为弟所信，又极为季洪所服，苟处置得宜，澄侯必不故为断断。

嘱书对联，即日当写就奉寄。顺请德安，诸惟心照。

再，来示谓人情外之天理，毕竟非真天理，恐有语病。如和奸，人情也；强奸，亦人情也。家法禁和奸，王法禁强奸，皆天理也。从阁下之说，然则为家长者概不禁和奸，为官长者概不禁强奸乎？幸更详之。弟又行。建昌营次

致澄弟沅弟季弟
（咸丰八年十一月二十三日）

澄侯、沅甫、季洪老弟左右：

十三日专吉字营勇送信至家，十七日接澄弟初二日信，十八日接澄弟初五日信，敬悉一切。三河败挫之信，初五日家中尚无确耗，且县城之内毫无所闻，亦极奇矣！

九弟于二十二日在湖口发信，至今未再接信，实深悬系。幸接希庵信，言九弟至汉口后有书于渠，且专人至桐城、三河访寻下落。余始知沅甫弟安抵汉口，而久无来信，则不解何故。岂余近日别有过失，沅弟心不以为然耶？当此初闻三河凶报、手足急难之际，即有微失，亦当将皖中各事详细示我。

今年四月，刘昌储在我家请乩。乩初到，即判曰："赋得倔武修文，得闲字字谜败字。"余方讶败字不知何指，乩判曰："为九江言之也，不可喜也。"余又讶九江初克，气机正盛，不知何所为而云。然乩又判曰："为天下，即为曾宅言之。"由今观之，三河之挫，六弟之变，正与"不可喜也"四字相应，岂非数皆前定耶？

然祸福由天主之，善恶由人主之。由天主者，无可如何，只得听之；由人主者，尽得一分算一分，撑得一日算一日。吾兄弟断不可不洗心涤虑，以求力挽家运。第一，贵兄弟和睦。去年兄弟不和，以致今冬三河之变。嗣后兄弟当以去年为戒。凡吾有过失，澄、沅、洪三弟各进箴规之言，余必力为惩改；三弟有过，亦当互相箴规而惩改之。第二，贵体孝道。推祖父母之爱以爱叔父，推父母之爱以爱温弟之妻妾儿女及兰、蕙二家。又，父母坟域必须改葬。请沅弟作主，澄弟不可过执。第三，要实行勤俭二字。内间妯娌不可多写铺帐。后辈诸儿须走路，不可坐轿骑马。诸女莫太懒，宜学烧茶煮莱。书、蔬、鱼、猪，一家之生气；少睡多做，一人之生气。勤者生动之气，俭者收敛之气。有此二字，家运断无不兴之理。余去年在家，未将此二字切实做工夫，至今愧恨，是以谆谆言之。余详日记中，不赘。

李续宾死事甚烈功绩最多折
（咸丰九年正月十一日）

奏为巡抚衔浙江藩司李续宾，死事甚烈，功绩最多，恭折奏祈圣鉴事。

窃臣于上年十月，闻皖北三河镇官军失利，比念李续宾刚烈性成，必已见危致命，惟相距过远，未悉其死事情形。兹据其胞弟李续宜禀称：李续宾自攻克潜、太、舒、桐四县后，遵旨进攻庐州。因三河镇为舒、庐冲要，贼筑伪城一座，坚垒九座，九月二十八日，进扎三河。十月初二日，亲攻九垒下之。适粤逆陈玉成率大股贼自六合、庐江来援，捻逆张乐行率大股贼自庐州来援，众十余万，昼夜兼程，直趋金牛镇，连营数十里，抄大军后路。李续宾所部除留防九江及舒、桐外，随征不过五千余人，又攻垒血战，锐卒损伤过多，遂飞调防兵策应。未及至，而贼已来逼，初十日，派队迎击金牛镇，战樊家渡，已获全胜。忽左路出贼数万，乘雾来抄，我军回戈返斗，前后受敌。参将彭友胜、游击胡廷槐、饶万福等力战死之，余皆截阻不能归营。李续宾自领亲兵救应，而伪城之贼复出，与援贼相合，我军四面被围。初更时，最后两营李续焘、彭祥瑞越垒冲出。于是贼踞其垒，断我军去路。或劝以突围退保，无难再振，李续宾曰："某在军前后数百战，每出队，即不望生还。今日固必死此。有不愿从死者，请各为计。"各员弁皆跪泣曰："某等愿从公，以死报国，不愿去。"李续宾具衣冠望阙叩首，二鼓向尽，怒马直出，赴悍贼林立处，死之。臣胞弟曾国华及何忠骏、何裕、王揆一、李续艺、吴立蓉、万斛源等皆死之。而副将李存汉、道员孙守信、运同丁锐义等，犹督守孤垒，以俟桐城援兵。至十三日亥刻，子药、水米俱尽，孙守信等死之。十九日，贼攻桐城，李存汉、赵友财、谢嗣湘、李景均等死之，桐城复陷。凡湘军员弁兵役随李续宾死者，近六千人。十一月，三河附近绅民从贼中觅得李续宾尸骸，潜送霍山，迎至黄州，即将返葬湘乡各等情，禀报到臣。

伏查李续宾战绩，自咸丰三年赴援江西，克复太和、安福、永兴，有江西、湖南奏报；四、五两年攻克岳州、武、汉、广信等处，有臣国藩奏报；六、七、八等年，攻克武、汉、九江、皖北各处，有官文、胡林翼等奏报，各在案。此次死事之烈，官文等必详奏请恤。惟臣与李续宾从事较久，相知颇深，有不得不渎陈于圣主之前者。李续宾初援江西，为谢梦草营中帮办，嗣随罗泽南征剿各处。循循弟子，退然若无所知，不自表异，人亦未有以异之。逮岳州大桥之战，塔齐布独称湘勇白旗为无敌，贼亦深畏白旗。白旗者，李续宾所部右营也。既而田家镇之役，以少胜众。九江之败，士卒多逃散，独右营勇丁依依不去。然后众称其贤，得士心矣！犹复粥粥无能，转战江西、岳、鄂之间。经过州县不见一客，稠人广坐不发一语。自楚军之兴，人人皆以节烈相高，或涅臂自盟，或歃血共誓，慷慨陈词，预相要约。李续宾独默然深藏，初不预作激烈自许之言。然忠果之色，见于眉间。远近上下，皆有以信其大节之不苟。

臣所立湘勇营制，编队立哨，略仿古法，计事授糈，皆有定程。行之既久，各营时有变更，惟李续宾守法五年，始终不变。尝谓臣曰：立法者，但求大段妥善；行法者，当于小处弥缝。臣初定湘营饷项，稍示优裕，原冀月有赢余，以养将领之廉，而作军士之气。李续宾统营既多，历年已久，节省赢余及廉俸至数万金，不寄家以自肥，概留备军中非常之需。咸丰六年冬，曾寄银五千两于南昌，济臣粮台之急。七年冬，又寄银万两至吉安，济臣弟曾国荃一军；又寄三千两至贵溪，济李元度一军。此外赢余银两，亦皆量力济人，不忍他军饥而己军独饱。

往者故抚臣江忠源尝论兵勇利病：勇则畛域不分，而患其踪迹无定，此之所革，彼之所收；兵则尺籍有定，而患其界限太分，胜不相让，败不相救。兵则规矩较肃，而患无陷阵刚猛之风；勇则锐气较新，而患无上下等威之辨。故用兵以和为贵，用勇以严为贵。李续宾驭下极宽，终年不见愠色。而弁勇有罪，往往挥涕而手刃之。甲寅十月，在田家镇斩退怯之勇，臣奏牍称其有名将之风。故刑人无多，而岁久无敢弛慢。至于临阵之际，专以救败为务，以顾全大局为先。遇贼则让人御其弱者，而自当其悍者。分兵则以强者予人，而携弱者以自随。或携随数次，弱者渐强矣，则又另带新营以自随。江、楚诸军，每言肯携带弱兵，肯临阵救人者，前惟塔齐布，后惟李续宾。此次三河之败，亦由所部强兵，分留湖北，分拨臣处，分防九江，分驻桐城，而多携弱者以自随。其仁厚在此，其致败亦未始不由乎此。此军民所尤感泣不忘者也。

臣昔观李续宾厚重少文，百战无挫，私心慰幸，以为可跻中兴福将之列。不意大难未夷，长城遽陨。督臣官文等具奏请恤，想蒙圣慈矜鉴。臣与李续宾同县姻戚，不敢饰辞溢美，亦不敢其忠勋。谨就夙昔所知，渎陈宸听，伏乞皇上圣鉴，饬付国史馆查照施行。谨奏。

复胡林翼
（咸丰九年正月十二日）

润之宫保老前辈大人阁下：

　　新正二日展诵惠缄，知岁杪有二郎河之行。又承赐示祭迪庵中丞文字，挟飞鸣之势，而笔含哀愤之声，读之令人增友朋之重。迪公真不死矣！不审他日鄙人能得此于先生否？此不可不预为要约也。初十日又得元旦赐缄。并读迪公优恤谕旨，可歌可泣，尚复何憾！三函所论各事，谨一一详复如左：

　　一、阁下不居署中，与希庵相处，寸步不离，公义私情，两为曲尽。然希庵将来不能不率师入皖，不能不一攻舒、桐、三河以雪湘人之耻，而抒迪公之愤。阁下似宜久驻黄州，可伸可缩；可外图皖省，可内保腹地；上游可筹饷、可察吏，下游可督潜、太进剿之师，可顾二蕲防守之兵，似觉面面俱到。若台旆一入皖境，则于筹饷、察吏等事不甚灵通。鄙意春夏间，希庵与阁下似可坚驻黄州。如新马队能练成，希庵进剿皖中，阁下可一至下游视师，时往时返，仍开府黄州，长为老营，常常添练新兵新勇，接济前敌，更换淘汰，拆帮换底，如萧相关中故事，则为益极大。刍荛之献，不审有当否？往年李、杨之所以得展其志者，全恃公在后路。彼时公多注意于饷，今官多注意于兵矣。

　　一、都、鲍欲两路进剿，自是正办。我进则贼自守不暇，贼进则我亦自守不暇。一消一长，断无中立之理。惟目下毛羽不丰，两路俱须马队，现仅马千余匹，不敷分布。且一入皖境，即无歇手之时。希庵如须回湘一行，不如待其假旋冉行进兵，气更充足。

　　一、湖口、彭泽总须一支精兵乃可保全。此不特为侍郁悒之所，亦塔、罗、李三君九泉所必争，且杨、彭及诸将士亦不可再有此疏失也。守湖口之贼首黄文金，今尚在芜、太等处，必不能忘情于此。景德镇若能克复，拟以凯章当此一路，庶足御之。刘杰人、李宝贤、刘连捷、黄泽远皆好营官，惜无好手统领之。宝营则风气日坏，难期得力矣。

一、季公似不宜赴鄂。目下湘中亦多事，东防南安之贼，南防广西之贼，西防黔中之贼，必家乡平安无事，而后湘勇之在江在鄂者无内顾之忧。来示谓全军而后能保楚，保楚而后能图吴，吾谓固湘而后能全军心也。印渠及其三将，除江西外，剿湘剿鄂皆其所愿，征皖北尤所甚愿。但目下须防宝、永一带，不知此军能远出否，侍已缄询季公矣。楚勇束伍太不讲，往曾与岷樵言之，去冬又为印渠言之。顷季公书来，已另立规模，为之编束。

一、来示留意统将之才，此却极难。前此所得诸名将，皆邂逅遇之，非求而得之也。近来长千人、长五百人者，容可物色。或无其才，而徐徐操习以几；独统领则必天生是才，非学所能几。王枚村不知能统一路否？希庵尝称之，顷亦缄询季高矣。李筱泉之弟少荃名鸿章，丁未编修，其才与气似可统一军。拟令其招淮南之勇，操练马队。渠久客吕鹤翁处、福元翁处，阅事过多，不敢轻于任事，刻尚未相许也。意城内耿介而外圆和，论事观人俱有识，却是吾乡一把好手；幼丹与本省上下官多龃龉，日日怄气，深虞其忧闷致疾；建昌王太守明决有才。此三人合之次青，均济时之良器，然皆不宜于统军。名将难得，瘝瘝求之。

一、西丹似可不调，调千人亦太少，无益大局也。鹿角御马是古法。京营汉军专有一项舁鹿角兵，然亦似鄙人初讲水师时，以鱼网牛皮挡炮子耳。真能战者，决不事此也。侍决计另练新马队，更不讲求他法，虽岳公之麻轧刀，亦幸而偶胜耳。

一、王雁翁精细温润，早岁深为佩仰。元年冬出山西差归，见其复奏盐务一折，皆扶墙摩壁敷衍之文。又与联秀峰胶漆深投，劝侍缔交，侍深讶其不知人。近岁连任美缺，气象似更虚枵。因来缄询及，聊陈鄙见，以资征核。

以上各条，谨就垂商处奉答，仍求详示。敬问近安。建昌

圣哲画像记
（咸丰九年正月二十一日）

　　国藩志学不早，中岁侧身朝列，窃窥陈编，稍涉先圣昔贤魁儒长者之绪。驽缓多病，百无一成；军旅驰驱，益以芜废。丧乱未平，而吾年将五十矣。往者吾读班固《艺文志》及马氏《经籍考》，见其所列书目，丛杂猥多，作者姓氏，至于不可胜数，或昭昭于日月，或湮没而无闻。及为文渊阁直阁校理，每岁二月侍从宣宗皇帝入阁，得观《四库全书》，其富过于前代所藏远甚，而存目之书数十万卷，尚不在此列。呜呼！何其多也。虽有生知之资，累世不能竟其业，况其下焉者乎？故书籍之浩浩，著述者之众，若江海然，非一人之腹所能尽饮也，要在慎择焉而已。余既自度其不逮，乃择古今圣哲三十余人，命儿子纪泽图其遗像，都为一卷，藏之家塾。后嗣有志读书，取足于此，不必广心博骛，而斯文之传，莫大乎是矣。昔在汉世，若武梁祠、鲁灵光殿，皆图画伟人事迹，而《列女传》亦有画像，感发兴起，由来已旧。习其器矣，进而索其神，通其微，合其莫，心诚求之，仁远乎哉？

国藩记

　　尧舜禹汤，史臣记言而已。至文王拘幽，始立文字，演《周易》，忧勤惕厉之意，载与俱出。周孔代兴，六经炳著，师道备矣。秦汉以来，孟子盖与庄、荀并称。至唐，韩氏独尊异之。而宋之贤者，以为可跻之尼山之次，崇其书以配《论语》。后之论者，莫之能易也。兹以亚于三圣人后云。

　　左氏传经，多述二周典礼，而好称引奇诞，文辞烂然，浮于质矣。太史公称庄子之书皆寓言，吾观子长所为《史记》，寓言亦居十之六七。班氏闳识孤怀，不逮子长远甚，然经世之典，六艺之旨，文字之源，幽明之情状，粲然大备，岂与夫斗筲者争得失于一先生之前，姝姝而自悦者哉！

诸葛公当扰攘之世，被服儒者，从容中道。陆敬舆事多疑之主，驭难驯之将，烛之以至明，将之以至诚，譬若御驽马登峻坂，纵横险阻，而不失其驰，何其神也！范希文、司马君实遭时差隆，然坚卓诚信，各有孤诣。其以道自持，蔚成风俗，意量亦远矣。昔刘向称董仲舒王佐之才，伊、吕无以加；管、晏之属，殆不能及。而刘歆以为董子师友所渐，曾不能几乎游、夏。以予观四贤者，虽未逮乎伊、吕，固将贤于董子。惜乎不得如刘向父子而论定耳。

自朱子表章周子、二程子、张子，以为上接孔孟之传，后世君相师儒笃守其说，莫之或易。乾隆中，闳儒辈起，训诂博辨，度越昔贤，别立徽志，号曰"汉学"。摈有宋五子之术，以谓不得独尊。而笃信五子者，亦屏弃汉学，以为破碎害道，断断焉而未有已。吾观五子立言，其大者多合于洙泗，何可议也？其训释诸经，小有不当，固当取近世经说以辅翼之，又可屏弃群言以自隘乎？斯二者亦俱讥焉。

西汉文章，如子云、相如之雄伟，此天地遒劲之气，得于阳与刚之美者也。此天地之义气也。刘向、匡衡之渊懿，此天地温厚之气，得于阴与柔之美者也。此天地之仁气也。东汉以还，淹雅无惭于古，而风骨少隤矣。韩、柳有作，尽取扬、马之雄奇万变，而内之于薄物小篇之中，岂不诡哉！欧阳氏、曾氏皆法韩公，而体质于匡、刘为近。文章之变，莫可穷诘，要之不出此二途，虽百世可知也。

余钞古今诗，自魏晋至国朝，得十九家。盖诗之为道广矣，嗜好趋向，各视其性之所近，犹庶羞百味，罗列鼎俎，但取适吾口者，哜之得饱而已。必穷尽天下之佳肴，辩尝而后供一馔，是大惑也；必强天下之舌，尽效吾之所嗜，是大愚也。庄子有言："大惑者，终身不解；大愚者，终身不灵。"余于十九家中，又笃守夫四人者焉。唐之李、杜，宋之苏、黄，好之者十而七八，非之者亦且二三。余惧蹈庄子不解不灵之讥，则取足于是终身焉已耳。

司马子长网罗旧闻，贯串三古而八书，颇病其略；班氏《志》较详矣，而断代为书，无以观其会通。欲周览经世之大法，必自杜氏《通典》始矣。马端临《通考》，杜氏伯仲之间，郑《志》非其伦也。百年以来，学者讲求形声、故训，专治《说文》，多宗许、郑，少谈杜、马。吾以许、郑考先王制作之源，杜、马辨后世因革之要，其于实事求是一也。

先王之道，所谓修己治人、经纬万汇者，何归乎？亦曰礼而已矣。

秦焚书籍，汉代诸儒之所掇拾，郑康成之所以卓绝，皆以礼也。杜君卿《通典》，言礼者十居其六，其识已跨越八代矣。有宋张子、朱子之所讨论，马贵与、王伯厚之所纂辑，莫不以礼为兢兢。我朝学者，以顾亭林为宗，国史《儒林传》褎然冠首。吾读其书，言及礼俗教化，则毅然有守先待后，舍我其谁之志，何其壮也！厥后张蒿庵作《中庸论》，及江慎修、戴东原辈，尤以礼为先务。而秦尚书蕙田遂纂《五礼通考》，举天下古今幽明万事，而一经之以礼，可谓体大而思精矣。吾图画国朝先正遗像，首顾先生，次秦文恭公，亦岂无微旨哉？桐城姚鼐姬传、高邮王念孙怀祖，其学皆不纯于礼。然姚先生持论闳通，国藩之粗解文章，由姚先生启之也。王氏父子集小学训诂之大成，复乎不可几已。故以殿焉。

姚姬传氏言学问之途有三：曰义理，曰词章，曰考据。戴东原氏亦以为言。如文、周、孔、孟之圣，左、庄、马、班之才，诚不可以一方体论矣。至若葛、陆、范、马，在圣门则以德行而兼政事也。周、程、张、朱，在圣门则德行之科也，皆义理也。韩、柳、欧、曾、李、杜、苏、黄，在圣门则言语之科也，所谓词章者也。许、郑、杜、马、顾、秦、姚、王，在圣门则文学之科也。顾、秦于杜、马为近，姚、王于许、郑为近，皆考据也。此三十二子者，师其一人，读其一书，终身用之，有不能尽。若又有陋于此，而求益于外，譬若掘井九仞而不及泉，则以一井为隘，而必广掘数十百井，身老力疲，而卒无见泉之一日，其庸有当乎？

自浮屠氏言因果祸福而为善获报之说，深中于人心，牢固而不可破。士方其占毕呫哔，则期报于科第禄仕。或少读古书，窥著作之林，则责报于遒迈之誉，后世之名。纂述未及终编，辄冀得一二有力之口，腾播人人之耳，以偿吾劳也。朝耕而暮获，　施而┃报，譬若沽酒市脯，喧聒以责之贷者，又取倍称之息焉。禄利之不遂，则徼幸于没世不可知之名。甚者至谓孔子生不得位，没而俎豆之报隆于尧舜，郁郁者以相证慰，何其陋欤！今夫三家之市，利析锱铢，或百钱逋负，怨及孙子。若通阛贸易，瑰货山积，动逾千金，则百钱之有无，有不暇计较者矣。商富大贾黄金百万，公私流衍，则数十百缗之费，有不暇计较者矣。均是人也，所操者大，犹有不暇计其小者，况天之所操尤大，而于世人毫末之善，口耳分寸之学，而一一谋所以报之，不亦劳哉！商之货殖同、时同，而或赢或绌；射策者之所业同，而或中或罢；为学著书之深浅同，而或传或否，或名或不名，亦皆有命焉，非可强而几也。古之君子，盖无日不忧，无日不乐。道之不明，己之不免为乡人一息之或懈，忧也；居易以俟命，下学而上达，仰不愧而俯不怍，乐也。自文王、周、孔三圣人以下，至于王氏，莫不忧以终身，乐以终身，无所于祈，何所为报？己则自晦，何有于名？惟庄周、司马迁、柳宗元三人者，伤悼不遇，怨悱形于简册，其于圣贤自得之乐，稍违异矣。然彼自惜不世之才，非夫无实而汲汲时名者比也。苟汲汲于名，则去三十二子也远矣。将适燕晋而南其辕，其于术不益疏哉？

文周孔孟，班马左庄，葛陆范马，周程朱张，韩柳欧曾，李杜苏黄，许郑杜马，顾秦姚王，三十二人，俎豆馨香。临之在上，质之在旁。

谕纪泽
（咸丰九年四月二十一日）

字谕纪泽：

　　前次于诸叔父信中，复示尔所问各书帖之目。乡间苦于无书，然尔生今日，吾家之书，业已百倍于道光中年矣。买书不可不多，而看书不可不知所择。以韩退之为千古大儒，而自述其所服膺之书，不过数种：曰《易》、曰《书》、曰《诗》、曰《春秋左传》、曰《庄子》、曰《离骚》、曰《史记》、曰相如、子云。柳子厚自述其所得，正者：曰《易》、曰《书》、曰《诗》、曰《礼》、曰《春秋》；旁者：曰《穀梁》、曰《孟》《荀》、曰《庄》《老》、曰《国语》、曰《离骚》、曰《史记》。二公所读之书，皆不甚多。

　　本朝善读古书者，余最好高邮王氏父子，曾为尔屡言之矣。今观怀祖先生《读书杂志》中所考订之书：曰《逸周书》、曰《战国策》、曰《史记》、曰《汉书》、曰《管子》、曰《晏子》、曰《墨子》、曰《荀子》、曰《淮南子》、曰《后汉书》、曰《老》《庄》、曰《吕氏春秋》、曰《韩非子》、曰《杨子》、曰《楚辞》、曰《文选》，凡十六种。又别著《广雅疏证》一种、伯申先生《经义述闻》中所考订之书：曰《易》、曰《书》、曰《诗》、曰《周官》、曰《仪礼》、曰《大戴礼》、《礼记》、曰《左传》、曰《国语》、曰《公羊》、曰《穀梁》、曰《尔雅》，凡十二种。王氏父子之博，古今所罕，然亦不满三十种也。

　　余于《四书》、《五经》之外，最好《史记》、《汉书》、《庄子》、韩文四种，好之十余年，惜不能熟读精考。又好《通鉴》、《文选》及姚惜抱所选《古文辞类纂》、余所选《十八家诗抄》四种，共不过十余种。早岁笃志为学，恒思将此十余书贯串精通，略作札记，仿顾亭林、王怀祖之法。今年齿衰老，时事日艰，所志不克成就，中夜思之，每用愧悔。泽儿若能成吾之志，将《四书》、《五经》及余所好之八种一一熟读而深思之，略作札记，以志所得，以著所疑，则余欢欣快慰，夜得甘寝，此外别无所求矣。至王氏父子所考订之书二十八种，凡家中所无者，尔可开一单来，余当一一购得寄回。

学问之途，自汉至唐，风气略同；自宋至明，风气略同；国朝又自成一种风气，其尤著者，不过顾、阎百诗、戴东原、江慎修、钱辛楣、秦味经、段懋堂、王怀祖数人，而风会所扇，群彦云兴。尔有志读书，不必别标汉学之名目，而不可不一窥数君子之门径。凡有所见所闻，随时禀知，余随时谕答，较之当面问答，更易长进也。

咸丰九年五月初八日日记

　　早，出城，至九弟营中早饭。饭后至朱唐两营、岳字两营、振字营、护卫军送行，午正归。见客二次。中饭后见客二次。与星房前辈久谈。作"禫服文"一首，定禫服礼仪注。沅弟来，明早共设祭，行释服礼也。夜与沅弟论为人之道有四知，天道有三恶。三恶之目曰天道恶巧，天道恶盈，天道恶贰。贰者，多猜忌也，不忠诚也，无恒心也。四知之目，即《论语》末章之"知命、知礼、知言"，而吾更加以"知仁"。仁者恕也，己欲立而立人，己欲达而达人，恕道也。立者足以自立也，达者四达不悖，远近信之，人心归之。《诗》云："自西自东，自南自北，无思不服。"《礼》云："推而放诸四海而准，达之谓也。"我欲足以自立，则不可使人无以自立；我欲四达不悖，则不可使人一步不行，此立人达人之义也。孔子所云"己所不欲，勿施诸人"，孟子所云"取人为善，与人为善"，皆恕也、仁也。知此，则识大量大，不知此则识小量小。故吾于三知之外，更加"知仁"，愿与沅弟共勉之。沅弟，亦深领此言。谓欲培植家运，须从此七者致力也。

复邓汪琼
（咸丰九年六月二十四日）

寅皆仁兄大人阁下：

十九日接展惠缄，具悉壹是。猥以前寄拙书微仪曲荷齿芬，惭仄奚似？辰维文祉绥清，履候佳善，至慰驰仰。

小儿纪泽颇事看书，不好制艺。吾意学者于看、读、写、作四者缺一不可。看者涉猎宜多、宜速，读者讽咏宜熟、宜专。看者"日知其所亡"，读者"月无忘其所能"。看者如商贾趋利，闻风即往，但求其多；读者如富人积钱，日夜摩挲，但求其久。看者如攻城拓地，读者如守土防隘。二者截然两事，不可缺亦不可混。至写字，不多则不熟，不熟则不速。无论何事，均不能敏以图功。至作文，则所以瀹此心之灵机也。心常用则活，不用则窒，如泉在地，不凿汲则不得甘醴；如玉在璞，不切磋则不成令器。今古名人虽韩、欧之文章，范、韩之事业，程、朱之道术，断无久不作文之理。张子云："心有所开，即便札记，不思则还塞之矣。"小儿于每三、八课期，敬求先生督令作文，约以五百字为率，或作制艺，或作赋，或作论，或作经解、札记，断不可一字不作，将来文理不通，被人姗笑。或逢三作制艺，逢八作赋、论、经解，亦尚妥善。未有无一字之常课，而可以几于成者也。

嘱为族谱弁言，谊不容辞，惟此时尚未暇也。二姓合修，在阁下本仁至义尽之心，体先世权宜合好之意，称情起例，未为不可，惟欲永远联称如诸葛、欧阳之例，则微有不侔；如近世嘉兴之陆、费，湘潭之郭、汪，差近之耳。

弟移屯抚州，倏逾数月。昨派老营六千人会攻景镇，鏖战数次，幸获全胜，于十四日克复景镇，十五日进克浮梁，沿途擒斩逼溺，难以数计。余党由祁门夺路奔逃，即派张凯章率四千人回湘援剿，会攻宝庆，七月当可抵湘。知关廑念，特用布闻。肃复，顺请时安，诸维心鉴，不一。

复葛封泰
（咸丰九年八月十九日）

睾山姻仁弟左右：

八月十日接七月末惠书，借悉一切。

国藩生平坐"不敬"、"无恒"二事，行年五十，百无一成，深自愧恨，故近于知交门徒及姻戚子弟，必以此二者相告。"敬"字惟"无众寡、无小大、无敢慢"三语最为切当。君之祖与吾之祖于此三语皆能体行几分。仆待人处事，向来多失之慢，今老矣，始改前失，望足下及早勉之。至于"有恒"二字，尤不易言。大抵看书与读书，须画然分为两事，前寄寅皆先生书，已详言之矣。看书宜多、宜速，不速则不能看毕，是无恒也。读书宜精、宜熟，能熟而不能完，是亦无恒也。足下现阅《八家文选》，即须将全都看完，如其中最好欧阳公之文，即将欧文抄读几篇，切不可将看与读混为一事，尤不可因看之无味，遂不看完，致蹈无恒之弊。

眼镜九舍弟已交到否？此是君家宗器，理宜珍藏，非仆故作推让。寿侄及七十侄女等虽系孤儿、孤女，亦宜常常示之礼法，不宜过于骄惯、放纵。家叔性情最与家祖相似，家祖晚年适意事多，家叔则不适意之事多，望足下细心劝慰为感。六弟妇善办小菜及腐乳之类，便中望寄少许来营。此复。顺问近好。

复左宗棠
（咸丰九年九月二十五日）

季高仁兄大人阁下：

前接复缄，顷又得十七日惠书，敬悉一切。

石逆不得逞于吾乡，其势自是衰弱，若广西、贵州另得生力劲军要之，竟有可灭之理。若入蜀，则从乱者多，仍恐有燎原之祸。弟则精力日耗，作客日久，部下人才日乏，难于更游生地，前缄已详言之，而朝廷宜择蜀帅为戡定西南张本，则深以来教为不易之论也。

此间四路图皖之说，大抵国藩任第一路，由石牌规安庆；多、鲍任第二路，由太、潜取桐城；润帅任第三路，由英、霍取舒城；希庵任第四路，由商、六规庐州。第二、第四两路最为吃重，希力自可独任；多、鲍七千人，则尚恐不支。敬求商之吁帅，速饬濬川前来，即派归第二路，与多、鲍同行。此路为贼所必争，桐城、大关、陶冲等处势必苦战不休，而多、鲍内不甚和，鲍军亦渐成弩末，此路若有差失，三路皆为之失势。急盼濬川来此，公则助多、鲍以裨益全局，私则助鄙人以支撑门面。至恳！至恳！切盼！切盼！

樊案本出意外，润帅焦灼急切，然窃闻外议，实无锄兰焚芝之意，似可夷然处之，以为何如？即请台安，诸维心照。

遵旨会筹规剿皖逆折*
（咸丰九年十月十七日）

奏为遵旨悉心筹酌，恭折复奏，仰祈圣鉴事。

窃咸丰九年九月二十八日承准军机大臣字寄，九月二十一日奉上谕："曾国藩奏遵旨筹剿皖匪机宜，现已由鄂回驻巴河一折。皖省贼氛甚炽，必须楚师东下方可扫荡。曾国藩奏称，以两军循江而下，规取安庆、桐城；两军循山而进，规取舒城、庐州。各军所部兵勇，自即照官文前奏派拨。该侍郎独任一路，尚拟将萧启江调回，派张运兰留湘协防。但萧启江一军已入粤西，现当桂林危急万分，全恃此军援应，急切未能调回。至湘中防堵，尚有兵勇可派，着该侍郎揣酌情形，即将张运兰调取回鄂，亦可补萧启江之缺。再本日据袁甲三、庚长奏，现闻官文等筹议进兵剿办皖逆，并议令胜保等于东北路截剿。惟胜保、傅振帮兵力单弱，一经楚师大举，深恐驱贼北窜，请饬由光州、固始、颍州一带，绕赴北路进剿等语。曾国藩所奏，北路一军由商城前进，本去颍州不远，惟须折赴六安，规取庐州，则蒙、亳等处已难兼顾。此时捻、粤勾结，设因南路不支，竟图北窜，恐傅振帮、翁同书等不能堵遏，袁甲三等所虑，亦不为无见。着官文、曾国藩、胡林翼再行悉心筹酌。所有东下四军内，应如何派出一军，取道光、固、颍州，绕出怀、蒙以北，与胜保等官军会合南剿，俾逆匪不致北犯，是为至要。袁甲三等原折，着抄给阅看。至此次官文等会筹大举，关系全局利害，总须计出万全，不妨稍迟时日，谋定后动也。将此由六百里各谕令知之。"钦此。仰蒙皇上筹维全局，指示机宜，曷胜钦感！

伏维自古办窃号之贼，与办流贼不同。剿办流贼，法当预防以待其至，坚守以挫其锐。剿办窃号之贼，法当剪除枝叶，并捣老巢。今之洪

---

* 此件与官文、胡林翼会衔。

秀全据金陵，陈玉成据安庆，私立正朔，伪称王侯，窃号之贼也。石达开等之由浙而闽、而江、而湖南、而广西，流贼之象也。宫、张诸捻之股数众多，分合无定，亦流贼之类也。自洪、杨内乱，镇江克复，金陵逆首凶焰久衰，徒以陈玉成往来江北，勾结捻匪，庐州、浦口、三河等处，迭挫我师，遂令皖北之糜烂日广，江南之贼粮不绝。臣等窃以为欲廓清诸路，必先攻破金陵。全局一振，而后江南大营之兵，可以分剿数省，其饷亦可分润数处。欲攻破金陵，必先驻重兵于滁、和，而后可去江宁之外屏，断芜湖之粮路。欲驻兵滁、和，必先围安庆，以破陈逆之老巢，兼捣庐州，以攻陈逆之所必救。诚能围攻两处，略取旁县，该逆备多力分，不特不敢悉力北窜齐、豫，并不敢壹意东顾江浦、六合。盖窃号之贼，未有不竭死力以护其本根也。现拟四路进兵，自江滨而北，第一路由宿松、石牌以规安庆，臣国藩亲自任之；第二路由太湖、潜山以取桐城，多隆阿、鲍超等任之；第三路由英山、霍山以取舒城，臣林翼亲自任之，先驻楚、皖之交，调度诸军，兼筹转运；第四路由商、固以规庐州，调回李续宜一军任之。

袁甲三等原奏，恐驱贼北窜，请由光、固、颍州绕赴北路等语。查湘勇久战江滨，于淮北贼情地势，不甚熟悉，能否绕出怀、蒙以北，应俟李续宜军至固始后，察看情形，再行奏明办理。

至萧启江一军，臣国藩前于奏明后，即经檄调来鄂。嗣闻桂林解围，又经飞札催调，计日内当已由粤回湘。张运兰一军，经湖南抚臣派防郴州。该道久劳于外，适值防务稍纾，禀请给假三月，暂予休息，臣国藩与骆秉章皆经批准，难遽北来。应恳皇上天恩，仍饬萧启江来皖，俾臣等少收臂指之助。除俟各军取齐，再行驰报外，所有遵旨悉心会筹缘由，谨合词恭折由驿五百里复奏，伏乞皇上圣鉴，训示施行。谨奏。

致吴廷栋
（咸丰九年十月二十一日）

竹如仁兄大人阁下：

九月初接奉惠书，得悉夏秋两缄均尘台览，敬谂德业闳富，学道不厌，钦企曷既。

阅邸钞，知复陈臬畿辅，未审左迁果缘何案。圆凿方枘，龃龉乃分所应尔，幸圣明在上，犹觉直道得行耳。

桐城方君援儒入释，阁下辩细田巴，角摧五鹿，竟能引异为同，范围不过，此黄鲁直所谓"能就心地收汗马之功"者也。

近年军中阅历有年，益知天下事当于大处着眼、小处下手。陆氏但称先立乎其大者，若不辅以朱子铢积寸累工夫，则下梢全无把握，故国藩治军，摒去一切高深神奇之说，专就粗浅纤悉处致力，虽坐是不克大有功效，然为钝拙计，则犹守约之方也。所最难者，近日调兵拨饷、察吏选将，皆以应酬人情之道行之，不问事势之缓急、谕旨之宽严，苟无人情，百求罔应，即举劾赏罚，无人情则虽大贤莫荐，有人情则虽巨憝亦释，故贼焰虽已渐衰，而人心殊未厌乱。每独居深念，憾不得与阁下促膝密语，一摅积愫。

国藩自景镇克复，即率师西上，会湖南巨股尽窜广西，蜀可无虞，谕旨饬令会剿皖贼，现拟四路进兵，沿江两路：一由石牌以规安庆，一由潜、太以取桐城；傍山两路：一由英、霍以捣舒城，一由商、固以规庐州。弟与胡中丞分任其事，声势颇盛。惟群盗如毛，我军尚单，未知能否得手。

珂乡数百里内，友朋死于此者至多，如江岷樵、陈岱云、邹叔绩在庐州，吕鹤田、朱卧云在舒城，何丹畦在英山，郭雨三在定远，戴存庄在桐城，舍弟及迪庵等在三河，思之至痛。若能廓清一方，为亲友少雪此积愤，亦一快也。肃泐，敬请德安，不戬。累代皆时时认真经理，敬求足下代我照料。各种书籍，亦求常拂尘埃，勿令潮湿。即贱兄弟在外寄回信缄奏稿等件，亦宜聚置一处，免致散失。至人客来往，非房族即亲友，切不可稍稍怠慢，求恭敬相待，虽舍弟等不在家，亦可款留酒饭也。

至杉木之事，弟在远难管，尚祈原亮。诸维心照。

复胡林翼
（咸丰九年十一月二十九日）

润之宫保老前辈大人阁下：

得二十八日申刻惠书并翁中丞、多都护二缄，敬悉一切。谆恳之意，溢于言表；办贼之心，切于救焚，钦服无已。侍亦有一二刍荛之见，条列于左：

一、旬日纷纷所争者，只太湖之弛围与不弛围为第一关键。自多公飞虎各营移扎新仓，太湖之城围业已弛矣。有弛之实，而犹不居弛之名，展转设法以求合围，兵愈单、地愈散，大可虑也。在西之营，闻每日派队在外守护粮路。如蒋扎北路，而浮桥以东之四营则大可虑；唐扎南路，而新移宝塔下之三营则大可虑。陈逆援贼一至，不独鲍军腹背受敌，即蒋、唐之营太散，亦难保万全也。鄙意业已弛围，则不如索性大弛：将鲍营移扎西面，居霆字夏秋旧垒之内；蒋营仍扎北路；将桥东四营收拢，聚于桥西不收亦可；唐营仍扎南路，稍增宝塔之营，以通多公之气，如此似尚妥叶，盖均之弛也。今日之鲍、唐、蒋三军不动，是名不弛而实弛也。阁下前令鲍军扎潜山，是弛东路而进也。侍今欲鲍军扎西垒，是东路弛而退也。弛围而进，则气较锐；弛围而退，则气弱而势较稳，湖北上游必可无患。祈钧裁。

一、多公马队利于游击，其石牌业经精选四营守之，此时可不必更矣。以马队上援太湖，下顾石牌，似可纵横如意。若云御援贼于潜山，则必胜；御之于太湖、新仓，则难胜，此侍之所不知也。即其与公缄中称所部四千余人围扎太湖云云，侍亦虑其不能合围耳。其云霆、训两营围守太城，四面合围，绰有余力云云，似亦不确。

一、余、丁九营在天堂，既得地利，又得人和，似可无虞。观余屡报布置情形及丁前寄公之缄，俱有把握。鄙意太湖四军，只宜自顾，不必兼顾天堂也。我公至英山，有本部及金守各营，又可调曾道七营合扎一处，万一单薄，尚可调蒋军合扎一处。如天堂余、丁万全，固属大妙；即余、丁稍有疏失，公部步队万余、马队千人，亦必可操胜算，但不宜兼顾商、固一路耳。

一、敝部前所恃者萧、张二公，现在俱不能来，如夜行失烛，寸心郁郁。十七日尊缄欲拨七千人专合太湖之围，侍虑围此大城，无一统领，万不放心，未敢允许。十九日尊缄令拨四千人会围太湖，亦以围城各军无统，且不以迎击潜山为然，亦未允从。连日细察敝军士气，实觉难当巨寇，若贼来宿松，侍亲督率守御，尚可支柱；若鲍、唐在太湖之西力战数日，此间派队前往援应，尚可一战；此外均难深恃，殊深焦灼，伏希原谅。

以上四条是否有一二可采？公之卓裁，意在迎击援贼，生擒逆狗，一面打狗，一面围城，兼营并举；侍之拙见，以为狗不易擒，但求击退，城不易破，但求全军。前年在意生寺、在童司牌，去年在麻城、在花凉亭，皆击退陈逆大股，而固无恙也。

公意在击贼于潜山，而以太湖为后继之师；侍意在击贼于太湖，而以宿松为后继之师。公意师出潜山，可以兼顾天堂，而仍不弛太湖之围；鄙意师出潜山，不能兼顾天堂，太湖之围，与其实弛而名不弛，不如一竟弛之，与其弛西，不如弛东。侍意未免涉于私，公意亦实不甚稳，伏乞酌择施行。即问台安。

再，侍意专重在全军，若如鄙说以鲍军扎西路旧垒，则鲍军可以万全。敝处临时派队帮同打仗，则唐、蒋两军亦可万全。多公石牌精选营易于自全，马队亦易于自全，惟新仓飞虎营不甚放心，然鲍、唐皆可援应，亦可图全也。渠四军全，则侍军全矣。公军保全之法，不与太湖四军相干，即余、丁保全之法，亦非进扎潜山之师所能庇护，然计天堂之险峻，英山之崎岖，余、丁之谨慎，公部之多而稳，亦必可万全无患。今冬姑求全此三军，明年希、濬来，再求破贼，可否？侍又渎启。

咸丰九年十一月初二日日记

　　黎明，早饭。饭后起行。行四十里，至一天门地方扎营，黄梅境也。黄梅覃令来迎，与之久谈。下半日，温《诗经》数章，剃头一次。写胡中丞信、彭雪琴信、李申夫信。夜思近日之失，由于心太弦紧，无舒和之意。以后作人，当得一"松"字诀。是夜，睡味甚适，亦略得"松"字意味。日来，每思吾身，能于十"三"字者用功，尚不失晚年进境。十"三"字者，谓三经、三史、三子、三集、三实、三忌、三薄、三知、三乐、三寡也。三经、三史、三子、三集、三实，余在京师，尝以匾其室。在江南，曾刻印章矣。三忌者，即谓天道忌巧，天道忌盈，天道忌贰也。三薄者，幸灾乐祸，一薄德也；逆命亿数，二薄德也；臆断皂白，三薄德也。三知者，《论语》末章，所谓"知命、知礼、知言"也。三乐者，即九月二十一日所记，读书声出金石，一乐也；宏奖人才，诱人日进，二乐也；勤劳而后憩息，三乐也。三寡者，寡言养气，寡视养神，寡欲养精。十"三"字者，时时省察，其犹失之东隅，收之桑榆者乎？

复张裕钊
（咸丰十年闰三月二十七日）

廉卿仁弟阁下：

闰月十七得二月二十七日来缄，由中丞署内至英山大营，闻包封两日可到；英山至此间，一日即到，不知何以迟滞乃尔。

前敌各军，久应进兵，前以浙警，继以雨阻，未得遽赴。顷始分逼安庆、桐城两路，犹未能直薄城下。地大人众，都未能应弦赴节。读来示所称"先事熟筹、乘机迅发"云云，为之愧恧。

《援鹑堂笔记》粗阅一二卷，殊不惬意。凡读书笔记，贵于得间。戴东原谓阎百诗善看书，亦以其蹈瑕抵隙，能环攻古人之短也。近世如高邮王氏，凡读一书，于正文、注文一一求其至是，其疑者、非者，不敢苟同，以乱古人之真，而欺方寸之知。若专校异同，而某字某本作某，则谓之考异，谓之校对，不得与精核大义、参稽疑误者同日而语。今观援鹑堂所记《幽通》、《思元》二赋，多云何云："某字《后汉书》作某。"是义门校对之字，而姜坞钞誊之也。间观它卷，亦多誊义门语而已，无所质正于其间。当时批写书眉，本不以为著述之事，后人概以编入笔记之内，殆非姜坞及惜抱之意。若得有识君子披沙简金，非无可采，然非大为淘汰，恐无益耳。

尊作古文，著句俱有筋骨，日进无疆，至为欣慰。辄就鄙见评骘一二，以资互证。仆近亦作得文数首，都不称意。年老目眵，但思多读古书，以补昔日之阙。人事纷扰，不得如意，兹可惧耳。顺问近祉。

致澄弟
（咸丰十年闰三月二十九日）

澄侯四弟左右：

二十七日刘得四来，接弟十三日信，欣悉各宅平安。〈沅弟〉① 是日申刻到，又得详问一切，敬知叔父临终毫无抑郁之情，至为慰念。

余与沅弟论治家之道，一切以星冈公为法，大约有八个字诀。其四字即上年所称书、蔬、鱼、猪也，又四字则曰早、扫、考、宝。早者，起早也；扫者，扫屋也；考者，祖先祭祀，敬奉显考、王考、曾祖考，言考而妣可该也；宝者，亲族邻里，时时周旋，贺喜吊丧，问疾济急，星冈公常曰人待人无价之宝也。星冈公生平于此数端最为认真。故余戏述为八字诀曰：书、蔬、鱼、猪、早、扫、考、宝也。此言虽涉谐谑，而拟即写屏上，以祝贤弟夫妇寿辰，使后世子孙知吾兄弟家教，亦知吾兄弟风趣也。弟以为然否？顺问近好。

---

① 据抄本改。

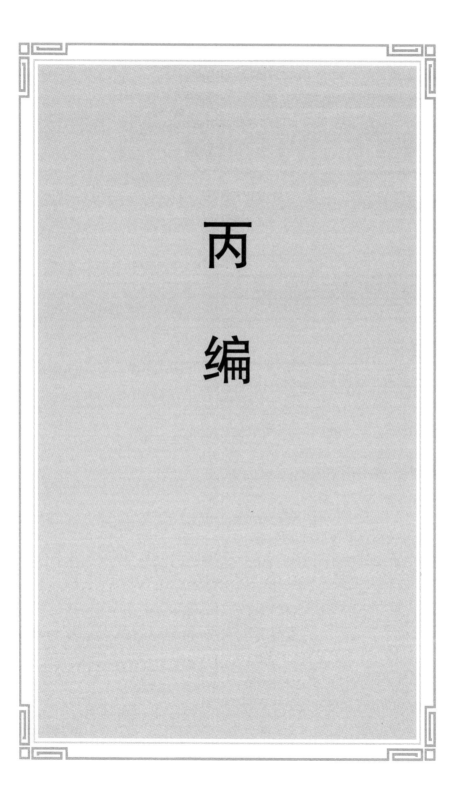

丙编

致澄弟
（咸丰十年四月二十四日）

澄侯四弟左右：

前寄一缄，想已入览。近日江浙军事大变，自闰月十六日金陵大营溃败退守镇江，旋退保丹阳。二十九日丹阳失守，张国樑阵亡。四月初五日和雨亭将军、何根云制军退至苏州。初十日无锡失守。十三日苏州失守。目下浙江危急之至。孤城新复，无兵无饷，又无军火器械，贼若再至，亦难固守。东南大局一旦瓦裂，皖北各军必有分援江浙之命，非胡润帅移督两江，即余往视师苏州。二者苟有其一，则目下此间三路进兵之局不能不变。抽兵以援江浙，又恐顾此而失彼；贼若得志于江浙，则江西之患亦近在眉睫。吾意劝湖南将能办之兵力出至江西，助防江西之北界，免致江西糜烂后湖南专防东界，则劳费多而无及矣。不知湖南以吾言为然否？左季高在余营住二十余日，昨已归去。渠尚肯顾大局，但与江西积怨颇深，恐不愿帮助耳。沅弟、季弟新围安庆，正得机得势之际，不肯舍此而它适。余则听天由命，或皖北，或江南，无所不可，死生早已置之度外，但求临死之际，寸心无可悔恨，斯为大幸。

家中之事，望贤弟力为主持，切不可日趋于奢华。子弟不可学大家口吻，动辄笑人之鄙陋，笑人之寒村，日习于骄纵而不自知。至戒全嘱。余本思将书、蔬、鱼、猪、早、扫、考、宝八字作一寿屏为贤弟夫妇贺生，日内匆匆，尚未作就。兹先寄燕菜一匣、秋罗一匹，为弟中外称庆。其寿屏亦准于五月续寄也。又寄去银五十两、袍褂料一套，为甲五侄新婚贺仪。嗣后诸侄皆照此样，余去年寄内人信已详之矣。弟身体全好否？两足流星落地否？余目疾近日略好。有言早洗面水泡洗二刻即效，比试行之。诸请放心。即问近好，并祝中外大寿。

复李续宜
（咸丰十年四月二十六日）

希庵仁弟亲家大人阁下：

接惠函并赐名马，感纫无似。凡受惠皆须即日申谢，惟受马宜略缓再谢。近日风气，马之上驷，必自珍秘，而以下驷应客，恐贤者或不免为习俗所移。今早试骑一次，诚有德骥之风，而无厌之求，更觊觎得一力骥也。

苏、常失守，杭州亦岌岌可危。东南大局，决裂至此，不知尚有何术可以挽回。国藩昨办一咨，咨两湖、江西各帅，兹抄稿呈览。应如何保全江、楚三省以为恢复下游之根本，敬求阁下深思熟计，详悉见示。此贼断非能成正果者，吾辈若同心协力，早作夜思，未必不可挽回于万一。大约勤字、诚字、公字、厚字，皆吾辈之根本，刻不可忘。而目前规画大局，御贼匪秋间两路大举之狡谋，则尚有非此四字所能救急者。现奉寄谕，饬国藩往援苏、常，盖不知苏、常已失也。鄙意楚军刻不能救援下游，且当竭三省全力御贼匪秋间之大举。如能于秋间两路大捷，然后有余力兼谋下游，目前实有不逮。尊意以为何如？

桐城乡间此时尚有书可买耶？鄙人尝谓古今书籍，浩如烟海，而本根之书，不过数十种。经则《十三经》是已，史则《二十四史》暨《通鉴》是已，子则《十子》是已五子之外，管、列、韩非、淮南、鹖冠，集则《文选》、《百三名家》暨唐宋以来专集数十家是已。自斯以外，皆剿袭前人之说以为言，编集众家之精以为书。本根之书，犹山之干龙也，编集者犹枝龙护砂也。军事匆匆，不暇细开书目。阁下如购书，望多买经史，少买后人编集之书为要。是否有当？肃请台安，诸维心照。

预筹淮扬宁国太湖三支水师折
（咸丰十年五月十七日）

奏为预筹三支水师，俟皖南贼势稍定，即行分投试办，恭折奏祈圣鉴事。

窃臣自闻苏州失守之信，即以京仓无漕为虑。旋奉命署理江督，海漕系职分中事，日夜焦灼，猝无良策。曾于本月初三日附片具奏在案。迄今又逾旬日，不知新任江苏巡抚简放何人，驻扎何地，其力能设法办漕以济京仓与否，无从函商。查淮、扬之里下河，产米最多，而盐场为大利所在，若改为就场征课，经理得宜，较之近年所入，可多得银百万两以外。如果苏、松久陷，不能办漕，或于里下河办米解京，或于盐课中筹巨款实银解京，专供京仓买米之用，亦足以济权变而固根本。然欲保下河之米、场灶之盐，非于淮安多造战船，急办水师，实有岌岌不可保之势。昨准安徽抚臣咨到奏稿，亦以保里下河为言。湖北抚臣胡林翼七次寄函，皆劝臣奏办水师，以保盐场。淮、扬二郡，自古称为泽国，北有长淮，南有大江，中有洪泽、邵伯、高邮、宝应诸湖，运盐、串场、人字、芒稻诸河，巨浸支流，互相灌注，一片汪洋。若能造战船二三百号，多购洋炮，精选将弁，则不特可以保下河之米、场灶之盐，亦且可以辅扬州之陆军，使逆贼不敢北犯；助临淮之陆军，使川路不至梗塞。此淮扬水师急宜筹办之情形也。

贼之守金陵也，以安庆、庐州为犄角，以太平、芜湖为护卫。芜湖之南，有固城、南漪、丹阳、石臼诸湖，上则通于宁国之水阳江、青弋江，下则止于东坝。掘东坝而放之，则可经太湖，历苏州，以达于娄江，古之所谓中江者也。芜湖孤悬水中，贼匪守之则易，官军攻之则难，是以五年血战，不能得手。而黄池、湾沚屡次失利，皆以全无水师之咎。臣愚以为欲克金陵，必须先取芜湖；欲取芜湖，必于宁国另立一支水师，遍布固城、南漪等湖之中。宁国水师攻其内，大江水师攻其外，如七年攻破湖口之例，庶几芜湖可克，而东、西梁山可期以次恢复。此宁国水师急宜筹办之情形也。

逆匪坚忍善守，各路奏报皆有同词。官兵围攻屡年，往往因水路无兵，不能断其接济。从前武昌、九江、临江、吉安等城之拔，实亦舟师之功居其少半。侧闻红单师船体质笨重，非大江狂风不能起碇，又不能接应陆战，不能巡哨汊河。金陵所以久而无功，亦由水师一面始终不得丝毫之助。今苏州既失，面面皆水，贼若阻河为守，陆军几无进兵之路，城外几无扎营之所。臣愚以为欲攻苏州，须于太湖另立一支水师。浙江无事，宜于杭州造船；浙江有警，亦宜于安吉、孝丰等处造船。必使太湖尽为我有，而后西可通宁国之气，东可拊苏州之背，而陆师亦得所依附。此太湖水师急宜筹办之情形也。

此三者，皆目前之急务。如力不能兼，则先办淮扬及宁国二支。如力仍不逮，则专办淮扬一支。盖苏省财赋之区，沦陷殆遍，仅留下河之米、场灶之盐，若不设法保全，则东南之利尽弃矣。臣自咸丰三年奉旨办理水师，阅历颇久。而三处皆臣管辖之地，盐、漕皆臣应办之事，义无可辞，责无可贷。顷已专丁至钦差大臣袁甲三军营，函询淮安等处尚有木料可以造船者否。其宁国、安吉，亦当派人前往，察看木料之多寡，船工之难易。至炮位一宗，拟即日派员赍银至广东，购买洋炮五百尊，由大庾岭过山，以达江西而出湖口，又由英、霍等县过山，以达固始而出长淮，计往返须五月有奇。程途虽远，而期限必严；搬运虽艰，而志在必行。是否有当，伏乞圣慈详明指示。

屡据探报，逆首陈玉成欲由徽州窜扰江西。臣进驻徽境，与张芾一军联络防剿。俟鲍超、张运兰及左宗棠新募之勇次第到齐，将皖南布置稍定，立脚粗稳，臣或轻骑驰赴淮安，监办水师，或奏派大员，赴淮办理。届时再行奏明，请旨遵行。所有预筹三支水师，俟皖南贼势少定，分投试办缘由，恭折驰奏，伏乞皇上圣鉴训示。谨奏。

遵旨妥筹办理并酌拟变通章程折
（咸丰十年六月初三日）

奏为遵旨妥筹办理，并酌拟变通章程，恭折复陈，仰祈圣鉴事。

窃臣于五月十五日由宿松起程，十七日于湖口县境专折驰报在案……①

臣迭次奏报，以安庆之围不可撤动，盖取以上游制下游之势，为进攻芜湖，克复金陵张本。淮阳〔扬〕水师，要在必行，盖取以北岸制南岸之势，为保护盐漕、协剿江淮张本。连日准浙江抚臣王有龄函咨，称苏州各属多为贼陷，又陷松江郡县，太仓、嘉定失而旋复。张玉良督兵万余，进攻嘉兴，两次获胜。广德州业经收复，统计浙省兵勇，现在六万余人等语。是兵力已厚，有瑞昌等商筹调度，不独杭城可保，浙省不至糜烂，且能由嘉兴以渐图苏、松。谕旨虑及贼势趋杭一节，当不至上劳宸廑。至安庆一城，西南濒江，有杨载福、彭玉麟水师扼扎。东北倚山，有臣弟曾国荃陆军扼扎，并令韦志俊协守。枞阳城外之接济渐断，城内之贼粮尚足。北面虽挖长壕，东面尚未合围。逆酋四眼狗母、妻、宗族皆在城中，秋间援贼必至。如能与多隆阿、李续宜各军合力击退，则城贼势穷，可期得手。即不能遽拔坚城，但使陈逆全股与安庆、桐城官军相持，亦足分下游之贼势，纾苏、浙之兵力。谕旨垂询安庆指日可复一节，应俟援贼战退之后，乃能确有把握。至南岸三路进兵之说，臣前月两奏，业已具陈其略。今贼焰弥盛，占地愈广。我军挟全力以进攻，不患贼之逼我前，而患贼之抄我后，故须广布局势，稳立脚跟。适准王有龄函开，中路不宜遽进溧阳，恐其驱贼南犯。臣拟俟左宗棠、李元度、鲍超、张运兰等先后到齐，北路则直趋池州，南路则直趋广德，中路则暂不深入，先守徽、宁要县。庶免抄我后路之患，亦无逼贼南窜

---

① 删除了引录上谕及相关语句。——本书编者注。

之虞。此臣注重安庆、皖南，不敢先图苏、常一隅之微意也。

臣昨陈淮扬水师一折，奉旨后当即奉派大员先往筹办。臣俟将皖南布置稍定，再行轻骑驰往监造，并督同藩司、运司经理盐、漕，以期济京仓而裕军饷。顷复接奉四月二十日谕旨："曾国藩现署两江总督，军务、地方，均属责无旁贷"等因。钦此。是地方公事，未可尽置之缓图。臣在皖南，则于徽、宁一带驻扎行营；在江北，则于淮、扬一带驻扎行营。仍于安庆水次设立老营，规模与行省衙署相似。臣前此历年文卷，概存水次官署，后此地方文卷，亦归水次官署。臣两岸往来，均于安庆水师小住，免致踪迹无定，案卷遗失。惟三省事务较繁，必有实任司道数员，随同襄理。从前总督驻扎金陵，本有江宁藩司、粮、巡各道同驻一处；每年督臣往淮、扬驻扎数月，又有漕、河、盐各属供其差遣。自咸丰三年以后，历任督臣因金陵贼踞，专驻常州，不复偶驻淮、扬，亦不复经营江、皖，殊非朝廷设官之本意，亦非近年通行之常例。臣思整复旧规，为因时变通之法。拟请圣恩饬派苏藩司，随江苏抚臣同驻一处，苏臬司、江宁粮道、巡道，随臣同驻一处，听臣酌量派委。其江宁藩司、两淮运司，仍驻扬州等处，分管丁漕、盐务，以专责成。臣赴淮时，就近督饬办理。臣衙门文卷，递寄安庆水次者，专委司道大员经管。其地方寻常事件，即令代拆代行，紧要者汇封送营，以凭核办。如此明定章程，俾各属有所禀承，而地方公事亦不至久远废搁。此臣兼管地方，拟变通办理之大概也。臣舟次阻风，于二十日行抵黄石矶，晤杨载福、彭玉麟，商筹添办各路水师之法。二十七日抵东流，二十八日抵建德。其湖北调来之霆字各营，尚在北岸，连日风过大，不能渡江。臣在建德略候数日，即驰赴祁门驻扎。除到祁后续行奏报外，所有遵旨妥筹，并拟变通章程，恭折由五百里复奏，伏乞皇上圣鉴训示。谨奏。

复刘绎
（咸丰十年八月二十一日）

詹崖老前辈大人阁下：

日前领〔敬〕承赐对联等件，已泐缄申谢。顷奉惠书，祗悉一切。诸多过奖之说，愧不敢当。老前辈大人里居奉母，锦堂色养，庆洽期颐，荷章绂之荣加，助莱衣之有耀，而维桑保障，无旷晨昏，似无所庸其瞻顾也。

示及林居日久，闾阎疾苦，蒿目心伤，此举如奉行不善，适以扰民等语，极是极是。侍家世寒素，深知一粒一丝之匪易。近年从事戎行，每驻扎之处，周历城乡，所见无不毁之屋，无不伐之树，无不破之富家，无不欺之穷民。大抵受害于贼者十之七八，受害于兵者亦有二三。目击心伤，喟然私叹。行军之害民，一至此乎！故每与将官委员告戒，总以禁止骚扰为第一义。虽行之未必有效，差幸与阁下来示意趣相同。

猥以不才承乏珂乡，适值台旌督办团练，有同舟共济之谊。此后互相戒约，侍处如有扰民之政，敬求老前辈随时箴规。尊处如有扰民之事，侍亦当随时献替。所属官绅，亦互相董劝。我辈存一分之心，小民自纾一分之力。

团练一事，各省办法不同，议论亦异。约而言之，不外两端：有团而兼练者，有团而不练者。团而不练者，不敛银钱，不发口粮，仅仅稽查奸细，捆送土匪，即古来保甲之法。团而兼练者，必立营哨，必发口粮，可防本省，可剿外省，即今日官勇之法。国藩于咸丰二年冬奉旨办团，即募湘勇一干零八十人在省训练，分为三营，其营官为罗罗山、王璞山、邹岳屏三人，系在藩库支饷。余皆团而不练，不敛民财。三年冬造船添勇，始行开捐。老前辈此次兴办，可否仿照鄙人旧例，各属该团而不练，以节糜费。独练千人以保吉、赣。如其训练得人，则渐次添募，亦极易事。如卓见以为然，则侍当具奏梗概，伏候复示施行。

江西遭六、七等年大兵之后，元气未复。今北路则有侍与左、鲍诸军堵剿，东北则派屈道等防守，憔南路空虚。拟令周念慈招康勇三千，陈俊臣招桂勇三千，新授赣镇陈金鳌练兵三千，又于吉安练团勇一千，合为万人，请阁下主持其间，李小泉观察协同经理。兵虽不多，而逐日必操。饷虽不厚，而按月必楚。庶几南路缓急可恃，不至再被蹂躏。刍荛之见，伏候卓裁。顺请台安。诸维心照。

复夏炘
（咸丰十年八月二十一日）

弢甫尊兄大人阁下：

顷接惠书，并送到大著，具见研经耽道，学有本原。军中少暇，不及细心䌷绎，但翻阅一二。《檀弓辨诬》发千古之覆，成一家之言，足与阎氏《古文尚书疏证》同为不刊之典。转注说与鄙人所见不甚符合，而《述朱质疑》中所论朱子之学得之艰苦，则国藩生平之宗旨，治军之微尚，有如桴鼓之相应，自以秉质愚柔，舍困勉二字别无入处，而不意阁下尚论大贤，亦以艰苦二字发其微也。

乾嘉以来，士大夫为训诂之学者，薄宋儒为空疏。为性理之学者，又薄汉儒为支离。鄙意由博乃能返约，格物乃能正心。必从事于《礼经》，考核于三千三百之详，博稽乎一名一物之细，然后本末兼该，源流毕贯，虽极军旅战争，食货凌杂，皆礼家所应讨论之事。故尝谓江氏《礼书纲目》、秦氏《五礼通考》可以通汉、宋二家之结，而息顿渐诸说之争。足下讲学有年，多士矜式，如能惠然肯来，启牖愚蒙，实所忻望。婺源大贤故里，有江、汪诸儒之遗风，又得足下熏陶教育，想复英彦朋兴，所有忠义，既经采访详确，造成册结，即照苏、常之例，一体办理。并请携二三学者同来敝处，即入忠义局，月致修金，分任采访，不胜跂望。泐此复颂著祉，并完芳版，不具。

奏请带兵北上以靖夷氛折
（咸丰十年九月初六日）

奏为钦奉谕旨，恭折复奏，仰祈圣鉴事。

窃臣于八月二十六日承准军机大臣字寄，咸丰十年八月十一日奉上谕："本日胜保奏夷氛逼近关下，请飞召外援，以资夹击一折。据称用兵之道，全贵以长击短。逆夷专以火器见长，若我军能奋身扑进，兵刃相接，贼之枪炮，近无所施，必能大捷。蒙古、京旗兵丁，不能奋身击刺，惟川、楚健勇，能俯身猱进，与贼相搏，逆夷定可大受惩创。请饬下袁甲三等，各于川、楚勇中，共挑选得力若干名，派员管带，即行起程，克日赴京，以解危急等语。逆夷犯顺，夺我大沽炮台，占据天津。抚议未成，现已带兵至通州以西，距京咫尺。僧格林沁等兵屡失利，都城戒严，情形万分危急。现在军营川、楚各勇，均甚得力，着曾国藩、袁甲三各选川、楚精勇二三千名，即令鲍超、张得胜管带。并着庆廉于新募彝勇及各起川、楚勇中，挑选得力者数千名，即派副将黄得魁、游击赵喜义管带。安徽苗练，向称勇敢，着翁同书、傅振邦饬令苗沛霖遴选练丁数千名，派委妥员管带。均着兼程前进，克日赴京，交胜保调遣，勿得借词延宕，坐视君国之急。惟有殷盼大兵云集，迅扫逆氛，同膺懋赏，是为至要。将此由六百里加紧各谕令知之。"钦此。跪读之下，神魂震越，痛愤天地。

是日又闻徽州失守之信，旋又接胜保咨，敬悉圣驾巡幸热河。臣既自恨军威不振，甫接皖南防务，旬日之间，两郡失陷。又值夷氛内犯，凭陵郊甸。东望吴越，莫分圣主累岁之忧；北望滦阳，惊闻君父非常之变。且愧且愤，涕零如雨。而以新军败溃，又不得不强颜抚慰，镇定人心。鲍超一军自宁国失后，渐扎太平。自徽州失后，又令其回驻渔亭，以遏寇氛。钦奉谕旨，饬鲍超赴京交胜保调遣。窃计自徽州至京五千余里，步队趱程，须三个月乃可赶到。而逆夷去都城仅数十里，安危之幾，想不出八、九两月之内。鲍超若于十一月抵京，殊恐缓不济急。若逆夷凶顽，犹豫相持，果至数月之久，则楚军入援，岂可仅以鲍超应诏。应恳天恩，于臣与胡林翼二人中饬派一人带兵北上，冀效尺寸之劳，稍雪敷天之愤。非敢谓臣与胡林翼二人遂能陷阵冲锋，杀敌致果也。特以受恩最深，任事已久，目前可带湘、鄂之勇，途次可索齐、豫之饷，呼应较灵，集事较速。鲍超虽号骁雄之将，究非致远之才，兵勇未必乐从，邻饷尤难应手。纵使即日饬令起程，而弁勇怀观望之心，途次无主持之人，必致展转濡滞。本年四月初五日，将军都兴阿奉驰赴扬州之命，即于初十日拜折起程。厥后因楚勇惮远行之劳，途中虞饷项之缺，迁延至八月十九日乃果成行。今若令鲍超率师北上，即再四严催，亦不免于迁延。度才审势，皆惧无济。如蒙圣恩，于臣与胡林翼二人中饬派一人，督师北向，护卫京畿，则人数稍多，裨益较大。惟臣若蒙钦派北上，则当与左宗棠同行，皖南暂不能进兵，只能退守江西境内。胡林翼若蒙钦派北上，则当与李续宜同行，皖北暂不能进兵，只能退守湖北境内。俟该夷就抚之后，仍可率师南旋，再图恢复皖、吴。臣等虽均有封疆之责，而臣国藩本未接印，胡林翼尚有督臣经理，皆无交卸事件，一经派出，数日即可就道。区区微忱，伏乞圣慈垂鉴。所有钦奉谕旨，恭折由驿六百里加紧复奏，伏乞皇上训示施行。谨奏。

致沅弟
（咸丰十年九月初十日）

沅弟左右：

初九夜接初五日一缄，初十早又接初八日巳、午刻二缄，具悉一切。

初九夜所接弟信，满纸骄矜之气，且多悖谬之语。天下之事变多矣，义理亦深矣，人情难知，天道亦难测，而吾弟为此一手遮天之辞、狂妄无稽之语，不知果何所本？恭亲王之贤，吾亦屡见之而熟闻之，然其举止轻浮，聪明太露，多谋多改。若驻京太久，圣驾远离，恐日久亦难尽惬人心。僧王所带蒙古诸部在天津、通州各仗，盖已挟全力与逆夷死战，岂尚留其有余而不肯尽力耶？皇上又岂禁制之而故令其不尽力耶？力已尽而不胜，皇上与僧邸皆浩叹而莫可如何。而弟屡次信来，皆言宜重用僧邸，不知弟接何处消息，谓僧邸见疏见轻，敝处并未闻此耗也。

分兵北援以应诏，此乃臣子必尽之分。吾辈所以忝窃虚名，为众所附者，全凭忠义二字。不忘君，谓之忠；不失信于友，谓之义。令銮舆播迁，而臣子付之不闻不问，可谓忠乎？万一京城或有疏失，热河本无银米，从驾之兵难保其不哗溃。根本倘拨，则南服如江西、两湖三省又岂能支持不败？庶民岂肯完粮？商旅岂肯抽厘？州县将士岂肯听号令？与其不入援而同归于尽，先后不过数月之间，孰若入援而以正纲常以笃忠义？纵使百无一成，而死后不自悔于九泉，不诒讥于百世。弟谓切不可听书生议论，兄所见即书生迂腐之见也。

至安庆之围不可撤，兄与希庵之意皆是如此。弟只管安庆战守事宜，外间之事不可放言高论毫无忌惮。孔子曰"多闻阙疑，慎言其余"，弟之闻本不多，而疑则全不阙，言则尤不慎。捕风捉影，扣槃扪烛，遂欲硬断天下之事。天下事果如是之易了乎？大抵欲言兵事者，须默揣本军之人才，能坚守者几人，能陷阵者几人；欲言经济，须默揣天下之人才，可保为督抚者几人，可保为将帅者几人。试令弟开一保单，未必不窘也。弟如此骄矜，深恐援贼来扑或有疏失。此次复信，责弟甚切。嗣后弟若再有荒唐之信如初五者，兄即不复信耳。

遵旨复奏借俄兵助剿发逆并代运南漕折
（咸丰十年十一月初八日）

奏为遵旨复陈，仰祈圣鉴事。

窃臣于十月二十五日承准军机大臣密寄十月十一日上谕："本年秋间，㗂、咈两国带兵扑犯都城，业经换约退兵。俄罗斯使臣伊格那替业幅，亦即随后换约。该酋见恭亲王奕䜣等面称，发逆在江南等处横行，请令中国官军于陆路统重兵进剿，该国拨兵三四百名在水路会击，必可得手。又称，明年南漕运京，恐沿途或有阻碍。伊在上海时，有咪国商人及中国粤商，情愿领价采办台米、洋米运津。如令伊寄信上海领事官，将来洋船、沙船均可装载，用俄、咪旗帜，即保无虞等语。中国剿贼、运漕，断无专借资外国之理。惟思江浙地方糜烂，兵力不敷剿办，如借俄兵之力帮同办理，逆贼若能早平，我之元气亦可渐复。但恐该国所贪在利，借口协同剿贼，或格外再有要求，不可不思患预防。咈郎西在京时，亦有此请。着曾国藩等公同悉心体察，如利多害少，尚可为救急之方，即行迅速奏明，候旨定夺。至代运南漕一节，江、浙地方沦陷，明岁能否办理新漕，尚无定议。然漕粮为天庾正供，自不可缺。该酋所称采办运津之说，是否可行，应如何妥议章程办理之处，并着曾国藩、薛焕、王有龄酌量情形，迅速具奏。将此由六百里各密谕知之。"钦此。具仰皇上圣虑周详，驭夷之方，达变之略，无微弗至，钦服莫名。

臣就俄酋所陈二事思之。其请拨夷兵三四百名助剿金陵发逆一节：查大西洋㗂、咈、咪各国，恃其船坚炮大，横行海上。俄罗斯国都紧接大西洋，所用船炮及所习技艺均足相抗，近始由重洋以通中国。该夷与我向无嫌怨，其请用兵船助剿发逆，自非别有诡谋。康熙年间进攻台湾，曾调荷兰夹板船助剿，亦中国借资夷船之一证。惟长江二千余里，上游安庆、芜湖等处有杨载福、彭玉麟等水师，下游扬州、镇江等处有吴全美、李德麟之水师。臣现又在长沙、吴城等处添造师船，为明年驶赴淮扬之用。是皖、吴官军之单薄在陆而不在水，金陵发逆之横行亦在陆而不在水。此时我之陆军，势不能遽进金陵。若俄夷兵船即由海口上驶，亦未能遂收夹击之效。应请饬下王大臣等，传谕该夷酋，奖其效顺之忱，缓其会师之期。俟陆军克复皖、浙、苏、常各郡后，再由统兵大臣约会该酋，派船助剿。庶在我足以自立，在彼亦乐与有成。咈郎西亦有此请，亦可奖而允之，许其来助，示以和好而无猜，缓其师期，明非有急而来救。自古外夷之助中国，成功之后，每多意外要求。彼时操纵失宜，或致别开嫌隙。似不如先与约定兵船若干只，雇价若干，每船夷兵若干，需月饷若干，军火一切经费若干，一一说明。将来助剿时，均由上海粮台支应，庶可免争竞而杜衅端。

至所称咪商领价采米运津一节：江、浙各郡县地方沦陷既多，明年新漕势难赴办。咪商、粤商情愿领价采办台米、洋米，由海道运至津、沽，实亦济变之要着。俄酋既以此为请，似即可因而许之。除粤商采办之米，应由该商自行经理，毋庸插用俄、咪旗帜外，所有咪商采办运津之米，亦请饬薛焕在上海就近与该商订明。粤商领价，须取保户。咪商则听咪酋经理，当可无误要需。为时局计，似亦舍此别无良策，伏乞圣明察酌行之。

抑臣窃有请者，驭夷之道，贵识夷情。以大西洋诸夷论之，唉咭唎狡黠最甚，咈郎西次之，俄罗斯势力大于唉、咈，尝与唉夷争斗，为唉所惮。咪唎坚人性质醇厚，其于中国素称恭顺。道光十九年，唉夷因鸦片肇衅之始，兵船闯入广州省河。咪酋曾于参赞大臣杨芳处递禀，愿为居间调处。唉酋义律旋出亲笔，有只求通商、不讨别情等语，是并烟价亦不敢索也。杨芳曾据以入奏，而不敢专主其议会。官军烧抢洋行，误伤咪夷数人，其事遂寝，而夷患遂炽。咸丰三年，贼踞金陵，闻咪酋亦曾于向荣处托人关说，请以兵船助剿，未知向荣曾据以入奏否？唉、咈两夷犯广东省城时，咪酋未尝助逆。上年天津击败夷船时，咪酋即首先赴京换约，并无异词。是咪夷于中国时有效顺之诚，而于唉、咈诸夷，并非固结之党，已可概见。此次俄夷既称咪商情愿领价采米，似可即饬薛焕与咪酋面订章程，妥为筹办。庶几暗杜俄夷见好中国、市德咪夷之心，而咪夷知中国于彼毫无疑忌，或且输诚而昵就于我，未可知也。此次款议虽成，中国岂可一日而忘备？河道既改海运，岂可一岁而不行？如能将此两事妥为经画，无论目前资夷力以助剿、济运，得纾一时之忧；将来师夷智以造炮制船，尤可期永远之利。区区愚虑所及，合并陈明，伏乞皇上圣鉴训示。谨奏。

致澄弟
（咸丰十年十二月二十四日）

澄侯四弟左右：

　　十六日接弟十一月二十三日手书，并纪泽二十五日禀，具悉。弟病日就痊愈，至慰至幸。惟弟服药过多，又坚嘱泽儿请医守治，余颇不以为然。

　　吾祖星冈公在时，不信医药，不信僧巫，不信地仙。此三者，弟必能一一记忆。今我辈兄弟亦宜略法此意，以绍家风。今年白玉堂做道场一次，大夫第做道场二次，此外祷祀之事，闻亦常有，是不信僧巫一节，已失家风矣。买地至数千金之多，是不信地仙一节，又与家风相背。至医药，则合家大小老幼，几于无人不药，无药不贵。迨至补药吃出毛病，则又服凉药以攻伐之，阳药吃出毛病，则又服阴药以清润之，展转差误，不至大病大弱不止。弟今年春间多服补剂，夏末多服凉剂，冬间又多服清润之剂。余意欲劝弟少停药物，专用饮食调养。泽儿虽体弱，而保养之法，亦惟在慎饮食节嗜欲，断不在多服药也。洪家地契，洪秋浦未到场押字，将来恐仍有口舌。地仙、僧巫二者，弟向来不甚深信，近日亦不免为习俗所移。以后尚祈卓识坚定，略存祖父家风为要。天下信地、信僧之人，曾见有一家不败者乎？北果公屋，余无银可捐。己亥冬，余登山踏勘，觉其渺茫也。

　　此间军事平安。左、鲍二人在鄱阳尚未开仗。祁门、黟县之贼，日内并未动作。顺问近好，并贺新喜。

致澄弟
（咸丰十一年正月初四日）

澄侯四弟左右：

　　腊底由九弟处寄到弟信并纪泽十一月十五七日①等语，具悉一切。弟于世事阅历渐深，而信中不免有一种骄气。天地间惟谦谨是载福之道，骄则满，满则倾矣。凡动口动笔，厌人之俗，嫌人之鄙，议人之短，发人之覆，皆骄也。无论所指未必果当，即使一一切当，已为天道所不许。吾家子弟满腔骄傲之气，开口便道人短长，笑人鄙陋，均非好气象。贤弟欲戒子侄之骄，先须将自己好议人短、好发人覆之习气痛改一番，然后令后辈事事警改。欲去骄字，总以不轻非笑人为第一义；欲去惰字，总以不晏起为第一义。弟若能谨守星冈公之八字考、宝、早、扫、书、蔬、鱼、猪、三不信不信僧巫，不信医药，不信地仙，又谨记愚兄之去骄去惰，则家中子弟日趋于恭谨而不自觉矣。

　　此间军事如常。左、鲍二军在鄱阳、建德交界之区尚未开仗，贼数太多，未知能否得手。祁门、黟县、渔亭等处尚属平安。余身体无恙，惟齿痛耳。顺问近好。

---

① 当指十一月十五、十七日。——本书编者注。

谕纪泽
（咸丰十一年正月初四日）

字谕纪泽儿：

腊月二十九日接尔一禀，系十一月十四日送家信之人带回，又由沅叔处送到尔初归时二信，慰悉。尔以十四日到家，而鸿儿十八日禀中言尔总在日内可到，何也？岂鸿信十三四写就而朱金权于十八日始署封面耶？霞仙先生之令弟仙逝，余于近日当写唁信，并寄奠仪。尔当先去吊唁。

尔问文中雄奇之道。雄奇以行气为上，造句次之，选字又次之。然未有字不古雅而句能古雅，句不古雅而气能古雅者；亦未有字不雄奇而句能雄奇，句不雄奇而气能雄奇者。是文章之雄奇，其精处在行气，其粗处全在造句选字也。余好古人雄奇之文，以昌黎为第一，扬子云次之。二公之行气，本之天授。至于人事之精能，昌黎则造句之工夫居多，子云则选字之工夫居多。

尔问叙事志传之文难于行气，是殊不然。如昌黎《曹成王碑》、《韩许公碑》，固属千奇万变，不可方物，即卢夫人之铭、女挐之志，寥寥短篇，亦复雄奇崛强。尔试将此四篇熟看，则知二大二小，各极其妙矣。

尔所作《雪赋》，词意颇古雅，惟气势不豗，对仗不工。两汉不尚对仗，潘、陆则对矣，江、鲍、庾、徐则工对矣。尔宜从对仗上用工夫。此嘱。

复许振祎
（咸丰十一年三月十一日）

仙屏仁弟阁下：

去冬接奉惠书，久未裁复，又辱手简。伏审侍闱曼福，纂著日精，至以为慰。

此间军事，自徽、宁失后，局势过促。地小无舞袖之方，梦中无伸足之处。十一月普军败挫，建、东、都、鄱、浮、彭六邑同失，祁门老营孤悬被困，幸左、鲍将黄逆一股击退。方庆更生，而伪侍王李世贤一股又陷乐平、景镇，断我后路，塞我粮源。现以左、鲍两军夹击景镇，而老营抽兵力攻徽州。若二者能一处得手，庶米粮可通，不使三万军士尽陷重险之中。抚、建股匪深入腹地，本拟檄鲍公由省城援剿，因景镇之变，不能不令先援老营。闻樟树已失，不知瑞、临得保无恙否？珂乡罹水火久矣，劫数犹未满耶？

来示询及古文之法，仆本无所解，近更荒浅，不复厝意。古文者，韩退之氏厌弃魏晋六朝骈俪之文，而反之于六经、两汉，从而名焉者也。名号虽殊，而其积字而为句，积句而为段，积段而为篇，则天下之凡名为文者一也。国藩以为欲着字之古，宜研究《尔雅》、《说文》、小学、训诂之书，故尝好观近人王氏、段氏之说；欲造句之古，宜仿效《汉书》、《文选》，而后可砭俗而裁伪；欲分段之古，宜熟读班、马、韩、欧之作，审其行气之短长，自然之节奏；欲谋篇之古，则群经诸子以至近世名家，莫不各有匠心，以成章法。如人之有肢体，室之有结构，衣之有要领。大抵以力去陈言、戛戛独造为始事，以声调铿锵、包蕴不尽为终事。仆学无师承，冥行臆断，所辛苦而仅得之者，如是而已。自顷群贼逼处，五日不在危机骇浪之中，偶一展卷，都无意绪，不足仰报故人。勉惜分阴，以光绝业，瞻企不尽。诸希心鉴。

谕纪泽纪鸿
（咸丰十一年三月十三日）

字谕纪泽、纪鸿儿：

接二月二十三日信，知家中五宅平安，甚慰甚慰。

余以初三日至休宁县，即闻景德镇失守之信。初四日写家书，托九叔处寄湘，即言此间局势危急，恐难支持，然犹意力攻徽州，或可得手，即是一条生路。初五日进攻，强中、湘前等营在西门挫败一次。十二日再行进攻，未能诱贼出仗。是夜二更，贼匪偷营劫村，强中、湘前等营大溃。凡去二十二营，其挫败者八营强中三营、老湘三营、湘前一、震字一，其幸而完全无恙者十四营老湘六、霆三、礼二、亲兵一、峰二，与咸丰四年十二月十二夜贼偷湖口水营情形相仿。此次未挫之营较多，以寻常兵事言之，此尚为小挫，不甚伤元气。目下值局势万紧之际，四面梗塞，接济已断，加此一挫，军心尤大震动。所盼望者，左军能破景德镇、乐平之贼，鲍军能从湖口迅速来援，事或略有转机，否则不堪设想矣。

余自从军以来，即怀见危授命之志。丁、戊年在家抱病，常恐溘逝牖下，渝我初志，失信于世。起复再出，意尤坚定。此次若遂不测，毫无牵恋。自念贫窭无知，官至一品，寿逾五十，薄有浮名，兼秉兵权，忝窃万分，夫复何憾！惟古文与诗，二者用力颇深，探索颇苦，而未能介然用之，独辟康庄。古文尤确有依据，若遽先朝露，则寸心所得，遂成广陵之散。作字用功最浅，而近年亦略有入处。三者一无所成，不无耿耿。至行军本非余所长，兵贵奇而余太平，兵贵诈而余太直，岂能办此滔天之贼？即前此屡有克捷，已为侥幸，出于非望矣。尔等长大之后，切不可涉历兵间，此事难于见功，易于造孽，尤易于诒万世口实。余久处行间，日日如坐针毡，所差不负吾心，不负所学者，未尝须臾忘爱民之意耳。近来阅历愈多，深谙督师之苦。尔曹惟当一意读书，不可从军，亦不必作官。

吾教子弟不离八本、三致祥。八者曰：读古书以训诂为本，作诗文以声调为本，养亲以得欢心为本，养生以少恼怒为本，立身以不妄语为本，治家以不晏起为本，居官以不要钱为本，行军以不扰民为本。三者曰：孝致祥，勤致祥，恕致祥。吾父竹亭公之教人，则专重孝字。其少壮敬亲，暮年爱亲，出于至诚，故吾纂墓志，仅叙一事。吾祖星冈公之教人，则有八字，三不信。八者曰：考、宝、早、扫、书、蔬、鱼、猪。三者，曰僧巫，曰地仙，曰医药，皆不信也。处兹乱世，银钱愈少，则愈可免祸；用度愈省，则愈可养福。尔兄弟奉母，除劳字俭字之外，别无安身之法。吾当军事极危，辄将此二字叮嘱一遍，此外亦别无遗训之语，尔可禀告诸叔及尔母无忘。

复杨岳斌
（咸丰十一年六月初八日）

厚庵仁弟大人阁下：

初八日万石臣归，接初六日惠书，具悉一切。

台旌亲统各营攻破神塘河贼垒，直捣无为州城，兼攻青阳，声威大震，贼胆日寒。刘官方一股自鄱阳境内折回后，至建德、张家滩均未住足，想系回救池州、青阳之故。

贵部饷绌异常，鄙人深以为虑。尊意拟在荻港设立厘卡，并抽荻港、旧县、三山坐厘，事属可行。目下敝处无妥员可委，候即札饬王训导寿祺前往抽收，按月解至尊处，老营由吴贞阶兄转交王、李二镇。阁下如遵旨归省，贞阶兄断不可同行。至嘱！至祷！兵事由王、李二镇经理，饷事由贞阶兄经理，鄙人粗持大纲，或可不致隔越。

洋船过境，劝其不必装米，婉言开导当可顺从。从前刘丽川作乱，占据上海县城，官军围攻不下，亦系洋船接济米粮。厥后以银四万赂洋商，洋商转为我用。上海贼粮尽断，遂于咸丰五年正月元旦克复。洋人最爱财利，最讲交情。凡有洋船在旧县等处经过，请嘱贵部各营好好款接。礼节宜谦恭，酒席宜丰厚，即有馈送水礼，亦不可过于菲薄。兹先由敝处付银五百两，请阁下转交荻港各营，专为款接洋船零用之公项，如少再补。平日感之以厚情，歆之以小惠，并不提起安庆城贼之事。若探明洋船有米，恐其接济，然后以好言劝之，以正言阻之。如再不听，然后以重利啖之。彼买米与安庆城贼，每米一石，发贼可出价五两者，吾亦出五两买之；发贼可出价十两者，吾亦出十两买之。彼平日感我厚情，临时贪我厚利，自无不允之理。目下安庆未克，断不可与洋船构衅。一经构衅，后患方长，阁下亦不能回籍矣。

彭九峰昨至九江，言万护镇泰办理防务极为周妥，浔城赖以保障。现在南而瑞州、奉新，北而黄梅、宿松，处处皆贼，万泰办理妥善，正资熟手，自不可遽议更换。肃复。即请台安。

遍身疮痒，手上敷药，不能作字，请人代缮。外寄银五百两，请交下游各营，专为款接洋船零用公费，即酒食馈送之类。若另有买米及唉以厚利之处，不在此数。又及。

谕纪泽
（咸丰十一年六月二十四日）

字谕纪泽：

六月二十日唐介科回营，接尔初三日禀并澄叔一函，具悉一切。

今年彗星出于北斗与紫微垣之间，渐渐南移，不数日而退出右辅与摇光之外，并未贯紫微垣，亦未犯天市也。占验之说，本不足信，即有不祥，或亦不大为害。

省雇园丁来家，宜废田一二丘，用为菜园。吾现在营课勇夫种菜，每块土约三丈长，五尺宽，窄者四尺余宽，务使芸草及摘蔬之时，人足行两边沟内，不践菜土之内。沟宽一尺六寸，足容便桶。大小横直，有沟有浍，下雨则水有所归，不使积潦伤菜。四川菜园极大，沟浍终岁引水长流，颇得古人井田遗法。吾乡一家园土有限，断无横沟，而直沟则不可少。吾乡老农，虽不甚精，犹颇认真，老圃则全不讲究。我家开此风气，将来荒山旷土，尽可开垦，种百谷杂蔬之类。如种茶亦获利极大，吾乡无人试行，吾家若有山地，可试种之。

尔前问《说文》中逸字，今将贵州郑子尹所著二卷寄尔一阅。渠所补一百六十五文，皆许书本有之字，而后世脱失者也。其子知同，又附考三百字，则许书本无之字，而他书引《说文》有之，知同辨为不当有者也。尔将郑氏父子书细阅一遍，则知叔重原有之字，被传写逸脱者，实已不少。

纪渠侄近写篆字甚有笔力，可喜可慰。兹圈出付回。尔须教之认熟篆文，并解明偏旁本意。渠侄、湘侄要大字横匾，余即日当写就付归。寿侄亦当付一匾也。家中有李少温篆帖《三坟记》、《栖先茔记》，亦可寻出，呈澄叔一阅。澄弟作篆字，间架太散，以无帖意故也。邓石如先生所写篆字《西铭》、《弟子职》之类，永州杨太守新刻一套，尔可求郭意诚姻叔拓一二分，俾家中写篆者有所摹仿。家中有褚书《西安圣教》、

《同州圣教》，尔可寻出寄营，《王圣教》亦寄来一阅。如无裱者，则不必寄也。《汉魏六朝百三家集》，京中一分，江西一分，想俱在家，可寄一部来营。

余疮疾略好，而癣大作，手不停爬，幸饮食如常。安庆军事甚好，大约可克复矣。此次未写信与澄叔，尔将此呈阅，并问澄弟近好。

箴言书院记
（咸丰十一年六月二十七日）

国藩以道光戊戌通籍于朝，湘人官京师者，多同时辈流。其射策先朝，耆年宿望，凋散略尽。而少詹事益阳胡云阁先生，独为老师祭酒。乡之人，就而考德稽疑，如幽得烛，众以无陨。而哲嗣润之，亦以编修趾美名父，回翔馆阁，今兵部侍郎、湖北巡抚，海内称为宫保胡公者是也。

少詹君晚而纂《弟子箴言》十四卷，国藩实尝受而读之。自洒扫应对，以暨天地经纶，百家学术，靡不毕具。甄录古人嘉言，衷以己意，辞浅而指深，要使学者自幼而端所习，随其材之小大，董劝渐摩，徐底于成而已。

窃尝究观夫天之生斯人也，上智者不常，下愚者亦不常，扰扰万众，大率皆中材耳。中材者，导之东而东，导之西而西；习于善而善，习于恶而恶。其始瞳焉无所知识，未几而骋耆欲，逐众好，渐长渐贯，而成自然。由一二人以达于通都，渐流渐广，而成风俗。风之为物，控之若无有，鳍之若易靡，及其既成，发大木，拔大屋，一动而万里应，穷天人之力，而莫之能御。先王鉴于此，欲民生蚤慎所习，于是设为学校以教之：琴瑟鼓钟以习其耳，俎豆登降以习其目，诗书讽诵以习其口，射御投壶以习其筋力，书升以作其能，而郊遂以作其耻。故其高材，则道足济天下，而智周万汇，其次亦不失为圭璧自饬之士。贾生有言："习与正人居之，不能毋正。犹生长于齐，不能不齐言也。"其不然欤？

侍郎自开府湖北以来，即以移风易俗为己任。自部曲之长，郡县之吏，暨百执事，片善微长，不敢自襮，而褒许随之，曰："尔之发见者微，而善端宏大，不可量也。"或有过差，方图盖覆，谴亦及之，曰："此犹小眚，过是，诛罚重矣。"与其新，不苟其旧；表其独，不遗其同。上下兢兢，日有课，月有举。当世推湖北人才极盛，侍郎则曰："吾先人篾言中，育才之法如此，吾讵能继述直什一耳？"咸丰十年，侍郎治鄂六载矣，功成而化洽。又以一湖之隔，吾教成于北，而反遗吾父母之邦，其谓我何？于是建篾言书院，将萃益阳之士而大淑之。置良田以廪生徒，储典籍以馈孤陋，宽其涂辙，而严其教条，崇实而黜华，贱通而尚介。循是不废，岂惟一邑之幸，即汉之十三家法，宋之洛闽渊源，于是乎在。

后有名世者出，观于胡氏父子仍世育才肫肫之意，与余小子慎其所习之说，可以兴矣。

复陈购买外洋船炮折
（咸丰十一年七月十八日）

奏为遵旨筹议，恭折复陈，仰祈圣鉴事。

……①

臣查发逆盘据金陵，蔓延苏、浙、皖、鄂等省。所占傍江各城为我所必争者有三：曰金陵，曰安庆，曰芜湖；不傍江各城为我所必争者有三：曰苏州，曰庐州，曰宁国。不傍江之处，所用师船，不过舢板长龙之类。其或支流小港，岸峻桥多，即舢板小划尚无所施其技，断不能容火轮船。想在圣明洞鉴之中。傍江三城，小火轮船尽可施展，然亦只可制水面之贼，不能剿岸上之贼。即欲阻其北渡，断其接济，亦恐地段太长，难于处处防遏。目下贼氛虽炽，然江面实鲜炮船，不能与我水师争衡。臣去冬复奏一疏有云：金陵发逆之横行，在陆而不在水；皖、吴官军之单薄，亦在陆而不在水。系属实在情形。

至恭亲王奕䜣等奏请购买外洋船炮，则为今日救时之第一要务。凡恃己之所有夸人所无者，世之常情也；忽于所习见、震于所罕见者，亦世之常情也。轮船之速，洋炮之远，在英、法则夸其所独有，在中华则震于所罕见。若能陆续购买，据为己物，在中华，则见惯而不惊，在英、法，亦渐失其所恃。康熙、雍正年间，云南铜斤未曾解京之时，皆给照商人，采买海外之洋铜，以资京局之鼓铸。行之数十年，并无流弊。况今日和议既成，中外贸易，有无交通，购买外洋器物，尤属名正言顺。购成之后，访募覃思之士，智巧之匠，始而演习，继而试造，不过一二年，火轮船必为中外官民通行之物，可以剿发逆，可以勤远略。谕旨期于必行，不得畏难苟安。仰见圣主沈几独断，开物成务，曷胜钦服。

① 删除引录上谕及相关语句。——本书编者注。

至于酌配兵丁及统带大员，应俟轮船驶至安庆、汉口时，每船酌留外洋三四人，令其司舵、司火。其余即配用楚军水师之勇丁学习驾驶，炮位亦令楚勇司放，虽不能遽臻娴熟，尽可渐次教习。其统带大员，即于现在水师镇将中遴选。臣与官文、胡林翼商定，届时奏明办理。惟期内地军民，知者尽心，勇者尽力，无不能制之器，无不能演之技，庶几渐摩奋兴，仰副圣主深远无穷之虑。所有遵旨筹议缘由，恭折由驿复陈，伏乞皇上圣鉴训示。谨奏。

咸丰十一年八月初十日日记

　　黎明起。接京城递回夹板，面上系用蓝印，内系六月十八日所发一折二片。其复奏鲍超救援江西一折后，墨笔批云："赞襄政务王大臣奉旨：览奏，均悉。"其附奏近日军情一片批云："赞襄政务王大臣奉旨：知道了。"又黄胜林正法一片批，与近日军情片批同。外吏部蓝印咨文二件，一件载："七月十六日奉朱笔，皇长子现已立为皇太子，着派载垣、端华、景寿、肃顺、穆荫、匡源、杜翰、焦祐瀛尽心辅弼，赞襄一切政务。"钦此。一件载："准赞襄政务王大臣咨，嗣后各督抚、将帅、将军、都统、提镇等奏事，备随折印文一件，载明共折几封、片几件、单几件，交捷报处备查"等因。痛悉我咸丰圣主已于七月十六日龙驭上宾，天崩地坼，攀号莫及！多难之秋，四海无主，此中外臣民无福，膺此大变也。余以哀诏未到，不克遽为位，成服哭临，须回东流，乃克设次行礼。巳刻改克复池州一折、提江西漕折五万一片，未刻发报，仍用红印。清理文件甚多。与沅弟罄谈。申刻，写挂屏、对联数件。夜写零字，写扇一柄。二更三点睡，不甚成寐。伏念新主年仅六岁，敌国外患，纷至迭乘，实不知所以善其后。又思我大行皇帝即位至今，十有二年，无日不在忧危之中。今安庆克复，长发始衰，大局似有转机，而大行皇帝竟不及闻此捷报，郁悒终古，为臣子者尤深感痛！

咸丰十一年八月十七日日记

　　早饭后清理文件。旋围棋一局。阅《管子·霸言篇、问篇》。清理文件。中饭后阅《管子·戒篇》，未毕。沅弟来，久谈，教以胸襟宜淡远，游心虚静之域，独立万物之表。又每日宜读书少许，以扩识见。弟围安庆，前后皆有强寇，人数甚单，地段甚广，昼夜辛勤，事事躬亲，虽酷暑大雨而每日奔驰往返，常五六十里。余怜其太劳，故欲其以虚静养心也。清理文件甚多，至更初止。近日因风大，未接公文，本日接百余件，眼蒙尚未看毕。温《古文·序跋类》。三更睡，疮痒殊甚，不能成寐。罗弇值日。午间习字一纸，夜写零字一纸。傍夕，思州县之道，以四者为最要：一曰整躬以治署内，一曰明刑以清狱讼，一曰课农以尽地力，一曰崇俭以兴廉让。将领之道，以四者为最要：一曰戒骚扰以安民，一曰禁烟赌以儆惰，一曰勤训练以御寇，一曰尚廉俭以率下。是日接无名人一奏，云本年三月廿二日，新授陕西巡抚邓尔恒，在曲靖府行辕被带练保至协镇之何有保杀毙。先是，邓被何有保劫抢一空，今又勒索银二万，胆敢持刀凶杀，掳抢罄净，并将曲靖知府拿去，以致邓三日未殓，身受二十八伤。何有保与其养子何自清久有叛谋，云南巡抚徐之铭亦主谋，令其擅杀，现在转行捏禀系邓抚自带之练丁戕杀云云。世变至此，诚不堪问。而滇抚徐之铭前有唆使练丁抢劫张石卿制军之名，兹又有唆使练丁劫杀邓子久中丞之名，不必问其虚实而已决其为败类矣。

复左宗棠
（咸丰十一年八月二十一日）

季高仁兄大人阁下：

十四夜专丁归，接初七夜复示，敬悉一切。

弟以初七日来安庆，十一日惊闻鼎湖弓剑之痛。因东流太窄，即在安庆省城设次成礼，一面扫除帐殿，一面饬东流文武均来安庆齐集哭临。乃北风大作，八日无一来者，而帷幕初就，弟甫于今日成服。拟在城内则用地方官礼制，一出城则用军营礼制。奉旨停止叩谒梓宫，拟专差进京具折恭慰圣孝，并代兄办一折。前后所奉部文及新主寄谕，兹专人送上。八辅赞政，时事弥艰，而吾辈适当重任，深用惶惧。但祝如世、圣两庙，冲龄践阼，讻圉无惊，则中外蒙福耳。

润帅病，闻有转机。二十六日奏请开缺，闻大丧，颇悔之。黄梅、宿松、广济、二蕲次第克复，黄、随两城必可速下。此近日可欣之事。浙事日棘，力薄实难兼顾。广信、河口之间必无宁日，恐须贵部留二千于景镇，而阁下亲率八千开重镇于河口附近，乃能屏蔽江西。刘璈已来，余须阁下招足。鲍军非不强劲，微嫌骚扰，于河口腹地不宜，拟令其由池州进规宁郡；而凯章分三营兼守婺源。是否稳妥？即祈详示。顺请台安。诸惟心鉴。

正封缄间，又接中秋日复书，具承所示。敝处六十日不接鲍公信，屡次函牍令其追贼至河口、广信，肃清江西，不知渠接照办否？来示"停顿蓄势，重与整理更换，然后制胜有本"，至当之论，谨当遵循。"不援浙江，不能并力一向，终无了日"，亦至当之论，惟目下力量实做不到。南岸须两枝大兵：一镇驻广信、河口一带，专备忠、侍及闽逆三股，以保障江西之东北；一由池州进规宁国，专备杨、黄文金、刘官方三股，以作徽、休、景镇之声援。而合安庆、池州之局势，两路大兵决不可少，且不可薄。现拟以鲍赴池、宁，不知何日可到？请公镇驻广信、河口，甚虞单薄；若蒋、魏皆来，公力日厚，或可分兵援浙，目前实有未遑。承示明论，具仰公忠。鄙见有难遽从之处，请再反复商榷，务归至是。再问季翁仁兄大人台安。安庆城中

克复安徽省城贼众尽数歼灭及
攻剿详细情形折[*]
（咸丰十一年八月二十五日）

奏为官军克复安徽省城，合城贼众尽数歼灭无一漏网及攻剿详细情形，恭折由驿驰奏，仰祈圣鉴事！

窃安庆围师自七月初十至十二日，先后毁平城外石垒，屡获大胜，曾经奴才等会折具奏。连日力攻坚城，至八月初一日，即克复安庆省城，大概情形，业经两江督臣曾国藩于八月初二日又行专折奏报在案。奴才等详查，自十三日道员曾国荃又率师攻破北门外石垒二座，城贼自是日蹙。查狗逆陈玉成于本年春率党上援，间经我军击败后，未及两月又纠合伪辅王杨逆及洪逆、朱逆等，共贼四五万人，于十六、十七、十八、十九等日陆续入关，焚烧民舍，在关口、毛岭、十里铺一带扎四十余垒，散布山岗，昼则旌旗林立，夜则火光触天。其贼众较前次倍多而凶焰益炽，城贼亦列队西门遥遥相应。二十日申刻该逆出全队扑我后濠，分十余而来，皆卷旗疾趋而进。其扑西北一隅者，势甚汹涌。我军不动声色，俟其逼近濠根，然后以枪炮群子轰击，毙贼无数，至四更时始行退去。二十一夜仍猛扑如前，经我军严密堵击，贼未能逞。二十二早，有先锋悍贼数百人入中路之第二层濠内，而于第一层濠外修筑月墙以避我军炮子。曾国荃虑其占踞护军营盘，之后派数十人追出濠外以踏毁之，并亲率萧孚泗、张胜禄、张光明、周惠堂、李臣典，带吉中各营队伍及护军营黄思学、滕嗣武等，于该处修炮垒一座，占住要地，并分一支伏于内濠之右，派彭毓橘带中军伏于内濠之左，以防援贼冲突。甫修垒间，毛岭、十里铺及关上之贼均倾巢而出，由盐河口至十里铺以东层层排列，漫山遍野，其扑中路者约万余人，蜂拥而来，直至新垒之下。我军以枪炮三面夹击，子如密雨，贼之伤毙者尸满田垄。乃狗、辅

---

[*] 此件由官文、曾国藩领衔具奏。日期为朱批之日。

两伪王亲自督阵，播鼓发号，贼退即挥刀砍之，前者已死，后者继进，猛扑十余次，未尝稍退。戌刻，我军之新垒筑成，其伏于内濠之队伍亦连环收入。该逆扰扑不休，以火蛋掷入垒内，我军于枪炮之外杂以乱石，并用喷筒火蛋烧之，贼始却退。未几而后队之贼仍大呼齐进，声震山谷。曾国荃督率各弁勇拼力稳击，自夜达旦。其犯西北两路者亦猛扑数次，经彭毓橘、张诗日、凌荫廷、李宝贤、刘连捷等以炮火击退。

是役也，该逆猛扑半日一夜之久，始行收队，贼之精锐实伤毙三千余名，援贼凶锋大挫。先是曾国荃以湘后左右营所守之西路，长濠兵力尚嫌单薄，于二十二日抽拨东路李祥和一营助守盐河口一段，而管带湘垣营曾贞幹带伍助守正北后濠。二十三日至二十八日该逆每日列队濠外，夜深则轮扑后濠，曾国荃与曾贞幹、彭毓橘及各营官严为戒备，贼伏则静以待之，贼扑则枪炮轰击。统领淮扬水师黄翼升及各营水师亦由盐河口开炮，横击毙贼无数。二十七日夜，击毙黄衣贼目数名，次早于濠外搜获贼尸，有伪豫侯、丞相等伪照，抛弃军械，纵横满地，该逆既屡挫于西北，又欲从中路冲突，是以于菱湖北岸陆续筑垒十余座。二十九日夜，贼以大队扑垒而暗界小划，欲从西路之湖汊，偷送米粮入城。蔡国祥率炮船阻截概行抢夺，其扑水边营垒者亦经朱洪章、朱惟堂督率各弁勇，与水师炮船并力击退伤毙之，皆纷纷抬去。是夜城中派伪梁天福刘真送洋炮出城，经万化林率炮船围击，生擒一名。刘逆及各贼皆落水而死，此自十六日援贼入关，昼夜猛扑后濠至二十九日夜，均经我军击退之实在情形也。

是日，两江督臣曾国藩派陈湜带吉后营亦到濠内。三十日，曾国荃于菱湖南北两岸扼要之处扎垒四座，派人驻守，与水师共为严防，贼划愈难出入。适我军所挖地道业已开竣装药，而城内之贼益形慌乱，加以米粮尽绝，迭讯贼供，称贼酋张潮爵、陈时安、吴定彩、叶芸来、陈仕荣、施永通、梁甲贤等将由水路逃遁等语。三十夜，火药装成，地道封口，密置火信，以五更发火轰开北门之西城，墙垣坍塌，曾国荃派信字、节字、义字、开字、振字、后左、副后各营队伍分班层进登城，分东西两路齐杀。贼从南门投江，死者无数。水师各营从东西两路轰击西门二垒，贼经后左、副后、振字、义字各营杀尽；东门之贼，经新后、吉左、湘恒、智字、长胜各营队伍杀尽；北门正街一路之贼，经中军严字、智字、和字、护军及马队各营队伍杀尽；其从百花亭跳城逃出之贼，经水师营官万化林、蔡国祥派队杀尽。众贼酋死于乱军之中，有擒杀者，有溺毙者。此八月初一日卯刻克复安徽省城杀贼净尽之实在情形也。其菱湖中空一段援贼数垒，亦经长胜、吉左、智字各营队伍攻扑焚烧，杀贼千余人。陈、杨各逆远望我军克城，俱为胆落，退遁集贤关外。据曾国荃及水师营先后禀报前来。

奴才等查安徽省城，沦陷九载，楚军自攻克九江后节节扫荡，旋于去岁进兵，水陆合围城内之贼不下三四万。逆酋陈玉成纠合南北两岸悍贼迭次上窜，图解官军之围。其桐城援逆，经奴才多隆阿力阻凶锋，迭次斩擒无算，未能合并。复经奴才等督饬多营陆仰将援贼痛剿，各营水师扼断接济。曾国荃率围军昼夜稳守长濠。该逆乃以上犯为牵制之计，今春纠合捻众间道入楚。奴才等坚守卧汉①要地，使该逆无由逞志，仍飞饬前敌围师加劲〔劲〕环攻，绝其援应。一面就上游兵力分途剿办，迨诸路得手攻克德安而后，贼之狡计愈穷。此次英、辅、玗、朱四伪王入闽〔皖〕，号称十万，自十六至三十夜猛扑长濠至十余，顷经水路各营全力堵御，前后伤毙贼众六千余名。

迨克复省城之日，除释放妇女老幼数千人外，又杀贼及溺毙之贼实数一万六千有奇，洵足伸天讨而快人心。此皆仰蒙大行皇帝天威，圣至洪福，文武齐心，士卒用命，故能克复名城，大挫凶焰，东南大局渐可挽回。所与水陆各营统领将官，谨开单随折吁请圣恩奖叙，其在事尤为出力及节次阵亡各弁，容俟奴才等查明，分别汇保请恤，出自皇上鸿施。所与克复安徽省城各情形，谨会同湖北巡抚臣胡林翼、安徽巡抚臣李续宜、福建水师提督臣杨载福、帮办军务副都统奴才多隆阿恭折具奏，由驿六百里驰奏，伏乞皇上圣鉴训示。谨奏。

---

① 原件如此。

谕纪泽
（咸丰十一年九月初四日）

字谕纪泽：

接尔八月十四日禀并日课一单、分类目录一纸。日课单批明发还。

目录分类，非一言可尽。大抵有一种学问，即有一种分类之法，有一人嗜好，即有一人摘钞之法。若从本原论之，当以《尔雅》为分类之最古者。天之星辰，地之山川，鸟兽草木，皆古圣贤人辨其品汇，命之以名。《书》所称大禹主名山川，《礼》所称黄帝正名百物是也。物必先有名，而后有是字，故必知命名之原，乃知文字之原。舟车、弓矢、俎豆、钟鼓日用之具，皆先王制器以利民用，必先有器而后有是字，故又必知制器之原，乃知文字之原。君臣、上下、礼乐、兵刑、赏罚之法，皆先王立事以经纶天下，或先有事而后有字，或先有字而后有事，故又必知万事之本，而后知文字之原。此三者物最初，器次之，事又次之。三者既具，而后有文词。《尔雅》一书，如释天、释地、释山、释水、释草木、释鸟兽虫鱼，物之属也；释器、释宫、释乐，器之属也；释亲，事之属也；释诂、释训、释言，文词之属也。《尔雅》之分类，惟属事者最略，后世之分类，惟属事者最详。事之中又判为两端焉：曰虚事，曰实事。虚事者，如经之三《礼》，马之八《书》，班之十《志》，及三《通》之区别门类是也。实事者，就史鉴中已往之事迹，分类纂记，如《事文类聚》、《白孔六帖》、《太平御览》及我朝《渊鉴类函》、《子史精华》等书是也。尔所呈之目录，亦是钞摘实事之象，而不如《子史精华》中目录之精当。余在京藏《子史精华》，温叔于二十八年带回，想尚在白玉堂，尔可取出核对，将子目略为减少。后世人事日多，史册日繁，摘类书者，事多而器物少，乃势所必然。尔即可照此钞去，但期与《子史精华》规模相仿，即为善本。其末附古语鄙谚，虽未必无用，而不如径摘钞《说文》训诂，庶与《尔雅》首三篇相近也。余亦思仿《尔雅》之例钞纂类书，以记日知月无忘之效，特患年齿已衰，军务少暇，终不能有所成。或余少引其端，尔将来继成之可耳。

余身体尚好，惟疮久不愈。沅叔已拔营赴庐江、无为州，一切平安。胡宫保仙逝，是东南大不幸事，可伤之至。紫兼毫营中无之。兹付笔二十支、印章一包查收。蓝格本下次再付。澄叔处尚未写信，将此送阅。

复毛鸿宾
（咸丰十一年九月十一日）

寄云仁兄大公祖同年大人阁下：

九月六日接八月十四日惠书，敬审一切。

此间自克复安庆后，连克池州、铜陵、桐城、舒城、庐江等郡县。而湖北、江西两省除随州一城外，一律肃清。可谓至幸！而乃遘鼎湖弓剑之悲，又值润帅人琴之感，近事之可欣可慰者，不足为喜，而反足以增无穷之怆痛。

念我大行皇帝临御寰宇十有二年，无日不在艰难危惧之中。今事机甫转，而安庆捷音不能早达甘泉，博天颜之一喜，此先皇之隐憾，亦臣子之至恸！

胡帅用一糜烂众弃之鄂，缔造支持，变为富强可宗之鄂。即谋皖之举，亦自胡帅出谋发虑。今皖事稍有基绪，而斯人云亡，荩臣苦心，或不尽白。抚今追昔，能不怛伤？现请文任吾、周寿山两君送回益阳，料理一切，仍求阁下饬属沿途照料。其箴言书院未竟之事，弟当与希庵二人代为主持。

润帅之整饬吏治，全在"破除情面，著诚去伪"八字。侧闻阁下新政不动声色，移宫换羽，力量不减润帅，而关系尤为重大。来示"浮伪便佞，名实兼收"二语，盖亦鄙人夙昔所深恶，曾于作《林秀山殉难碑》中微露其端。今幸千里合辙，其符契又不止如席、邓两营未雨绸缪之说也。

恽方伯会办东征局务，兹已备札寄去，并咨达冰案。接部文，知阁下已真除湘抚。为敝乡幸，为同谱庆，即为东南大局称贺。

舍弟于初二日进兵，先扎庐江以固安庆藩篱。其无为州、三河等处，该逆守御已固，恐难猝得。待多军进攻庐郡，或须另办船只先清巢湖水面，乃可克傍湖三城耳。诸关廑注，缕布一一，伏维心鉴。即请台安。

沥陈前湖北抚臣胡林翼忠勤勋绩折
（咸丰十一年十月十四日）

奏为湖北抚臣忠勤尽瘁，勋绩最多，恭折奏祈圣鉴事。

窃前湖北抚臣胡林翼，由翰林起家，洊历外任。咸丰五年三月，蒙先皇帝特达之知，由贵州道员，不及半载擢署湖北巡抚。当是时，武汉已三次失陷，湖北州县大半沦没，各路兵勇溃散殆尽。胡林翼坐困于金口、洪山一带，劳身焦思，不特无兵无饷，亦且无官无幕，自两司以至州县佐杂，皆远隔北岸数百里外。一钱一粟，皆亲作书函，向人求贷，情词深痛，残破之余，十不一应。至发其益阳私家之谷以济军食，士卒为之感动。会湘勇自江西援鄂，军势日振。六年十一月，攻克武汉，以次恢复黄州等郡县，论者以为鄂省巡抚可稍息肩矣，胡林翼不少为自固之计，悉师越境，围攻九江，又分兵先救瑞州。督抚之以全力援剿邻省，自湖北始也。九江围剿年余，相持不下，中间石达开自江西窥鄂、陈玉成自皖北犯鄂者三次，胡林翼终不肯撤九江之围回救本省之急。或亲统一军，肃清蕲、黄，或分遣诸将，驱归皖、豫，卒能克复九江，杀贼净尽，为东南一大转机。浔功甫葳，复奏明以全鄂之力办皖北之贼，迨李续宾覆军于三河，胡林翼先以母丧归籍，未满百日，闻信急起，痛哭誓师，不入衙署，进驻黄州。论者又以李续宾良将新逝，元气未复，但可姑保吾圉，不宜兼顾邻封。胡林翼不以为然，惊魂甫定，即派重兵越二千里援解湖南宝庆之围。援湘之师未返，又议大举图皖。是时臣国藩方奉入蜀之命，胡林翼留臣共图皖疆，先灭发匪，保三吴之财赋，雪溥天之公愤。绘图数十纸，分致臣与官文暨诸路将领，昼夜咨谋。十年春间，大战于潜山、太湖，相继克之。遂定围攻安庆之策，亲驻太湖督剿。本年五月，回援鄂省，病中犹屡寄臣书，缕陈勿撤皖围、力剿援贼之策。故安庆之克，臣前奏推胡林翼为首功，此非微臣私议，盖在事文武所共知，亦大行皇帝所洞鉴也。

大凡良将相聚则意见纷歧，或道义自高而不免气矜之过，或功能自负而不免器识之偏，一言不合，动成水火。近世将材，推湖北为最多，如塔齐布、罗泽南、李续宾、都兴阿、多隆阿、李续宜、杨载福、彭玉麟、鲍超等，胡林翼均以国士相待，倾身结纳，人人皆有布衣昆弟之欢。或分私财以惠其室家，寄珍药以慰其父母。前敌诸军，求饷求援，竭蹶经营，夜以继日，书问馈遗，不绝于道。自七年以来，每遇捷报之折，胡林翼皆不具奏，恒推官文与臣处主稿。偶一出奏，则盛称诸将之功，而己不与焉。其心兢兢以推让僚友、扶植忠良为务。外省盛传楚师协和，亲如骨肉，而于胡林翼之苦心调护，或不尽知。此臣所自愧昔时之不逮，而又忧后此之难继者也。

军兴以来，各省皆以饷绌为虑，湖北三次失守，百物荡尽，乙卯、丙辰之际，穷窘极矣。自荆州榷盐，各府抽厘，鄂中稍足自存。胡林翼综核之才，冠绝一时，每于理财之中，暗寓察吏之法。咸丰三年，部定漕米变价，每石折银一两三钱。而各省州县照旧浮收，加至数倍，鄂省竟有每石十数千者，上下因之交困。胡林翼于七年春间，创议减漕，严裁冗费。先皇帝朱批奖谕，谓其不顾情面，祛百年之积弊，甚属可嘉。统计湖北减漕一项，每年为民间省钱一百四十余万串，为帑项增银四十二万两，又节省提存银三十一万余两，利国利民，但不利于中饱之蠹。向来各衙门陋规，台局浮费，革除殆尽。州县征收正课，不准浮取毫厘，亦不准借催科政诎之名，为滑吏肥私之地。各卡委员，日有训，月有课，批答书函，娓娓千言。以为取民赡军，使商贾皆知同仇而敌忾，是即所以教忠；多入少出，使局员皆知洁己而奉公，是即所以兴廉。贞白之士，乐为之用；欺饰之徒，谴责亦重。故湖北瘠区，养兵六万，月费至四十万之多，而商民不疲，吏治日懋，斯又精心默运，非操切之术所得与也。

自八月以来，安庆克复，江、鄂肃清，方幸全局振兴，便可长驱东下，不图大功未竟，长城遽颓。湖广督臣官文奏请将胡林翼敕部优恤，谅蒙圣慈矜鉴。臣与该故抚共事日久，相知颇深。咸丰四年，曾奏推胡林翼之才，胜臣十倍。近年遇事咨询，尤服其进德之猛。不敢阿好溢美，亦不敢没其忠勋。谨将该故抚以死勤事大略情形，据实渎陈，伏乞饬付国史馆查照施行。胡林翼之子胡子勋，读书聪慧，可否加恩之处，出自愈格鸿慈。所有湖北抚臣忠勤尽瘁缘由，恭折附驿驰奏，伏乞皇上圣鉴训示。谨奏。

恳辞节制浙省各官及军务等情折
（咸丰十一年十一月二十五日）

奏为钦奉恩旨，沥陈下情，恭折复陈，仰祈圣鉴事。

窃十一月十五日，准兵部火票递到十月十八日内阁奉上谕："钦差大臣两江总督曾国藩，着统辖江苏、安徽、江西三省，并浙江全省军务，所有四省巡抚、提镇以下各官，悉归节制。浙江军务，着杭州将军瑞昌帮办。并着曾国藩速饬太常寺卿左宗棠驰赴浙江剿办贼匪，浙省提镇以下各官，均归左宗棠调遣。"钦此。

同日，承准议政王军机大臣字寄，十月十八日奉上谕："本日已明降谕旨，令曾国藩节制浙江全省军务，并令江苏、安徽、江西、浙江巡抚、提镇以下各官，悉归节制。该大臣自不能不统筹兼顾。况安庆克复，湖北、江西将次肃清，自不至有顾此失彼之虞。着曾国藩即饬左宗棠带领所部，兼程赴浙督办军务，浙行提镇以下，统归调遣。至都兴阿在江北剿办粤匪，袁甲三在皖北剿办捻匪，遇有紧要军务，已谕令该将军会商曾国藩办理。其江北、皖北地方文武，该将军等谅亦时有调遣之处，并着曾国藩谕令该文武等仍遵都兴阿等调遣，不得因已归该大臣节制，于都兴阿、袁甲三派办公事，稍涉玩视，是为至要"等因。钦此。仰见圣主廑念东南，择人任使之至意。跪读之下，惶悚莫名。

臣于未奉谕旨之先，业将左宗棠定议援浙，并节制广信、徽州各军，会同江西抚臣毓科具奏在案。伏念臣自受任两江以来，徽州失守，祁门被困，竭蹶之状，屡见奏报。幸托圣主威福，仅得自全。至于安庆之克，悉赖鄂军之功，胡林翼筹画于前，多隆阿苦战于后，并非臣所能为力。江苏各郡，群盗如毛，乃臣自分应办之事。受命年余，尚无一兵一卒达于苏境，是臣于皖则无功可叙，于苏则负疚良深。乃蒙皇上天恩，不责臣以无效，翻令兼统浙江军务，并四省巡抚、提镇以下悉归节制。此非常之宠遇，臣自顾非材，实难胜任。

自九月以来，浙省军情，日见危急，臣与毓科、左宗棠等往复函咨，商谋援救。徒以地段太宽，兵力太薄，既须援浙，又须顾皖，又须保江，三者有并重之势，一时乏兼全之策。直至十月下旬，始定议左宗棠由衢州援浙，从正路以张军威；鲍超由宁国援浙，从旁路以掣贼势。大局所系，必应统筹，臣本未敢稍涉推诿，不必有节制浙省之名，而后尽心于浙事也。

兹钦奉谕旨，令浙省提镇以下，均归左宗棠节制，事权更一，掣肘无虞，臣已咨催左宗棠迅速启行。但以臣遥制浙军，尚隔越于千里之外，不若以左宗棠专办浙省，可取决于呼吸之间。左宗棠前在湖南抚臣骆秉章幕中赞助军谋，兼顾数省，其才实可独当一面。应请皇上明降谕旨，令左宗棠督办浙江全省军务，所有该省主客各军，均归节制，即无庸臣兼统浙省。吁恳天恩，收回成命，在朝廷不必轻假非常之权，在微臣亦得少安愚拙之分。其浙省军事，凡臣思虑所能到，才力所能及，必与左宗棠竭诚合谋，不敢稍存畛域。如因推诿而贻误，即求皇上按律而治罪，臣不敢辞。臣忝任江督，三省巡抚、提镇以下各官，例得节制，载之会典，著之敕书，各文武亦均恪遵宪章，不必更加申诫。至袁甲三、都兴阿各路军情，谨当随时商办。其江北、皖北地方文武，臣已严饬仍归该大臣等节制，不得稍涉玩视。

大抵用兵之要，贵得人和而不尚权势，贵求实际而勿争虚名。臣惟当与各僚属同心图治，共济艰难，以慰先皇在天之灵，上佐圣主中兴之业。伏恳皇上俯鉴愚忱，允臣所请，不胜感激悚惧之至。所有钦奉恩旨沥陈下情各缘由，谨缮折由六百里复陈，伏乞圣鉴训示。谨奏。

复庞钟璐
（咸丰十一年十二月初八日）

宝生尊兄大人阁下：

小春望日钱农部至，奉到惠书，并读大疏。规划精详，情词剀切。农部复代述尊意，欲效秦廷之请，一拯吴会之危。闻命之余，曷胜愧悚！

国藩猥以轻材，谬膺重寄。自接两江之任，即思亲提一旅驰赴三吴。维时部下不满六千人，自宿松挈以渡江，驻扎祁门，征兵调将，阅数月而各军稍集。乃鲍镇甫出石、太而宁郡不守；李道才接徽防而歙、休遽陷。忠、侍、辅三伪王，刘、黄、赖、古各悍党，环绕徽境，不下二十余万，破我岭防，断我饷道，又分数股绕窜江西，使我腹背受敌。几于无日不战，无路不梗。迨祁防稍定，徽郡收复，入秋以后事机渐顺。安、池各属以次攻克，敝军始有出险之机，下游弥切来苏之望。然距去夏初受命时已阅一年数月矣。当时定议急图安庆，以盬金陵之脑；进兵宁国，以拊升、润之背。意谓安庆纵难速下，宁国之师当可于上年先抵苏境。不料波折如此之多，迁延如此之久，至今无余一兵一将达于苏境。上无以慰九重宵旰之忧，下无以答三吴云霓之望。此则寸心愧憾，终宵负疚，而莫能释者也。

安庆一军自克城以后，拨守各防，已分六处，更无余力可以进剿。因令九舍弟驰回湘中，添募精锐，将以新兵替防各处，换出旧兵驰剿下游。曾经函商薛帅，拟以一旅先赴镇江、上海等处。职分所在，即无台命，亦何敢视同秦、越？重以垂谕谆谆，又筹巨款一万与沪城协饷同时解到。高义隆情，敢不敬应？已函催舍弟募练成军，迅速东来。倘风波羁滞，到皖少迟，即令李少荃廉访先挈万人前往，准于二月成行。水火之急，彼此共之，不敢愆期也。

上海僻在东隅，不足以资控扼。就江苏现存之地而论，惟镇江最据形胜：北可联络淮、扬，南可规复苏、常；内可俯瞰金陵，外可屏蔽里下河。敝处拨兵东行，当水陆布置，先据镇江，再分偏师以防上海。上海东北皆洋，西南皆贼，于筹饷为上腴，于用兵则为绝地。即江南衣冠右族避地转徙，亦宜择淮、扬通海宽闲之处，进退绰绰，不宜丛集沪上，地小人多，未警先扰。凡战争防守之地，宜有一种肃静之气，民情惶扰，亦足摇动军心。若无事时预为移民之策，则有事时断无掣指之争。区区愚虑，未审有当万一否？肃泐布复，顺鸣谢悃。诸希亮察，敬请勋安。

复袁甲三
（咸丰十一年十二月十二日）

午桥仁兄年大人阁下：

前月泐复一缄，计日当彻台览。顷接十五、二十五两次惠书，具聆一切。来安、定远迭经雄师克复，据北路之形胜，剪寿贼之羽翼，于饷道万窘之后，展此丰功，钦仰无似！

弟以安庆奏捷，幸晋宫衔，两弟均邀懋赏。日昨又奉兼辖浙省之命。屡膺非分，报称无闻，重荷揄扬，益增惭悚。浙江本派左帅督办，当经疏请专归左帅，力辞兼辖之任，非敢畏难推诿，实缘才识浅薄，骤握非常之柄，徒贻负乘之讥。即忝窃两江一席，至今无一兵一将达于苏境，业已不胜艰巨，惭悚无地矣。尊处与都帅应办事宜，务照敝咨一循常辙，无过谦抑，重弟之咎。至恳！至恳！

苗逆一事，弟与官、李、彭诸帅皆主剿而不主抚。迭奉寄谕，李、彭已单衔上陈，弟亦函商官帅，即日会奏。惟彭雪琴只有水师，并无陆兵。长江三千里，炮船千余号，只有杨、彭二人统辖。目下杨军门乞假归里，雪琴固不可舍舟登陆。即将来杨帅回营，雪琴仍须专办水军。盖江面太长，如今年贼窜湖北，彭援鄂江，杨剿皖江，相距已千余里。将来若能打下金陵，杨赴下江，彭防上江，亦属缺一不可。弟拟将雪琴不能遽离水师之故，切实陈奏，请朝廷另简皖抚。拜发后再将折稿咨达冰案。

弟于筹兵、筹饷二者，不能为阁下丝毫之助。今雪琴奏派帮办，又不能挈一旅以相从，非吝之也，势有所不便也。李希帅因鄂饷太绌，一时未能来皖。进剿机宜，非成、蒋所能裁决。鄂军之力，刻下只能防苗，不能剿苗。拟先致力于庐州，将此关打破，则楚师与贵军融成一气，合为一家，北可剿捻，西可平苗。现在多将军方进庐郡，闻狗酉旧日悍党所存无多，庐城粮米亦颇不足。各乡团闻官兵将至，皆严守拒贼，似有可乘之势。尊处能由定远出奇袭其后路，可收夹击之效。倘兵单不便分支，则亦不敢请耳。

至清、淮一带，无人经理，殊为可惜。该处有苇荡自然之利。若因其所入，练成大枝劲旅，北可屏蔽山东，南可联络扬、镇，远可策应临、淮，近可保卫里下河，诚为良策。然镇将善练兵者，实难其选。黄镇现带淮扬水师，未能到任，此外敝营无人可委。应请阁下就近遴员暂署，总以久经战阵，能勤训练，方为称职。淮扬道一缺，未尝不可复设，然置一官，必得一官之力，有缺无人与无缺同。俟得胜任之员，再为疏请。夹袋中如有所储，不妨密示互商。

近接各处来信，宁波失陷，张军门玉良阵亡。上海协济杭州银米已到钱唐江，卒不能运入省城。饷道梗塞，诚虞坐困。连日驰函左季帅，请由开化、徽州、淳、安一路进援，未识驰救得及否？时局艰难，无从兼顾，忧灼如何！愧负如何！

徐副将在六安未来，彭帅驻下游水营，想渠亦未克往见也。肃此。复请台安。惟希亮鉴，不宣。

咸丰十一年十二月二十一日日记

　　早饭后，因腹胀有病，不见客，亦不治事。与程颖芝围棋二局，与少荃、眉生等闬谈，王明山来少叙。冯竹渔自广东购寄千里镜二具，在楼上试验，果为精绝，看半里许之人物如在户庭咫尺之间。其铜铁、树木等，一经洋人琢磨成器，遂亦精曜夺目。因思天下凡物加倍磨治，皆能变换本质，别生精彩，何况人之于学？但能日新又新，百倍其功，一何患不变化气质，超凡入圣？余志学有年，而因循悠忽，回思十五年前之志识，今依然故我也，为之悚惕无已。中饭后腹胀，仍不能治事。与李眉生、莫子偲、洪琴西等闬谈。申刻清理文件。酉刻见客，吴贞阶久谈。夜清理文件，至二更毕。三点睡，三、四更皆得酣睡，在近日最为难得者。是日早间腹泄二次，有血，有似痢疾。未刻一次，无之。灯初一次，更好。五更一次，水泄极多，幸不甚困惫耳。是日接奉廷寄二件、谕旨一件，系余十一月十六日发报奉到批回同来者。

复汪士铎
（咸丰十一年十二月二十三日）

梅村尊兄大人足下：

两奉手书，具悉一切。借谂兴居安健，纂述闳富，至以为慰。

弟前奉兼辖浙江之命，自惟名太盛，位太高，权太重，才太短，不欲溢量以速官谤，已恭疏辞谢矣。猥蒙见贺，悚惕曷任！

文章之可传者，惟道政事，较有实际。董江都春秋断狱，胡文定经义治事，皆不尚词华。浅儒谓案牍之文为不古，见有登诸集者，辄鄙俗视之，不知经传固多简牍之文。近人会稽章氏尝谓古无私门著述。《六经》皆官守之书，官先其职而后书，师弟子传之以为学业，论者题之。《左传》如"叔鱼鬻狱"、"仲几受牒"，《汉书》如杨恽戴长乐之说、薛瑄申咸之争，皆今世例案。本文不特张江陵而王阳明也。即以张、王二公而论，江陵盛有文藻，而其不朽者乃在筹边、论事诸牍；阳明精于理性，而其不刊者，实在告示、条约诸篇。今足下拳拳于益阳胡公搜辑遗文，谊古情深。甚盛！甚盛！惟胡公近著，批牍感人最深，尺牍次之，奏疏又次之。若刻其遗文，批牍自可贻则方来，何得摈之不登？若欲改选言为纪事，此法颇佳。然昔贤作表之义，在于省文辞而存事实；作谱之道，在于搜幽远而讨佚亡。顾、阎年谱之可贵者，亦以二先生事迹不显，赖旁搜遗集以证之耳。今胡公闻见既近，勋施烂然，几于走卒皆知，日月若揭，似不必更为年谱，求显反晦。细检档案，考核往还诸人笔札，排比成书，亦殊不易。闻贵同年朱君荣实熟于著书体例，或邀之入省，与阁下商榷编辑，刻日成书，亦不必过于矜慎也。

拙作毫无足观，亦无副本。《柏枧山房集》，俟有便人，当为寄呈。示及寄资一节，恐黄鹤之不返，拟白璧之原归，诚属耿介，然何必沾沾于此？程生亦断不背约也。

浙江自金、严、宁、绍不守后，节节道梗。左帅援师甫行，杭垣遽陷，别由淳、遂内犯徽州。老湘营战守兼旬，迭获胜仗。现左帅亦派兵由婺源援徽，必须并力剿除此股，以保皖而顾江，再图恢复吴、越。知念附达。复候著安。不宣。

遵旨筹议五省合力会剿先陈大概情形折 *
（咸丰十一年十二月二十九日）

奏为遵旨筹议五省合力会剿先除〔陈〕大概情形，仰祈圣鉴事。

咸丰十一年十二月初一日承准议政王军机大臣字寄，咸丰十一年十一月十六日奉上谕："侍郎宋晋奏通筹东南大局情形，饬川楚江皖五省督抚会剿粤寇一折"等因。钦此。跪读之下，仰见圣主轸念东南，亟图绥靖之至意，钦佩莫名。

伏查粤匪自咸丰二年窜扰湖南、湖北，遂由长江直下，陷安庆，据金陵，自后日益滋蔓，于是皖南北及江西各郡属蹂躏殆遍。上年苏、常失守，今复肆逞浙中。屈指用兵十〈年〉，糜饷数千万，而贼势益炽，蔓延益广。诚如圣谕，若不迅图大举扫穴擒渠，筹饷筹兵迄无了局，侍郎宋晋所陈五省合力会剿之议诚为有识。奴才与前抚臣胡林翼亦曾筹议及此，徒以安徽全省糜烂，江西、湖南时被贼扰，防剿不惶。四川土寇方兴，湖北东攻安庆，兼顾江西，南援湖湘，西防巴蜀，亦复时形支绌。原拟俟安庆克复，湖北肃清后从长计议，务求剪除枝蔓，铲削根株。

今宋晋所陈贼众我寡，贼饱我饥，贼众则易分，我寡则不能遽分，贼势日强，我师日弱，均属实在情形。其曰不必另筹兵而兵无不足，不必另筹饷而饷无不足，力分而见绌，以合而见盈，其意盖主养有用之矣。节糜费之饷则兵饷皆归实用，即增兵而饷可足数足敷。

今各省所养之额兵，自军兴以来以其疲，酌另募能战之勇助之，日久勇多于兵，额兵几置不用，而饷数如故也。募勇之中亦有强弱之不齐，其强者一人可抵数人之用，其弱者数人不足当一人之用。贼至而弱者溃败，然更以强者为之，仅而获济，其所损已多。又东击则西窜，此

---

* 此件由官文、曾国藩、李续宜领衔具奏。日期为奉旨之日。

衰则彼盛。一省紧急，临近之省不能不防。防之日久，此省之贼复窜至彼省，则彼省之临近者又复设防。是一省有贼，数省用兵，剿者自剿，防者自防。故数省之兵终不能剿一省之贼，所谓耗散于无形之地，縻费于不可究诘之中者也。

诚能五省合而为一，养有用之兵，节縻费之饷，通力合作，互相济助，衷多益寡，挹彼注兹，缓急有无，从容调剂，则进剿之师、援应之师、留防之师皆一气联络，如常山之蛇，首尾相应，手足头目，左右咸宜。或合攻，或夹剿，或分道以围之，或多途以困之，贼之所至常四面受敌，则贼势日蹙，我势日舒。此〈力〉分见绌、力合见盈之说也。即以楚北言之，咸丰三四年间每月兵饷不过八九万至十万而止，五六年后渐增至十余万二三十万。盖其时援江西、攻九江、救湖南、剿安徽，以一省之力办三四省之事，而安徽省首尾四年所费尤巨，今则养兵至水陆六七万人，月饷至四十余万两。各省以为湖北资力有余，不知其左绌右支之苦。故昔者尚有零星协济之饷，今则绝无，两年以来积欠兵饷至四百数十万之多。又值江浙沦陷，商贾不通，四川寇乱，盐贩稀少，厘金盐课大为亏绌。出款日增，进款日减，以致拮据不敷，屈指明年，万难支拄。假令湖北自保封圻，置江西、湖南、安徽之事于不顾，则五六年来必大有赢余；假令早为合力之举，则湖北所用亦不至若是之多。是湖北之累，其病在分。诚如所云，受济者未必能足，济之者已觉告疲。与其分济而各有所难，何如合力而各无不足者也。

奴才昕夕筹思，窃见东南大局岌岌可忧，必当及早图维扫除毛贼，若因循日久，各省筹防筹剿财力日益艰难。下游之寇势日张，上游之兵饷日蹙，更将何以为计！两江督臣曾国藩奉命以来不惶朝夕，徒以兵单饷绌未能大举东征，顾增兵增饷实非一省之力所能为，而五省合力又虑有妨各省防剿之事。故必合五省之战守兼筹，务使兵与饷皆宽有余地，然后进剿应援防守，庶可计出万全。奴才遵即恭录谕旨并抄侍郎宋晋奏稿，飞咨曾国藩及各省督抚，更以文函剀切筹商。惟念五省之中以四川所为最多，次则江西，次则湖北、湖南，以安徽为最苦。现四川寇盗未平，湖南边警方亟，江西窜贼甫退，安徽凋敝之余，其留省防堵之兵实额若干，其所入之数本省应支外，可解济东征之饷若干，皆未能深悉，若均钦遵谕旨如议办理，即将每月某省准解银若干两，共计月饷若干两，可养劲兵若干名，应由各省督抚臣妥速议定。

复奏又闻浙江贼势猖獗，杭州危在旦夕，则全省糜烂，与江苏连成一片，贼之资力更胜于前。今昔情形不同，恐东征五万之师亦需增益，闻江苏办关税、厘金、捐输等款所入尚饶，似宜力筹济助。应请敕下江苏巡抚臣与上游五省一并合力，务成大举，为一劳永逸之计。

奴才等反复筹商，不难于合力剿贼而难于合力筹饷，饷不应手，徒托空言。亟应各省众志一心，破除畛域之见，方于事有实济。除东征事宜及合力筹饷各章程，统俟曾国藩及各省议定复到后，再行详细复奏外，所有遵旨筹议大概情形，理合先行缮折驰陈，伏乞皇上圣鉴训示。谨奏。

议复借洋兵剿贼片
（同治元年正月二十二日）

再，臣钦奉寄谕："洋人之在沪者，恐不足恃。其与我和好，究竟惟利是图。一有事机吃紧之时，往往坐观成败。若欲少借其力，必至要结多方，有情理所断不能从之处。昨因薛焕有据苏省绅民呈禀，请借洋人剿贼之奏，当经从权谕令该抚熟计，以期无拂舆情，谅该大臣早能洞悉。洋人既不足恃，仍须该大臣酌派名将劲兵前往，方可万全无患"等因。钦此。

臣于上年腊月初四日，接苏州绅士潘曾玮等信函，商借洋兵之事。臣此复函言："宁波、上海皆系通商码头。洋人与我同其利害，自当共争而共守之。苏、常、金陵，本非通商子口，借兵助剿，不胜为笑，胜则后患不测。目前权宜之计，只宜借守沪城，切勿遽务远略。谓金陵、苏、常可以幸袭，非徒无益，而又有害。既已借兵守沪，则当坦然以至诚相与、虚心相待，不可稍涉猜疑"等语，函复该绅，并咨明抚臣薛焕在案。顷于正月十八日，又接潘曾玮等函牍，业已设立公局，会同英、法二国防守上海。惟又称洋兵调齐之后，势难中止，不仅助守上海，并将助剿苏州等语。臣之愚见，借洋兵以助守上海，共保华洋之人财则可，借洋兵以助剿苏州，代复中国之疆土则不可。如洋人因调船已齐，兵费大巨，势难中止，情愿自剿苏州等处，我中国当以情理阻之，婉言谢之。若该洋人不听禁阻，亦须先与订定：中国用兵，自有次第。目前无会剿苏州之师，即克复后，亦难遽拨驻守之师。事成则中国不必感其德，不成则中国亦不分其咎。英、法二国，素重信义，一一先与说明，或不因见德于我，而反致生怨。是否有当？伏乞圣鉴训示。除臣处守沪之兵，俟李鸿章到镇、陈士杰到皖另行续奏外，理合附片具陈。谨奏。

复毛鸿宾
（同治元年正月二十六日）

寄云仁兄大公祖同年大人阁下：

接展华函，并录大奏，属为推敲疑义。国藩愚陋，于夷务无所通晓，即各国通商条约，亦未尝悉心研究。浅之如起货、落货、验货、剥货、舱单、税单、红单、保单之类，均不能缕晰其名，确指其地。说者或谓内江水道浅狭，与外洋迥异，洋货一抵中国，五口必须加装捆扎，大船换小，重载改轻，乃能驶赴内江；起货是初抵五口之名，剥货是换船入江之名。亦未知其果否，未敢执是与阁下相辩诘也。惟就鄙人平日所知，与来示疏稿所指，则亦有不合者。请献其所疑一二端，仰祈反复开示，冀彼此俱臻涣然豁然之境。

来示谓由江出洋，不必从上海经过，且言内洋只粤海一口。以弟所闻则殊不然。长江之入海，犹敝省湘水之入江也。江口有孤悬之崇明，犹湘口有孤悬之君山。江初出口，循右而下之有吴淞江，犹湘初出口，循右而下之有旋湖港也。吴淞江内六十里为上海县，该监督与领事官虽皆住上海城厢，而关卡则设于吴淞山海之黄浦口；亦犹旋湖港内之人设卡于该港出江之擂鼓台。洋人由海入江，不能不由黄浦口经过，亦犹之鄂人由江入湘，不能不由擂鼓台经过也。沪上绅士来此请援者，携有上海地图，附呈一阅。阅毕，另摹存查，请以原图掷还敝处。至疏稿谓夷船入内洋，必先经过粤海而后可达崇明，尤非事实。西人由印度海而来，一过苏门答腊，即可粤、可闽、可浙、可苏，不必定由粤省经过。如必过粤，则绕越当在五千里以外。而阁下以与黄浦入沪仅绕六十里者相比，亦太不伦矣。此国藩之献疑者一也。

大疏谓内江各口无榷税之权，欲其呈验报单且不可得，遑问稽查，弟亦尝以此层为虑。惟检阅长江章程，在上海有由领事官赴道署领江照之法，又有领军器执照之法，又有派员役同驾送往镇江之法，又有海关红单之法，又有商客人名数单之法；到镇江后，又有呈验单、照四件之法，又有禀递舱口单载明货件斤两、价值之法，又有给镇江红单之法；至九江、汉口，又均有呈验单、照五件之法，均有禀递舱口单注明货件斤两、价值之法。其归也，有镇江派员役送回上海之法。其运油、麻、钢铁等物也，有请汉关、浔关给执照之法，又有呈具保单之法。计洋船由沪至鄂，往返不过十日，而为文凭者八事，为法禁者十三事。种种关防，层层稽查，网亦密矣。而大疏乃云长江数千里防维尽失，往来贸易不受稽查，岂笃论乎？自古圣王以礼让为国，法制宽简，用能息兵安民。至秦用商鞅以"耕战"二字为国，法令如毛，国祚不永。今之西洋，以"商战"二字为国，法令更密如牛毛，断无能久之理。然彼自横其征，而亦不禁中国之榷税；彼自密其法，而亦不禁中国之稽查；则犹有恕道焉。咸丰三年刘丽川攻上海，至五年元旦克复，洋人代收海关之税，犹交还七十余万与监督吴道。国藩尝叹彼虽商贾之国，颇有君子之行。即今沪、镇、浔、汉凡有领事官之处，皆令我国管关者一体稽查、一体呈验舱口单，正税、子税较我厘金科则业已倍之、三之。在彼固自谓仁至义尽矣，而阁下与揆帅必欲令其改赴汉口输纳，沪与鄂同一中国也，朝三暮四，旋令旋改，在沪关必怨楚人之攘利，在西人且笑晋政之多门。此国藩之献疑者二也。

长江通商章程十二条，据总理衙门咨，系恭亲王与英国卜公使议定。又洋货税单、土货运照、三联报单亦据总理衙门咨，系恭亲王所定。而大疏中指劾薛中丞贪婪蒙蔽，极辞丑诋，且云与恭亲王前奏绝不相符。不知阁下因恭邸亲贤柄政，不敢指斥，故嫁其咎于薛公乎？抑别有确据，知此章为薛公所定乎？薛公之于夷务，往岁事不可知。自庚申冬以来，大事秉承恭邸，小事一委吴道，似无所短长于其间。恭邸先以长江有贼，不准通商，旋因英国固请，乃始允许。其不卖军器及油、麻等保单各条，皆辛酉七月以后所定。尊疏尽以诬诋薛公，似不足以服其心。此国藩之献疑者三也。

方今发、捻交炽，苗祸日深，中国实自治之不暇。苟可与洋人相安无事，似不必别寻衅端。汉口纳税之说，发之于沪税未定之先则可，争之于沪议既成之后则不可。大疏发此难端，英、法诸国不从。将默尔而遽息乎？则是壮颓而启侮。将争辩而不休乎？则且废好而兴戎。二者必居一于此。区区之愚，愿阁下与筠仙亲家熟商审处，幸甚！如鄙言全不当理，则请详晰剖示以资质证。专此布复。谨璧谦简。顺请台安。

同治元年二月初一日日记

　　早间，各文武贺朔，至巳正方毕。与柯筱泉围棋一局。蒋莼卿搬入公馆。少荃来，罄叙一切。午正因说话太多，倦甚。清理文件，清理文件〔衍清理文件〕。午饭后，又见客三次。寓内修葺东北厅屋三间，余签押房将移于此，频往看视，亦因神惫不能治事，故聊尔消摇也。责任艰大，才智不称，精力日疲，可忧之至。夜清理文件。季弟信，言收降卒三千，请立大营，踌躇久之，不敢定计。公牍中所刻余官衔，字数太多，因删去十四字，令其另刻。戏题一绝云："官儿尽大有何荣？字数太多看不清。删去几条重刻过，留将他日写铭旌。"温韩诗十余首。二更三点睡，酣眠至五更方醒，美睡也。

遵旨统筹全局折
（同治元年二月初二日）

奏为遵奉谕旨，通筹全局，恭折复陈，仰祈圣鉴事。

同治元年正月二十四日，承准议政王军机大臣字寄，正月十三日奉上谕："曾国藩、左宗棠、李续宜等均负时望，卓著战功，迭经先后简任督抚，畀以重任。曾国藩节制四省，左宗棠虽简任浙抚，并谕以不必为地方职守牵制。复因皖事孔亟，不得已以李续宜移调皖抚。原冀合力通筹，力挽东南大局，现在江、浙贼氛恣肆，亟应设法进兵，早图恢复，拯生民于水火。前经曾国藩等奏称克复漕镇、无为，方冀东征之师，可以直下江南。乃自去冬以来，该督抚等奏报甚稀，几于月仅一至。而浙省严州、绍兴、宁波、杭州等府县各城，迭次报陷；苏省松江、上海、吴淞口等处警报频来；皖北则苗捻与发逆交乘，围颍甚急。贼氛到处蔓延，日甚一日。朕以冲龄嗣位，荷蒙两宫皇太后孜孜求治，举贤任能，焦劳宵旰，日与议政王军机大臣筹商军务。每于该大臣等奏报到时，详加披览。一切规画，辄深嘉许，言听计从。想该大臣等胜算老谋，于大局必早有布置。惟贼氛日炽，而该大臣等章奏寥寥，南服倦怀，殊深厪念。现在曾国荃募勇是否到营？李鸿章带兵是否到镇？鲍超进规宁国能否得手？多隆阿、蒋凝学等军，曾否分攻庐、寿？杨载福何时可以销假回营，与彭玉麟并图东下？兵贵神速，东南之民，待救孔急。而军情变幻靡常，总宜赶紧办理。其如何通筹全局，缓急兼权，均着将一切机宜，随时驰奏，以纾悬念。颍郡关北路之防，湖州府、海宁州前据该大臣奏称尚能坚守。上海为饷源所自出，吴淞口守御尤要。曾国藩、左宗棠、李续宜等如何布置筹画万全之处，均着随时分别迅速驰奏，毋再稽延，实深殷盼。将此由六百里加紧各谕令知之。"钦此。跪读之下，悚惕实深。

谕旨垂询各条，臣于正月初十、二十二两次奏报，亦已粗陈梗概。

惟以圣主信任之专，两宫皇太后望治之切，而臣等章奏寥寥，几于月仅一至，疏迟之罪，夫复何辞！臣参列戎行，历年以来，奏报甚稀。其所以硁硁自守者，盖亦有故：一则不轻奏谣传之言。如近日贾臻奏庐州克复，袁甲三奏巢县克复，皆因无稽之探报，以为入告之实据。又或贼踪未近，预相震惊，辄以十万二十万具奏，尤足以惑军心而误大计。臣处向不凭探报入奏，不欲以谣传之词，淆朝廷之耳目也。一则不轻奏未定之事。凡大股悍贼之来，其始常危险万状，能坚忍支持，而后能渐臻安稳。如去岁黄文金之内犯，攻陷七县，坚持三月，而臣仅汇作四次入奏。去冬徽州之被围，苦战九次，坚守弥月，而臣仅汇作两次入奏。不欲以未定之状，增朝廷之忧虑也。一则不轻奏预计之说。兵事成败，难以逆料。咸丰八九年间，江南屡奏金陵指日可克；十年夏间，屡奏嘉兴指日可克，厥后皆不能践言。臣初督两江之时，奏称由宁国进兵，可达苏境，厥后宁国失守，至今不能践言，臣深以为耻。至近日内臣章奏蒙抄示臣处者，或称援浙之师，可由嘉兴直捣苏州；或称扬州之师，可由常熟进攻苏州，皆不量兵饷两穷之苦，而拟万不可成之计。臣不欲以预计之说入奏，非特虑大言之难践，亦恐纷乱朝廷之规画也。因此三者，每存敬慎之怀，转蹈迟延之咎。前此文宗显皇帝御宇，分任其责于封疆将帅，臣犹得以碌碌随诸帅之后，循愚拙之常。兹值圣皇践阼之初，微臣尤忝非常之遇，倚任弥重，延访更殷。钦奉谆谕，自当变更前辙，随时飞章入告。嗣后拟十日奏事一次，有急则加班具奏。所有此次谕旨垂询之件，及正月历奉寄谕垂询诸事，谨分条一一详对于后。

一、曾国荃新募之勇，据报正月二十日前可以招齐，二十四日自湘起程，由水路东来，二月底可抵安庆。俟到安庆后，即令其进攻巢县、和州、含山等处。能破此三城，则与下游六合、扬州联为一片，毫无阻隔矣。杨载福本应于腊月销假回营，因辰、沅贼警逼近，本地官绅请杨载福代守乾州厅城，因此羁延，至今尚无起程确信。臣已三次飞催，嘱其于二月回营。张运兰前因病离营，因徽州被围，催令力疾就道，即日将抵安庆，可回徽营矣。

一、李鸿章一军，于腊底正初招募淮勇五营，另拨湘勇数营，赶紧训练，二月可以成军。本拟由水路驶赴镇江，因民船不能直冲贼中，洋船又不肯雇载兵勇，不得已，仍须从陆路行走，由巢县、和、含贼中经过。前有坚城，后无粮路，亦极可危之道。应俟曾国荃一面进围巢、含，李鸿章一面旁城冲过，冲至和州以下，则出六合、江浦以达于镇江，毫无梗阻矣。

一、去年攻克无为、运漕、东关等处，本可乘胜直捣巢县、梁山，进图金陵。近日袁甲三一军攻克天长、六合、江浦、浦口，尤有直薄金陵之机。方今东南糜烂，臣等孰不思直攻老巢，擒渠扫穴？惟用兵之道，可进而不可退，算成必兼算败。与其急进金陵，师老无功而溃退，何如先清后路，脚跟已稳而后进？所有进兵金陵之次第，以臣愚计之：多隆阿一军，应俟攻克庐州，而后可进；曾国荃一军，应俟攻克巢县、含山、和州、西梁山，而后可进；袁甲三、李世忠一军，应俟会克庐州，守定六合，而后可进；都兴阿一军，应俟守定扬州、浦口，而后可进；彭玉麟、杨载福之水军，应俟攻克裕溪口、西梁山，而后可进。欲拔本根，先剪枝叶，仍须计算各路游击之师，数倍于金陵围城之师，庶几无撤回之虞。拟即以臣议，商之袁甲三、都兴阿等。是否有当，恭候训示遵行。

一、颍州围城之贼，闻系捻匪与苗党勾结，志在必得颍郡，与寿州、霍邱为犄角之势。李续宜业经奏派成大吉、萧庆衍两军赴颍救援。据报于正月二十六日自霍山起程，惟绕道固始，计程四百七十里，途次无米可买，恐到颍不能迅速。但求颍城坚守月余，胜保救之于北，成大吉等援之于南，必可立解重围。李续宜所部之兵，留三支驻守湖北，分防襄阳、德安、麻城等处，以两支救援颍州，以一支防守六安。此外亲兵带来安庆者，亦无几矣。

一、谋浙之道，保广信之粮路，以守衢州；保徽州之后路，以攻严州。舍此二者，别无良策。臣已两次具奏在案。目下左宗棠驻扎开化境内，正月十七日，在篁岸获胜仗一次。廿日，在马金岭等处获大捷一次。即日进攻遂安等县，系从衢、严之间下手。惟徽州歙、绩二县，群贼又复麇聚。我方图入浙境，贼乃图犯江、皖，春夏间必战争不休也。湖州、海宁久无信息，鲍超围攻青阳未下，不能遽及宁国之境，又岂能遥通湖州之信？昨奉寄谕垂念赵景贤饬赴福建粮道之任，朝廷爱才之心，薄海臣民，闻之生感。特无如音问难通，徒深忧灼。

一、江苏军务，自宝山、奉贤、南汇、川沙失守后，上海已岌岌可危。至今月余，岿然幸存。盖发逆畏忌西洋，不敢骤树大敌。而目下情势，舍借助洋兵，亦实别无良策。臣于二十二日曾经附片具奏。上海僻处东隅，论筹饷为要区，论用兵则为绝地。假使无洋人相助，发匪以长围裹我，官兵若少而弱，则转瞬又成坐困之势；若多而强，则不宜置此无用之地。再四思维，不得所以保全之法，拟仍借洋人之力，开诚布公，与敦和好，共保人财。将来果派何军协同防守之处，应俟李鸿章到镇、陈士杰到皖，再行察看奏明办理。

以上各条均系近日谕旨下问之件，有业经具奏者，有未及详陈者，理合一并胪举，仰慰慈廑，伏乞皇上圣鉴训示。谨奏。

李鸿章改由轮船赴沪折
（同治元年三月初八日）

奏为恭报李鸿章一军改道赴沪，由水路起程日期，仰祈圣鉴事。

窃道员李鸿章所部湘勇、淮勇募练成军，本拟三月初二日拨队启行，取道巢县、含山、和州一带前赴镇江，臣于二月二十二日奏明在案。拜折后，正饬该员简料启程。旋于二十八日，据江苏绅士潘馥、钱鼎铭等自沪来皖禀称：上海一路，虽得英、法各国拨兵协防，有高桥、萧塘之捷。而贼氛四逼，商旅不通，岌岌可危。已由沪局筹款十八万两，雇备轮船，陆续入江，来迎我军，以期力保要地等情。臣查镇江为进兵形胜之区，上海为筹饷膏腴之地。两者并重，均不可稍有疏失。前因洋船不肯雇载兵勇，李鸿章一军拟由陆路续赴镇江，实出万不得已之计。臣以道路阻长，节节有贼，既忧辎重之难带，又恐行程之太迟。钦奉二月十四、二十四日两次寄谕，亦深以李鸿章陆行纡迟为虑。兹据该绅士等与洋人商雇轮船来皖，经费既巨，词意尤挚。自宜先赴上海以顺舆情。已派数营于三月初七日登舟起行，李鸿章于初八日开行，不过四日可到。仍俟后至之船，循环装载，分三起衔尾下驶，不满一月，可以全队到防。俟抵上海后，布置粗定，李鸿章亲至镇江察看情形，应如何分兵防守之处，届对奏明办理。

其李鸿章及黄翼升所部水师，仍当由梁山、金陵冲过贼中，乃可达于镇江。俟起行有日，续行具奏。

所有湘、淮各营，改由水路起程，先赴上海缘由，恭折由驿驰报，伏乞皇上圣鉴训示。谨奏。

复李鸿章
（同治元年三月二十四日）

少荃仁世弟大人阁下：

二十一日接三月十五日惠书，敬悉一切。所应复者，条列于左：

一、夷务本难措置，然根本不外孔子忠、信、笃、敬四字。笃者，厚也。敬者，慎也。信，只不说假话耳，然却极难，吾辈当从此一字下手。今日说定之话，明日勿因小利害而变。如必推敝处主持，亦不敢辞。祸福置之度外，但以不知夷情为大虑。沪上若有深悉洋情而又不过软媚者，请邀之来皖一行。

一、上海所出之饷，先尽沪军，其次则解济镇江，又次乃及敝处。坏营劣勇不可不裁，民怨夷谤俱可不顾，但须忖量撤去之勇万一滋事，吾力足以制之否耳。羽毛不丰，不可高飞；训练不精，岂可征战？纵或洋讥绅恳，中旨诘责，阁下可答以敝处坚嘱不令出仗。二三月后各营队伍极整，营官跃跃欲试，然后出队痛打几仗。

一、阁下此次专以练兵学战为性命根本，吏治、洋务皆置后图。吴公关道一席，目下断不可换。筠公芬芳悱恻，然著述之才，非繁剧之才也，若任以沪关，决不相宜。阁下若挚爱迫求，或仿簏仙之例，奏以道员归苏提补，而先署苏皋。得清闲之缺以安其身，收切磋之益以助阁下，庶几进退裕如。否则暂不出奏，待渠到皖后，赴沪一行，再议进止。阁下与筠公别十六年，若但凭人言冒昧一奏，将来多般棘手，既误筠公，又误公事，亦何及哉？

一、陈飞熊营已到，整齐可慰！马先槐未到，到即飞缄奉达。火药必按月协解，请派洋舟来接，但恐不能如数耳。

一、翻刻营制营规、《爱民歌》、《劝诫浅语》之类，皆系从外面说去，不从骨里用功。阁下此时除选将、练兵、筹饷，别无政事；除点名、看操、查墙，别无工夫。诸件若未刻，则停刻；已刻，则停散。少一分播扬标榜，即多一分真实蕴蓄也。至嘱至嘱！

一、此间自十六日克复青阳后，十八日又克复铜城闸，十九日克复雍家镇。现在沅弟已进巢县。若能攻克裕溪口，则淮阳水师驶下时，仅过九洑洲一关矣。惟尚须由尊处解银二万速来，拟熊、垣二营发一个半月，水营添发半个月，皆不可少。

外零件开一单，祈饬办。复请台安。

筹议借洋兵剿贼折
（同治元年三月二十四日）

奏为遵旨筹议，恭折复陈，仰祈圣鉴事。

窃臣于同治元年三月初七日，承准议政王军机大臣字寄，二月二十四日奉上谕："上海被匪窥伺，势不能不借洋人之力，协同守御。曾国藩亦曾奏及。至规复苏、浙失陷地方，自应别筹良策。前据薛焕奏称，江浙绅士殷兆镛等呈请借助西兵，规复苏、常各属城池。当以该绅士等情殷桑梓，或非无见，谕令薛焕酌度情形办理。兹据恭亲王等奏称，江苏绅士潘曾玮带同浙人龚橙，复由沪航海来京，诉称乡间被陷，恳请借用英、法等国官兵，速筹规复。已谕令总理衙门向各该国驻京公使筹商。惟上海为洋人通商之地，借助尚属有辞，若攻剿内地贼匪，辄欲用外国兵力，揆度洋人情形，虽不至遽有他虑，而军行饷随，一切供应之烦，亦恐万难搘拄。以该绅士等情词恳切，固难重拂舆情，亦须顾全国体。此事是否可行，即着曾国藩悉心筹酌，迅速驰奏"等因。钦此。

又奉三月初二日寄谕："近复据英、法两国驻京公使声称：贼匪与洋人构衅，此时在沪洋人情愿帮助官军剿贼，并派师船驶往长江，协同防剿等语。洋人性情坚执，若因我兵单薄，借助于彼，势必多方要挟。今该洋人与逆匪仇隙已成，情愿助剿，在我亦不必重拂其意，自应姑允所请，作为牢笼之计。至该两国师船驶入长江以后，作何举动，即着曾国藩、都兴阿查探情形，分别随时驰奏。如该洋人实系与逆匪寻仇，并无他意，则事机难得。该大臣等务当饬令沿江上下游师船，与该洋人联络声势，冀收速效，并当加意拊循，使其乐于助顺，毋令再为贼匪所诱。此实因势利导，一时权宜之计。谅该大臣等，定能悉心体会，妥为驾驭也"等因。钦此。

窃臣才识庸愚，谬膺重寄。受命二载，不能早筹一旅达于苏境，致苏省绅士迫于火热水深，为此不择之呼吁，皆臣治军无状之咎。诚使商借洋兵，即能救民之难，盖臣之愿，岂非至愿。然臣前此奏称，助守上海则可，助剿苏、常则不可，盖亦有故。回纥助唐，收复两京，当时亦赖郭、李诸军，挟与征战，纵主兵未必优于客兵，要自有为之主者与之俱进俱退、偕作偕行。以今日之贼势，度臣处之兵力，若洋人遽尔进攻金陵、苏、常，臣处实无会剿之师，如其克复城池，亦尚难筹防守之卒。上游如多隆阿、鲍超、曾国荃诸军，各当要地，万难抽动；下游如李鸿章一军，甫抵上海，新集之卒，只堪自守，不能远征。反复筹维，竟无大支劲旅与之会剿。假使转战内地，但有西兵，而无主兵，则三吴父老，方迓王师而慰云霓之望，或睹洋人而生疑惧之情。至臣职分所在，责有专归。譬之人家子弟，应试科场，稍能成文，而倩人润色，犹可言也；若既不能文，又不入场，徒倩枪手顶替，则无论中式与否，而讥议腾于远近，羞辱贻于父兄矣。臣所处之位，与报名应试者无异；专借西兵，与倩人顶替者无异。故他人但作事外之议论，而臣当细思事中之曲折。既以借助外国为深愧，尤以无兵会剿为大耻。

谕旨以洋人与逆匪仇隙已成，情愿助剿，在我亦不必重拂其意。臣处搜获伪文，亦知金陵洪逆词意不逊，与洋人构衅甚深。在洋人有必泄之忿，在中国为难得之机，自当因势利导，彼此互商，嘉其助顺，听其进兵。我中国初不干求，亦不禁阻。或乘洋人大举之际，我兵亦诸道并进，俾该逆应接不暇，八方迷乱，殆亦天亡粤逆之会也。惟地形有远近，兵势有次第，仍请饬下总理衙门照会英法公使，目前若进攻金陵、苏、常，臣处尚无会剿之师。庶几定议于前，不致贻讥于后。其或芜湖、梁山一带官兵战守之处，恰与洋人会合，臣当谨遵谕旨加意拊循，胜必相让，败必相救，不敢稍乖恩信，见轻外国，上烦宸廑。所有遵旨筹复缘由，谨缮折由驿驰陈，伏乞皇上圣鉴训示。谨奏。

复李鸿章
（同治元年三月三十日）

少荃世仁弟大人阁下：

二十四日接二十一日惠书，敬悉一切。

兵勇训练未熟，人数未齐，目下断不宜出仗，尽可以鄙人坚持不允，力却众论。如贼果前来逼扑，有不得不打之势，则尊处自为相机办理，国藩不遥制也。

爱民乃行军第一义，须日日三令五申，视为性命根本之事，毋视为要结粉饰之文。洋兵会剿腹地，吾亦勉为应允，但说明无人可派往会剿耳。

此间近事颇顺。春霆克复青阳后，又克石埭、太平，顷又克泾县。沅甫克巢、含后，又克和州暨西梁山、裕溪口。季弟亦克复繁昌。只要庐郡速下，二浦、天、六无恙，则皖北一律肃清矣。

淮扬水师仅冲过九洑州①，当不甚难。惟昌岐至今未回，不知何故。渠全军至淞沪，断不相宜。一则河小船多，恐与洋舟拥挤生事；一则宜驻扬、镇、通、泰一带乃得形势。请先调二三营进沪，一二月后再行细酌分合内外之宜。

竹庄在敝处为宜，团防营尤不可调。缦云可请来相会。久杏先生处，即日当复信包生处寄札也。

湖州之急，此间准于十日内往援，分绩溪间道、宁国正道两路前去，不知果有裨否？顺问台安。

正封缄间，又接二十五夜惠书。洋人缠嬲颇难处置，尊处只宜以两言决之曰：会防上海则可，会剿它处则不可。近而嘉定、金南，远而苏、常、金陵，皆它处也，皆腹地也。词气宜和婉，意思宜肫诚，切不

---

① 当为九洑洲。——本书编者注。

可露傲惰之象。阁下向与敌以下交接颇近傲慢，一居高位，则宜时时检点。与外国人相交际，尤宜和顺，不可误认简傲为风骨。风骨者，内足自立，外无所求之谓，非傲慢之谓也。薛公各营挑二三千人随同夷兵操练、驻扎一说，亦断断不可。明知薛营为洋人所鄙弃，而以此愚弄之，可乎？阁下只认定"会防不会剿"五字，自非贼匪逼扑沪城，我与英、法可豪无交涉也。

黄鹤汀初名晃，易名芳，即日当调之前来。人言亦难全凭，且待见面再商。

昌岐水师以大队扎镇、扬一带，先带三营踩明淀山、正谊，一路可入，再由大江全行调入不迟；若先遽全数调入，再行退出大江，则不可也。

阁下俟沪事少定，亦宜谋出镇、扬，与冯同驻，何嫌何疑？厘卡且不必过问，垣、熊两营初八后可放船来接。再候台安。

复奕䜣桂良
（同治元年四月初九日）

曾国藩顿首上书恭亲王殿下、中堂大人阁下：

本月初三日接奉钧函，仰荷谦光下逮，训示周详。钦佩之余，益深感悚！

购买船炮一节，前奉寄谕，复奏时尚以楚勇不能出洋为虑。嗣奉二月二十四日谕旨，以购买轮船本拟用于江面，并非施之海洋，则敝处尽可派勇配驾。顷又接劳辛阶总制咨到折稿，其意欲全用外国人，不参杂用之。国藩愚见，既已购得轮船，即应配用江楚兵勇，始而试令司柁、司火，继而试以造船、造炮，一一学习，庶几见惯而不惊，积久而渐熟。

来教询及敝处借得轮船数只一节，国藩前以苏、皖中梗，交涉事件甚多，欲得洋船一只以为运送子药、飞递文报之用，札派周主事腾虎往沪购买。初购宝顺船一只，价已议定，至立契日，嫌小退还。旋购吧吡船一只，因被售者所欺，诡易其名曰"博云"，实不可用。又订定威林密船一只，较吧吡略好，现尚未乘驾来皖，不知果合用否？此外无另借洋船数只之事。

至轮船攻剿发匪，声威雄壮，而地势多不相宜。发匪之猖獗在陆而不在水，官军之单薄亦在陆而不在水，国藩于庚申十月、辛酉七月曾将此四语两次具奏在案。顷于三月克复鲁港、西梁山、裕溪口等处，贼之炮船焚夺殆尽，目下除九洑洲尚有贼船外，余则长江上下一律肃清。仰仗国家威福，水面已无足虑。现拟调派帅船由金柱关驶入内河，惟黄池湾汊、宁国青弋江一带，河窄水浅，长龙舢板尚嫌其大，须另造小划数百号乃可适用。即苏、松等处支河小港，岸高桥多，亦须另造小划，庶几进退轻便。是发匪应剿之处与里下河应保之区，即楚军现有之长龙舢板尚嫌太大，若强用轮船，尤不相宜。

来示询及洋船七只是否敷用，以鄙见度之，用七船攻金陵之一面固属有余，即用七船载兵由沪放洋以攻宁波，亦足敷用，似不必再筹添办。至贼匪会银买船之说，此间实未有所闻。窥洋人意颇效顺，与贼有隙，或不至如此牟利。

洋兵会剿内地一节，关系甚重。来示所虑各情，简要精细。国藩所虑者不在他事，而专在派出会剿之人实难其选。大抵拣选将材，必求智略深远之人，又须号令严明，能耐劳苦，三者兼全，乃为上选。今欲派与洋人会剿之将，亦必择三者兼全之人。环观江楚诸军，武臣惟多将军、文臣惟左中丞堪胜斯任。李中丞、杨军门与左相近而耐劳少逊，鲍军门与多相近而智略不如。此数人者，各防剿数百里地面，势不能抽出与洋人会剿一处。至新赴上海之李鸿章二军，惯战者不过二千人，余皆新集之卒，操练未精，胜败难料。故各将弁之心，情愿独战而为发匪所败，不愿会战而为洋人所轻；情愿败而见罪于上司，不愿败而见笑于洋人。即国藩之心，亦深恐该军不整不严，为外国所轻侮。闻洋人常至李鸿章处催促进兵，约期会战，聒聒不休。国藩屡函谆嘱以诚心待之，以婉言谢之，会防上海则可，会剿他处则不可。待训练稍久，队伍整齐，我兵与洋人各剿一处，相踞不远，或洋人果见我兵之可用，不相嘲笑，然后与之会剿。先疏而后亲，先分而后合，亦无不可。前三月二十四日敝处复奏一折，借考试枪替为喻，亦实因无人可派，恐见笑于洋人，贻羞于君国，故为此引愧之辞。区区鄙忱，伏希鉴亮。敬请钧安，无任屏营之至。国藩再拜。

同治元年四月十一日日记

早饭后清理文件。旋与柯筱泉围棋一局。吴竹庄来，坐颇久。写沅弟信。涉阅广东新刻丛书两种，一曰《海山仙馆丛书》，凡五十六种，潘仕成辑刻；一曰《粤雅堂丛书》，凡一百廿一种，伍崇曜辑刻。二者皆冯竹渔新赠也。又涉阅《正谊堂丛书》，凡五十六种，张清恪公辑刻，吴竹庄所赠也。因取《正谊堂》中清恪公所辑《程子》二十篇读之，至晡时读毕。凡十卷，取《论语》二十篇之意，编采二程粹言，略分门类，颇为精当。写沅弟信一件。申刻调恒字营八队来此操演枪炮，约一时许毕。夜阅张清恪公所辑《朱子》七篇，每篇各分上下，仿《孟子》七篇之意。张公盖以程配孔，以朱配孟也。读一卷，未毕。倦甚，因阅陶诗。三更睡，倒床即成寐矣。

是日又写扁字二十余个。静中细思，古今亿万年无有穷期，人生其间数十寒暑，仅须臾耳。大地数万里不可纪极，人于其中寝处游息，昼仅一室耳，夜仅一榻耳。古人书籍，近人著述，浩如烟海，人生目光之所能及者不过九牛之一毛耳。事变万端，美名百途，人生才力之所能办者，不过太仓之一粒耳。知天之长而吾所历者短，则遇忧患横逆之来，当少忍以待其定；知地之大而吾所居者小，则遇荣利争夺之境，当退让以守其雌；知书籍之多而吾所见者寡，则不敢以一得自喜，而当思择善而约守之；知事变之多而吾所办者少，则不敢以功名自矜，而当思举贤而共图之。夫如是，则自私自满之见可渐渐蠲除矣。

复李鸿章
（同治元年四月二十日）

少荃世仁弟大人阁下：

初十日接初二日惠函，十六日接十一日一缄，二十日又接十三、十五日两函，具悉一切。应复应商之件，条列如左：

一、与洋人交际，其要有四语：曰言忠信，曰行笃敬，曰会防不会剿，曰先疏后亲。忠者，无欺诈之心；信者，无欺诈之言；笃者，质厚；敬者，谦谨。此二语者，无论彼之或顺或逆，我当常常守此而勿失。至会防不会剿一语，鄙人有复奏一疏暨复恭邸一书言之颇详，兹抄呈台览。先疏后亲一语，则务求我之兵力足以自立，先独剿一二处，果其严肃奋勇，不为洋人所笑，然后与洋人相亲，尚不为晚。本此数语以行，目下虽若断断不合，久之必可相合相安。

一、二十日外，先派三四千人过浦扎周浦镇，台旆亦宜同去，住于行营之内。其说有三：阁下初当大任，宜学胡文忠五、六年初任鄂抚、左季翁初任浙抚规模，不宜学王公初莅浙任、薛公初莅苏任规模；宜从学习战事、身先士卒处下手，不宜从牢笼将领、敷衍浮文处下手，一也。湘淮各营官志气甚好，战守则除程学启外皆太生疏。即阁下早岁在巢县带勇，亦等儿戏，难当大敌。一年之内，阁下与各营官必须形影不离，卧薪尝胆，朝夕诰诫，俾淮勇皆成劲旅，皆有誉望。目下可使在沪、在常、苏之合肥健儿慕义归正，将来可恃淮勇以平捻匪而定中原。阁下若与各营离开，则淮勇万不能有成，二也。阁下自带五千人东征西剿，留刘松岩驻沪，留湘、淮二三营交刘统辖训练。薛部亦可酌调数营回沪，改用楚师营制营规，并交松岩训练。数月之后，阁下带三四千人赴镇，松岩留沪，此其张本矣，三也。有此三者，故愿阁下力为其难，自赴前敌。大难未平，吾辈当为餐冰茹蘖之劳臣，不为肠肥脑满之达官也。

一、洋提督何伯与阁下会叙，略节阅悉，均尚妥叶。其必欲阁下派兵会剿浦东者，意在觇楚师之强弱，察阁下之胆智耳。吾惟守"忠信笃敬"四字，不激其怒，其或会或不会，仍由阁下作主。鄙意欲私打一二处，察其可用而后与之会剿，否则不可献丑于洋人之前。尊意如何？

一、岱山盐载皖售卖，自有厚利。然淮场是敝处专政，苟可用轮船装载，其利亦厚，似不必更载浙盐。盖浙盐苟可不完厘，淮盐亦可不完矣。

一、庐州即克，多军可进攻九洑洲，沅军可进攻金柱关。其调度大局，有与希庵一信抄览。

一、垣、熊二营一切生疏，尚须大加训练。此次令垣营先发一半，后二船来，再发垣之半营、熊之全营。

一、薛部分守要地，虽不可调，然调一二营至尊处随同操练，亦无不可。曾秉忠一人来皖则可，其部下则难带来，民船亦不能过金陵也。复问台安。

再，密寄之件，林已至九江，过皖时并未进见。刘、米均来皖一见，鄙人嘱其赴左帅处听候查办。尊处既闻恒至九江，似可奏请将四人交沈、左拿办。张在扬州军营，则应由尊处拿办。黄昌岐闻定于数日内下驶，如可署江南提督一席，则请尊处主稿，挈列敝衔具奏。仲远欲奏留会防局，似可允其所请。宝生急欲交卸，阁下亦可申明敝处前奏请旨也。再颂少荃世仁弟台安。

同治元年五月初七日日记

　　早饭后，出城看升字右、后两营操演。旋拜客二家，巳正二刻归。见客二次，与筱泉围棋一局，与幕府诸君闲谈。眉生言及夷务，余以欲制夷人，不宜在关税之多寡、礼节之恭倨上着眼。即内地民人处处媚夷、艳夷而鄙华，借夷而压华，虽极可恨可恶，而远识者尚不宜在此等着眼。吾辈着眼之地，前乎此者，洋人十年八月入京，不伤毁我宗庙社稷，目下在上海、宁波等处助我攻剿发匪，二者皆有德于我，我中国不宜忘其大者而怨其小者。欲求自强之道，总以修政事、求贤才为急务，以学作炸炮、学造轮舟等具为下手工夫。但使彼之所长，我皆有之，顺则报德有其具，逆则报怨亦有其具。若在我者，挟持无具，则曲固罪也，直亦罪也，怨之罪也，德之亦罪也。内地之民，人人媚夷，吾固无能制之；人人仇夷，吾亦不能用之也。中饭后，写沅、季信一件。阅《水经》，与汪图校对潜水、涪水、梓潼水、阻水、南漳水、青衣水、延江水、油水、蕲水。清理文件，倦甚，小睡。见客一次。接雪琴信，知九洑洲于初三日克复。向师棣作策对甚佳，与之久谈。夜清理文件。温《古文·序跋类》。

致沅弟季弟
（同治元年五月十五日）

沅、季弟左右：

　　帐棚即日赶办，大约五月可解六营，六月再解六营，使新勇略得却暑也。抬小枪之药，与大炮之药，此间并无分别，亦未制造两种药。以后定每月解药三万斤至弟处，当不致更有缺乏。王可陞十四日回省，其老营十六可到。到即派往芜湖，免致南岸中段空虚。

　　雪琴与沅弟嫌隙已深，难遽期其水乳。沅弟所批雪信稿，有是处，亦有未当处。弟谓雪声色俱厉。凡目能见千里，而不能自见其睫，声音笑貌之拒人，每苦于不见，苦于不自知。雪之厉，雪不自知；沅之声色，恐亦未始不厉，特不自知耳。曾记咸丰七年冬，余咎骆文①、文、耆待我之薄，温甫则曰："兄之面色，每予人以难堪。"又记十一年春，树堂深咎张伴山简傲不敬，余则谓树堂面色亦拒人于千里之外。观此二者，则沅弟面色之厉，得毋似余与树堂之不自觉乎？

　　余家目下鼎盛之际，余忝窃将相，沅所统近二万人，季所统四五千人，近世似此者曾有几家？沅弟半年以来，七拜君恩，近世似弟者曾有几人？日中则昃，月盈则亏，吾家亦盈时矣。管子云：斗斛满则人概之，人满则天概之。余谓天之概无形，仍假手于人以概之。霍氏盈满，魏相概之，宣帝概之；诸葛恪盈满，孙峻概之，吴主概之。待他人之来概而后悔之，则已晚矣。吾家方丰盈之际，不待天之来概、人之来概，吾与诸弟当设法先自概之。

　　自概之道云何，亦不外清、慎、勤三字而已。吾近将清字改为廉字，慎字改为谦字，勤字改为劳字，尤为明浅，确有可下手之处。沅弟昔年于银钱取与之际不甚斟酌，朋辈之讥议菲薄，其根实在于此。去冬

----

　　①　"文"疑为"丈"之误。

之买犁头嘴、栗子山，余亦大不谓然。以后宜不妄取分毫，不寄银回家，不多赠亲族，此廉字工夫也。谦之存诸中者不可知，其着于外者，约有四端：曰面色，曰言语，曰书函，曰仆从属员。沅弟一次添招六千人，季弟并未禀明，径招三千人，此在他统领所断做不到者，在弟尚能集事，亦算顺手。而弟等每次来信，索取帐棚子药等件，常多讥讽之词，不平之语，在兄处书函如此，则与别处书函更可知已。沅弟之仆从随员颇有气焰，面色言语，与人酬接时，吾未及见，而申夫曾述及往年对渠之词气，至今饮憾。以后宜于此四端痛加克治，此谦字工夫也。每日临睡之时，默数本日劳心者几件，劳力者几件，则知宣勤王事之处无多，更竭诚以图之，此劳字工夫也。

余以名位太隆，常恐祖宗留诒之福自我一人享尽，故将劳、谦、廉三字时时自惕，亦愿两贤弟之用以自惕，且即以自概耳。

湖州于初三日失守，可悯可敬。

复多隆阿
（同治元年五月十八日）

礼堂仁兄大人阁下：

十七日接十四日环章，知援陕之举，不特雷镇西行，且阁下亲统大队建纛遄发。当此热日炎蒸，尊体又未健复，远道赴援，劳瘁异常，忠勤果毅，曷胜钦企！

惟愚虑所及有不能不再行熟商者：以地势而论，陕省偏在西陲，尚非京师后卫。由京至陕二十四站，由京至江南十八站，两淮群捻常入东境，尚不能扰及畿辅；陕贼仅零股数千，岂能骤为畿辅之害？以时势而论，用兵十载，军威之盛，未有如本年三、四两月者。今北岸全为我有，南岸太平、芜湖既克，亦有建瓴之势。惜城大兵少，洪贼见惯不惊。若得雄师从北路进攻，则扼其吭而捬其背，可期得手。此时不图，以后再求机会如此凑合，恐不可得。以贼势而论，窜陕之粤逆实数不满三千，又皆残败之余，一股深入，与群贼联络不上，亦处必败之道。顷闻杜曲、雒南两股，均被民团击退，省城解严，其并不凶悍可知。雷镇带三四千人赴陕，尽足了之。若以阁下全军临此小丑，有类牛刀割鸡。倘贼人慑于声威，窜入南山老林之中，雄师留秦搜捕，则疲于奔命，凯撤则伏莽复出，亦觉进退两难。年来圣主忧劳，生民涂炭。僭号者，伪太平王也；乱天下者，洪逆也。苗、捻、蜀、滇处处叛乱，皆闻洪逆之风而起者也。吾辈此时不打洪逆，更待何时？江南财赋之区，究竟远胜他省。但使金陵得手，明春即可办漕百余万石解京，俾京师根本重地有恃无恐。若阁下不以全力助弟，明年仍不能小京漕，实深忧愧。特此飞商尊处，并函告官帅。如以刍言为然，则请一面返旆东下，一面由官帅会同阁下与弟驰奏。是否有当，即祈迅速示复。

至王镇一军，承拨精选右营俾为新勇，矜式关爱逾恒，至以为感！其盐粮公费等银，当如来书照给。专此。敬请台安。诸希鉴亮，不宣。

致沅弟季弟
（同治元年五月二十八日）

沅、季弟左右：

沅于人概天概之说，不甚厝意，而言及势利之天下，强凌弱之天下。此岂自今日始哉？盖从古以然矣。

从古帝王将相，无人不由自立自强做出，即为圣贤者，亦各有自立自强之道，故能独立不惧，确乎不拔。昔余往年在京，好与诸有大名大位者为仇，亦未始无挺然特立不畏强御之意。近来见得天地之道，刚柔互用，不可偏废，太柔则靡，太刚则折。刚非暴虐之谓也，强矫而已；柔非卑弱之谓也，谦退而已。趋事赴公，则当强矫，争名逐利，则当谦退；开创家业，则当强矫，守成安乐，则当谦退；出与人物应接，则当强矫，入与妻孥享受，则当谦退。若一面建功立业，外享大名，一面求田问舍，内图厚实，二者皆有盈满之象，全无谦退之意，则断不能久。此余所深信，而弟宜默默体验者也。

议复调印度兵助剿折
（同治元年六月二十二日）

奏为遵奉谕旨妥议具奏事。

同治元年五月二十九日，准议政王军机大臣字寄，五月十七日奉上谕："总理各国事务衙门奏：据崇厚函称，询据英国领事官吉必勋声称，青浦、嘉定二城，发逆大队涌至。华尔察看情形，难以抵御，现在退回上海休息，有另调印度兵来，秋间大举之说。崇厚拟请许其兴兵，约其助剿，以收有用之效。该王大臣等虑及外国兵入内地攻剿，不特得一处，代守一处，足为中国腹心之患；即得一处，焚毁一处，如嘉定、青浦二城，亦实为地方疮痏之灾。东南蹂躏不堪，何可再受外兵之扰？请饬曾国藩等，于外国兵未到之先，激励三军，将苏、杭要地，先行收复。否则设法防范，或与印度兵同力合作，不致滋扰等语。借兵助剿之议，迭经曾国藩等先后复奏，佥称有害无利。前因上海吃紧，英、法两国帮同战守，是以姑示羁縻，未经阻止。该两国与发逆仇隙已深，若径调大兵，分路进攻，剪除发逆，固属大快人心。惟若尽如嘉定、青浦之势，则利不偿害。且恐守以西兵，运掉不能由我，为患曷可胜言！现在江南之师，连克名城，已成破竹之势。曾国藩函致总理衙门，拟令黄翼升统带水师，由松、沪盲入太湖，以为进兵之路，甚合机宜。着该大臣即乘此声势，督饬各军，进逼金陵，迅图克复。李鸿章将上海事宜布置后，亦即赶赴镇江，由句容一路会师进剿。两路夹攻，可期得手。若金陵既拔，则苏、常势必瓦解，官军可一鼓成功，各要地均为我有，自可杜外国觊觎之心。即届时调兵前来，见我兵既已得手，则无所更用彼力，自必废然思返。万一金陵尚难遽拔，而印度大队已到，应如何预筹兵勇，以备临时会同攻取，不致授柄于彼之处，着曾国藩等会商妥议。总期防患未然，免致临时失措。总理各国事务衙门原折片，均着抄给阅看"等因。钦此。

六月初九日复奉五月二十五日寄谕："近闻洋人因官军进取金陵，拟拨轮船，前来助剿。好胜争功，是其故态。若必待西兵会剿，将来攻克金陵后，必启其轻视之心。该大臣等，务当激励各军，乘此破竹之势，进逼金陵，迅图克复。毋令洋人以助剿为名，转致另生枝节"等因。钦此。

伏查咸丰十年十月，蒙先帝垂询俄、法两国助剿之事，臣复奏以为"当许其来助，而缓其师期"。本年三月蒙谕旨垂询英、法两国助剿之事，臣复奏以为"同防上海则可，借攻内地则不可。洋人若先攻苏、常，臣处无会战之师；若克复城池，臣处亦无派守之卒。定议于先，或不致责怨于后"等情，奏明各在案。兹复钦奉谕旨，以印度兵来，秋间大举，饬令会商妥议。臣函商左宗棠、李鸿章等。据左宗棠复函云：青浦、嘉定二处发逆麇至，夷兵遽遁。夷人之畏长毛，亦与我同。委而去之，真情毕露，断无起印度之兵助剿此贼之事。岛人借助剿为图利之计，借起兵为解嘲之词耳。兵头纵有此意，国主未必允许。印度纵有兵来，其数未必能多。据李鸿章复函云：官军自二十一日虹桥大捷之后，洋兵待我兵敬礼有加。提督何伯来营会晤，词意和顺。然窥其中，若有不足者。青浦、嘉定之退，不免羞恚，自云须八月后，调大英兵来，恢复青、嘉，该提督始能回国，并无调印度兵来之说。

臣查西人天性好胜，睚眦小忿，不肯甘休。青浦、嘉定之挫，既羞见侮于发逆，尤虑见轻于天朝。其兴兵前来报复，系属意中之事。惟英、法旧例，兵谋会议于众国，兵费征敛于众商，非一人所能为主。青、嘉一退之羞，不至遽触大众之怒，国主未必因此而大举，商贾未必因此而加征。其兵数必不甚多，亦可悬揣而知。崇厚既有所闻，似宜由总理衙门与驻京公使查询确实，然后申大义以谢之，陈利害以劝之。中国之寇盗，其初本中国之赤子。中国之精兵，自足平中国之小丑。姑无论本年春夏连克二十余城，长江上下肃清三千余里，发逆无能久之理，吴、越有可复之机。即使事机未顺，贼焰未衰，而中华之难，中华当之。在皇上有自强之道，不因艰虞而求助于海邦；在臣等有当尽之职，岂轻借兵而诒讥于后世。此所谓申大义以谢之也。粤匪行径，本属无赖之贼。青、嘉两城，尤属至微之事。英国若征印度之兵，为报仇之役，多调则胜之不武，少调则不胜为笑。徒使印度军士，支领英国之饷银，蹂躏中国之土地。上不利于国主，下不利于英商。不如早议息兵，俾松、沪免无穷之扰，即英法省无穷之费。此所谓陈利害以劝之也。斯二者，总理衙门与驻京公使委曲商榷，如俱不见听，则亦别无阻止之法。仍当先与议定，西兵进攻内地，臣处无会剿之师；若克城池，臣处无派防之卒。区区鄙见，不得不重言申明。

至于设法防范，殊乏良策。洋人语言不通，风俗迥异。彼以助我而来，我若猜忌太深，则无以导迎善气。若推诚相与，又恐其包藏祸心。观于汉口焚船等案，片言不合，戎事立兴。嫌衅一开，全局瓦裂。臣始终不愿与之会剿者，盖亦筹之至熟。与其合而复离，不若量而后入。倘我军屯驻之处，彼亦不约而来，实逼处此，臣当谆饬部曲，平日则言必忠信，行必笃敬；临阵则胜必相让，败必相救。但有谦退之义，更无防范之方。吾方以全力与粤匪相持，不宜再树大敌，另生枝节。庶几有容有忍，宏济艰难。愚虑所及，不审有当万一否。所有遵旨妥议缘由，理合会同浙江抚臣左宗棠、江苏抚臣李鸿章，恭折复奏，伏乞皇上圣鉴训示。谨奏。

同治元年七月初四日日记

　　早饭后清理文件。史士良来久坐，旋围棋一局，写岳父信一件。莫子偲、吴彤云来，帮看经解各卷，未刻毕。写澄侯信一件。陈虎臣来久座。中饭后，华衡芳、徐寿所作火轮船之机来此试演。其法以火蒸水，气贯入筒，筒中三窍，闭前二窍，则气入前窍，其机自退，而轮行上弦；闭后二窍，则气入后窍，其机自进，而轮行下弦。火愈大，则气愈盛，机之进退如飞，轮行亦如飞。约试演一时。窃喜洋人之智巧，我中国人亦能为之，彼不能傲我以其所不知矣。申正写希庵信一件。闻希〈庵〉近日病颇重，至扶杖出入，深以为虑。倦甚，小睡。清理文件。夜又清文件，温《文献通考》各序。是日接奉廷寄一件。

同治元年八月十九日日记

　　早饭后清理文件，旋围棋二局。见客二次，与筠仙邕谈。写左季高信一件，核改信稿数件。中饭后至幕府邕谈，清理本日文件。李竹屋来久谈，核改各批札稿。傍夕至幕府，与竹屋邕谈。夜核批札稿及科房各稿。二更后，温阮嗣宗诗。是日奇热异常，郁蒸难耐。夜，大雨倾盆，稍散烦襟。近日公事不甚认真，人客颇多，志趣较前散漫。大约吏事、军事、饷事、文事，每日须以精心果力，独造幽奥，直凑单微，以求进境。一日无进境，则日日渐退矣。以后每日留心吏事，须从勤见僚属、多问外事下手；留心军事，须从教训将领、屡阅操练下手；留心饷事，须从慎择卡员、比较人数下手；留心文事，须从恬吟声调、广徵古训下手。每日午前于吏事、军事加意，午后于饷事加意，灯后于文事加意。以一缕精心，运用于幽微之境，纵不日进，或可免于退乎？①

---

　　① 后附记杂项略而未录。——本书编者注。

复吴廷栋
（同治元年闰八月二十三日）

竹如仁兄大人阁下：

七月杪接奉五月二十八日惠书，裁复稍稽，至为歉仄！仰荷箴诲，拳拳以古人道谊相切劘，感戢曷既！

国藩秉质粗疏，晰理未精，忝窃高位，兼攘虚名。责任之重，属望之众，盖实出于意计之外，亦自日处危机之中。虽积功如山，莫可报称，故不复课程功之多寡，但课每日之勤惰。即训迪僚属，亦但以"勤"、"廉"二字相勖，不更高论要道。至方寸检点，则惟是急功、近利、穿窬、乡原、鄙夫数大端，以免此为至幸。大抵皆是人欲之私，更无所谓天理之私。每日诸务猬集，酬接纷纭，身未及检，事未及毕，旧书未及温习，而光阴忽忽已过，刻漏又尽矣。

来示又以安危得失取决片言，虽不至如此之甚，然亦尝蒙天语垂询，令其汲引善类，厘察贤奸。自以见闻极陋，好恶或淆，多以无员可荐据实复陈。盖既自度无知人之明，而又疑封疆将帅由外疏荐，一时之裨益甚少，方来之流弊孔长也。然鄙人之辜负清问，无补时艰，即此已可见其大凡矣。方存之谓敝幕人才颇盛，此乃过情之誉。珂乡贤达如杨璞庵、陈虎臣昆季、洪琴西、沈介夫皆处以清要之职，知其久游德门，廉正耐劳，渐染有素，故敝处礼而用之，百不失一。存之、朗仙计不久亦来此间。此外尚有贤才可以相助为理否？幸倾夹袋之储，无吝百朋之锡，至祷！至祷！

派捐之说，敝处与李中丞皆无其事。或系传闻之误，望再查明见示。折弁经过山东，肃泐。奉问台安，诸维心鉴。

同治元年九月十四日日记

　　早饭后清理文件，写鲍春霆信一件。围棋一局。见客二次。巳刻登城，看演放炮位，周围一试，约步行七里，肩舆五里，午刻归。写家信一件，又写沅弟信一件。中饭后至幕府闿谈，清理本日文件。申正写挂屏四付、对联二付。本日早接沅弟初十日信，守事似有把握，为之少慰。然以江西抚、藩二人似有处处与我为难之意，寸心郁郁不自得。因思日内以金陵、宁国危险之伏，忧灼过度。又以江西诸事掣肘，闷损不堪。皆由平日于养气上欠工夫，故不能不动心。欲求养气，不外"自反而缩，行慊于心"两句；欲求行慊于心，不外"清、慎、勤"三字。因将此三字多缀数语，为之疏解。"清"字曰名利两淡，寡欲清心，一介不苟，鬼伏神钦；"慎"字曰战战兢兢，死而后已，行有不得，反求诸己；"勤"字曰手眼俱到，心力交瘁，困知勉行，夜以继日。此十二语者，吾当守之终身，遇大忧患、大拂逆之时，庶几免于尤悔耳。夜阅《梅信〔伯〕言诗文集》，核批札各稿。二更三点将睡，疲困殊甚，幸尚成寐。五更醒，从此为常态矣。

同治元年十月初十日日记

　　早饭。黎明至怀宁县学宫庆贺万寿。是日为慈禧皇太后圣节也，卯正礼毕。早饭后见客二次，围棋二局，又立见之客三次。写沅甫信一件，核批札稿数件。天雨淋漓，深以金陵、宁国军事为虑。午正小睡片刻。请吴月溪、潘伊卿便饭，未正散。旋核改金柱关胜仗折，阅本日文件，改信稿三件。傍夕，宾客以余明日生日或来庆贺，因入内室避之。灯后作奏片二件，各三百余字，又改折稿二件。二更后写信一封，与吴竹庄信一件。四点入内室，阅王而农所注张子《正蒙》，于尽性知命之旨，略有所会。盖尽其所可知者，于己，性也；听其不可知者，于天，命也。《易·系辞》"尺蠖之屈"八句，尽性也；"过此以往"四句，知命也。农夫之服田力穑，勤者有秋，隋〔惰〕者歉收，性也；为稼汤世，终归焦烂，命也。爱人、治人、礼人，性也；爱之而不亲，治之而不治，礼之而不答，命也。圣人之不可及处，在尽性以至于命。尽性犹下学之事，至于命则上达矣。当尽性之时，功力已至十分，而效验或有应有不应，圣人于此淡然泊然。若知之若不知之，若着力若不着力，此中消息最难体验。若于性分当尽之事，百倍其功以赴之，而俟命之学，则以淡如泊如为宗，庶几其近道乎！

谕纪泽
（同治元年十一月初四日）

字谕纪泽儿：

二十九接尔十月十八在长沙所发之信，十一月初一又接尔初九日一禀，并与左镜和唱酬诗及澄叔之信，具悉一切。

尔诗胎息近古，用字亦皆的当。惟四言诗最难有声响，有光芒，虽《文选》韦孟以后诸作，亦复尔雅有余，精光不足。扬子云之《州箴》、《百官箴》诸四言，刻意摹古，亦乏作作之光、渊渊之声。余生平于古人四言，最好韩公之作，如《祭柳子厚文》、《祭张署文》、《进学解》、《送穷文》诸四言，固皆光如皎日，响如春霆。即其他凡墓志之铭词及集中如《淮西碑》、《元和圣德》各四言诗，亦皆于奇崛之中迸出声光。其要不外意义层出、笔仗雄拔而已。自韩公而外，则班孟坚《汉书·叙传》一篇，亦四言中之最隽雅者。尔将此数篇熟读成诵，则于四言之道自有悟境。镜和诗雅洁清润，实为吾乡罕见之才，但亦少奇矫之致。凡诗文欲求雄奇矫变，总须用意有超群离俗之想，乃能脱去恒蹊。尔前信读《马汧督诔》，谓其沉郁似《史记》，极是极是。余往年亦笃好斯篇。尔若于斯篇及《芜城赋》、《哀江南赋》、《九辩》、《祭张署文》等篇吟玩不已，则声情自茂，文思汩汩矣。

此间军事危迫异常。九洑洲之贼纷窜江北，巢县、和州、含山俱有失守之信。余日夜忧灼，智尽能索，一息尚存，忧劳不懈，它非所知耳！尔行路渐重厚否？纪鸿读书有恒否？至为廑念。余详日记中。此次澄叔处无信，尔详禀告。

复奕䜣
（同治元年十二月初三日）

曾国藩顿首上书恭亲王殿下大人阁下：

十月十九肃复芜笺，嗣是三奉钧函，以前购轮船七只明春可到，预筹配勇节制及剿贼、进攻各事宜，训迪周详，佩仰无似！

尊处购买之意，不仅为剿办发逆而设，此诚思深虑远、开物成务之至计。某上年七月复奏曾言"恃己之所有，夸人以所无者，世之常情也；忽于所习见，震于所罕见者，亦世之常情也"。轮船之速、洋炮之利，在英、法则夸其所独有，在中华则震于所罕见，若能陆续购买，据为己物，在中华则见惯而不惊，在英、法亦渐失其所恃。即如洋兵初到上海，往往神奇其说，自退出青、嘉二城，内地人民始知洋兵亦有不可尽恃之时。如炮船竟能通行中国，则内地兵民或者尽释疑畏之心，徐求制胜之道，必收将来之效于无形之地。

至轮船用之长江剿办发匪，则地势不甚相宜。发逆之猖獗，在陆而不在水；官兵之单薄，亦在陆而不在水。国藩庚申十月、辛酉七月两次具奏，本年四月十九亦以此复陈左右。来示以剿贼应从金陵、九洑洲两处见询。查金陵惟仪凤门一隅近临江水，其余三面距江尚远。城周百余里，若无三面陆师，则江上轮船尚难制其要害。九洑洲南面傍江，即仪凤门之对岸也，北面新开河不甚宽深，冬月水涸，已成陆地，与北岸之江浦、浦口并无阻隔。该处逆垒坚固，非有大队陆师，殊难环攻取胜。国藩六月十三呈复尊处一缄，亦曾略陈梗概。江面宽处数里，窄处不过二三里，轮船在江但能直行，不能横行，且行则瞬息千里，止则寸步难移。求其操纵运掉，左右盘旋，势有未能。若令驻泊洲前，与筑炮台于江中无异，不见其飞行之妙，反觉有板重之虞。即以开花炸炮攻之，此次雨花台被围，贼以炸弹打入官营，官军不甚畏怯；我军亦购炸弹打入贼营，贼亦不甚慌乱。今以新购轮船进剿九洑洲，实未敢信其确有把握。

承询地势情形，谨绘具粗图附陈台览。

至派配兵勇一节，赫税司单开兼用八旗及各省之人，稍嫌参杂，恐难浑融一气。上年七月复奏，曾言每船酌留三四洋人，其余配用水师勇丁，统带大员于水师镇将中遴选。顷据彭侍郎玉麟、杨军门岳斌咨送派出总兵蔡国祥一员，武官盛永清、袁俊等七员，即日当会同官帅专疏复奏。

此间自闰月以来，危险迭见，仰托圣主威福，金陵大营幸获保全。而皖北各城猝遭沦陷，宁国粮路至今梗塞。舍弟贞幹复病殁金陵，鲍军门新丁母忧。变故纷乘，竭蹶万状，昕宵负疚，惶恐曷胜！杨军门等因战事忙遽，所派蔡国祥等顷始送到。呈复稍迟，伏希鉴原。

赫税司自汉回沪，本月十九来营一见，谨遵来示，稍加优礼，比已解维赴沪矣。敬请钧安，伏惟垂鉴。曾国藩再拜。

密陈购买外国船炮预筹管带员弁折[*]
（同治元年十二月十二日）

奏为遵旨筹办，恭折密陈，仰祈圣鉴事。

窃臣等承准议政王军机大臣密寄，同治元年九月二十九日奉上谕："总理各国事务衙门奏，购买外国船炮，明春可到，请饬预派将弁水勇，以备演习，并请妥筹配派各折、片。购买外国船炮，近以剿办发逆，远以巡哨重洋，实为长驾远驭第一要务。曾国藩前次复奏，有驶到安庆、汉口时商定奏办之语，第俟该船驶到再行商办，诚恐一时选派，难得其人，且停泊过久，难保洋人不另出主见，流弊不可不防。现在既据赫德呈称此项船炮明春可到，其单内所称轮船应派官兵及炮手、水手、水师等兵，并船上当差甚苦，须用健壮之人等语，虽较之上年所开之单尚为核实，惟是否应如此酌派，殊难悬揣。官文、曾国藩久辖南疆，见闻较稔，着即相度机宜，参以赫德之言，悉心筹酌，将应用将弁、兵丁、水手、炮手等人，于该船未到之先，一律配齐。俟轮船驶到，即可上船演习，免滋流弊。至酌留外国水手人等，多则经费太巨，少则教导不敷，应如何办理之处，并着届时与税务司等熟商妥办。其赫德单内有水手用山东人，炮手用湖南人，水师兵用八旗人之语，自系为胆气壮实及火器娴熟起见。惟因地制宜，仍在官文、曾国藩详悉筹办，务收实用。其应如何选派之处，即着迅速具奏。总理各国事务衙门折、片各一件，赫德呈单一件，均着抄给阅看。将此由五百里各密谕知之。"钦此。仰见皇上虑远思深，先事预筹之至意。

臣等遵即与侍郎彭玉麟、提督杨岳斌往返密商。适值金陵、宁国援贼大至，东坝抬来之贼船散布宁、太各湖，大港小汊，一片逆氛。水师上下防剿，数月以来，刻无暇晷。兹据杨岳斌、彭玉麟密复前来，查有

---

[*] 此件与彭玉麟、杨岳斌会衔具奏。

统带巡湖营提督衔记名总兵蔡国祥，勇敢耐劳，久隶楚军水师，历著功绩，而又籍属广东，易与洋人熟习，堪以统辖七船。又查有副将衔参将盛永清，参将袁俊，参将衔游击欧阳芳、邓秀枝、周文祥、蔡国喜，游击衔都司郭得山，年力精壮，向归蔡国祥节制，堪以各领一船。此外，水手、炮手、兵丁等项，据赫德单内所开人数，分列多寡，尚合机宜，应如所请办理。惟拟用山东、湖南、八旗人等，虽系因材器使，究嫌参杂不齐。

臣国藩去秋复陈一疏，有云轮船驶至安庆、汉口时，每船酌留外洋三四人，令其司柁、司火，其余即酌用楚勇。所有学习驾驶、司放炮位等事，应请即由蔡国祥于所部弁勇中预为派定，诱掖奖劝，以去其畏心；委任责成，以程其实效。始以洋人教华人，继以华人教华人，既不患教导之不敷，又不患心志之不齐。且与长江各项水师出自一家，仍可联为一气，不过于长龙、舢板数十营中，新添轮船一营而已，既见惯而不惊，自推放而皆准。

抑臣等更有请者，两湖水勇，能泛江不能出海，性之所习，迁地弗良，但可驶至上海，不能遽放重洋。本年二月间，经臣国藩据实陈明，旋奉寄谕："现筹购买船炮，本拟用于江面，并非施之海洋。"仰荷圣谟闳远，俯顺物情，宣示军中，咸知感激。倘蔡国祥经管之后，由楚勇而参用浙勇，参用闽、粤之人，由上海而渐至宁波，渐至山东、天津，亦未必终不可出洋巡哨，观政海邦。惟目下一二年内，则须坚守前约，不令放洋，俾臣等不失信于将士，庶几恩谊交孚，号令易行。区区愚忱，不得不重言申明，惟求圣慈鉴谅。所有遵旨筹办缘由，谨会同兵部侍郎臣彭玉麟、福建水师提督臣杨岳斌，由驿复陈，伏乞皇上圣鉴训示。谨奏。

复王家璧
（同治元年十二月二十三日）

孝凤仁弟大人阁下：

接小春二十二日手书并医方、石刻，具悉一切。

昔年所作檄文，偶及粤匪之教，天父天兄，昆父姊母，大紊伦纪，文字粗浅，不足称述。近乃有好事者为檄痛诋天主教，词旨鄙秽，展转传播，颇滋事端。鄙意我苟求胜于彼，不必锱铢较量，尤不在语言文字，但令中国之官必廉必正，中国之兵能战能守，自上至下，事事可以对人，使彼无轻视之心，而后有敬服之渐，庶几潜移默运，转弱为强。今审势量力，茫无足恃，一时快意，不过扬汤止沸，将来召侮，仍不免掩耳盗铃。外省情形，都中或未尽悉。阁下若居言路，尚祈并观兼听，持平立言，则所虑者远而所益者大矣。

金陵官军解围后，该逆分股由九洑洲渡江，上窜皖北，连陷巢县、含山、和州、运漕等处。敝部兵力全在南岸，皆当防剿吃紧之际，无从抽拨，当截留上海新勇九营、临淮新勇三营分守无为、庐州、庐江等城，调希帅部下萧军门、毛观察两军由无为、运漕一带进剿，蒋观察拨四营防守六安，为庐北声援。本月初十，运漕克复，皖北似有起色。雪帅驻营裕溪，厚帅驻营乌江，自大胜关以上，沿江要隘，水师逐段分布，尚能兼顾。

舍季弟秋间久疟，请假调治，甫登舟而援贼大至，力疾入营，苦守四十六日，卒以积劳伤生，上月十八殁于金陵军次。国藩薄德积愆，殃及手足，恸甚增愧。当时并未请恤，仅于复奏军事折内附言及之，乃蒙逾格恩施，赠官议恤，曷胜感怆！专泐奉复。并问台安。不宣。

复夏教授
（同治元年十二月）

△△兄足下：

昨奉手书，备荷心注，并惠寄大著四函，羽书偶暇，时一雒诵。

尊意在于宗紫阳，救时弊，不沉溺于功利，不泛滥于记问，不参错于二氏，于此道中切实折肱，直欲造古人第一等地位，敬服无量。

承示黄南雷、孙苏门、顾亭林、李鳌屋诸先生学稍偏，而毛西河、纪河间、阮仪征、戴东原、程棉庄诸君放言高论，集矢洛、闽。陆清献谓明季学术，足以致寇，实非苛论云云，具见日弓月矢，卫道苦心。闽、洛干城，老当益壮。《汉书》申公云："为政不在多言，为学亦然。"孔孟之学，至宋大明。然诸儒互有异同，不能屏绝门户之见。朱子五十九岁与陆子论无极不合，遂成冰炭，诋陆子为顿悟，陆子亦诋朱子为支离。其实无极矛盾，在字句毫厘之间，可以勿辨。两先生全书具在，朱子主道问学，何尝不洞达本原？陆子主尊德性，何尝不实征践履？姚江宗陆，当湖宗朱。而当湖排击姚江，不遗余力，凡泾阳、景逸、黎洲、苏门诸先生近姚江者，皆遍摭其疵瘢无完肌，独心折于汤睢州。睢州尝称姚江致良知，犹孟子道性善，苦心牖世，正学始明。特其门徒龙溪狂谈，艮斋邪说，洸洋放肆，殃及师门，而罗近溪、周海门踵之。然孔门有子夏，子夏之后田子方，子方之后庄周说近荒唐，此不足以病子夏。况庄子《外篇》多后人伪托，《内篇》文字，看似放荡无拘检，细察内行，岌岌若天地不可瞬息。钱珩石给谏曰："尧、舜、巢、许皆治乱之圣人，有尧、舜而后能养天下之欲，有巢、许而后能息天下之求。"诚至论也！姚江门人，勋业如徐文贞、李襄敏、魏庄靖、郭青螺诸公，风节如陈明水、舒文节、刘晴川、赵忠毅、周恭节、邹忠介诸公，清修如邓文洁、张阳和、杨复所、邓潜谷、万思默诸公，皆由"致良知"三字成德发名者。睢州致书稼书，亦微规攻击姚江之过，而于上孙徵君钟元先生书及墓志铭，则中心悦服于姚江者至矣。盖苏门学姚江，睢州又学苏门者也。当湖学派极正，而象山、姚江亦江河不废之流，苏门则慎独为功，睢州接其传，二曲则反身为学，鄠县存其录，皆有合于尼山赞易损益之指。明儒之不善学姚江而祸人者，莫如"以惩忿窒欲为下乘，以改过迁善为妄萌"二语，人之放心，岂有底止乎？

乾嘉间，经学昌炽，千载一时。阮仪征、王高邮、钱嘉定、朱大兴诸公倡于上，戴东原、程瑶田、段玉裁、焦理堂十余公和于下，群贤辐辏，经明行修。国藩尝谓性命之学，五子为宗；经济之学，诸史咸备，而渊源全在六经。李斯一炷，学者不复睹六经之全。至秦汉之际，又历禁挟书，举世溺于功利，抱经诸儒，视为性命，身与存毁，非信道之笃不能，天下相尚以伪久矣。陈建之《学蔀通辨》，阿私执政；张烈之《王学质疑》，附和大儒，反不如东原、玉裁辈卓然自立，不失为儒林传中人物。惟东原《孟子字义疏证》一书排斥先贤，独伸己说，诚不可以不辨。姚惜抱尝论毛大可、李刚主、戴东原、程棉庄率皆诋毁程、朱身灭嗣绝，持论似又太过。无程、朱之文章道德，腾其口舌欲与争名，诚学者大病。若博核考辨，大儒或不暇及，苟有纠正，足以羽翼传注，当亦程、朱所心许。若西河驳斥谩骂，则真说经中之洪水猛兽矣。国藩一宗宋儒，不废汉学，足下著作等身，性命、道德与政事干济，相辅而成，名山万仞，岁寒共勉，无谦言草茅占毕也。

皖北巢、含等处，贼氛已清，皖南游魂，尚在石埭一带。鲍军时呼庚癸，难贾余勇，幸祁门尚有他师，不难即歼此寇。事恒舍弟灵柩，安抵皖省，月之二十一日，即由江路扶回里门。仰蒙朝廷高厚，追赠按察使司，酬其战功。窃惟蛾贼未扫，鸰原忽徂，手足之怀，伤心风雨。

冗次率复，偶抒管见，借候著福。节候严冷，伏维为道自卫，不尽愿言。

复彭毓橘
（同治二年正月初一日）

杏南表弟左右：

屡接手书，未及即复为歉。

去岁八、九等月，金陵大营危险异常，十、冬两月，又以舍季弟疾病大故，均劳表弟苦心经营，维持一切，至亲不复言谢。当忠酋初退之际，官军于疫疹之后，继以伤亡，重以疲困，自不能再出征剿。当表弟信到之时，鄙人亦因沅弟之信，不复强之上援矣。刻下额数渐满，元气将复，拟添足三万人，至三月训练成熟，以万五千守金陵老营，以万五千雕剿东坝、句、高、二溧。请表弟与沅弟悉心商酌。墙濠有应加修者，赶紧加工，免致抽兵之日，临时周章。一军分为两帮，剿办近处，更番休息，实有无穷妙用，毫无不妥之处。打开东坝，每月可添厘金二三万两，不比大胜关之时王时衰也。

至表弟两得奖叙，仰邀封典，实皆积劳得来，尚觉不足以酬功。此后惟于"勤俭谨信"四字，更加工夫。勤如天地之阳气，凡立身居家，作官治军，皆赖阳气鼓荡。勤则兴旺，惰则衰颓。俭者可以正风气，可以惜后福。谨即谦恭也，谦则不遭人忌，恭则不受人侮。信即诚实也，一言不欺，一事不假，行之既久，人皆信之，鬼神亦钦之。表弟心地端厚，精力充足，望于此四字再加磨厉，刻刻不懈，无论居官居乡，皆可终身受用。兹值元旦令节，特书此函，以当面晤。

贱躯尚托平安，惟牙疼未愈。正、二月若得稍闲，必至金陵与沅弟及表弟一叙。

复薛焕
（同治二年正月十八日）

觐唐尊兄大人阁下：

顷接惠书，并读尊撰疏稿，详明精密，备承指示。旋准部文，知阁下奉诏内召，钦篆暂交少荃中丞兼绾。使节荣旋，至为光宠。东南洋务，素赖台端主持，本无替人可代，惟朝廷倚畀甚殷，嘉召穆之来宣，介韩侯而入觐。以累年之阅历，为入告之嘉谟。各口情形，均无不达之隐，裨益更为远大，祷企曷既！

通商使臣一缺，自闻明论，即未尝坚持初说，今阁下仍以设立具疏，足征两无成见。弟以军务竭蹶，势难兼办洋务，未敢以此自任，而默计另立使署，需费甚巨，颇为国家惜此帑项。此次八条所开委员、书役、通事各费，每年不满二万金，合使臣廉俸，共约四万左右，除目前无庸建立衙署外，其租赁公馆、雇用轮船各杂支，所需尚不为多。惟此缺果设之后，则渐推渐广，日增月益，将来必加至十数万金，若仍有名无实，此费亦觉可惜。而沿江之督抚将军，仍不能置身事外。此疏且暂存不发，望阁下再为斟酌，如竟可裁撤，请于赴阙面陈颠末，由都中定议，颁发明谕，即将南洋通商事宜，归并督抚将军经理。如必须敝处奏请更正前说，容当另办疏稿，不以请设在先，稍存回护。统俟阁下到京之后，与总理衙门商妥，迅赐函示，以凭照办。俄兵助剿会奏，前承椽笔主稿，良深感荷，一并复谢。敬请台安，并贺大喜。掌璧拗谦。不宣。

致沅弟
（同治二年正月十八日）

沅弟左右：

二日未寄信与弟，十七夜接弟初九日信，知弟左臂疼痛不能伸缩，实深悬系。兹专人送膏药三个与弟，即余去年贴右手背而立愈者，可试贴之，有益无损也。

拂意之事接于耳目，不知果指何事？若与阿兄间有不合，则尽可不必拂郁。弟有大功于家，有大功于国，余岂有不感激、不爱护之理？余待希、厚、雪、霆诸君，颇自觉仁让兼至，岂有待弟反薄之理？惟有时与弟意趣不合。弟之志事，颇近春夏发舒之气；余之志事，颇近秋冬收啬之气。弟意以发舒而生机乃王，余意以收啬而生机乃厚。平日最好昔人"花未全开月未圆"七字，以为惜福之道、保泰之法莫精于此。曾屡次以此七字教诫春霆，不知与弟道及否？星冈公昔年待人，无论贵贱老少，纯是一团和气，独对子孙诸侄则严肃异常，遇佳时令节，尤为凛不可犯。盖亦具一种收啬之气，不使家中欢乐过节，流于放肆也。余于弟营保举银钱军械等事，每每稍示节制，亦犹本"花未全开月未圆"之义。至危迫之际，则救焚拯溺，不复稍有所吝矣。弟意有下满处，皆在此等关头。故将余之襟怀揭出，俾弟释其疑而豁其郁。此关一破，则余兄弟丝毫皆合矣。余不一一，顺问近好。

翠山信寄去。

再，余此次应得一品荫生，已于去年八月咨部，以纪瑞侄承荫。因恐弟辞让，故当时仅告澄而未告弟也。将来瑞侄满二十岁时，纪泽已三十矣，同去考荫，同当部曹。若能考取御史，亦不失世家气象。以弟于祖父兄弟宗族之间竭力竭诚，将来后辈必有可观，目下小恙断不为害，但今年切不宜亲自督队耳。又行。

致沅弟
（同治二年正月二十日）

沅弟左右：

十九日接弟十四日缄，交林哨官带回者，具悉一切。

肝气发时，不惟不和平，并不恐惧，确有此境。不特弟之盛年为然，即余渐衰老，亦常有勃不可遏之候。但强自禁制，降伏此心，释氏所谓降龙伏虎。龙即相火也，虎即肝气也。多少英雄豪杰打此两关不过，亦不仅余与弟为然。要在稍稍遏抑，不令过炽。降龙以养水，伏虎以养火。古圣所谓窒欲，即降龙也；所谓惩忿，即伏虎也。儒释之道不同，而其节制血气，未尝不同，总不使吾之嗜欲戕害吾之躯命而已。

至于倔强二字，却不可少。功业文章，皆须有此二字贯注其中，否则柔靡不能成一事。孟子所谓至刚，孔子所谓贞固，皆从倔强二字做出。吾兄弟皆禀母德居多，其好处亦正在倔强。若能去忿欲以养体，存倔强以励志，则日进无疆矣。

新编五营，想已成军。郴桂勇究竟何如？殊深悬系。吾牙疼渐愈，可以告慰。刘馨室一信抄阅，顺问近好。

同治二年正月二十一日日记

　　早饭后清理文件，写澄侯信一件。巳初行开印礼。旋出门拜客五家，均会晤。在轿中，思古圣人之道莫大乎与人为善。以言诲人，是以善教人也；以德熏人，是以善养人也：皆与人为善之事也。然徒与人则我之善有限，故又贵取诸人以为善。人有善，则取以益我；我有善，则与以益人。连环相生，故善端无穷；彼此挹注，故善源不竭。君相之道，莫大乎此；师儒之道，亦莫大乎此。仲尼之学无常师，即取人为善也；无行不与，即与人为善也。为之不厌，即取人为善也；诲人不倦，即与人为善也。念吾忝窃高位，剧寇方张，大难莫平，惟有就吾之所见多教数人，因取人之所长还攻吾短，或者鼓荡斯世之善机，因以挽回天地之生机乎！适访晤石埭杨德亨仲谦，因其誉我太过，遂与谈及一二。午正归。中饭后至幕府闲谈。旋阅本日文件，写沅弟信一件，核批札各稿。傍夕又至幕府一谈。夜，定江西厘务月报单毕。因眼红作疼，不敢多治事，二更三点睡。

致沅弟
（同治二年四月十六日）

沅弟左右：

接弟十一、十二日两信，具悉一切。

辞谢一事，本可浑浑言之，不指明武职京职，但求收回成命。已请筱泉、子密代弟与余各拟一稿矣。昨接弟咨，已换署新衔，则不必再行辞谢。吾辈所最宜畏惧敬慎者，第一则以方寸为严师，其次则左右近习之人，如巡捕、戈什、幕府文案及部下营哨官之属，又其次乃畏清议。今业已换称新衔，一切公文体制为之一变，而又具疏辞官，已知其不出于至诚矣。欺方寸乎？欺朝廷乎？余已决计不辞，即日代弟具折。用四六谢折外，余夹片言弟愧悚思辞，请收成命。二十一二日专人赍京。弟须用之奏折各件，即由此次折弁带归。

弟应奏之事暂不必忙。左季帅奉专衔奏事之旨，厥后三个月始行拜疏。雪琴得巡抚及侍郎后，除疏辞复奏二次后，至今未另奏事。弟非有要紧事件，不必专衔另奏，寻常报仗，仍由余办可也。

李子真尽可分送弟处。莫世兄年未二十，子偲不欲其远离。赵惠甫可至金陵先住月余，相安则订远局，否则暂订近局。

五月杪以后之米，省局尽可支应。以三万人计之，每月需米万二千石五百人一营者加夫一百八十名，每月需二百石。弟部来此请米价及护票者已一万数千石，计六七月必到，不尽靠皖台也。顺问近好。

恳辞曾国荃补授浙抚并谢恩折
（同治二年四月二十二日）

奏为恭谢天恩，沥陈下情，仰祈圣鉴事。

窃臣接准兵部火票递到同治二年三月十八日内阁奉上谕："浙江巡抚着曾国荃补授。"钦此。当即恭设香案望阙叩头谢恩讫。又恭读寄谕："浙省系左宗棠兼辖，既兼署巡抚，尤责无旁贷。曾国荃着仍统前敌之军驻扎雨花台，一意相机进取，以图金陵，毋庸以浙事为念"等因。钦此。

仰见皇上破格录用，委曲培成之至意。惟是受恩愈重，报称愈难。现在发、捻纷乘，苗练复叛，军情反复，世变环生，只贻宵旰之忧，曾乏补苴之术，每与臣弟国荃寓书微惕，惭悚交并。本年二月臣至雨花台大营，与臣弟共处八日，慨兵事之方殷，感主恩之极渥，中夜奋兴，互相诫勉。以大局论之，沿江三千里名城要隘，皆为我有，加以浙东列郡，苏、松各属，次第克复，凡山川筋脉之地，米粮百产之源，该逆无可恃，未尝不托圣朝之威福，冀功绪之可成。而一念夫拓地日广，顿兵坚城，戍守之卒太多，游击之军太少，师老饷竭，士气渐疲，群盗如毛，饥饿四罩，窃号之寇未灭，流贼之患或兴，则又为之蹙额歔欷。愧臣兄弟谬当重任，深恐上辜君恩，下负民望，遂陷于大戾而不自知。忧灼之余，每思避位让贤，稍分责任，又不敢数数陈奏上渎宸聪。上年正月间，臣密陈金陵未克以前，不再加恩。臣家诚以功名之际，终之始难，消长之机，盈则必缺，曾蒙寄谕嘉许，俯鉴愚忧。臣弟国荃旋擢藩司，已叨非分，今又特沛恩纶，授以开府之荣，专其治军之责。闻命而后，已阅兼旬，臣与臣弟两次函商，欲固辞，则颇涉矫情，思立异于当世；欲受事，则不自量力，惧贻讥于方来。再四踌躇，诚恐治军无效，倾覆寻至，不如少安愚拙之分，徐图尺寸之功。惟有吁恳天恩收回成命，俯准臣弟以开缺藩司效力行间，与臣随时熟筹战守，相机进取，或者以勤补拙，以恐致福，迅克坚城，殄除丑类，稍答高厚鸿慈于万一。除由臣弟国荃专折沥陈外，所有微臣感激下忱，理合缮折叩谢天恩，伏乞皇太后、皇上圣鉴。谨奏。

密陈近日大江南北军情及
饷缺兵逃大局决裂可虞片
（同治二年四月二十七日）

　　再，近日军情：大江南岸雨花台各营坚守如常。芜湖、宁国、南陵数城，金柱关、湾沚西河数隘，水陆布置，防务尚松。泾县守将易开俊，于四月十八日在章家渡击贼大胜。朱品隆亦在青阳境内击贼屡胜。徽州自王沐回驻景德镇后，贼又从太平窜入歙县之许村，唐义训督军击却，追出箬岭。前调李榕南渡一军，十九日进攻建德未下，二十三日再战克之。臣檄令进攻彭泽、鄱阳，会合韩进春、席宝田等军由内打出，冀扫上游之群贼而保江西之完区。

　　大江北岸自忠酋下窜，贼势渐衰，我军攻克东关、铜城闸。刘连捷进扎望城岗，彭毓橘进扎巢县东门，水陆攻击一昼夜，遂于二十二夜克复巢城。现檄鲍超与萧衍庆、彭毓橘、刘连捷诸军进取和、含二浦，直达九洑洲，冀驱贼并归南岸，较易剿办。苗沛霖围攻寿州已逾一月，城中仅有五百人，绝粮者八日，署知州毛维翼与民苦守，可嘉可悯。蒋凝学于十六日自六安援寿，甫抵谢埠，又为群捻所阻。毛有铭自东关援寿，以无饷可领，军行稍滞。成大吉自麻城援寿，亦以饷缺未能成行。今年兵事之迟钝，半由于饷需之奇绌。臣部八万余人，益以李续宜部下二万人，欠饷多者十五个月，少亦八七个月。昨鲍超自枞阳登岸，苦无途费，其部卒逃散一千余人。毛有铭自东关起程，其部卒逃散数十人，并据将倡逃之将弁邹庆星等禀请参革。臣带兵九载，今年始有饷匮兵逃之事。

　　从前徽、宁两防，每月额饷二十万，皆由浙江供支。臣接办以来，庚、辛二年奏拨江西漕折，每月五万，至壬戌年奏拨四万，奉旨允准。旋经抚臣沈葆桢奏留供本省防兵之用，户部议准。而臣所统徽、宁两防，遂无一毫可恃之饷矣。江西通省厘金，臣指定河口、景镇等卡协济左宗棠月约三万两，指定吴城等卡协济彭玉麟月约二万数千，又拨给本省水师刘于浔、孙昌国两军月约二万数千，四处共支去八万，而实解臣台者遂无几矣。湖南东征局厘金，今年因米价昂贵，留楚买米，而现银解皖者亦无几矣。广东厘金奏定专充皖浙军饷，近亦有留供本省之议。

臣力小任重，统军过多，每月需额饷五十余万，而入款不过十余万，不敷之数甚巨。且唐训方近驻临淮，李世忠近驻滁州，索饷之文，月凡数至。即赫德所购轮船，指日可到，亦必向臣处索饷。昔以数人分办之军务，今专责于一人；昔以各路分筹之军饷，今并萃于一身。夙夜祗惧，恐微臣之颠踬立见，而大局之决裂尤可虞也。臣在军多年，从不敢轻上请饷之奏。盖不欲以危词上烦圣听，又不欲以苦语涣散军心。兹因有勇丁逃散之案，不得不据实密陈。可否吁恳天恩，在于九江洋税项下，每月拨银三万两解皖济饷，出自鸿施。仍恳敕下广东督抚，将厘金全解皖、浙，本省不得截留，大局幸甚。

至臣忝任江督，已满三年。前二年事机稍顺，去夏至今，变故纷乘，几蹈大戾。目下风波虽定，忧悸未忘，诚恐积日累年，更无成效。仰祈皇上天恩，特派大员来南，于钦差大臣、两江总督二篆之中，分绾一篆，俾臣责任略轻，稍释惴栗之怀。臣昨专差进京，与臣弟国荃并辞浙抚之命，亦因识浅才疏，恐妨贤路，均祈俯鉴愚忱，次第允准，不胜感激悚切之至。理合附片密陈，伏乞圣鉴训示。谨奏。

同治二年四月二十九日日记

　　早饭后清理文件，旋见客三次，核改信稿。巳刻见客二次，杨畏斋坐最久。午刻核科房批稿，改沅弟信一件。中饭后与晓岑围棋二局，写沅弟密信，邑论"勤、俭、志、谦、明、强"六字，写未毕。许信臣来，久谈约一时半。旋将沅信写毕，与洪琴西论皖南事，请其写信与缵先。戌刻至幕府一谈。接信，知含山已克，寿州亦有可解围之机。夜又与筱泉围棋一局。本日文件于酉刻阅毕。其批札各稿，则竟未核办，积阁甚多，对之不能了也。二更三点又与洪琴西谈祁门各事。说话太多，倦极，睡不成寐。三更四点稍寐。四更五点闻号哭之声，则陈氏妾病革，其母痛哭。余起入内室省视，遂已沦逝，时五月初一日寅初刻也。妾自辛酉十月入门，至是十九阅月矣。谨守规矩，不苟言笑。内室有前院后院，后院曾到过数次，前院则终未一至，足迹至厅堂帘前为止。自壬戌正月初三吐血后，常咳嗽不止，余早知其不久于世矣。料理各事，遂不复就寝。妾生以庚子十二月初四日辰刻，至是年廿四。

复李榕
（同治二年五月初十日）

申夫仁弟左右：

接初六日未刻惠书，具悉一切。

黄土岭之战，颇为得手。贪贼中资财，最易误事，吾见前此诸军因贪抢贼赃、转胜为败者，指不胜屈。每谓骚扰为人鬼关，贪财为生死关，盖言爱民则人，扰民则鬼，力战遗财则生，贪财忘战则死也。霆营于洋财言之津津，最为恶道。阁下新立一军，欲求临阵不至大败，得手时能多杀，不得不以禁贪财为第一义。若待有转胜为败之祸，而后悔之，则已晚矣。贼财乃其所固有，取之于方战之际，则大祸立至，百弊丛生；取之于收队之后，则诸福骈臻，千祥云集。此实鄙人阅历已久之言，故水师《得胜歌》中有云"第七不可贪贼赃，怕他来杀回马枪"。阁下于立法之宽严，号令之繁简，体验最精，望于此事立一妙法，下一雷令，期于坚明约束，不作游移两可之词，其庶几乎？

日内计抵湖口，必有数番恶战，添兵之请，贤者不免，然必打过十仗之后，再读生书，目下且将旧书温熟。下游诸事平安。春霆定于初六日由和州进攻江浦。沅弟破雨花台各石垒后，贼连日出城寻战，尚可支持。复问台安。

南洋通商大臣一缺仍请裁撤折
（同治二年六月十二日）

奏为南洋通商大臣一缺，筹度现在情形，仍请无庸改设，恭折复陈，仰祈圣鉴事。

窃臣于上年六月初六日奏改长江通商大臣一案，经总理衙门议将驻扎处所及廉俸各款请旨，仍饬臣会同薛焕酌定具奏。臣遵即与薛焕往返函商，悉心筹画。统计通商大臣廉俸一项，添设官属书役等项，每岁约需银四万余两。目前即无庸另建衙署，而于长江各口租备行馆，雇用轮船，所费亦属不赀。数年后渐推渐广，势必有增无减。滨江四省中外交涉事件，果能一一取决于专设之大臣，诚不敢为国家惜此帑项。惟事有粗论之而仅得其端倪，细审之而始尽其曲折者。薛焕奉到会议廉俸之旨，又经专函与臣缕商，具道长江通商使臣所以可裁之故，盖有数端，其大意：以为自各国公使驻京，一切裁决于总理衙门。凡各口洋人偶违条约，有时可与力争，则可就关员结办，即临以督抚而有余，有时争之不服，则动向公使陈诉，虽临以大臣而无济。大臣巡历各口，督抚近驻本省，洋人性急，弗耐守候，不能不由本省就近办理。有时督抚奏咨未及到京，而公使早已周知，邮递之稽迟，尚不及轮船之迅速。况由大臣辗转复咨，更恐贻误事机。至华洋商民争斗构衅，关涉刑名案件，事隶地方有司，尤不能不资督抚之力，庶饬办易而呼应更灵。通商纵有专员，在内仍不能免总理衙门之烦渎，在外仍不能免减各省督抚之责任，虚系一官，有名无实各等语剀切见商。

臣比致复书，深服其言之精当。然犹以苏、皖群盗如毛，疆臣专谋军事，恐难兼顾洋务。厥后李鸿章奉命兼领通商大臣，数月以来，秩然就理，益信华洋交涉之事，均系疆吏必不可省之事。是五口大臣固属可裁，即长江大臣亦同虚设。相应请旨仍照薛焕原奏裁撤通商大臣一缺，归并本省督抚及将军经理，以节糜费。臣于中外抚驭机宜，向未谙悉，而因时权变，又何敢以奏设在先坚持成议，曲为回护。所有南洋通商大臣仍请裁决缘由，谨缮折由驿具奏，伏乞皇太后、皇上圣鉴训示。

再，此案前经臣咨请薛焕主稿会奏。逮薛焕定稿寄皖，即已束装北上，近始接其到京来函，是以复奏稍迟，亦不复会衔矣。合并声明。谨奏。

复奕䜣
（同治二年八月十二日）

曾国藩顿首上书恭亲王殿下大人阁下：

敬肃者：前奉江字第一号赐函，少稽呈复，顷又奉到第二号教言，敬承一切。蒙示以中外协谋，始终如一，训诲殷拳，有逾提命，可胜感佩！惟李泰国在京所陈轮船条件暨贵衙门议定章程，与前此购船之初似已失其本意。即后此节制之说，亦恐徒托虚名，不得不略陈鄙见，仰候鸿裁。

购买洋船之议，始于咸丰十一年五月之杪。国藩于七月十八日复奏，叹为救时第一要务，盖不重在剿办发逆，而重在陆续购买，据为己有，在中华则见惯而不惊，在英、法亦渐失其所恃。原奏所云每船酌留外洋三四人，令其司舵司火，其余配用楚军水勇，原期操纵自如，指挥由我。旋于元年冬奉到九月二十九密谕，以外国船炮明春可到，饬令豫派将弁水勇，迅速具奏。国藩于十二月十二日复奏，派蔡国祥统辖七船，盛永清等各领一船，申明前议，每船酌留外洋三四人。令其司舵司火，其余即用楚勇，由蔡国祥豫为派定等语。钦奉谕旨，所筹甚为妥协，是前此并无专用洋人之议。即赫德所呈原单，参用山东、湖南八旗之人，亦无多用洋人之意。敝处自奉旨俞允后，即派蔡国祥赴湖北募勇六百余人，与官秀峰节相商定一切，其经费则鄂、皖各出一半，春间即已募齐，专待轮船之至。等候数月，始奉到五月二十三日寄谕，内附录章程五条，有随时挑选中国人上船学习，并非在船常住，已与奏准配用楚勇之案，不相符合。兹又承准七月十八日大咨，蔡国祥仍须另带中国师船，与轮船同泊一处，其轮船水勇已在外国雇定，毋庸添募等因，则更与购船之初，自相违戾。购船云者，购之以为己物，令中国之将得为斯船之主也。若仍另带中国师船，则蔡国祥仍为长龙舢板之主，不得为轮船之主矣。轮船之于长龙舢板，大小既已悬殊，迟速更若霄壤。假令同泊一处，譬之华岳高耸，众山罗列，有似儿孙。洋人本有欺凌之心，而更授以可凌之势；华人本有畏怯之素，而又逼处可怯之地。及至约期开行，彼则如箭如飞，千里一瞬，此则阻风阻水，寸步难移。求其拖带同行，且不可得，又安能使彼听我号令，以为进止哉？寄谕所示，悉由中国主持，窃恐万办不到，其势使之然也。故自接到轮船章程五条之后，倏经月余，反复筹思，徘徊莫决。欲遵从，则未收购船之益，先短华兵之气；欲不从，则业经议定奏准之案，未便轻于失信。想贵衙门与李泰国集议时，必已百端辩诘，舌敝唇焦。既欲兵柄之归我，又不欲本意之全露，即前此惠书所谓"有谋人之心，而不使人疑者"，其苦衷盖可想见。而彼则挟制恫喝，持之愈坚，万不得已，隐忍而俯从其所请。国藩忝为疆吏，敢不体朝廷深意，委曲求全？现令蔡国祥将已募之勇，遣散四百，酌留二百人，仍住长龙舢板，自为一营。将来轮船到时，不遽以汉总统自居，亦不遽与湾泊一处，且与阿思本往还交际，详细察看。如仪文不甚倨傲，情意不甚隔阂，然后虚与委蛇，渐择同泊之地，徐讲统辖之方。若彼意气凌厉，视轮船为奇货可居，视汉总统如堂下之厮役、倚门之贱客，则不特蔡国祥断不甘心，即水陆将士皆将引为大耻。是又不如早为之谋，疏而远之，视彼七船者，在可有可无之数，既不与之同泊，亦不复言统辖。以中国之大，区区一百七万之船价，每年九十四万之用款，视之直轻如秋毫，了不介意。或竟将此船分赏各国，不索原价，亦足使李泰国失其所恃，而折其骄气也。

现闻此七船尚未到沪。船到之日，李泰国是否别有所求，尚未可知。彼若翻覆无定，更改前议，敬求贵衙门另与筹商。或于七船之中，酌拨数船与阿思本统带，配用洋兵，拨数船与蔡国祥统带，配用华兵，亦是一法。若前议一成而不可改，则国藩所谓虚与委蛇，疏而远之两说者，是否可行，求赐训诲。此后信件，遵编字号，现将此函编列江字一号，续即挨次编列，以便检查。专肃布复。虔请钧安。伏希垂鉴。

遵旨复陈江南防务紧迫暂难全力
援淮及相机驭使李世忠折
（同治二年八月十三日）

奏为钦奉迭次谕旨，恭折复陈，仰祈圣鉴事。

……①

伏查滨淮之要区有五：北曰颍上、曰怀远；南曰寿州、曰凤阳、曰临淮，皆紧傍淮水者也。距淮稍远之要区有四：北则滨颍河者曰颍郡，滨涡河者曰蒙城；南则滨淠河者曰六安，滨史河者曰固始，皆汇于淮水者也。自颍上、怀远、寿州悉沦于贼，九处已失其三。目下唐训方所置守者，为临淮、为蒙城、为凤阳三处。臣所置守者，为六安、为颍州、为固始三处。情形虽稍分缓急，而皆苗逆必争之地。臣前派何绍彩陆师二千人及彭玉麟、杨岳斌所拨舢板八十号先后抵淮，亦尝战胜一次，固苗逆徒党日众，夹淮而军，怀远、蚌埠粮路已断。七月二十三日，唐训方将各营撤退，即长淮、寿州、蚌埠一带，亦被苗逆占踞，临淮一军危如累卵。臣本思续拨援兵，挽救全局，况又迭奉谕旨，责无旁贷。无如近淮诸军，如周宽世、蒋凝学、王有铭、成大吉等皆扼守最要之地，不能抽动。周宽世所部分守六安，迎河集二处，尚嫌单薄，顷又调桐城一营并扎迎河矣。蒋凝学所部分守颍郡、霍邱、三刘集三处，七月十七日攻破黄梁集西南二圩，十八九日迭平数圩。该处在溜子口之南，苗党倘贯金啸聚其间，蒋凝学派队出刘家台湖口，焚其米船，尽毁群圩，遂于八月初一日袭破倘逆老巢，严防河路，为将来进兵溜子口之计。毛有铭所部驻守志庙集，七月十七日攻破陶家三圩，旋又分扎扳桥集，凡寿南、六北之良圩，赖该军以自保。成大吉所部分驻固始、三河尖，近以为颍郡之声援，远以为鄂省之屏蔽。而潘垲等圩首鼠观望，亦须有该军维系其间，庶不至坚其公然从苗之志。凡此皆近淮诸军，难以调动之情

---

① 删除引录上谕及相关语句。——本书编者注。

形也。

至大江南岸诸军，自江西肃清后，黄文金等股七伪王围扑青阳，守将朱品隆病势日笃，不能登埤，将士病者过半，苦守两旬，兵单粮绝，岌岌可危。李榕之由水路赴援者，甫抵离城十八里之铜埠，江忠义、席宝田之由陆路赴援者，现尚未至池州。青阳之能否保全，殊无把握。纵青邑幸保无恙，而贼意在围魏救赵，将遍扰皖南最要之区，以掣金陵官军之势。凡宁国、芜湖、南陵、泾县、湾沚、青弋江，必将处处吃紧。臣以金陵各军新破上方桥、河西二垒，城贼水运已断，不得已檄令鲍超引军西上，以剿由江回皖之贼，以救宁国、芜湖之急。方今沪军极盛，江阴新克，已将苏、浙之贼截为数段。正在得手之际，本宜加功于金陵，收效于苏郡。臣分金陵之兵以救皖南，已属失算，若再远救淮上，所失尤大。此江南诸军不能赴淮之情形也。

谕旨命臣札调李世忠迅速进兵，毋稍迟误，并垂询是否可资其力一节。李世忠中心感愧，与苗为仇，是其可信之端，而将弁骄恣，士卒携贰，又其不可恃之端。该部所驻江北州县，惟滁州、五河两城稍有关系，数年之储蓄，各营之精锐毕萃于斯。论守局则自顾身家，或坚坚忍之力；论战阵则向无纪律，难保必胜之权。果其该提督迫于公义私愤，并力剿苗，自未便阻其敌忾之心，致启其猜疑之渐，若必调剿以资其力，则难恐保该提督之无他，不能必该部众之用命。万一军心不固，前敌挫失，恐五河后路又蹈二浦复辙，欲拯临淮之急，转贻全局之忧。此又臣所不能不过虑者也。

窃计临淮各营，何绍彩、欧阳胜美等之陆师，丁泗滨、王吉等之水军尚无损折，普承尧、张得胜挫退以后，已逾半月，当可收集补缀，次第成军。臣处解银二万及子药、枪炮，以资整顿，倘得陈国瑞援军迅达临淮，或者勉力支持，保此危疆。臣俟皖南军事略松，仍当另筹一旅，驰往会剿，断不敢稍存膜视，上烦宸廑。所有迭奉谕旨缘由，谨缮折由驿五百里覆奏，伏乞皇太后、皇上圣鉴训示。谨奏。

复沈葆桢
（同治二年八月二十日）

幼丹尊兄大人阁下：

接奉七月二十七日复函，敬悉一切。日内伏审玉体康复，勿药占喜，至以为祷。

此间近状，青阳被围，已匝一月。十二日申夫在北门外之十里铺扎营，被贼扑陷，士卒伤亡甚多。喻吉三、席砚香由茅坦继进，尚无确信，而城中食尽已久，万难再支。本日接朱云岩信，抄呈台览。不特下游之南陵、泾、宁视青阳之存亡以为存亡，即徽、池、浔、饶各属，实亦防不胜防。青失则贼焰骤长，即使刘、王、段、韩等仍如冬春之苦守苦战，亦在胜负不可知之数。眷言大局，忧愧曷已！前调霆军回援皖南，据报于十二日自金陵拔营，断不能赴青阳之急矣。临淮唐帅一军，自七月二十二日普、张各营自怀远溃退后，伤折颇众，军械全失。苗逆复往攻蒙城，故临淮老营得以偷安旦夕。然饷绌兵单，终虑难以图存。来示谓江、席宜进攻石、太，与浙军步步联络，俾左帅得以次第肃清浙西，良为三省至计。惟贼数太多，官军大支活兵太少，其野战十分可靠者尤少，纵使青阳幸而解围，而下游无食可谋。群贼之回宁、广、湖州者，其偶然也；内犯饶、广腹地者，其本心也。弟之约旨卑思，不敢遽规广德者，盖有鉴于去夏之覆辙耳。来示又以外人技俩，不过如此，当事或不为所胁，似尚难袪此惑。近有复总理衙门一缄，附抄呈览。

厘局各员，台端固执谦退，不置可否，弟现派至江西办厘者已至十五员之多，日夕兢兢，常恐用人不当，不特贻害商民，亦必有损吏治。厘卡之争端，何一不与州县相交涉？不敢求一一稽查，但求声名最劣者，以片纸见示，立即撤委，则惠我多矣。顺问台安。

再，密启者，接奉初十日大咨，以蔡道将九江关洋税三分匀解一案咨商迅复。查蔡关道于七月二十八日陪冯展云学使坐轮船来安庆，在何小宋处小住三日，初一日冯、蔡与彭雪琴同赴湖口。蔡道在此面禀公事三件：一言京米太少，江西本届须解漕米进京；一言九江洋税可以三分之二解江、席，一分解安庆；一言茶叶落地税洋人纷纷不服，且华商于落地税之外，别无厘税，洋商于落地税之外又别有子口税，亦不公允，宜将新章更改等语。弟比答以京米、洋税二者，须禀抚辕；洋税尚可函禀，京米必须进省面禀；至落地税新章应改之处，准由该道禀请酌改，但须与前次贴出告示不相矛盾等语告之。三十日，渠来禀辞，弟又嘱其晋省禀见阁下，是蔡道归浔后即行晋省之说，敝署人人知之，彭、冯二公知之，九江府县知之，不知南昌有所闻否？又不知厥后何故中止三分匀解？在渠以为遵旨办理，然既未面禀，又未奉批，情理殊不妥叶。渠之申报，弟尚未批，当即批令以后尽解江、席，不解安庆，其现已解到之万五千金，敝处亦可徐解江、席，如昨日解米三千石之类，亦可抵也。此案孙署司之初详，蔡道之申报，弟与阁下之奏咨，四者皆有参差不符之处，谕旨亦作调停之词，弟若备咨奉复，恐稍着斧凿痕迹，故以密函布复，恕不另咨。

又，大咨中"万难恋栈"一语，似有引退之志。自台端莅任江西，劣员淘汰将尽，仕途为之一肃，门包供应，省垣绝迹。若旌从去位，则继之者恐难如此弊绝风清。即主兵如段、韩、屈、王等，皆能竭诚效命，客兵如刘、王、江、席、李等，亦感激无间言，若另易他帅，亦难必众军之用命。弟忝附同舟，窃欲代皇上一为挽留，代百姓一为攀辕。可否涵纳众流，同支危局，伏候卓裁。再问台候多福。

遵旨复议南漕运京请准变通成例并饬王大臣及户部集议新章折
（同治二年九月二十二日）

奏为京仓需米甚殷，遵照部议，悉心妥筹，恭折复奏，仰祈圣鉴事。

窃臣接准户部咨开，三口通商大臣崇厚筹备京仓一折，经该部议奏请旨，饬下臣与官文、沈葆桢、恽世临、严树森等会同筹画，将盐课、漕折两项实能筹拨若干，妥筹办理等因。于同治二年七月初一日奉旨："依议。"钦此。并抄录原奏咨会到臣。

臣查咸丰十年以来，苏、浙沦陷，南漕运京，为数廖廖。上年全漕竟未兴办，仅赖李鸿章劝办商捐米九万石，于夏间次第解京。在上海经营甚苦，而在天庾则裨益甚微。本年东南应征之漕，自应设法多解本色，上供京师至急之需。然江苏淮扬、通海之米，已由漕臣吴棠奏准仍征折色拨充扬州军饷；湖北之米已由抚臣严树森奏准万难改征本色；江西之米亦由抚臣沈葆桢具奏，仍难改征本色。此三臣皆素抱公忠，绝非不顾京仓根本之人，其所以难于解米者，盖为时势所迫，成例所拘，殆非一二言所能罄。目下欲运江楚之米入京，即百余年之成宪与近数年之事例，均不能不大为变通。臣请为皇上缕晰陈之。

向来三江两湖皆有官制漕船，分帮编号水次，受兑各有定所。今则漕船尽坏，将欲全数修复，需银约近三千万两，既难筹此巨款，又值黄河北徙，运道久淤之后，又值泰西就抚，海道畅行之时，由江、浙、闽、广以达天津，出入洋面，如履户庭，揆之天时人事，自须全废河运，概行海运。而两湖、江西、安徽向未办过海运成案，江湖之远，雇船之费，若非由部臣先为定议，疆臣颇难措手。自前明以屯田养卫军，以卫丁运粮船，我朝因之改为旗丁。行之既久，屯户不能耕田而鬻与平民，动倚卫官以抗粮；卫军不能使船而另募水勇，动倚旗丁以滋事，名实相舛，既已不胜其弊矣。而旗丁每次领运，需索帮费，视州县若鱼肉，闸坝之委员，通州之仓书，又视旗丁若鱼肉。臣历观道光年间诸臣之奏疏，宣宗之谕旨，言及州县浮收，旗丁帮费，未尝不深恨次骨，终以积重难返，莫可如何。今则局势大变，日月重新，漕船既可全废，旗丁亦可全裁。顷者，兵部议复严树森裁兵一案，饬臣等酌量办理；郭嵩焘在粮道任内，因之详请尽裁屯兵，以屯田改隶州县，以卫官改隶绿营，其说甚为详明。臣以戎事倥偬，尚未据以入奏。兹既议废漕艘，自应并革卫军。臣所谓百年成宪，不能不大为变通者，此也。

、 道光二十七年，王大臣、户部会议，以京师之现银太少，南中之浮收太重，请将南漕改征折色，以实部库而苏民困，旋经督臣李星沅奏驳不行。文宗登极，抚臣傅绳勋痛陈浮收帮费之弊，民不聊生，又请改征折色，旋经部科议驳不行。迨咸丰三年，粤匪窜陷金陵，长江梗塞，不得已改收折色，定为每石一两三钱。当时银价每两换钱二千余文，米价每石不过一千余文，故一两三钱，民犹病其重也。今则情形迥异，价值悬殊，银价每两过换钱千三百余文，米价虽各省不同，然大致相类。李鸿章、严树森奏称，四两以外系就夏间荒歉言之。吴棠、沈葆桢奏称，三两上下系就秋间收获言之。臣处目下所买之米，其价亦近三两。若如崇厚原奏，合米价运脚，仅及二两，则近年绝无此事。米价既费三两，加以由内河而出江，由江而海而津，船价、耗米等费计亦不下二两。是南省解到天津之米，约计需银四两九钱，而南省所收民间之漕，部价仅算一两三钱。若解米十万石，即有三十六万金无着之款。部臣不准销，疆臣不能赔，此中窒碍情形，实之弥缝乏术。即以江西而论，辛酉年之漕折，臣与毓科出示每石征钱三千；壬戌年之漕折，臣与沈葆桢出示每石征银一两九钱。以一两三钱之部价计之，则所纳并不为少。以目下谷米之市价计之，则所纳之数断不能购米一石，而船价、耗米各费更无所出。以臣愚见，必求部臣奏请特旨，米价运脚均准据实报销，不拘原定一两三钱之数，庶江楚本届之漕，尚可设法解京。臣所谓近年事例不得不大为变通者，此也。

两淮盐务与漕政本不相涉，然崇厚议拨盐课以购南米，亦权宜救时之一策。臣忝任盐院三载有奇，而淮鹾未尝竭力经画，非敢置为缓图也。沿江上下各军厘卡至十余处之多，均以盐厘为大宗。臣若骤议变革，则各军皆向臣处索饷，若全不变革，则官盐断不能逐卡完厘。而楚岸引地，久为川私、粤私侵占，西岸引地，久为浙私、粤私侵占，民间借此以免淡食，邻省借此以筹厘饷，江路未通，岂能禁邻私之盛行。且轮船拖带，流弊百出，既可授洋人侵夺盐利之权，又恐启私枭假托洋商之渐，种种窒碍，无处着手。故吴文锡之呈词，钱宝廉之奏疏，虽奉谕旨饬办，臣尚因循未及兴办。职此之由，仰托皇上威福，九洑洲既克，长江一律肃清，臣始与郭嵩焘重立新章，先办江西一岸。现在规模初定，稍迟再行专案具奏。大约缓纳逐卡之厘金，由臣处总收而分送各处。禁革饷盐之名目，以商运为主，而辅以官运，庶几收回利权，渐循轨辙。此又当变通近年之事例，而返诸昔年之成宪者也。斯二者皆当今之急务，而漕粮关系尤重，更张尤大，相应请旨饬下王大臣、户部悉心集议。

据臣愚见，复南漕之旧章，定海运之全规，纵使军务大顺，亦须俟诸同治五年以后。目下二三年内只可作试行之局，难遽为永定之章。米石不必征诸民间，民折银而官购米亦可，商捐米而官代解亦可；米色不必拘守成例，江、广而参用白粮亦可，苏、浙而不尽粳米亦可。数不必其如额，全解不厌其多，三四万石不嫌其少；价不必其尽同，此省与彼省可以参差，前批与后批可以增减。但求有米到京，一切不为束缚，听东南各督抚因地制宜，从容展布，试行一二年后，自然渐讲渐精，中外皆有把握。惟今日之试行，即为他日之成案。如漕船应否另造，屯卫应否速裁，沙船应于何处受兑，上游应于何处汇总，何条应用历年海运之例，何条应用本年商捐之例，均须由王大臣、户部预为议定，庶几可暂可久，得所遵循。

至盐务系微臣专政，目下实无盐课银两可以拨充漕费，抱愧殊深。所幸湖南抚臣恽世临筹画精详，拟解米十万石进京，除新旧漕折外，另筹巨款以作运费，将银两先解臣处，商所以运津之法。又奏派迤东道黄冕察看长江剥运事宜。黄冕因创为米盐互市之议，禀请于皖省设互市局，招来湖南商贾运米至皖，由皖省设法运沪、运津。并招淮商运盐至皖，与楚中米商交易而退。此局若成，不特湖南漕米可以中途交兑，即江西、湖北之漕亦可酌量由皖递运。淮盐如有起色，既可清军饷之积欠，亦可补京米之不足。与崇厚之原奏，户部之复议均相符合。即与华祝三请提江、广之银交吴棠买米解京之奏，其用意亦复暗合，实属因势利导，两有裨益。除由臣函商江、楚三省详议各行具奏外，所有京仓需米，遵照部议悉心妥筹缘由，恭折由驿五百里复奏，伏乞皇太后、皇上圣鉴训示。

再，郭嵩焘请裁卫兵之详，谨抄呈御览，以备发交王大臣、户部一并集议，臣即不另案具陈矣。谨奏。

致澄弟
（同治二年十月十四日）

澄弟左右：

接弟九月中旬信，具悉一切。

此间近事，自石埭、太平、旌德三城投诚后，又有高淳县投诚，于十月初二日收复，东坝于初七日克复，宁国、建平于初六、初九日收复，广德亦有投诚之信，皖南即可一律肃清。淮上苗逆虽甚猖獗，而附苗诸圩因其派粮派人诛求无厌，纷纷叛苗而助官兵，苗亦必不能成大气候矣。

近与儿女辈道述家中琐事，知吾弟辛苦异常，凡关孝友根本之事，弟无不竭力经营。惟各家规模总嫌过于奢华。即如四轿一事，家中坐者太多，闻纪泽亦坐四轿，此断不可。弟曷不严加教责？即弟亦只可偶一坐之，常坐则不可。簟结轿而远行，四抬则不可；呢轿而四抬则不可入县城、衡城，省城则尤不可。湖南现有总督四人，皆有子弟在家，皆与省城各署来往，未闻有坐四轿。余昔在省办团，亦未四抬也。以此一事推之，凡事皆当存一谨慎俭朴之见。

八侄女发嫁，兹寄去奁仪百两、套料裙料各一件。科三盖新屋移居，闻费钱颇多。兹寄去银百两，略为伙助。吾恐家中奢靡太惯，享受太过，故不肯多寄钱物回家，弟必久亮之矣。即问近好。

复李鸿章
(同治二年十月二十五日)

少荃仁世弟大人阁下：

初九日奉致一函，计当有复书在途，而迟迟未至。前数日安迪禄船在大通焚毁，或有尊缄沉失于此乎？

此间近事，自收复高淳后，旋即克复东坝。夺此一隘，金陵无后路之虞。建平、溧水亦以投诚收复，事机颇顺。惟群凶皆未就戮，终非了义。鄙意不敢贪拓地之广，而深忧置守之难。现将池、青、石、太、泾、旌六城各设守兵，而令江、席两军回驻江西之石门、洋塘，以保饶、景，未知果有裨否？

敝处现拟设立铁厂，应用造器之器，须向西洋购买。查有容委员宏，原名光照，号纯甫，往来花旗最久，熟悉语言文字，饬令前往购买器具。其应领费用，请由尊处于应解月厘四万项下，饬提库平银一万两，交该委员承领，克日驰赴粤东，续领二万金，即行出洋采办。除备公牍外，特再函达。伏希照察，即颂台安。惟希朗鉴，不宣。

再，洋人目下虽幸无事，一日兵端或开，则办船办炮必责成吾辈海疆大吏。不如趁此闲暇之时，稍成三年之艾，免致临渴掘井，购买楛物，又为外人所挟制。容委员今冬出洋，乙丑岁或有成船之望。恳饬司道于月解敝处四万中，速拨一万，交令成行。至要！至要！再颂少荃仁世弟大人台安。

复吴廷栋
（同治二年十一月初七日）

竹如仁兄大人阁下：

接诵惠书，具聆谠论，砭愚订顽，感佩无已！阴消阳长，是倾否交泰之机，阁下与诸君子穆穆在朝，经纶密勿，挽回气运，仍当自京师始。人才不振，各处皆然。捐例、保举两途，有积重难返之势，然明知其弊而无从禁止。譬之医者，知病难矣，而制方更难，或有方而无药，或病重而药轻。故尝谓错枉无益，举直而能使枉者变化则益矣；去邪无益，用贤而能使邪者惩改则益矣。

国藩在外数载，吏治毫无起色，皆坐不能得良吏以风示众僚之咎，用为大愧。皖省用兵太久，蹂躏不堪，人人视为畏途。通省实缺守令不过四五人，弟向江、鄂等省商调数员来皖，亦乏满意之选。两科进士即用及本届拔贡朝考并大挑教习等班，现在到省者不过二员。每一缺出，时有乏才之叹。而地方之苦，百物荡然，公私赤立，民固无以自活，官亦几难自存。又或到任未久，寇氛踵至，纵有贤员，莫能措手。即行军所过，亦往往百里不见炊烟，竟日不逢行人。忝司兵柄，又为民牧，环顾遗黎，但深内疚。而敝部人逾十万，又兼辖希庵中丞全部，各军积欠已多至十五六个月不等，又须月协临淮二万，李军门一万。自丁忧再出，历今六年，从未办捐，除厘金而外，别无筹饷之法，日执此垂尽之商民，而与之剥肤及髓。来示所云"宽一分则受一分福"者，夙昔亦尝服膺斯言，事势所迫，大负初心。

古人谓"兵者，不祥之器"，良有味乎其言之也。幸迩来军事颇顺，皖南连克七城五隘，金陵合围，苏州克复，苗逆授首，寿州投诚。意者天心厌乱，东南荡平，即当奉身而退避贤者路，不敢久窃高位，重蹈愆尤。相知有素，聊布一二。顺问台安。惟希心鉴。

致澄弟
（同治二年十一月十四日）

澄弟左右：

十一月十一日朱斋三来，接十月初六日一函，具悉一切。

围山嘴桥稍嫌用钱太多，南塘竟希公祠宇亦尽可不起。湖南作督抚者不止我曾姓一家，每代起一祠堂，则别家恐无此例，为我曾姓所创见矣。沅弟有功于国，有功于家，千好万好，但规模太大，手笔太廓，将来难乎为继。吾与弟当随时斟酌，设法裁减。此时竟希公祠宇业将告竣，成事不说，其星冈公祠及温甫、事恒两弟之祠皆可不修，且待过十年之后再看好从慢处来。至嘱至嘱。

余往年撰联赠弟，有"俭以养廉，直而能忍"二语。弟之直人人知之，其能忍，则为阿兄所独知；弟之廉人人料之，其不俭，则阿兄所不及料也。以后望弟于俭字加一番工夫，用一番苦心，不特家常用度宜俭，即修造公费，周济人情，亦须有一俭字的意思。总之，爱惜物力，不失寒士之家风而已。莫怕寒村二字，莫怕悭吝二字，莫贪大方二字，莫贪豪爽二字。弟以为然否？

温弟妇今年四十一岁。兹寄去银一百、燕菜二匣，以为贺生之礼。其余寄亲族之炭敬、芝圃之对，均交牧云带同。此间自苏州克复、苗沛霖伏诛后诸事平安。即问近好。

复僧格林沁
（同治二年十二月十三日）

曾国藩顿首上书僧亲王钧座：

接奉尊函并抄陈国瑞、李世忠禀件，敬谨领悉。淮上积年糜烂，秋冬间危险之局，尤为岌岌难支，仰荷雄师南下，星驰霆击，迅解蒙城之围，遂枭苗逆之首。各城圩怀德畏威，相率返正。浃旬之间，长、淮一律肃清。伟烈殊勋，卓越今古。复以筹画善后，仍驻节麾，周原咨诹，大含细入，下风引领，感佩莫名。

十一月十八日密寄谕旨并抄吴漕帅原折，敝处亦经奉到。李世忠之心迹，向不深知，惟闻发逆屡次勾引，苗逆亦屡次勾引，该提督均不为其所惑。国藩自去冬兼统该军，前后接其函牍，颇知感激圣恩，似尚无不轨之心。惟其部下素无纪律，专利扰民，今秋在怀、寿一带焚掠甚惨，民怨沸腾，不能不大加惩创。国藩愚见，但可究其骚扰之罪，不必疑其别有叛乱之心；但可归咎于李世忠一人，不必兴师以剿其部众。国藩自接奉密旨，审度再三，本思作函招李世忠前来安庆，面谕一切。旋接唐中丞来函，李世忠现奉钧谕，令其诣营谒见。如果即赴尊营，则措置操纵，台端自有权衡。万一该提督慑于威严，不敢晋谒铃阁，国藩当谨遵谕旨，给予一函，调至敝营，谕令遣散部众，交还城池，退出厘卡，停给饷盐，将该提督放还田里，保全末路。其部下之必难尽遣者，由国藩另行派员管带，发给官饷。如该提督一一听命，自可不动声色，销患无形；如其函招而不至，或既至而不从令，国藩为细察情形，一面密奏朝廷，一面密告尊处，另商妥善办法。

至谕旨令挑选豫胜营之部众，分隶楚军各营，该部纵恣已惯，难受约束，与其日后另生枝节，似不如趁早悉数遣散。是否有当，伏候钧诲。

至陈国瑞与李世忠互相禀讦，彼此各执一词，尊处初次具奏时，尚未接到李世忠之禀。顷唐中丞来函，朱元兴、杜宜魁被戕之案，拟杀苗景开以议抵。国藩愚见，锁押蒋立功，杀毙朱、杜自足以平宋庆之怒，苗景开抵偿，亦足以服李世忠之心。此案由唐中丞悉心查明，阁下就近判断，必可处置妥善，两造咸服。国藩相距稍远，即不派员往查矣。

康锦文与蒋凝学争论一节，顷据禀咨达冰案。缘康锦文自寿州而往，在正阳之东；毛有铭自六安而往，在正阳之西南；蒋凝学自颍上而往，在正阳之西北。三者各不相谋。当彼此互击之时，不特康锦文官兵在关城之内，蒋凝学尤不得而知，即毛有铭湘军在关城之旁，蒋凝学亦不得而知也。旋经毛有铭飞骑驰告，彼此各自收队。顷接唐中丞来咨，有"亲赴正阳细加访察，实因两下未及知会，并非有心寻衅"等语，似可免其查办。统候尊裁，谨此布复。敬请勋安。诸惟鉴察。国藩再拜。

复奕诉
（同治二年十二月二十四日）

曾国藩顿首上书恭亲王殿下大人阁下：

敬肃者：前奉江字第三号赐书，稍稽裁答，适又奉到第四号钧函。训诲殷拳，筹虑精密，钦佩无量！

李泰国所购轮船七号，尊处博采众论，悉令撤退，刍荛一得，何敢更承嘉许。细绎此次办法，不预露撤退之迹，而引之渐就范围。遣散弁兵一语，出自阿思本，即因其自贻口实，令将弁兵遣散，彼既无可推诿，不能不帖然听命。又虑该洋兵等逗留滋事，赶即拨给薪工经费，责成阿思本迅速押带回国，并将狡狯异常之李泰国趁势革退，不准再干预中国事务。用不测之威，弭无穷之患，一举而数善俱备，固宜中外翕然称快也。其一百七万之船价，即使全不能收回，亦属无关紧要。至此次因资遣回国，拨给薪工经费银三十七万五千两，较之原订四年，每年需银九十万，节省已多。又因卜鲁士有缴还船炮之言，尊处即乘机责令变价归款，取有该公使复允照会存案，并已预收英国划拨银二十一万三千两，又另赏阿思本银万两，令于船炮变价内自行划收。该夷感激称谢，遂使无着之款咸归有着，殊非国藩始念所能及，钦佩无似！

至洋商赴江西办茶，蒙示以保全落地税，又与条约不背为要，自当谨遵办理。敝处本年开办落地税，原因洋人持单照入内地置货，可免厘税，各处华商几尽变为洋商，无法可以整顿。因思洋人不准在内地开设行栈，曾准贵衙门咨明有案，遂裁去向设之茶捐，改为每百斤征落地税一两四钱，责成茶庄取诸土产之业户，不取诸贩运之行商，无论华商洋商，均不与之相涉，免致借口争执，难于分辨。定章之始，商民未能尽悉，犹思借洋商名目把持，是以每有索还税银之案。近则行之既久，稍稍相安。义宁一案，业经办结，另备公牍咨达。瑞洪一案，始由该商人坚不指出茶庄业户，以致迁延月余之久。嗣据九江关道来禀，似前件亦已息销。兹奉钧示，该商索赔跌价银两，经尊处责令完缴复进口税，英使复称不准索赔，亦不必饬缴，此层即可议结。惟前收税银二百余两，嘱令如数发还，该商人如果复行提及，当遵示转饬照发，另提隆记、盛记等严行追究。其实此案所谓隆记、盛记诸人，直至缴银之时，卡员始悉其名，使该商人早为告知，决不至将其茶船扣留。是扣留停延，乃该商之自取，咎不在卡员也。所有一切原委，亦已录案另咨。至英使欲查华商完税与洋商孰轻孰重，其意盖有所在。自洋商准入内地置货，往往以一商人请领单照数十件，私自卖与华商护运，称为洋商华伙，借免厘金。本年敝处改办落地税，华商之花费较轻，洋商之单照难售，故多方设法，必欲使为华商者，其成本仍重于洋商，彼之单照乃可居奇转卖。前据九江关道禀请减轻落地税，加收华商行商税银，经敝处批驳不行，并因其发给单照过多，饬令据实禀复。札文禀批附抄呈览。该洋商等以在外无所施其计，复怂恿公使赴贵衙门申诉，始则欲撤去落地税，继则欲比较完税轻重，无非以专恃洋商，其利有限，必须广招华伙，乃克垄断独登。幸尊处窥破其意，告以"华商只在九江一处稍为便宜，运至镇口、上海，层层完纳厘税，吃亏甚多"等语，开示极为明澈，应足以间执其口。此后，敝处于商贾事件，务使华、洋两得其平。洋商不稍吃亏，庶不别开衅端；华商不稍吃亏，〈庶免〉私买单照冒充洋伙。此各省所宜共知，而尤仗尊处主持者也。专肃奉复。虔请钧安。伏希垂鉴。国藩再拜。

奏陈新漕仍由海运酌定办理章程折[*]
（同治三年正月十八日）

奏为同治二年应征新漕，仍由海运酌定办理章程，恭折具奏，仰祈圣鉴事。

窃照江苏省松、太二属之华亭、奉贤、娄县、上海、南汇、青浦、川沙、宝山等八府县，同治三年起运二年分漕、白正耗等米一十二万余石，业经臣等附片奏明，定价折征，官为买米，仍由海运在案。查苏省办理海运，本有旧章可循，惟今届起运仅止八府县，米数无多，且停运两年之后，时事维艰，征办为难，急宜力求撙节，量为变通。因该二属产米稀少，若概收本色，恐妨民食，是以本、折兼收，听从民便。现饬各属赶紧征收，随时办米，剥运赴沪。一面饬令松江府海防同知招雇沙船，排泊浦江，听候装兑，并帮开行，仍俟届时咨会沿海水师各带兵船防护，并令上海捕盗局酌派沪商捐办轮船，在洋梭巡护送。据苏州藩司刘郇膏、署苏松粮道薛书堂会议章程六条，详请具奏前来。臣等复加详核，条列如左：

一、今届海运，公事较简，应照成案委员经理也。查苏省历届海运，在于省城上海分设两局，由司道督办，派员分司各事。咸丰十年分仅止川、奉、南三厅县起运，当经司道督同上海厅县就近筹办，未另设省、沪两局。其米色由司道复加查验，天津交米事宜酌委员董前往办理。今届海运仍只松、太二属八厅县，米数无多。藩司、粮道同在沪城筹商较便，应循照上届成案，饬委上海厅县将雇船兑米一切事宜妥为筹办，毋庸设局，以节经费。其查验米色，最关紧要。由苏潘司刘郇膏会同苏、松粮道薛书堂复加查验，俾昭慎重。天津交米事宜，查有候补知县朱畯，熟悉情形，堪以委令酌带委员、绅董，前往经理。

---

* 此件与吴棠会衔具奏。

一、交仓漕、白正耗，应照案就数起运也。查咸丰四年以后，各属海运均经奏准，就熟田应征交仓漕、白正耗之数起运，毋庸筹补足额。今届新漕，除贼扰未复及甫经克复各州县，业经奏恩分别蠲免。所有松、太二属八厅县起运交仓漕、白正耗，并沙船耗经剥仓耗等米十二万余石。其蠲减之米，为数甚巨，实难为议筹补，自应就数起运。此外，随正给丁余耗及赠五盘、春耗、运贩等米，除支销前项沙剥经纪食耗各款外，余剩无几，应请循案变价提充军饷，并免随正起运。

一、津通经费，应照案筹备支用也。查历届办理海运，除经费由闸竹木等项，由粮道衙门照例批解外，其天津官剥、民剥、雇价等项，均由苏省筹备解津，由江苏委员会同直隶委员，按照起运米数分别支用。咸丰十年海运因系正漕，部议仍照上届章程，每百石给剥价杂费银八两四钱四分七厘二毫，民剥每百石银九两八钱八分四厘八毫，由苏省筹备，如数解交天津道库，以备应用。即经遵照批解在案。今届起运漕、白交米各费，自应仍照历届成案办理，并请循旧于节省、给丁、漕赠等银两，尽数动支。如有不敷，再于节省津贴项下凑足带津，商由道将本年上、川、南、宝四厅县应解熟田六分漕项银两，一律提解抵用，毋任延误。

一、蠲剩熟田南粮，应循案抵补兵糈撙节支发也。查兵恤等米为计口授食所需，历届尽支南粮变价，其不敷银两在于节省、漕费等款内筹拨。今届松、太二属之华亭、奉贤、娄县、上海、南汇、青浦、川沙、宝山等八厅县应征熟田南粮变价，约银二万二千七百余两。又，靖江一县正价约银六千余两，共约银二万八千七百余两。兹照各营全年米折而计，殊多不敷。惟旗、绿各营米折，向系以两抵石。前因蠲缺甚巨，库款万分支绌，业经议以随时酌量筹放移营，遵照在案。兹就前项南粮本款变价抵支，只可勉强敷衍，亦难另行筹补。应请循照旧章，由司派拨营属经支，以归便捷而资兵食。除咨明京口都统并饬各营遵照外，其恤孤米石，仍由各该属于南米项下拨足经支，以符成例。

一、沙剥、经耗等米，应分别备带本色，仍请作正开销也。查天津剥船仓米，每漕、白米一石，给米一升一合五勺，通仓经纪耗米，每白粮一石给米一升八合，漕粮一石给米一升五合。此项经纪耗米，应由津运通并随给剥船仓米，均以洪斛核计。又，沙船耗米，每白粮一石，给米一斗，漕粮一石，给米八升。以上各款米石，咸丰四年后均照浙江章程，在于节省、给丁各款耗米内，分别动支作正开销，饬属一律备齐本色，随正交兑运洋，以齐船户饭米，及交仓折耗之需，不准折给在案。本届海运，交仓漕粮正耗米九万三千四百余石，白粮正耗米二万三千六百余石，共该漕、白正耗米一十一万七千余石。计需经剥、耗食等米三万三千一百九十余石，沙船耗米九千八百三十余石。应请循案饬属在于节省、给丁各耗米内，各按出运米数划出作正开销。

一、天津验收事宜，应照历届正漕全完后续到米船验收后成案，由天津道验运通也。查历届办理海运，均经户部奏请钦派大臣赴津查验，并仓场拣派坐粮厅酌带经纪斛收，直隶派委天津道总办在案。今届节省起运米数无几，非往届正运可比，应请援照届年正漕完竣后续到漕、白米石，由天津道验收运通成案，邀免请派验米大臣。其直隶省应办事宜，由天津道酌派数员会同苏省委员照章办理，以节縻费。米到天津验收之后，即与沙船无涉，免其羁候。各船已交之米，由津运通者，应由天津道照章办理。其由通运仓，仍照户部奏定章程，责成经纪承管。如有偷漏搀和，并请查照新例分别计数治罪，仍将亏短米石责令赔补，以重仓储而杜透卸。

以上各条，臣等详考成案，参酌时宜，悉心筹议，谨胪列吁请训示遵行。此外，沙船载米带货二成，免予纳税。设有遭风失事，分别豁免赔补，承运无误，计数请奖。并准沙船各带炮械防护，出口给领，入口呈缴，均照历届成案办理。如有未尽事宜，容臣等随时奏办。所有臣等酌议章程缘由，谨会同漕运总督臣吴棠合词由驿具奏，伏乞皇上圣鉴训示。谨奏。

致沅弟
（同治三年四月二十日）

沅弟左右：

十九日接弟十六日信，具悉上海解到十三万六千，合之前批之银三万钱二万串，共得银十八万有奇。春霆分去五万，合之大通之二万，又由江外粮台再解二万，即足九万之数。加以簾轩所办之米四千石，霆营尽可起程援江矣。弟收沪银十三万零，今日再由江外粮台解去六万，合之各卡厘金，计亦可勉强过节。此节之不决裂，实天幸也。深信器重，施之于富或容有之，施之于冯则甚不确。富欲派六千人助剿金陵，亦有信到此间，拟复信令其调回北岸，守六合而保里下河，预防湖北股匪。十二日之片，亦已发其端矣。事事落人后着，不必追悔，不必怨人，此等处总须守定畏天知命四字。

金陵之克，亦本朝之大勋，千古之大名，全凭天意主张，岂尽关乎人力？天于大名，吝之惜之，千磨百折，艰难拂乱而后予之。老氏所谓"不敢为天下先"者，即不敢居第一等大名之意。弟前岁初进金陵，余屡信多危悚儆戒之辞，亦深知大名之不可强求。今少荃二年以来屡立奇功，肃清全苏，吾兄弟名望虽减，尚不致身败名裂，便是家门之福。老师虽久而朝廷无贬辞，大局无他变，即是吾兄弟之幸。只可畏天知命，不可怨天尤人。所以养身却病在此，所以持盈保泰亦在此。千嘱千嘱，无煎迫而致疾也。顺问近好。

同治三年四月二十一日日记

早饭后清理文件，旋见客，立见者三次。习字一纸。派曾恒德至金陵看沅弟，在内银钱所拨银二万解沅弟处充饷。写沅弟信数〔一〕缄、厚庵信一缄，皆一叶耳。与程颖芝围棋二局。巳正写对联六付。午初核科房批稿。小睡片刻。阅《通考·刑六》。中饭后至眉生处一谈。工匠盖小厨房一间，看视良久。阅本日文件甚多。李昭庆来久坐，庞省三来一谈。阅《刑六》，共二十叶。傍夕与眉生一叙。小睡片刻。夜核批札稿甚多，至二更四点未毕。眼蒙，不能久治事，即睡矣。日内天晴渐热，割麦时不逢阴雨，丰年之象也。前以八德自勉，曰：勤、俭、刚、明、孝、信、谦、浑。近日，于"勤"字不能实践，于"谦、浑"二字尤觉相违，悚愧无已。"勤、俭、刚、明"四字，皆求诸己之事；"孝、信、谦、浑"四字，皆施诸人之事。孝以施于上，信以施于同列，谦以施于下，浑则无往不宜。大约与人忿争，不可自求万全处；白人是非，不可过于武断，此浑字之最切于实用者耳。

致沅弟
（同治三年五月十六日）

沅弟左右：

十二日接弟劝纪鸿乡试之信，字秀劲而有静气，知弟病体大愈。因复一缄，商请少荃来金陵会剿。十四日因接初八寄谕，又去一咨一缄，商少荃会剿之事，十五日又将余与少荃之一咨一缄专戈什哈送至弟处转递，想均到矣。夜来又细思，少荃会剿金陵，好处甚多，其不好处不过分占美名而已。后之论者曰：润克鄂省，迪克九江，沅克安庆，少荃克苏州，季高克杭州，金陵一城沅与泉各克其半而已。此亦非甚坏之名也。何必全克而后为美名哉？人又何必占天下之第一美名哉？如弟必不求助于人，迁延日久，肝愈燥，脾愈弱，必成内伤，兄弟二人皆将后悔，不如及今决计，不着痕迹。望弟将余与少泉一咨一函递去，弟亦自加一缄。待弟复信到日，余即会弟衔复奏。

少泉将到之时，余亦必赶到金陵会剿，一看热闹也。顺问近好。

奏报攻克金陵尽歼全股悍贼并生俘逆酋李秀成洪仁达折[*]
（同治三年六月二十三日）

奏为克复金陵，全股悍贼尽数歼灭，恭报详细情形，仰祈圣鉴事。

窃照官军攻克金陵，业经浙江抚臣曾国荃将大概情形，于十六日亥刻会同臣等驰奏在案。兹据曾国荃十九日咨称，此次攻城剿洗老巢之难，与悍贼拚死鏖战之苦，实为久历戎行者所未见。自得天堡城后，城中防守益密，地堡城扼住隘路，百计环攻，无隙可乘，直至五月三十日，始经李祥和、罗逢元、王远和、黄润昌、陈寿武、熊上珍、王仕益等率队攻克，占取龙膊子山阴，居高临下，势在掌握。自六月初一日起，各营轮流苦攻，伤亡极多。李臣典侦知城内米麦尚足支持数月，又见我军地道三十余穴都已无成，官军五万余人筋力将疲，若不趁此攻克，事久变生，深为可惧。李臣典愿率吴宗国等从贼炮极密之处重开地道，萧孚泗、黄润昌、熊登武、王远和愿距城十数丈修筑炮台数十座，通派各营队伍刈割湿芦、蒿草堆捆山积，上复沙土。左路地势甚高，利于声攻，右路地势极低，利于潜攻，如是者半月，未曾一刻稍休，肉薄相逼，损伤精锐不可胜数。总兵陈万胜、王绍义、郭鹏程等素称骁将，数日之内，次第阵亡，尤堪悯恻。十五夜四更，地道装药之时，曾国荃与李臣典正在洞口筹商一切，忠酋李秀成突出死党数百人，由太平门傍城根直犯地道大垒；别从朝阳门东角出数百人，装官军号衣，持火蛋延烧各炮垒及附近湿芦蒿草。官军久劳之后，夜深几为所乘，赖伍维寿、李臣典、黄廷爵、张诗日堵住左路，毙贼无算；彭毓橘、熊上珍、陶立忠等堵杀右路，擒斩亦多，幸克保全洞口。十六早向明，曾国荃将四路队伍调齐，预饬各军稳站墙濠，严防冲突，惟将太平门、龙膊子一带自黎明攻至午刻，李臣典报地道封筑口门安放引线，曾国荃悬不赀之赏，

---

* 此件与官文会衔具奏，杨岳斌、彭玉麟、李鸿章、曾国荃附衔。

严退后之诛，刘连捷、朱洪章、武明良、伍维寿、熊登武、陈寿武、李臣典、张诗日，各率营官席地敬听，愿具军令状，誓死报国。遂传令即刻发火，霹雳一声，揭开城垣二十余丈，烟尘蔽空，砖石满谷。武明良、伍维寿、朱洪章、谭国泰、刘连捷、张诗日、沈鸿宾、罗雨春、李臣典等皆身先士卒，直冲倒口而入，各弁勇蚁附齐进，锐不可当。而左路城头之贼，以火药倾盆烧我士卒，死者甚众，大队因之稍却。经彭毓橘、萧孚泗、李祥和、萧庆衍、萧开印等以大刀手刃数人，由是弁勇无一退者。而武明良、伍维寿、朱洪章、刘连捷、谭国泰、张诗日等各率队伍登龙广山，与右路太平门之贼排列轰击，移时贼乃却退。李祥和、王仕益从太平门月城攻入。群贼知此次地道缺口，不复似前次之可以堵御矣。维时，官军分四路剿击：王远和、王仕益、朱洪章、罗雨春、沈鸿宾、黄润昌、熊上珍等进击中路，攻伪天王府之北。刘连捷、张诗日、谭国泰、崔文田等进击右路，由台城趋神策门一带，适朱南桂、朱惟堂、梁美材等亦率队从神策门地道之旁梯攻而入，相与会合齐进，兵力益厚，直麈战至狮子山，夺取仪凤门。其中左一路，则有彭毓橘率罗朝云、赵清河、黄东南与武明良、武明善、武义山等由内城旧址直击至通济门。左路则有萧孚泗、熊登武、萧庆衍、萧开印率萧致祥、周恒礼、李泰山、萧清世、萧恒书、朱吉玉、赵太和、刘长槐、萧上林等分途夺取朝阳、洪武二门，城上守陴、城门守楼之贼及附近一带贼队，悉被杀戮。其抄截疾驰，各路同一神速；其留兵置守，各门同一布置。此十六日地道成功、城中麈战及东北两路抄剿之情形也。

　　方我军大队之抵龙广山也，西南守陴之贼犹植立未动，迨夺取朝阳门，贼始乱次。而罗逢元、张定魁、彭椿年、张光明、杨西平、何鸣高、彭光友、熊绍濂、罗兴祥、叶必信等各率所部，从聚宝门之西旧地道缺口仰攻而入，李金洲、胡松江、朱义光、武交清、刘湘南、易孔昭、戴名山、张正荣等率队从通济门月城缘梯而上，而陈湜、易良虎、易良豹、龙清垣率吴隆海、张叶江、晏恭山、冯盛德、陈汝俊、刘定发各营，则猛攻旱西、水西两门月城。伪忠王李秀成方率死党狂奔，将向旱西门夺路冲出，适为陈湜大队所阻遏，乃仍转回清凉山。江南提督黄翼升率许云发等水师各营攻夺中关拦江矶石垒，乘胜猛攻滨江之城，遂与陈湜、易良虎等夺取水西、旱西两门，将守贼歼尽。由是全城各门皆破，大势已定。日色将暝，陈湜、易良虎遥见忠酋贼队隐匿西南房屋如鳞之内，益戒所部严防贼冲。彭毓橘置守聚宝门、通济门，李臣典、李祥和扼守太平门，黄润昌、王远和、朱洪章等见星收队，结为圆阵，站立龙广山，稍资休息。此水陆各军攻克西南两城及分守要隘、预防贼股冲突之情形也。

方朱洪章等与贼搏战于伪天王府城北之时，沈鸿宾、周恒礼、袁大升等率队从左路卷旗疾趋，绕伪城之东，设伏出奇，为擒渠扫穴之计。迨朱洪章战马带伤，悍贼隐扼石桥，我军队伍不能飞越城河绕伪城之西，当日暮苦战之后，正兵收队龙广山，而伏兵深入，由伪城之东逶迤而南，不能收队，时已三更矣。伪忠王传令群贼将天王府及各伪王府同时举火焚烧，伪宫殿火药冲霄，烟焰满城。袁大升、周恒礼、沈鸿宾等见伪殿前南门突出悍贼千余人，执持军器洋炮，向民房街巷而去，知是洪逆窜至民房，遂率队腰截击之，杀贼七百余人，夺伪玉玺二方、金印一方，宽广约七寸，即洪酋僭用之印也。其伪宫殿侍女缢于前苑内者，不下数百人，死于城河者不下二千余人。其时伪城火已燎原，不可向迩，街巷要道，贼均延烧塞衢，官军以暮夜路径生疏，不能巷战，遂收队占城。此十六夜攻破伪天王内城、毙贼极多之情形也。

是夜四更有贼一股，假装官军号衣号补，手持军器洋枪，约千余人，向太平门地道缺口冲突。经昆字、湘后、左、右各营截击，多用火桶火蛋焚烧，人马死者已多，约尚有六七百人骑马冲出，向孝陵卫、定林镇一路而逃。伍维寿、杨钿南、陶立忠等急率马队跟追，曾国荃一闻骑贼装扮官军逃出之信，即加派张定魁、李泰山、黄万鹏、黄廷爵等马队七百骑追之，并飞咨溧水、东坝、句容各守将会合追剿。直至十九日酉刻，伍维寿、黄万鹏等回营面禀，追至纯化镇，生擒伪烈王李万材，带领前进追至湖熟镇，见逃贼在前，当经马队围住，全数斩刈，未留一人。又追至溧阳，据百姓言前路并无贼踪。经过曾国荃亲讯，李万材供称：城破后，伪忠王之兄巨王、幼西王、幼南王、定王、崇王、璋王乘夜冲出，被官军马队追至湖熟桥边，将各头目全行杀毙，更无余孽。又据城内各贼供称，首逆洪秀全实系本年五月间官军猛攻时服毒而死，瘗于伪宫院内，立幼主洪福瑱重袭伪号。城破后，伪幼主积薪宫殿，举火自焚等语。应俟伪宫火熄，挖出洪秀全逆尸，查明自焚确据，续行具奏。

至伪忠王李秀成一犯，城破受伤，匿于山内民房。十九夜，提督萧孚泗亲自搜出，并搜擒王次兄洪仁达。二十日，曾国荃亲讯，供认不讳。应否槛送京师，抑或即在金陵正法，咨请定夺。其余两广、两湖、江北多年悍贼，十七、十八等日，曾良佐、周光正、邓吉山、刘泰财、聂福厚、谭信高、胡克安、朱连甲、王春华、黎冠湘、彭维祥、陈万合、朱连泗、谢三洪、李臣荣、彭玉堂、刘金兰等分段搜杀，三日之间，毙贼共十余万人，秦淮长河尸首如麻。凡伪王、伪王将、天将及大小酋目约有三千余名，死于乱军之中者居其半，死于城河沟渠及自焚者居其半，三日夜火光不息。至十九日尚有贼踞高屋之颠以洋枪狙击官军者。此马队穷追逸出之贼及搜剿首逆并群贼之情形也。

现在派营救火，掩埋贼尸，安置难民妇女，料理善后事宜，百绪繁兴。窃念金陵一军围攻二载有奇，前后死于疾疫者万余人，死于战阵者八九千人，令人悲涕，不堪回首。仰赖皇上福威，迄今乃得收寸效等情，由曾国荃咨报前来。

臣等伏查洪逆倡乱粤西，于今十有五年，窃踞金陵亦十二年，流毒海内，神人共愤。我朝武功之盛超越前古，屡次削平大难，焜耀史编。然如嘉庆川楚之役，蹂躏仅及四省，沦陷不过十余城。康熙三藩之役，蹂躏尚止十二省，沦陷亦第三百余城。今粤匪之变，蹂躏竟及十六省，沦陷至六百余城之多，而其中凶酋悍党如李开方守冯官屯，林启容守九江，叶芸来守安庆，皆坚忍不屈。此次金陵城破，十万余贼无一降者，至聚众自焚而不悔，实为古今罕见之剧寇。然卒能次第荡平，划除元恶，臣等深维其故，盖由我文宗显皇帝盛德宏谟，早裕戡乱之本。宫禁虽极俭啬，而不惜巨饷以募战士；名器虽极慎重，而不惜破格以奖有功；庙算虽极精密，而不惜屈己以从将帅之谋。皇太后、皇上守此三者，悉循旧章而加之，去邪弥果，求贤弥广，用能诛除僭伪，蔚成中兴之业。臣等忝窃兵符，遭逢际会，既恸我文宗不及目睹献馘告成之日，又念生灵涂炭为时已久，惟当始终慎勉，扫荡余匪，以苏子黎之困，而分宵旰之忧。此次应奖应恤人员，另缮清单，吁恳恩施。臣国潘拜折后，即行驰赴金陵。李秀成、洪仁达应否献俘，俟到金陵后察酌具奏。所有金陵克复、全股悍贼尽数歼灭缘由，谨会同陕甘总督臣杨岳斌、兵部侍郎臣彭玉麟、江苏巡抚臣李鸿章、浙江巡抚臣曾国荃恭折由驿六百里加紧驰奏，伏乞皇太后、皇上圣鉴训示。谨奏。

丁编

同治三年七月初一日日记

　　早饭后，在萧孚泗节字营出至孝陵卫，登宝城一看。旋登钟山之腰，阅贼匪所筑之天保城。下至王远和湘后左营一坐。下至龙膊子观十六日轰破地道之处。所掘两洞，距城极近，不过十余丈耳。沅弟于龙膊子山上，随山高下，架炮数层，安炮百余尊，连攻十余日，昼夜不断，城上之贼不能立足，故城外掘地道者虽极近而贼无如何也。此次地道破城，一在炮火极多，猛攻极久，使城贼立脚不住；二在附城极近，掘洞极速，仅五日而成功，出于贼所不意；三在沅弟精诚所格，五万人并力用命。以是知人力可夺造化之权，凡事不得尽诿诸气数也。旋出太平门入城，至伪天王府一看，规模俱仿宫殿之制，而焚烧无一存者。旋出大南门回沅弟处，约共行五十里。中饭后小睡。与鲁秋杭围棋一局。阅本日文件，核批札稿。剃头一次。傍夕与赵惠甫等邕谈。夜与沅弟论行藏机宜。三更睡，不甚成寐。

复恽世临
（同治三年七月二十七日）

次山尊兄大公祖大人阁下：

顷奉惠书，猥以克复金陵，远蒙藻饰，惭悚曷任！鄙人兄弟同践戎行，愧未能早下坚城，久累桑梓转输，重劳贤哲筹画，数载于兹。幸托朝廷福威，将士苦战，获藏斯役，何功可言？湘中边防孔亟，东增赣成，西遏黔氛，悉赖荩筹周密，企佩靡涯。承示玉躬违和，雅意静摄，民怀正切，帝眷方殷，尚冀节宣珍卫，久镇湖湘，福我邦人，祷祝无既。

弟六月二十三日拜疏东行，到江宁后，饬将伪天王逆骸掘出，戮尸焚弃。提讯伪忠王，自写亲供三万余字，业经抄送军机处，即于七月初六日正法，照狗酋例，传首各省。仍刊逆供，分咨各处。将善后事宜大略部署，令舍弟暂为经理。弟于二十日登舟西旋，二十八日可抵皖垣，九月再行东下。

历年以来，中外纷传洪逆之富，乃克复老巢，而伪宫贼馆一炬成灰，全无货财，实出意外。敝部人数太多，奏明先将金陵一军裁撤一半，二万数千人，以节縻费。应撤者欠饷无着，不能遽遣回籍；应留者行粮无措，亦不能遽剿他处。拟在上海劝捐，函请珂乡贤绅经理其事，不审果否有济。承示现与司局筹措巨款，拟济敝营急需，惠顾大局，感荷曷已！

又承询及东征局应否裁撤，本年三月业经奏明，俟军务稍定，即当先还广东七成之厘，次罢湖南东征之饷。目下拟奏明停解粤厘，后以粤中颇有怨咨，而本省又太枯渴，不得不速践成诺。东征局则以本省在籍之商贾养本省出征之勇丁，目下尚难遽撤，当俟年底再议。

江西之贼，初四日鲍军击之于许湾，大获胜仗。初十以后，崇仁、东乡、金溪、宜黄相继收复。伪听、宁、奖三王率众投诚，贼势已孤。

侍、康诸酋仅南丰一城，亮难久踞。惟湖州之贼围困蔡元吉等营，芗泉驰救，亦未得手。闻堵逆仍图稳踞，苏军已由东坝、建平进规广德，别由长兴一带进规四安以掣湖郡贼势矣。诸承廑询，附报一二。专泐复谢。敬请台安。不备。

再陈裁撤湘勇及访查洪福瑱下落尚无端倪片 （同治三年七月二十九日）

再，七月二十四五日，臣在舟次，迭奉七月十一、十四、十五等日寄谕，训饬之事甚多，而遣撤勇丁及查洪福瑱下落二事，宸廑尤切。伏读谕旨，有云："裁撤兵勇，虽为节饷起见，然骤撤三四万人，恐此辈久在戎行，不能省事，必至随处啸聚为乱。从前川、楚善后，积至数年，方始肃清，可为殷鉴。不若先汰老弱，而以精壮各军分赴江、楚，俟江、楚一律肃清，再议裁撤归农，或挑补各营兵额，俾不致复生枝节，方为尽善"等因。钦此。臣以欠饷太巨，后患无穷，久思大加裁撤，以节縻费。嗣与臣弟曾国荃酌商，防戍之兵与游击之师不宜太少，定将金陵全军五万人裁撤一半，于七月二十日续奏在案。

湘勇召募之初，选择乡里农民，有业者多，无根者少，但使欠饷有着，当可安静回籍，不致别生枝节。至挑补兵额之说，近多建此议者，臣窃不以为然。盖勇丁之口粮，一倍于马兵，三倍于守兵，马粮之缺极少，守粮月支一两，断不足供衣食之需。谁肯于数千里外，补一衣食不敷之缺？欲以湖南朴实之勇，补三江绿营之兵，必不情愿。其愿补者，皆游惰无归者也。此事另奉谕旨，抄发陈廷经之条奏，饬令妥办。臣愚以为勇则遣回原籍，兵则另募土著，各返本而复始，庶为经久可行之道。

寄谕又云："昨据曾国藩奏，洪福瑱积薪自焚，茫无实据，似已逃出伪宫。李秀成供，曾经挟之出城，后始分散。其为逃出已无疑义。湖熟防军所报斩杀净尽之说，全不可靠。着曾国藩查明，此外究有逸出若干，并将防范不力之员弁从重参办"等因。钦此。

臣初闻金陵克复，亦深虑极大之城，必多窜逸之贼，湖熟追杀净尽之说，臣亦不敢深信。迨臣至江宁小住经旬，距克城已阅二十日，而附近如溧水、句容、丹阳、高淳、东坝、建平各防之将，各县之官，并未禀报有贼股窜过之事。臣弟所派各路跟查之弁，亦自东坝、溧阳等处归来，报称沿途百姓，未见有贼踪经过事。臣于是释然大慰，以为洪福瑱必死于乱军无疑矣。旋于七月十一日，接宁国守将刘松山及委员陈斌禀称："洪福瑱带二三千人，逃至广德。"旋又见左宗棠寄臣弟函称："伪幼主率贼二三千人，逃入广德，迎至湖州，皆云系逃出难民所供。"十三日接浙江粮道杨昌濬禀，亦云："洪福瑱带二三千人，窜至广德。"十四日左宗棠寄臣一函，则云："金陵余逆漏出数百，亦有数千之说。"与刘松山、杨昌濬所云二三千者，微有不符。臣再三推详，由金陵至广德，县县有兵，层层密布。其中如驻句容之刘铭传，驻溧水之王可陞，驻建平之李榕，驻东坝之郑魁武，皆晓事不欺之人，又奉严防逸贼之札。若谓洪福瑱仅带零贼剃发潜逃，此数处者，或不知之。若贼至二三千之众，而谓此数处一无闻见，既不截剿，又不禀报，此事理所必无也。臣观附近各县各将之无禀，证以李秀成之亲供，逸出漏网之贼，多亦不过数百，堪以仰慰宸廑。其洪福瑱果否尚存，臣现派蓄发降卒四处访查，不欲仅以难民之言为凭，尚未访有端倪。

至防范不力之员弁，是夕贼从缺口冲出，我军巷战终日，并未派有专员防守缺口，无可指之汛地，碍难查参。且杭州省城克复时，伪康王汪海洋，伪听王陈炳文两股十万之众，全数逸出，尚未纠参。此次逸出数百人，亦应暂缓参办。贼情诡谲，或洪福瑱实已身死，而黄文金伪称尚存，亦古来败贼常有之事。应俟查明洪福瑱实在下落，续行具奏。抑臣更有幸者，向使破城之夜，该逆大开十三门，每门冲出数百人，不仅由缺口一路，官军亦未必能悉数截剿。向使李秀成不因乡民争匿，羁延时刻，官军亦未必能既脱复擒。今之逸贼无几，渠魁就缚，盖全仗皇太后、皇上之福，非臣兄弟之力所能及此也。除谕旨垂询各事，另行分条复奏外，谨将此二事先行附片驰陈，伏乞皇太后、皇上圣鉴训示。谨奏。

复奏谕旨垂询诸事折
（同治三年八月十三日）

奏为钦奉谕旨，分条复陈，仰祈圣鉴事。

窃臣历奉本年七月十一至二十七等日寄谕，以江、皖暨各路军事殷殷下询，如遣撤勇丁及查洪福瑱下落两事，业于上月二十九日复奏。此外，奉旨饬查之件尚多，谨一一分条详对，为我皇上陈之。

一、恭奉谕旨，垂询江宁城内情形若何，居人能否渐次复业，贡院有无损坏，应如何修葺之处，饬臣查明具奏一节。查江宁省城，贼踞最久，居民流亡殆尽。此次官军克城，群酋纵火焚烧，昔年巨室富家，改造伪府，微有存者，此外民房极少。故克复几及两月，街市尚未复业。臣曾至贡院履勘一次，至公堂、衡鉴堂、明远楼未经毁坏；号舍一万六千余间，亦多完好，惟号板全数毁失；监临、主考、房官、提调、监试各屋，誊录、对读、弥封、供给各所，片瓦无存，均须盖造。现经派员在鄂、皖等处采办木料，广集工匠，饬委记名臬司黄润昌赶紧兴修。拟于九月奏请简派主考衔命南来，于十一月举行乡试，庶冀士子云集，商民亦可渐次来归矣。

一、恭奉谕旨，江宁克复，旗营驻防事宜亦应早筹办理。饬臣等妥筹款项，迅将江宁、京口驻防房屋早为建盖，以资栖止。其兵丁俸饷，能否即行照例全支之处，并着妥筹办理。现在京旗驻防，生齿日繁，如挑其闲散，陆续拨补江宁兵额，能否有裨，酌量具奏等因。查驻防旗营，亟宜修理，臣已于七月初七日陈奏及之。惟一时大工毕举，筹款实难，拟俟贡院工峻，次修江宁旗营，又次京口旗营。工作有先后之分，庶筹办有措手之处。昔岁贼陷江宁，旗营三万余人，几同一烬，被害之惨，甚于京口，殉节之烈，甲于天下。十余年来，陆续增添，现存不过八百余人，筹饷尚易为力。臣拟将江宁满营概发全饷，其京口旗兵，业已挑补足额，俸饷较巨，应请仍照现办章程，暂给半饷。一俟库藏渐裕，续行奏明一体全支。至挑闲散京旗以实江宁兵额，亦俟修盖营房规模粗定，会同富明阿续奏办理。

一、恭奉谕旨，据御史陈廷经条陈善后事宜内，疆舆略为变通一条，饬臣等酌度形势，妥筹具奏。并抄示陈廷经原折一条。臣查苏、皖未分之时，跨江、淮而为省。古人经画疆里，具有深意，我朝圣君贤相，未曾轻议更张。若必画江而分南北两省，则亦宜画淮而分南北两界，淮北如苏之徐州，皖之颖州，将割隶何省乎？唐之十道，宋之十五路，其于江南江北皆截然分而为二，与该御史所奏大指略同。然唐自中兴以后，声教不行于河北，宋自中兴以后，号令并不行于江北，画疆太明，未必果能久安。论形势控扼之道，守江南者必须先固淮甸，弃淮则江南不可保。昔人如吴师道、胡安国、杨万里暨赵范、叶适辈，言之详矣。臣愚以为疆吏苟贤，则虽跨江跨淮，而无损于军事、吏事之兴。疆吏苟不贤，则虽画江分治，而无补于军事、吏事之废。此等大政，似不必轻改成宪。区区愚见，未审有当万一否。

一、前奉两次谕旨，垂询杨岳斌赴任后，鲍超谋勇素裕，能否胜督办之任。顷又奉八月初二日寄谕，饬杨岳斌迅赴陕甘之任。臣前以江西军务虽已得手，而侍逆未受大创，趋重南赣，湖州等股又将续入江西，咨商杨岳斌暂缓赴任。正在具折复奏间，再奉谕旨，惊悉新疆失陷三城，又经飞咨杨岳斌迅赴甘肃，想该督接奉八月初二日谕旨，亦必克日起程，专疏复奏矣。

鲍超战功最伟，屡次收降巨股，贼中服其威信，自足胜督办之任。惟目下湖州克复，江西军务应分两路办理。鲍超现驻抚、建，应责令专顾北路，备剿湖州、广德续至之贼。刘典、席宝田、江忠朝、王文瑞、刘胜祥、韩进春等，观已并趋宁、赣，应责令专顾南路，追剿侍、康等逆上窜之贼。果能分任责成，抚臣和衷调度，当不必另派大员督办，而江境亦可次第肃清矣。

一、恭奉谕旨，饬臣调派金陵将弁，带精兵万人，从英山一路前进，与楚师会合夹击一节。查前此皖南北边境吃紧，臣即在金陵抽调朱南桂八营，驰赴皖南，进剿广德一路。刘连捷十营，朱洪章三营，渡过皖北，防剿英山一路。不谓调拨甫定，罗田、靳水之贼，已于七月之杪犯英山，围扑我军。蒋凝学虽迭获胜仗，而粮路梗塞，深为可虞。适广德已克，臣飞催刘连捷、朱洪章、朱南桂三军悉赴皖北，苦于川资无措，一俟筹银四五万两，即可迅速西行，径趋英、霍以收夹击之效。

以上五条，皆系奉旨垂询饬办之事。除英山战状另行详奏外，谨缮折逐一胪陈，伏乞皇太后、皇上圣鉴训示。谨奏。

致李鸿章
（同治三年九月初四日）

少泉宫保世仁弟大人阁下：

自七月二十八日回皖，俗务纷集，稍疏音敬。顷以九月朔日买舟东下，回驻金陵。上游军事，湖州、广德之贼由徽境入江者，据报实止数千，而由歙县、开、遂之交逸出者，闻尚有二三万。春霆、克庵等军俱迎剿于抚、建、广、信等属，此外兜剿跟追之军尚多，此股当不足虑。南路侍、康等股，其志在湘而不在粤。然粤太空虚，自南康往者已抵仁化。彼中兵饷两绌，深为可虞。敝处停止粤厘请还本省一疏，未蒙俞允。业经飞函分致筠仙与令兄小泉，请本省与敝处各支其半。又檄周厚斋军门由赣援粤。如果大股深入，半厘尚不足济粤之穷，周军亦不足解其难也。鄙人与寄、筠、筱三公皆有休戚相关之谊，又曾用粤饷二年，当别谋所以拯之。道远力不能遽及，歉悚无已！

皖北英、霍之贼，已派金陵刘南云等万人赴英，钧、陞、训字等营八千人赴霍，应足遏其东趋。惟湘勇强弩之末，锐气全销，力不足以制捻，将来戡定两淮，必须贵部淮勇任之。国藩蚤持此议，幸阁下为证成此言。兵端未息，自须培养朝气，涤除暮气。淮勇气方强盛，必不宜裁，而湘勇则宜多裁速裁。顷舍弟沅甫部下已裁撤万人。国藩拟于今冬明春共撤四五万人，但苦欠饷无着。前札刘、丁、潘、钱诸君等捐八十万金，又欲与阁下商拨苏、沪厘金三成。厘饷可分若干，伏候裁示，捐务则志在必成，尚恳鼎力扶助。敝处若果裁撤四万人，则除鲍、周两军仍食江西半厘外，以后当粗足自了。

十一月举行乡试，顷已备咨请阁下监临，即日出奏，再行咨达。上下江应否分闱，集两省之贤绅会议定夺。减漕大政，国藩力主常镇十分减一，不与苏、松、太牵算，亦不另奏请减地丁。六月间奉咨后，未接尊处复咨，亦未再接松岩函牍，统俟乡试前相见会议，以期折衷至当。诸惟心鉴。即请台安。铜陵舟次

批鲍爵帅禀单
（同治三年）

前贵爵军门陈情归葬，来文请假一年，本部堂奏请给假六个月，奉旨仅准两月，诚以甘省回匪日炽，朝廷之眷顾西陲至切，而急盼贵爵军门之率队出关又至殷。纵使假期过促，营葬未能蒇事，亦只可临时咨请骆督部堂奏恳，量为展假，此时断未可渎请也。

旧部兵勇，得力将弁，原奉谕旨，准其酌量奏调，随带同行，余交宋、娄两镇分领赴闽。若遽调至二十五六营之多，则赴闽者所余无几，亦难形诸奏牍。本部堂代为酌度，应请贵爵军门带谭胜达新五营、唐仁廉一营、亲兵一营，合计已四千人矣。此外，张遇春、洪容海、陈炳文、杨忠等各军中，酌带二千人，或带其将而遣其勇。总之，由江西带往者，以六千人为率，由四川续调续募者，以四千人为率，万人西征，足以横行塞外，断不可以再多，再多则运粮更难矣。

除带六千人至回疆外，留江西者尚有万余人，宋、娄二镇皆实缺总兵，得力统将，二人中须留一人在江西，统带援闽之师，遵旨悉归左督部堂节制。其口粮系由江西筹发，仍须遵照本部堂所奏，谆嘱宋、娄暨留江诸将，听候沈抚部院调度。即贵爵军门此次万里出关，所带兵勇，所需行粮，亦须一一与沈抚部院往返函商。俟商定后，一面由沈抚部院具奏，迅速启程回蜀，一面咨复本部堂具奏，互相印证，以慰圣怀。

广武左军虽称得力，然现在陈枲司部下，应由贵爵军门函商该司，咨商湖南抚部院办理。至川省调募兵勇，亦请贵爵军门就近与骆督部堂商办。新营所需粮饷军装，应即由川省筹拨。贵军在江西克复各城及许湾大捷、宁都解围，应并作一案保奖，应就近咨明沈抚部院开单出奏，较为简捷。如必欲由本部堂核明奏奖，则每百人中不得过十八人也。

再，谕旨不令贵爵军门带全部西征，而令在四川募勇，盖深知两湖之勇不惯面食，不耐严寒，与甘肃关外风气不同，水土不服，故召募川勇，为其稍与西路相近也。贵军门回蜀调募兵勇，尚不宜用川东之人，宜用川北保宁、龙安两府之人。由龙安而至甘肃之阶州，古所谓阴平道也。由保宁、昭化而至阶州，近日各陆路通行之道也。保、龙二府兵勇，与甘肃风气不甚相远。若两湖兵勇，必须带至阶州，稍与休息，察其能服水土与否。倘阶州已不相安，则不宜带之出关，但宜遵旨换募川勇矣。风土人情，远近异宜，此不可不知者也。

又如霆军马队，本系贵爵军门与各营官捐出截旷银两购买之马，西北又系马队见长之地，理应全带出关。惟查由江西、湖北而入三峡，又由夔州、重庆而至保宁，以上达甘肃阶州，水路约六七千里，换船数次，节节上水滩河，万不能载马以行。若人舟行而马陆行，则驰驱太远，毙者必多。且甘肃、新疆之马甲于天下，既多且贱，不若多带操熟之马勇，并带买马之银二万两，俟入甘后，多购良马，最易成军。其霆营现有马匹，仍留江西，归宋、娄二镇管辖，庶为两便。如贵爵军门以为可行，则购马之二万金，可由本部堂筹解甘省也。

致李联琇
（同治四年正月十六日）

小湖尊兄大人阁下：

京华盍哉，曾觐光仪。近岁展转兵间，无缘瞻对。伏审乘轺闽峤，移节吴门。为国储材，矩司空之家法；明刑弼教，践大理之世官。方资礼乐之风，以靖干戈之气；而乃文成誓墓，录就归田。回宦海之征帆，主师山之讲席。仙云弥好，卿月自高。逖听之余，倾企何已！

国藩夙秉疏庸，谬膺艰巨。际中兴之景运，值元恶之贯盈，幸收建业之城，稍雪敷天之愤。思欲荡涤瑕秽，润色山川，爰开甲子之科，冀采东南之美，牛斗之英光依旧，龙云之际会方新。既占二八之升，于斯为盛；更思九两之系，以道得民。登彼钟山，问谁鼓箧！周彦伦之隐庐何在，雷次宗之精室焉存？眷焉顾之，可胜喟叹！将投戈而论道，拟置苊而习仪。载葺讲堂，重开学舍。议择太宗师而从事，乃集都人士而共谋。金以为阁下天人通贯，望实并隆，正直刚柔之德三，文行忠信之教四，早已施于有政，可以为师。不揣愚蒙，敢为礼请。聆群伦之陈说，识众志之归依，试述一二，略尘清听。

或谓地以人传，文与年进。昔使星之戾止，犹袄彗之方张，金陵适陷于黄巾，玉节莫游于白下，钟阜之烟云寡色，蒋山之香火无缘。今则虎踞龙蟠，江山如故，鸾飞鼍振，旗鼓一新。培此邦之英华，补当年之缺憾。咨询碑碣，凭吊沧桑，扶杖而吟，皆成诗料，携朋而出，亦有胜游。蹉惜抢之前尘，定卜伏生寿永；沿随园之旧例，何恨崔慎儿迟！兹一说也。

或谓古学凌夷，今文旁衍。江南之顾、惠、秦、钱、孙、洪、张、段，江北之阎、贾、王、任、刘、阮、焦、汪，并皆吴会儒宗，熙朝耆硕，似流风之渐沫，惧坠绪之将沦。阁下则哜古得藏，接人用楖，枕周菲孔，包嬴越刘，崔儦之卷五千，支公之签三百，未足喻其宏通。自合资之提倡，集中经解策问诸目，小游学海，即是津梁。兹一说也。

或又谓土鼓不能噰九成，椎轮不能禁五路。徇俗之艺，羔雁借以先资；大惭之文，蜕蝉岂能速化？或非丹而是素，遂爱古而薄今。技纵屠龙，骨谁市骏？阁下则以郑许之学，渊云之才，濂洛之传，正嘉之格，合之于一手，沛之于寸心。洗洮庸音，追轨前哲，谈艺必衷于古，教人必尽其才。下至试帖小诗律赋末节，亦复力排佻巧，崇尚清真。余技足了乎十人，端仪合光于四国。兹又一说也。

或谓儒生贵在识时，经术原以致用。倘使千言落纸，词尽筌蹄，遂致一策莫筹，儒为诟病。阁下则亲编尧典，总答蕃书，摹天日之昭垂，纪海沙之渐被，中更潢池之儆，屡陈轨里之条。天人治安，远睎夫董贾；经义治事，定继夫苏湖。此间百度维新，五咨并用，广设中衢之酌，乐闻乡校之言。咨政乃魏之客乡，议兵即齐之祭酒。通名郑里，应仲远之誉望弥；折节陆生，周孝侯之风裁益峻。兹亦一说也。

综是群言，敢祈一诺。辄令僆从，祗迓高轩。毋金玉尔音，愿庚縶维之雅；如松柏之茂，共培梁栋之材。区区寸忱，伏惟垂察。专肃奉布。敬请台安。

同治四年正月二十二日日记

　　早饭后清理文件。旋见客，坐见者四次，立见者一次。围棋一局。阅《说文》十叶，核科房批稿，又坐见者一次。午正请客，蒋子良等，申初散。莫子偲来一坐，阅本日文件。旋又见客，坐见者二次。说话太多，疲乏之至。傍夕小睡。夜又见首府一次。阅《经世文编》十余首，将选入"鸣原堂"，无称意者。二更后温韩文数首，朗诵，若有所得。余昔年尝慕古文境之美者，约有八言：阳刚之美曰雄、直、怪、丽，阴柔之美曰茹、远、洁、适。蓄之数年，而余未能发为文章，略得八美之一以副斯志。是夜，将此八言各作十六字赞之，至次日辰刻作毕。附录如左：

　　雄：划然轩昂，尽弃故常；跌宕顿挫，扪之有芒。

　　直：黄河千曲，其体仍直；山势若龙，转换无迹。

　　怪：奇趣横生，人骇鬼眩；《易》、《玄》、《山经》，张韩互见。

　　丽：青春大泽，万卉初葩；《诗》、《骚》之韵，班扬之华。

　　茹：众义辐凑，吞多吐少；幽独咀含，不求共晓。

　　远：九天俯视，下界聚蚊；寤寐周孔，落落寡群。

　　洁：冗意陈言，类字尽芟；慎尔褒贬，神人共监。

　　适：心境两闲，无营无待；柳记欧跋，得大自在。

同治四年三月二十八日日记

　　早饭后清理文件。开船赴焦山，舟次围棋一局。巳初至焦山，见客多次。方丈大和尚名芥航。常镇道许缘仲道身亦寓此山。周览各院寺楼，各寺皆在山之南。观寺中所藏杨忠愍公所书手卷二件，近代名人题识甚多，又观王梦楼所书寿屏等件，又观纯庙所赐平定安南、平定台湾等印图。午初芥航请吃斋面。午正缘仲请吃中饭，未正饭毕。登焦山绝顶一览，同游者为彭雪琴侍郎玉麟、李小湖大理联琇、黄昌岐军门翼升、邓守之布衣传密、方元徵大令骏谟、陈小浦广文方坦，皆随余自金陵来者也；李雨亭都转宗羲、莫子偲大令友芝、张苣堂观察富年，皆自扬州来者也。在山顶、山北两寺小憩良久，酉刻归。寺僧索题识，于两手卷各题数字以记岁月。又观《瘗鹤铭》及寺中所藏周鼎、阮文达所施置汉定陶鼎，又观所藏邓完白墨迹。傍夕观雪琴、守之作书数幅。灯后，雨亭请吃晚饭。旋归舟。倦甚，小睡。是日早间阅京报，见三月八日革恭亲王差事谕旨，有"目无君上，诸多挟制，暗使离间，不可细问"等语，读之寒心，惴栗之至，竟日忡忡如不自克。二更三点睡，不甚成寐。

复李鸿章
（同治四年五月初四日）

少泉世仁弟宫保大人阁下：

连得四月二十四、二十六惠书，敬悉一切。

此间接奉四月二十七日寄谕，饬出省督师。昨又奉二十九日寄谕，则僧邸业已殉节，饬即驰赴山东，阁下署理江督，松岩护理苏抚，想尊处亦经奉到。谕旨令不待驾到金陵，先将篆交篪轩，星速启行。此城过大，伏莽颇多，抢案层见迭出，必待台旆到此乃敢放心启行。护卫之兵，亦请阁下酌带三四千人，乃足以资镇抚。

湘勇早已定议全数遣散，因遣资未备，又挑秦淮淤土出城，土功最巨，尚未裁遣。今闻此信，畏缩不愿北征者十人而九。勉强派去，终属强弩之末，难期得力。贵部淮勇铭、盛、树各军，平日颇有一家之谊，不识离苏赴齐，尚能心性相孚否？

拟约季泉、幼泉同往相助，祈阁下于竹报中一为劝驾。季泉请开甘凉一缺，迟迟未敢入告，此次乘便一奏，或可仰邀俞允。

减漕一疏，本拟悉心核改，以助松岩成此盛举。今心绪繁冗，不暇构思，即用松岩原稿。请两君迅速出奏，不宜更列敝衔。

盐务及江北捐厘，系敝处饷项所出，请阁下精心经理，全以拨交敝军，即可大为分润铭、盛等营。敝眷暂住署内，数月后乃能腾出。台从暂住下江，考棚已饬赶紧修理。次青之事，尊处接有部文否？顷折弁自京归，闻部议得及宽政，免其北戍矣。果否？乞示。年来此事最为疚心。近霆军溃叛之事，其疾憾尤难言喻。承抄示他处京信一纸，乃宋雪帆与金梅生者，敝处早经遍传。恭邸虽复旧位，而挟制离间等语，尚未涤涤。霆营及邸军非常之变，适承其后，岂天人合应，乱机亦有相召者耶？

贱体畏热异常，实不堪此艰巨。如何！如何！即问台安。

遵旨赴山东剿贼并陈万难迅速缘由折
（同治四年五月初九日）

奏为遵旨前赴山东剿贼，并沥陈万难迅速情形，恭折仰祈圣鉴事。

窃臣钦奉同治四年四月二十九日上谕："钦差大臣协办大学士两江总督一等毅勇侯曾国藩，着即前赴山东一带督兵剿贼。两江总督着李鸿章暂行署理。江苏巡抚着刘郁膏暂行护理。"钦此。又准军机大臣字寄四月二十九、五月初一等日迭次上谕，饬臣赶紧赴援，保卫畿疆各等因。臣部署一切，拟于月内起程，先赴徐州。以徐州为老营，派一良将驻扎济宁。臣亦当亲赴济宁一带察看形势。惟僧格林沁以督师重臣猝尔捐躯，震远近之人心，长逆贼之凶焰。朝廷责臣讨贼，至切且速，即山东官民，亦望臣星速北上。臣踌躇再四，有万难迅速者数端，请为我皇上缕晰陈之。

臣自江宁启程，不能不酌带楚勇数营以资护卫。查臣部现有之勇，除刘连捷等新调江西，易开俊等分防皖南、皖北外，金陵未撤之兵仅存十六营，人人思归。三月间，因御史朱镇参奏，谕旨饬令裁撤，当即宣示各营，饬将秦淮淤土挑竣，一律撤遣。此次闻有山东之行，各勇纷纷求归，不愿北征。劝谕三日，始定议裁撤者十二营，北征者仅四营，又新募两营，合三千人，作为随臣左右之亲兵。此外惟刘松山宁国一军相距较近，现已飞檄往调，等候刘松山前来。如其部卒不愿北征，臣亦不复相强，当酌带楚军将弁，另募徐州勇丁，仿臣处之营制而约束之，存楚师之规模，开齐兖之风气。李鸿章所部之淮勇，已稍习于北方矣，然尚专食稻米，不惯麦面。若徐、兖间能另出劲旅，则北路数省，到处相宜。臣鉴于金口叛兵之祸，不敢强楚勇以远征。现仅刘铭传、周盛波两军归臣调遣，淮勇虽称劲旅，人数尚少，不敷分拨。不得已为此迂缓之谋，添募徐方之士，约须三四月乃能训练成军。此其不能迅速者一也。

捻匪积年掳掠，战马极多。此次蒙古马队溃散，恐亦为贼所得。现闻贼马多至万余匹，驰骤平原，其锋甚锐。臣处昔亦有马二千，除拨交左宗棠、李榕共三百匹外，余皆拨交曾国荃、鲍超两处。数月以来，其隶曾国荃、李榕部下者，业已全数遣散。其隶鲍超部下者，即系上杭饥噪之军，尚未安抚就绪。刘铭传一军添募马队，甫经李鸿章于三月间奏请出口买马。臣亦拟在徐州添练马队，派员前赴古北口一带采买战马千匹，约计往返程途，至速亦须三月，加以训练，非再得两月断难集事。若竟不佐以马队，而强驱步兵以当骑贼，虽有贲育之勇，亦将不战自靡。此其不能迅速者二也。

扼贼北窜，惟黄河天险最为可恃。防河之策，自为目前第一要义。臣上次折内即拟由河南、山东抚臣另造舢板战船，现在事机尤紧，直隶、齐、豫三省，均须迅速造船，分列河干，以壮声势。据吴棠所奏，江南之船，于黄河水性不合，与臣前奏相符。所有斟酌船式，采办木料，招募水勇，应由该三省督抚悉心筹画，因地制宜。惟炮位一宗，北省较少，金陵存留尚多。臣拟拨炮三百尊，分济三省，派船解至济宁州，由该三省派船前来迎接。黄河水师办成，畿辅可永无捻匪之患，其事虽缓，其利甚大，然非有四五月工夫难期就绪。此其不能迅速者三也。

至刘铭传一军，不宜遽入直隶，宜剿贼于黄河以南，臣于上次折内陈明在案。节次寄谕，严催刘铭传渡河径赴刘长佑军营。果使于事有济，自应设法北渡。惟目前濮州、范县、荷泽、郓城等处黄河南岸，一片贼氛，若非节节扫荡，焉能冲过北渡？若使远避贼锋，绕路行走，则上游须绕至河南兰、仪等处，下游须绕至山东历城、长清等处，非迂绕五六百里不能径行渡河。且该军现在南岸，尚可遇贼一击。若贼未北渡而该军先至北岸，反置劲旅于无用之地，似于军情地势均未相宜。臣昨接刘铭传来文，批令在鱼台、藤县附近运河之处驻扎，拟俟粮运稍有把握，再令进驻济宁。正筹度间，接奉五月初三日寄谕，饬刘铭传由金乡、嘉祥一带黄河南岸向西兜剿。又接国瑞来咨，亦欲刘铭传在黄河南岸协剿。与臣暂不北渡之说相合。以理势揆之，黄河夏秋盛涨，刘长佑亲统大军防堵河北，该逆应难飞渡。不特刘铭传目下不宜渡黄也，即将来事势稍定，亦不宜令河南之兵兼顾河北。查河北仅有直隶一省，近年捻患尚少，河南有齐、豫、苏、皖四省，近年捻患极多。据臣愚见，直隶宜另筹防御之兵，但令分守河岸，齐、豫、苏、皖四省，宜另筹追剿之师，不使驰援河北。盖楚勇、淮勇向例，每日仅行四十里。黄河船少，万人渡河，动逾旬日。若令时而北渡，时而南渡，我则疲于奔命，贼则相去已远，殊为失策。此因行军不能迅速，遂不能兼顾直隶者，又其一端也。

僧格林沁之忠勇绝伦，妇孺皆知，华夷传诵。其统兵追贼，日行七八十里，或百余里不等，然步队不及马队；驽马不及良马，势必参差不齐。闻僧格林沁于三月驰至汶上，步队后七日始到兖州，马队亦有后三日始到者。行走太速，势不能自带米粮埋锅造饭，行文州县，令其供支面饭，兵燹困苦之余，州县力难具数千人之食。又或仓猝得信，家丁逃匿，或两县交界，彼此推诿，将士争先落后，饥饱不均，有连日不得一餐者。其队伍难整在此，其行军神速亦在此。臣处行兵之例，每日行军，支帐埋锅造饭，不向州县索米供应。略师古法，日行仅四十里，少或二三十里。李鸿章之淮勇，亦仿楚师之法。其步步稳妥在此，其行军迟钝亦在此。僧格林沁剿办此贼，一年以来，周历湖北、安徽、河南、江苏山东五省，若他人接办此贼，断不能兼顾五省。不特不能至湖北也，即齐、豫、苏、皖四省亦焉能处处兼顾？如以徐州为老营，则山东只能办兖、沂、曹、济四郡，而济东、泰、临以北，力不逮矣；河南只能办归、陈两郡，而开、许、南、汝以西，力不逮矣；江苏只能办淮、徐、海三郡，安徽只能办庐、凤、颍、泗四郡，余属皆力不逮矣。此四省十二府州者，纵横千里，古四战之场，历年捻匪出没最熟之区。若以此责成督办之臣，而以余属责成四省之巡抚，则汛地各有专属，庶军务渐有归宿。此贼已成流寇，飘忽靡常，宜各练有定之兵，乃足以制无定之贼。此因行军不能迅速，遂不能遍顾各省者，又其一端也。

方今贤帅新陨，剧寇方张，山东之望援，急于星火，而臣策战事，乃在半年以后。北路之最重莫如畿辅，而臣策直隶乃须另筹防兵。此皆骇人听闻之言，殆不免于物议纷腾，交章责备。然臣筹思累日，非专力十捻匪最熟之十二府州，不足以弭流寇之祸。理合直陈刍荛，备圣主之采择。所有遵旨督师剿贼，及沥陈万难迅速缘由，恭折由驿六百里驰陈，伏乞皇太后、皇上圣鉴，逐条训示。谨奏。

谨陈筹办情形并请收回成命折
（同治四年五月十三日）

奏为钦奉谕旨，谨陈现在筹办情形，并恳收回成命，恭折仰祈圣鉴事。

窃臣于五月初九日将赴东剿贼万难迅速情形，专疏复奏在案。拜折后，钦奉同治四年五月初四日上谕："钦差大臣协办大学士两江总督一等毅勇侯曾国藩，现赴山东一带督师剿贼，所有直隶、山东、河南三省旗、绿各营及地方文武员弁，均着归曾国藩节制调遣。如该地方文武有不遵调度者，即由该大臣指名严参。"钦此。又承准军机大臣字寄五月初四日上谕，饬臣克日统带亲军小队，轻骑就道，兼程北上。并以时值艰难申诫微臣，不可意存谦抑，仍辞节制三省之命，致往返再有耽延各等因。跪诵之下，感悚莫名。

伏查注重徐州，经营十二府州者，将来剿捻之长策也；先顾畿辅，安定直、东人心者，目下应变之急图也；黄河当仲夏盛涨之候，北岸有刘长佑列防之兵，谓贼难以渡河者，事理之常可以臆度也；汛远而防兵太单，贼多而土匪勾引，恐贼猝然渡河者，军情之变不可逆料也。万一贼竟北渡，则臣前疏所言未免狃于常而忘于变，明于将来而昧于目前。正在筹思无策之际，接准李鸿章来咨，已派常镇道潘鼎新统带所部鼎字淮勇十营，由轮船驰赴天津。有此一军，可以壮畿辅之威，可以慰圣主之怀，可以补微臣迂缓之过。至刘铭传一军，接该提督来文，定于五月初八日起程赴直。臣查曹、济等处，一片贼氛，国瑞驻扎济宁，深恐孤军受敌，再有挫失，因檄令刘铭传先赴济宁，与国瑞会商进止。如贼竟渡河北，则该提督一军应由东阿、平阴一带渡黄，在于东昌境内迎剿。若贼未渡河，则仍应驻扎济宁，进剿郓城一带之贼。有潘鼎新专驻河北之师以助刘长佑，有刘铭传可南可北之师以助国瑞，目前局势似已可保无虞。臣到山东后，即当力击曹、济之贼，驱之西窜。俟此次风波大定，仍当回驻徐州，就臣上次折内所称十二府州者扼要设防，分道兜剿，务使捻匪东出西没皆不能出吾网罗之外，庶几彼劳我逸，致人而不致于人。是否有当，伏候圣裁。

惟节制直、东、河南三省，则微臣不敢拜此宠命。臣以菲材，参司兵柄。江南粗立寸功，皆诸将艰难百战而成，臣并未躬冒矢石。频叨懋赏，抱惭已久。今则精力衰颓，公事废弛，心神则无故惊怖，多言则舌端蹇涩，自问蒲柳之姿，万难再膺艰巨。即久驻徐州，专办十二府州捻匪，亦自度能言之而不能行之。前疏请另简督办大臣，而臣以闲散人员效力其间，尚未奉到批旨。更何敢肩荷非常，节制三省。惟有吁恳天恩，收回成命，俾臣稍安愚拙之分，不为众责所归。感戴鸿慈，曷其有极。至直、东、河南三省军事，凡臣思虑所能及，自当知无不言，言无不尽。直隶独处河北，除此次宜集各路之兵急援畿辅外，嗣后应责成该省总督，另筹防兵，不可调南岸之师，往来渡黄，疲于奔命。河南、山东两省，除豫之归、陈，齐之兖、沂、曹、济另由大臣督办外，其余各属，应责成两省巡抚另筹防兵，不可使剿捻之师追逐千里，永无归宿。臣前疏已略陈梗概，兹更反复申明，不特微臣难胜巨任，即才力十倍于臣者筹办此贼，似亦不必有节制三省之名。区区愚忧，伏乞俯加采纳。

臣急欲启程，因撤勇之遣资，征兵之途费，需银十余万，尚未措齐；而水陆各军留于江、皖者，经手事件极多，必待李鸿章到宁后，一一而为交代，头绪乃可清晰。除续行具奏外，所有现办情形，及沥陈下悃各缘由，谨缮折由驿六百里驰奏，伏乞皇太后、皇上圣鉴训示。谨奏。

复苏廷魁
（同治四年闰五月十七日）

赓堂老前辈大人阁下：

初五日接奉前月二十五日惠书，敬聆一是。雒诵数四，具审大君子悉心体国，于军事成败，贼情得失，洞若观火，感佩奚如！

国藩自奉北征之命，于时贤王新殒，曹、郓一带捻氛麇集，因疏请以徐州为老营，济宁为行营，专用力于山东之兖、沂、曹、济，河南之归、陈，江苏之淮、徐、海，安徽之庐、凤、颍、泗等十三州郡，庶用兵各有汛地，军务渐有归宿，即来示所谓"合围蹙之，勿与浪战"之意也。及闰月八日行抵清江，迭据各路禀报，张总愚一股回窜皖疆，赖文光、任柱等股悉数南趋蒙、宿、亳州，纵横一二百里间，竟成渊薮，其势不惟不分，且益日见其合。欲处处设防，则备多力分，适中诡计；欲择要严守，而长淮以北，平原千里，实亦无险可扼。缓之则如上年随、枣等处，游弈数月，从容饱掠而去，卒不闻其自相图害；急之则有曹南前车之鉴。蹰躇已久，骤无殄灭之计。因定议于临淮、徐州、济宁、周家口，分驻四军，亦非旦夕所能集事。刻下蒙、亳、临淮，俱形吃紧，英翰司一军由雉河退至西洋集，不得已奏调刘铭传一军由东省回剿，周盛波一军由宿州进援，黄翼升水师一军由洪泽湖赴淮。国潘亦拟先赴临淮，以壮声援，俟皖事稍纾，再驻徐州。言战言守，须数月后规画大定，乃有把握。

陈国瑞虽称骁将，而新衄之后，精锐销亡。闻现在补募成军，多录降人，殊难深靠，且其勇于私斗，层见迭出。如吴中丞善于驾驭而台端为之调护，当即派赴河南，以备驱策。若归敝处调遣，则当令其捐弃故技，扫除更张，要约数事，庶可渐就范围。然美而不骄，骄而能降，盖自古所鲜。国藩才短识浅，实难胜此艰巨，奏寝成命，未蒙恩允。劳人暮齿，纵竭蹶以图，未必有济万一。尚祈惠赐箴言，俾资韦佩。肃复。敬请台安。不备。

贼众全萃皖境拟先赴临淮折
（同治四年闰五月二十一日）

奏为群贼全萃皖境，臣应先驻临淮，后赴徐州，恭折仰祈圣鉴事。

窃臣行抵清江，即将皖军被围，拟派重兵援剿各缘由，于本月十一日驰奏在案。十四日罗萬森等金陵六营齐抵清江。刘松山宁国一军，老勇在途苦求假归，挑选募补，行程稍滞，甫于二十日全队到齐。臣在此小驻十二日，迭闻留防徽州各军索饷滋闹，力筹拨银镇抚，昼夜忧灼。本拟步队到齐，即日驰赴徐州，相机调度。连日接据安徽布政使英翰来禀，该军困于雉河集，已先带二十余骑退至西洋集，其部将史念祖等尚能相约死守以待援兵等语。又据寿春镇总兵易开俊来禀，该军进扎西洋集，拟先攻高炉以解雉河之围。惟该总兵目疾增剧，势将瞽废，请派员接统该军各等情。臣查英翰出重围而求援，易开俊临大敌而婴疾，均属万分危急。臣若先赴徐州，则去贼愈远，诸军无所禀承。适接抚臣乔松年咨函，亦称贼聚皖北，官兵正可合围会剿，为一劳永逸之计。臣与吴棠熟商，遂定议亲率金陵六营、宁国六营先赴临淮关驻扎。俟皖事稍松，再行进驻徐州。

臣初次奏称，专力于四省十三府州之地。今既由临淮进兵，将来安徽即以临淮为老营，江苏即以徐州为老营，山东以济宁为老营，河南以周家口为老营，四路各驻大兵，多储粮草、子药，为四省之重镇。一省有急，三省往援，其援军之粮药，即取给于受援之地，庶几往来神速，呼吸相通。就目前诸将而论，刘铭传、潘鼎新均可独当一面，张树声、周盛波两军相合可当一面，刘松山、易开俊两军相合可当一面，四路专汛之兵，颇敷分布。此外须另筹游兵一枝，拟派候选郎中李昭庆训练马队，合之亲王僧格林沁旧部马步各军，同为游击之师。臣私衷区画如此。军情瞬息千变，不知将来能成规模否。至粮运为用兵第一要义，周家口、临淮两军以淮河、颍河为运道，济宁、徐州两军以运河为运道，拟趁有水之时，先将米粮、子药悉数分运四处，存储备用。已在清江设立转运局，派淮扬道吴世熊专司其事。如四路军食充足，则四省有首尾相应之象，而诸军无疲于奔命之虞，或可以速补迟，徐图功效。所有群贼萃皖，微臣先赴临淮缘由，谨缮折由驿五百里驰陈，伏乞皇太后、皇上圣鉴训示。谨奏。

复刘长佑
（同治四年闰五月二十八日）

荫渠仁弟大人阁下：

顷接十五日惠书，询及潘军应驻何处。敬谂勋祺懋介，威望弥隆，企慰无似。

国藩自奉北征之命，即将筹办大概情形于五月十二日函达台端。及行抵清江，改道临淮，又将续筹一切事宜，于闰月十八日奉报。维时贼萃皖北，危急异常，不得已调刘铭传回援，而拟令潘鼎新所部填扎济宁。前函并以奉商，旋即具疏复陈。潘道一军，国藩所以令驻济宁者，一则曹、济等处败兵游勇极多，必须有重兵镇驻以资弹压；一则徐州、济宁两军互相犄角，可以伐贼回窜之谋。此二十一日敉疏已陈之辞。其未陈者，则米粮子药由江南运送山东，惟济宁最便也。自济宁而外，曹州极为紧要，一则近黄河南岸，可略省直隶防河之兵；一则曹、考为直隶、豫、苏三省交会，尤足扼该匪熟窜之路。故论贼情则曹、济并重，而论转运则曹州不便。鄙意该军月饷蒙六、七、八等月伏秋二汛尚盛，尊处防兵未撤，炮船将成，该逆断无渡黄之理，宜令潘军先驻济宁，扎定老营，将米粮子药运足，俾该军有恃不恐。逮霜降安澜以后，或留一二营守济，而大队移驻曹州，亦无不可。如尊意以为然，即请行知潘道遵照，饬司筹给，并咨东省宽为措备。具纫舟谊，感荷曷已！

统筹三省，国藩度德量力，实难任此事权。棠疆远在河北，尤非绵力所能逮。徒冒虚名，全无实际，寸心深抱不安。业经两次疏辞宠命，未邀俞允。本日又恭疏辞谢，得请乃已。前议刘铭传一军宜驻黄河以南，扼贼北渡，系据理事而言。军情万变，不可逆料，深恐理之所无，或为事之所有。幸赖阁下亲统雄师，分布河防，贼计遂阻，折而南趋，非是鄙人之先见也。皖北贼势，现尚游绎于蒙、亳、颍、宿一带，援皖水陆诸军先后赶到。国藩于二十七日已抵五河，候随征陆兵到齐，即赴临淮驻军，相机督剿。智小谋大，精力日颓，尚冀惠我南箴，以匡不逮。专此布复。敬问台安。诸惟心鉴，不备。

批浙江处州陈镇国瑞具禀暂驻归德并饷项军火如何筹措等情
（同治四年六月初六日）[*]

　　来禀阅悉。该镇所部，业奉谕旨饬赴归德，军火器械自应在河南粮台支领。至八千人之饷，为数甚巨，断非每月二万所能敷用，况二万金之协饷，尚属不甚可靠。古谚有云"兵马未动，粮草先行"，此万不可易之理。若以八千之众，全无确实之饷，将来因饷生变，祸端不测。本部堂所部皖南各军，近日因饷绌闹事，纷纷闭城殴官，居民逃避，焦灼之至。该镇宜就近与豫抚部院熟商，若饷项极绌，固宜及早遣撤。即饷项稍优，该镇滥收败兵游勇，亦宜遣撤大半，或酌留二三千人，庶免弗戢自焚之患。不可贪部卒众盛之名，而忘饥军殃民之虑也。此批。

　　再，前于闰五月初间连接该镇二禀：一件言自嘉祥解围，回至济宁，勇丁与刘军门部下械斗；一件言陈振邦招勇未到，不能迅速拔营。本部堂所以未遽批答者，因心中有千言万语欲与该镇说明，又恐该镇不好听逆耳之言，是以迟迟未发。兹该镇禀商饷银军械等事，急欲立功报国，而恐诸事掣肘，其志亦可悯可敬，特将本部堂平日所闻之言与玉成该镇之意，层层熟筹而敬告之。

　　本部堂在安庆、金陵时，但闻人言该镇劣迹甚多，此次经过淮扬、清江、凤阳，处处留心察访，大约毁该镇者十之七，誉该镇者十之三。其毁者则谓该镇忘恩负义，黄镇开榜于该镇有收养之恩，袁帅欲拿该镇正法，黄镇夫妇极力营救，得保一命，该镇不以为德，反以为仇。又谓该镇性好私斗，在临淮与袁帅部将屡开明仗，在寿州与李世忠部下开明仗，杀死朱、杜二提督。旋在正阳关捆缚李显安，抢盐数万包。在汜水

　　* 传忠（书局）刻本作"六月初十"，此据曾氏本年七月二十四日所作之《再密陈陈国瑞事状片》及黎庶昌编《曾国藩年谱》改。

时，因与米船口角小争，特至湖西调队二千，与米商开明仗，知县叩头苦求，始肯罢兵。又谓该镇骚扰百姓，凌虐州县，往往苛派州县代办军装号衣等件。在泗州殴辱知州，藩司张光第同在一处，躲避床下，旋即告病。在高邮勒索水脚，所部闹至内署抢掠，合署眷属，跳墙逃避，知州叩头请罪乃息。又谓该镇吸食鸦片，喜怒无常，左右拂意，动辄处死，并有因一麻油饼杀厨子之事。藐视各路将帅，信口讥评，每每梗令，不听调度，动称"我将造反"。郭宝昌之告变，事非无因。本年四月曹南之败，与郭宝昌同一不救主帅，同罪异罚，众论不平。凡此皆言该镇之劣迹者也。

其誉者则谓该镇骁勇绝伦，清江、白莲池、蒙城之役，皆能以少胜众，临阵决谋，多中机宜。又谓该镇至性过人，闻人谈古来忠臣孝子，倾听不倦，常喜亲近名儒，讲诵《孟子》。又谓该镇素不好色，亦不甚贪财，常有出世修行、弃官为僧之志。凡此皆言该镇之长处者也。誉该镇者，如漕督吴帅，河南苏藩司，宝应王编修凯泰，山阳丁封君晏，灵璧张编修锡嵘，皆不妄言之君子。毁该镇者，其人尤多，亦皆不妄言之君子，今不复悉举其名。誉该镇者，愿该镇知其名，不忘也。毁该镇者，愿该镇不知其名而忘之也。

本部堂细察群言，怜该镇本有为名将之质，而为习俗所坏。若不再加猛省，将来身败名裂而不自觉。今为该镇痛下针砭，告戒三事：一曰不扰民，二曰不私斗，三曰不梗令。

凡设官所以养民，用兵所以卫民。官吏不爱民，是名蠹也；兵将不爱民，是民贼也。近日州县多与带兵官不睦，州县虽未必皆贤，然带兵者既欲爱民，不得不兼爱州县。若苛派州县供应柴草夫马，则州县摊派各乡村，而百姓受害矣。百姓被兵勇欺压，诉于州县，州县转诉于军营。若带兵者轻视州县，而不为民申冤，则百姓又受害矣。本部堂带兵十年，深知爱民之道，必先顾惜州县。就一家比之，皇上譬如父母，带兵大员譬如管事之子，百姓譬如幼孩，州县譬如乳抱幼孩之仆媪。若日日鞭挞仆媪，何以保幼孩，何以慰父母乎？闻该镇亦无仇视斯民之心，但素好苛派州县，州县转而派民；又好凌虐弁兵，弁兵转而虐民，焉得不怨声载道？自今以后，当痛戒之。昔杨素百战百胜，官至宰相；朱温百战百胜，位至天子。然二人皆惨杀军士，残害百姓，千古骂之如猪如犬。关帝、岳王，争城夺地之功甚少，然二人皆忠主爱民，千古敬之如天如神。该镇以此为法，以彼为戒，念念不忘百姓，必有鬼神佑助。此不扰民之说也。

至于私相斗争，乃匹夫之小忿，岂有大将而屑为之？本部堂二年以前，即闻该镇有性好私斗之名。此名一出，人人皆怀疑而预防之。闰五月十九之事，铭字营先破长沟，已居圩内，该镇之队后入圩内，因抢夺洋枪，口角争闹，铭营杀伤该队部卒甚多，刘军门喝之而不能止。固由仓猝气忿所致，亦由该镇平日好斗之名有以召之耳。闻该镇好读《孟子》"养气"之章，须知孟子之养气，行有不慊则馁。曾子之大勇，自反不缩则惴。缩者直也，慊者足也。惴则不壮，馁则不强。盖必理直而后气壮，必理足而后自强。长沟起衅之时，其初则该镇理曲，其后则铭营太甚。该镇若再图私斗，以泄此忿，则祸在一身而患在大局；若图立大功，成大名，以雪此耻，则弱在一时而强在千秋。昔韩信受胯下之辱，厥后功成身贵，召辱己者而官之，是豪杰之举动也。郭汾阳之祖坟被人发掘，引咎自责，而不追究，是名臣之度量也。该镇受软禁之辱，远不如胯下及掘坟之甚，宜效韩公、郭公之所为，坦然置之，不特不报复铭营，并且约束部下，以后永远不与他营私斗，能忍小忿，乃成大勋。此戒私斗之说也。

国家定制，以兵权付之封疆将帅，而提督概归其节制，相沿二百余年矣。封疆将帅虽未必皆贤，然文武咸敬而尊之，所以尊朝命也。该镇好攻人短，讥评各路将帅，亦有伤于大体。当此寇乱未平，全仗统兵大员心存敬畏。上则畏君，下则畏民，中则畏尊长，畏清议，庶几世乱而纲纪不乱。今该镇虐使其下，气凌其上，一似此心毫无畏惮者，殆非载福之道。凡贫家之子，自恃其竭力养亲，而不知敬畏，则孔子比之犬马。乱世之臣，自恃其打仗立功，而不知敬畏，则陷于大戾而不知。嗣后，该镇奉檄征调，务须恪恭听命。凡添募勇丁、支应粮饷，均须禀命而行，不可擅自专主，渐渐养成名将之气量，挽回旧日之恶名。此不梗令之说也。

以上三者，该镇如能细心领会，则俟军务稍松，前来禀见。本部堂于觌面时，更当谆切言之，务令有益于该镇，有益于时局。玉成一名将，亦本部堂之一功也，若该镇不能细心领会，亦有数事当勒令遵从者。第一条，八千勇数，必须大为裁减，极多不许过三千人，免致杂收游勇，饥溃生变。第二条，该军与淮勇及英、康等军，一年之内不准同扎一处。第三条，该镇官衔，宜去"钦差"字样，各省协饷，均归河南粮台转发，不准别立门户，独树一帜。仰该镇逐条禀复，以凭详晰具奏。至于所述毁誉之言，孰真孰伪，亦仰该镇逐条禀复。其毁言之伪者，尽可剖辨，真者亦可承认。大丈夫光明磊落，何所容其遮掩！其誉言之真者，守之而加勉，伪者辞之而不居。保天生谋勇兼优之本质，改后来傲虐自是之恶习，于该镇有厚望焉。又批。

谕纪泽纪鸿[*]
（同治四年七月初三日）

字谕纪泽、纪鸿儿：

二十七日接尔等各一禀，六月二日专兵至，接纪泽一禀，具悉一切。福秀之病大愈，至以为慰。福秀好吃零星东西而不甚爱饭，盖胃火强而脾土弱。胃强则贪食，脾弱则难化，难化则积滞而生疾。今不能强其多吃饭，却当禁其多食零物。食有节，则脾以有恒而渐强矣。泽儿于陶诗之识度不能领会，试取《饮酒》二十首、《拟古》九首、《归田园居》五首、《咏贫士》七首等篇反复读之，若能窥其胸襟之广大，寄托之遥深，则知此公于圣贤豪杰皆已升堂入室。尔能寻其用意深处，下次试解说一二首寄来。

又问有一专长，是否须兼三者乃为合作。此则断断不能。韩无阴柔之美，欧无阳刚之美，况于他人而能兼之？凡言兼众长者，皆其一无所长者也。鸿儿言此表范围曲成，横竖相合，足见善于领会。至于纯熟文字，极力揣摩固属切实工夫，然少年文字，总贵气象峥嵘，东坡所谓蓬蓬勃勃如釜上气。古文如贾谊《治安策》、贾山《至言》、太史公《报任安书》、韩退之《原道》、柳子厚《封建论》、苏东坡《上神宗书》，时文如黄陶庵、吕晚村、袁简斋、曹寅谷，墨卷如《墨选观止》、《乡墨精锐》中所选两排三迭之文，皆有最盛之气势。尔当兼在气势上用功，无徒在揣摩上用功。大约偶句多，单句少，段落多，分股少，莫拘场屋之格式。短或三五百字，长或八九百字千余字，皆无不可。虽系《四书》题，或用后世之史事，或论目今之时务，亦无不可。总须将气势展得开，笔仗使得强，乃不至于束缚拘滞，愈紧愈呆。

嗣后尔每月作五课揣摩之文，作一课气势之文。讲揣摩者送师阅

---

[*] 此件岳麓书社 1985 年版有删节，现据富厚堂抄本补全。

改，讲气势者寄余阅改。四象表中，惟气势之属太阳者，最难能而可贵。古来文人虽偏于彼三者，而无不在气势上痛下工夫。两儿均宜勉之。五十金、十六金兹交来卒带去。邵宅事、赵宅屋事，均办公牍矣。西序下次带回。此嘱。

遵旨复陈并请敕中外臣工会议剿捻事宜折
（同治四年七月二十四日）

奏为钦奉谕旨，恭疏复陈，并请敕下中外臣工会议剿捻事宜，以定谋议，仰祈圣鉴事。

窃臣于七月初九日承准军机大臣字寄，七月初三日奉上谕："晋省完善之区，并无得力劲旅，设被窜扰，关系匪轻。着曾国藩速派刘铭传等军循河西上，酌量水陆两路孰为便捷，驰赴洛阳以西一带，扼要驻扎。与秦、晋防兵联洛声势，相机防剿，俾贼不得分窜扰及完善"等因。钦此。又于七月十五日承准军机大臣字寄，七月初九日奉上谕："曾国藩身任统帅，责无旁贷。前经迭谕该大臣筹拨一军兼顾晋省；并令刘铭传等军驰赴豫省北路，绕出贼前，防贼窜越秦、晋之路；又令派拨马队驰赴豫省助剿；复以贼去徐郡甚远，令该大臣酌量前进驻扎。乃该大臣日久迄无奏报，于近来皖、豫军情及各路如何布置情形，均未陈奏，历次所奉谕旨亦未答复，实属疲玩因循。若欲借此获咎，冀卸节制三省仔肩，何以仰副朝廷倚任之重！谅该大臣公忠体国之心，何忍出此"等因。钦此。跪诵之下，惶悚莫名。

查派拨马步各队赴豫及臣仍拟驻扎徐州各情，业已于本月初八日专折具奏在案。目前贼势，前股已至南召、鲁山、裕州，并闻窜入湖北之枣阳；后股由临颍、郾城而折回上蔡。接据吴昌寿咨称，贼将窜扰周家口。又接刘铭传文称，即日由周家口出队迎击上蔡之贼。谕旨敕令刘铭传一军循河西上，驰赴洛阳以西扼要驻扎，自系先事预防之策。臣窃观刻下局势，周家口最为扼要之区。该处距豫之开、归、陈、许及汝宁、光州六郡，均在三百里内外，即皖之颍州及蒙、亳老巢，相去亦不过三百里，八面受敌，不可无重兵镇驻。臣所部各军，惟刘铭传将略较优，人数较多，故以周家口之重任付之。今若移驻洛阳以西，反置劲旅于无用之地。至秦、晋两省防务，臣闻陕西残破更甚于河南，似非该逆之所垂涎。山西虽属完善，然黄河天险，似非该逆所能遽渡。自洛阳至潼关五百余里，必须晋、豫两省多设炮船，乃足御之，亦非陆路一军所能遍防。刘铭传西去，窃恐无益于晋而有损于豫。臣既知周家口之防更切于洛阳，不敢不剀切上陈，冀回圣听。且不独刘铭传一军万难远调也，李鸿章部下淮南之勇，不惯面食与楚军同，而其军火、炮械之笨重则更甚于楚军。自古行军皆以粮运为先务。乾隆年间，新疆用兵，以大学士黄廷桂总理肃州粮台，米、麦、杂粮无一不备，车驼转运之烦琐，纯皇帝亲自计画，遥为指挥。今河南等省用兵，全不讲求转运，粮械多有阙乏，将士不肯尽力。臣与李鸿章所部历年行兵于江湖水乡，粮运最便，士卒习而安之。今改运于济宁、周家口等处，尚有运河、淮河水之便，而溯流太远，已觉十分艰难。若再令远征秦、晋之交，不特不能多运大米，并不能多运洋炮，恐淮勇迁地弗良，或生他变。前此霆营调赴关外，亦以道途太远，无米可食，中途溃变。臣未能先期陈奏，力阻其行，至今愧恨。顷在临淮，臣檄翰林院编修张锡嵘招募淮北之勇，专取能食麦面杂粮之人，冀备他年征剿西北之用。其在淮水以南不惯面食者，概不收募。盖恐饮食违其本性，驱策必不得力。此又臣所辗转筹思而未敢轻调秦、晋防兵者也。

至于节制三省之命，臣三次具疏固辞，未蒙俞允。以臣赋性颛愚，即一省已难专任，然臣受恩深重，虽数省亦当通筹。窃计捻匪可到之处约有八省，分为三路：江苏、安徽两省及豫之归、陈，齐之兖、沂、曹、济，臣初次疏中所指之十二府州，皆东路也；直隶、山西两省及豫之彰、怀、卫辉，齐之东、武、临清，凡在黄河以北皆北路也；湖北、陕西两省及豫之南、汝、洛、陕等郡，皆西路也。论用兵缓急先后之序，则东路最重，西路次之，北路又次之。论微臣之才识与所部之兵力，则即东路十二府州纵横千里，已嫌汛地太宽，动虞疏失，实不能兼顾西路，更何能谋及北路。今皇上饬臣兼顾晋省，已在节制三省之外，而外间望治之心、责臣之词，尚不止于晋省。一似三路之前截后追，为防为剿，皆臣军应办之事。臣何以堪此重任，又何能当此重咎。以僧格林沁之贤，忠可以泣鬼神，勇可以回山岳，办捻五年，尚未蒇功。今捻匪之马匹愈多，而时论之视贼愈轻，一似数月期年，可望肃清，臣又安能奏此速效。臣自揣殚竭愚忱，筹东路十二府州之防，加以清查民圩，训练马队，一二年内或可渐就稳固。其北路防河之法，西路堵剿之方，均非臣力所能逮。应请旨饬令山西、河南速办舟师，守御黄河，免致贼窜晋境，仓皇贻误。臣管见所及，已略具于五月初九日、十三日、七月初八日三次疏中。常思坚持初议，又恐失之执拗，可否仰恳天恩，敕下九卿、科道、八省督抚会议剿捻事宜，各抒所见，恭请宸断，定一不可改易之策，画分汛地，各专责成，无论贼窜何处，而办贼之方万变而不离其宗，庶几谋不纷歧，事有归宿。微臣幸甚！大局幸甚！

至臣处奏报之稀，曾于同治元年二月初六日复奏一次，一则不轻奏预计之说，仰蒙圣训称许。数年以来，不改此度。兹奉严旨诘责，惶愧无地。若欲借此获咎，以卸仔肩，则臣生平所志所学断不肯如此取巧，伏乞圣慈垂鉴。所有遵旨复陈、并陈中外臣工会议剿捻事宜各缘由，恭折由驿驰奏，伏乞皇太后、皇上圣鉴训示。

再，臣拜折后，即于本日前赴徐州整理马队。俟抵徐后，再行陈奏。合并声明。谨奏。

谕纪泽
（同治四年九月初一日）

字谕纪泽儿：

　　三十日成鸿纲到，接尔八月十六日禀。具悉尔十一后连日患病，十六尚神倦头眩，不知近已全愈否？吾于凡事皆守"尽其在我，听其在天"二语，即养生之道亦然。体强者，如富人因戒奢而益富；体弱者，如贫人因节啬而自全。节啬非独食色之性也，即读书用心，亦宜检约，不使太过。余八本匾中，言养生以少恼怒为本。又尝教尔胸中不宜太苦，须活泼泼地养得一段生机，亦去恼怒之道也。既戒恼怒，又知节啬，养生之道，已尽其在我者矣。此外寿之长短，病之有无，一概听其在天，不必多生妄想去计较他。凡多服药饵，求祷神祇，皆妄想也。吾于医药、祷祀等事，皆记星冈公之遗训，而稍加推阐，教示后辈。尔可常常与家中内外言之。尔今冬若回湘，不必来徐省问，徐去金陵太远也。朱金权于初十内外回金陵，欲伴尔回湘。

　　近日贼犯山东，余之调度，概咨少泉宫保处。澄、沅两叔信附去查阅，不须寄来矣。此嘱。

奉旨复陈近日军情及江督漕督苏抚事宜折
（同治四年九月十九日）

奏为迭奉谕旨，恭折复奏，并陈近日军情，仰祈圣鉴事。

窃臣接奉九月初六日寄谕，欲令李鸿章亲带杨鼎勋等军驰赴河洛，将豫西股匪扑灭，兼顾山、陕门户；而以吴棠署理两江总督，李宗羲、丁日昌递署漕督、苏抚，饬臣函商迅速复奏。又奉十一日寄谕，令鲍超驰赴豫南，归臣节制各等因。仰见圣德谦冲，忧勤弥笃。闻令之下，愧悚难名。

臣查近日军情，捻众回窜，遍布菏泽、曹、定等处。潘鼎新已至巨野，由徐州调往之色尔固善、张树珊马步各军均至济宁，正可会合进剿。而该匪忽分支狂窜：一支回窜徐州，攻破铜山境内之辛家寨，边马及于郑家集，距徐城仅六十里；一支直趋济宁之长沟，势将渡运河而东。据各路探报，马贼近万，步贼以六七万计，任柱、牛洪、赖汶光、李允、陈大憙各酋俱已东来。其西留豫境者仅张总愚南阳一股，人数较少，力亦较弱。是目下贼势趋重东路，不特秦、晋暂可无患，即宛、洛患亦稍轻，自当以全力专顾东路。徐州一支恐窜沂州、海州，而扰及里下河。长沟一支恐窜济南、泰安，而扰及东三府。现饬潘鼎新、张树珊两军防剿东北济、泰一路。而调郭松林、杨鼎勋两军防剿东南沂、海一路。此外则刘铭传留于周家口，周盛波留于归德府。斯六军者，皆淮勇最劲之兵，所驻皆三省最要之地。其防戍大江以南者，仅有刘秉璋等三起，分驻苏、松、东坝等处，万不能再行调出，千里空虚。

谕旨饬李鸿章视师河洛，该处现无可剿之贼，淮勇亦别无可调之师。至臣所部楚军，除酌留刘松山等剿捻外，余拟全数遣撤，迭经奏明在案。臣今所倚以办贼者全赖淮勇诸军，供其指麾。李鸿章若果入洛，亦岂肯撤臣布置已定之兵挟以西行，坐视山东、江苏之糜烂而不顾？是李鸿章之无兵带赴西路，时为之也，势为之也。

臣屡接禀报，闽军黄少春等攻克镇平，江军席宝田、娄云庆等迭获大捷，发逆势极穷蹙。又有刘典、康国器、刘连捷、周宽世各军星罗棋布，似闽、粤余孽不久即可歼除。谕旨令鲍超改赴河南，实属于粤无损，于豫有益。惟饷项由楚省解济，未知能否无缺？臣拟商之李鸿章，若能由江南协解数成，则河南多一支劲旅，湖北少一分供应，俾圣主可纾西顾之忧，而微臣亦稍塞豫人之责。

谕旨垂询以李宗羲暂署漕运总督，丁日昌署理江苏巡抚。查李宗羲由安徽知府，甫于去年保奏以道员留江补用。本年奏署运司，迭擢安徽臬司、江宁藩司，一岁三迁，已为非常之遭际。该员廉正有余，才略稍短，权领封圻，未免嫌其过骤。丁日昌以江西知县，因案革职。三年之内，开复原官，洊保府、道，擢任两淮运司。虽称熟习夷务，而资格太浅，物望未孚。洋人变诈多端，非勋名素著之大臣，不足以戢其诡谋而慑其骄气。该员实难胜此重任。数年以来，皇上求才若渴，于疆臣保荐人员，往往破格超迁，外间因其不次之擢，疑为非常之才，责备之下，加以吹求，于是台谏弹劾生风，并归咎于原保之员。若使保升者循资渐进，少为回翔，多经磨练，则该员不至见妒于同僚，而言路亦不至仇视乎疆吏，实于中外和衷之道大有裨益。

抑臣尤有请者，历观前史明训，军事之进退、缓急、战守、屯驻，统帅主之，朝廷之上不宜遥制；庙堂之黜陟将帅，赏罚百僚，天子与左右大臣主之，阃外之臣不宜干预。朝廷而遥制兵事，其患犹浅；阃外而干预内政，其害实深。从古统兵重臣遥执国命，未有能善其后者。同治元年正月，皇上命臣保举封疆大员，臣密片奏称，"疆臣既有征伐之权，不当更分黜陟之柄，宜防外重内轻之渐，兼杜植私树党之端"等语，仰蒙圣慈垂鉴。今以要缺督、抚，令臣等往返函商。如臣愚见，密保尚且不敢，会商更觉非宜。因不俟李鸿章、吴棠商定，直抒管见，未审有当于万一否？所有迭奉谕旨并陈近日军情缘由，恭折由驿驰奏，伏乞皇太后、皇上圣鉴训示。谨奏。

谕纪泽纪鸿
（同治四年九月二十九日）

字谕纪泽、纪鸿儿：

二十六日接纪泽二十日排递之禀，纪鸿初六日舢板带来禀件、衣书，今日派夫往接矣。李老太太病势颇重，近日略愈否？深为系念。泽儿肝气痛病亦全好否？尔不应有肝郁之症。或由元气不足，诸病易生，身体本弱，用心太过。上次函示以节啬之道，用心宜约，尔曾体验否？张文端公英所著《聪训斋语》，皆教子之言。其中言养身、择友、观玩山水花竹，纯是一片太和生机，尔宜常常省览。鸿儿体亦单弱，亦宜常看此书。吾教尔兄弟不在多书，但以圣祖之《庭训格言》家中尚有数本、张公之《聪训斋语》莫宅有之，申夫又刻于安庆二种为教，句句皆吾肺腑所欲言。

以后在家则莳养花竹，出门则饱看山水，环金陵百里内外，可以遍游也。算学书切不可再看，读他书亦以半日为率。未刻以后，即宜歇息游观。古人以惩忿窒欲为养生要诀。惩忿即吾前信所谓少恼怒也，窒欲即吾前信所谓知节啬也。因好名好胜而用心太过，亦欲之类也。药虽有利，害亦随之，不可轻服。切嘱。

此间派队于二十八日出剿，初一二可以见仗。十九日折奉旨留中，暂无寄谕。尔可先告李宫保也。余不多及。

迭奉谕旨复陈各处军情及湖团处置折
（同治四年十一月二十七日）

奏为钦奉迭次谕旨，恭折复奏，仰祈圣鉴事。

窃臣钦奉十月二十七日寄谕，以豫省贼数益众，饬臣统筹全局，将原设四镇兵勇移向西进，步步进逼。臣亦当移营进扎，就近督剿。又奉十一月初六日寄谕，饬臣斟酌情形，相机前进各等因。钦此。窃臣奉命剿捻，业经奏定徐州、临淮、济宁、周家口四处设立重兵，则此四处臣皆可以驻扎，初非有所恋于徐州，有所怯于周家口也。不过因东北则畿辅为天下之根本，东南则江苏为臣军之根本，故臣视东路略重，驻徐州略久耳。自十一月初间捻匪由山东全数窜豫，臣即拟进驻周家口，又因李昭庆一军鞍马未齐，不克遽行赴豫，业于上次奏明在案。臣于秋间筹算，除僧格林沁留遗马队汰存一千八百有奇外，又有新调之察哈尔马队一千，又有余马一千，又有借用鲍超所购之马八百，以为必可敷用。不料察哈尔马匹倒毙已及三分之二，存者亦瘦弱不堪，不得已又复派员出口买马。屈指计之，两次买鞍者年底均可回徐，两次买马者回营早迟难定。臣拟派李昭庆于正月统带万人赴豫，与刘铭传分途进剿，无论欠马若干，但就现有马匹先行剿办，所恃步队尚多，足以辅骑兵之不及。臣亦定于正月进驻周家口，就近调度。惟臣于东路终不放心，拟令李昭庆由徐径赴河南，臣则先赴济宁、兖州、曹州一带察看情形，并查阅黄河炮船，再由归德、陈州以抵周家口，庶地势之孰重孰轻，留兵之宜多宜少，臣胸中较有把握。

别有一事与剿捻大有关系者，铜山、沛县等处有湖团焉。咸丰四五年间，山东曹州一带黄河汛漫，难民唐守忠等迁徙铜、沛境内，多系微山湖涸出之地，久之聚至数万人，占地百余里。当时在事官吏不能遣之回籍，暂缓与抚绥，因就东民所占地亩，设局丈量，定为上、中、下三等科则纳租充饷，耕种丰稔，渐臻富强。在东省难民以为全系湖荒之地，在铜、沛居民则以为霸占有主之产，争讼多年，屡酿巨案。吴棠等曾迭次具奏，奉旨查办。本年十月贼窜沛县，逆首任柱、牛烙红、赖汶光等皆住湖团之内。臣处生擒贼供，多称系湖团信函邀约而来。沛民平日本与湖团为不解之仇，至是愈以团民勾捻，纷纷控告有不能一朝居之势。而湖团中如唐守忠父子骂贼殉难，全圩房屋焚烧殆尽，则又忠节昭然，乃沛民仍以叛逆目之。若不早为之所，则沛民与团民必且械斗不休，而良团与莠团亦复真伪莫辨。臣拟将通捻之团酌量惩办，而其余数万人全数资遣回籍。现经两次派员前往山东郓城、巨野等处，察看该团民原籍尚足安插否。如其可以安插，则遣之东归，在沛县可免占产之讼，在徐州亦无招捻之窝。臣再将资遣事宜专疏奏办，而臣之赴豫则须稍迟。如其不可安插，臣亦不勉强驱遣，在徐、沛不无后患，而臣之赴豫可以稍速。理合豫为具奏，以慰宸廑。

又奉十一月初六日寄谕，饬臣"檄调鲍超统带新募各营，驰赴湖北，由襄阳一带相机进剿。一切进止机宜，仍归曾国藩妥筹调度。其鲍超留江旧部，仍令归娄云庆统带剿办"等因。钦此。本应钦遵办理，惟臣接官文来函，鲍超必欲统带多兵，鄂省实难供应，虽江苏分任协饷，尚恐不足以资挹注。又接李鸿章来函，"粤中贼氛尚炽，汪逆悍党数万人，以一隅遥为牵制，而我数省不得解严。须留鲍超在江，方足支撑"各等语。又闻汪逆近已窜陷嘉应州，窥伺闽、汀。臣思鄂省之饷源既如此，江、粤之贼情又如彼，不敢固执己见，致误事机。目下鲍超一军已由赣州进兵，暂难更调。应俟江、粤全境肃清，再檄该军剿捻，庶不至往返仆仆，顾此失彼。所有迭奉寄谕，恭疏复奏，伏乞皇太后、皇上圣鉴训示。谨奏。

致澄弟沅弟
（同治四年十二月十五日）

澄、沅弟左右：

近日贼情，张总愚一股尚在南阳，赖汶光、任柱等股尚在光州、固始一带。闻京师之东北、山海关外、奉天等处马贼猖獗，派文尚书、福将军剿办，尚未得手。新授徐海道张树声为直隶臬司。圣意盖欲多调淮勇北卫畿辅，局势又当少变矣。

沅弟出处大计，余前屡次言及，谓腊月乃有准信。近来熟思审处，劝弟出山不过十分之三四，劝弟潜藏竟居十分之六七。

部中新例甚多。余处如金陵续保之案、皖南肃清保案全行议驳，其余小事动遭驳结；而言路于任事有功之臣，责备甚苛，措辞甚厉，令人寒心。军事一波未平，一波复起，头绪繁多。

西北各省饷项固绌，转运尤艰。处山西完善之区，则银钱分文皆须入奏，难以放手办事。若改调凋残之省，则行剥民敛怨之政，犹恐无济于事。去年三四月间，吾兄弟正方万分艰窘，户部犹将江西厘金拨去，金陵围师几将决裂。共事诸公易致龃龉，稍露声色，群讥以为恃功骄蹇。为出山之计，实恐呕气时多，适意时少。若为潜藏之计，亦有须熟筹者。大凡才大之人，每不甘于岑寂，如孔翠洒屏，好自耀其文彩。林义忠晚年在家，好与大吏议论时政，以致与刘玉坡制军不合，复思出山。近徐松龛中丞与地方官不合，复行出山。二人皆有过人之才，又为本籍之官所挤，故不愿久居林下。沅弟虽积劳已久，而才调实未能尽展其长，恐难久甘枯寂。目下李筱荃中丞相待甚好，将来设与地方官不能水乳交融，难保不静极思动，潜久思飞。

以余饱阅世变、默察时局，则劝沅行者四分，劝沅藏者六分。以久藏之不易，则此事须由沅内断于心，自为主持。兄与澄不克全为代谋也。余前所谓腊月再有确信者大率如此，下二次更当申明之。

致刘蓉
（同治五年正月初三日）

霞仙仁弟亲家大人阁下：

岁序如流，又值正月初三之期。伏想动履康愉，政声益懋。去岁惊波迭起，洞心骇耳，卒能从容出险，不陨厥问，良以为慰。

文辅卿出京过此，具言君子之厄于陈蔡，由朱石樵怂恿而成，怨毒于人，一至于此。

国藩自上年五月奉剿捻之命，即奏定于临淮、徐州、济宁、周家口四处驻防重兵，以静制动，另筹两支游击之师，与贼追逐。建议之时，人亦鲜所非议。秋冬之间，四镇甫有端绪，两游尚未成军，而群贼蹂躏河南，未克驰援，由是中外交讧，疑谤丛集。目下游兵粗就，意欲悉数赴豫，谓可与此贼纵横角逐，或一间执悠悠之口。乃全军尚未西迈，而捻众已窜汉、黄，距此间又二千里矣。不得已，檄刘军门铭传跟踪援鄂，政恐我方南行，而贼又北旋，破寇之方漫无把握。

昔年所部十余万人多系湘军，近日裁撤殆尽，存者不及二万。现在黄州叛变之成大吉一军，即系希庵最亲之部，而敝处徽、休二军，去夏亦几酿巨祸。世变日新，而人情益幻。

下走精力久颓，齿落其二，而余悉动摇；目视昏花，阅文牍至三四纸即须少闭，以节其力；说话至二十句许，舌即蹇涩不灵，久膺艰巨，断无不偾事之理。眷属尚在江宁，今春似遣之回湘。

云仙在粤，亦无好怀。强寇久踞嘉应，兵将无一可恃，又与瑞、左二公大有乖忤，郁郁思去，又有不能脱然之势。阁下虽处艰窘之境，闻与厚庵水乳交融，此外尚有拂意之事否？僚属中果有相视莫逆、利可断金者否？便中惠告一二。幸无坚守小二之前盟也。顺问台安。不具。

复刘铭传
（同治五年二月十三日）

省三仁弟军门阁下：

    国藩初九日自徐启行，十三日滕县途次接到来牍，知二十七日剿贼获胜，二十八日克复黄陂县城。鄂中来信亦称，逆踞黄陂，楚军虽迭有擒斩，究未大挫凶锋，贵军初至，立拔坚城，遐迩闻知，欢声雷动各等语，嘉慰曷已。该逆由黄陂败窜新洲，即分股由上巴河、中关驿等处东走，均向六、霍。贵军拟取道麻城追剿，并就近函商王镇开军，由二郎河进保舒、桐，所筹悉为妥协。惟擒贼供称该逆欲窜山东，阁下密商，欲俟贼过运河，即将开河、长沟、韩庄一带堵住，不令回窜，驱贼海隅，两月可平，此则未免意广才疏之弊。阁下所谓遍阅形势者，自因该处北有黄河，南有长江，东有大海，西有运河，意欲逼贼聚此局促之区而歼之耳，而不知此一区者，中间绵亘二千里，地面极宽，安得许多劲旅处处布置，节节堵截？山东则济、泰、武、兖、沂、济、登、莱、青九府州，江苏则徐、海、淮、扬、通五府州皆在此中，并系膏腴之区，从前费尽气力保全完善，实不容易。若此次任听贼渡运河，不急遏截，使完善之地竟遭蹂躏，不特朝廷必加督责，山东、江苏之官民必多怨詈，即我军饷源所出，先有涸竭之虞。该逆益得肆意掳掠，盗粮充足，剿灭更难。不若仍以皖、豫荒瘠之处委之于贼，力扼长沟等要隘，使该逆不得渡运，以保海滨十四府州。若虑师老力疲，现令刘寿卿、张田畯二军为一支，鲍春霆遵旨移师楚、豫之交为一支，九舍弟调抚湖北，挑选旧部带赴鄂中为一支，刘仲良与周氏昆仲为一支，合之幼泉与贵军，共为六支游击之师。其驻防之兵，除淮、徐、济宁、周口四镇外，拟再加襄阳、三河尖两镇。六镇则多屯粮药，六游则专讲追逐。若一战之后，即能追逐二三百里，则六游分追，梭织不断，此则终有穷时；若一战之后并不能追逐数十里，则虽在海滨，此则永无灭时。愿阁下力求追逐之妙，无求神速之效，切嘱切嘱。

张总愚一股由西、遂、正、汝折窜舞阳。幼泉一军初六由太康拔至距西华县八十里，派松字忠、朴十营进扎西华，自带亲兵桂字七营、马队四营进驻周口。国藩明日自滕县前进，由邹、兖以达济宁，十八九约可抵济矣。知念附告，复问台安。

同治五年二月十六、十七日日记

十六日

早饭后启行，三十里至宣村打茶尖。宣村之东六里曰凫村，孟子之母宣献端范夫人之墓在焉，因往展竭〔谒〕，孟子之父郰国公同冢。墓在凫山之背，俗名马鞍山，即"龟蒙凫绎"之凫也。

策马登凫山顶一望。回至宣村，又行二十里至曲阜县，衍圣公孔祥珂出城迎接。至公馆见客，坐见者五次，立见者一次。

未刻谒至圣庙，衍圣公陪同行礼。旋至殿上及后殿敬谨瞻仰，即圣配行官夫人之寝殿也。又至东边谒孔氏先世五王，名崇圣祠。阅历代支派图碑二座。阅孔壁，相传即鲁恭王闻金丝之壁，今仅一寻常照壁耳。壁之西为孔子古井，其南为诗礼堂，在此小坐饮茶。茶罢，至大成门内阅孔子手植之桧，环以石栏，高仅尺许，有似立石，色微红，有似肉芝。桧栏之北为杏坛，有似楼观。旋出大成门外，阅御碑亭十三座，其九为国朝碑，其四为唐、宋、金、元碑。旋至西边谒启圣祠，又至后殿瞻圣母颜夫人寝殿。又阅金丝堂，观各乐器。皆衍圣公陪同周历各处。旋出庙至衍圣公府一会，叙谈颇久，酉正归。围棋一局。夜核批札稿，阅本日文件，与幕友久谈。二更三点睡，不甚成寐。

是日在舆中阅《曲阜志》约三十叶。酉正至颜子复圣庙瞻拜，行两跪六叩礼。又至后殿，为复圣大人寝殿。至西边阅杞国公颜路祠，其后殿为端献夫人祠。出外为乐亭，亭前稍西有井，相传即陋巷井。其南有一古桧，传为唐树。两庑配享为颜歆、颜之推、真卿、杲卿等八人。

十七日

早饭后出城北门，谒至圣林。约三里许，有万古长春坊。稍北，有红墙夹甬道，道皆有古柏，仪树匀挑。又北有楼观，即林墙门也。过下马牌后，有洙水桥。桥北入大门，至享殿下行礼。殿后甬道之右为子贡手植之楷，稍北为乾隆驻跸亭、康熙驻跸亭。又北为宋真宗驻跸亭。又北即圣人墓。墓之东为伯鱼墓，其南为子思墓，其西南为子贡庐墓处。旋至周公庙行三跪九叩礼，庙之规模甚小。周公墓在陕西，相传此为鲁太庙遗址，两庑配享鲁三十三公也。旋行十里许谒少昊陵，《曲阜志》颇以此墓为可疑，然坟冢叠石为之，广八丈九尺，高二丈，规模奇古，云是宋时所为，则其来已旧矣。又行二十里许，谒启圣王林，行六叩礼。圣兄孟皮墓在其南，享殿坍塌，不蔽风雨矣。

午初三刻回城，往返约六十里。作一联写赠衍圣公云："学绍二南，群伦宗主；道传一贯，累世通家。"未正至衍圣公府赴宴。茶罢，阅乾隆三十六年所颁周朝铜器十事：曰木鼎，曰亚尊，曰牺尊，曰伯彝，曰册卣，曰蟠夔敦，曰宝簠，曰夔凤豆，曰饕餮甗，曰四足鬲。古泽烂然，信法物也。又观吴道子所画至圣像，无题识，绢本，有小印二方，一曰"会稽太守章"，一曰"绍兴"。又观赵子昂所画至圣像，绫本，无题无印。又有一册，画明君臣像，如太祖、成祖、世宗、宪宗等君，徐达、常遇春、邓愈、汤和、刘基、宋濂、方孝孺、杨士奇、于谦、王鏊、王守仁、湛若水、李东阳、谢迁等臣，俱有画像，而无题识。又有大轴元世祖、明太祖像二幅。又出示元明两朝衍圣公及孔氏达官所留遗之冠带衣履，彩色如新，亦生平所未见也。酉初入筵，灯后始散，归寓甚倦矣。

阅本日文件，核批札稿，见客四次。写昨日日记。二更四点睡，颇能成寐，五更醒。

复丁日昌
（同治五年二月二十六日）

雨生尊兄大人阁下：

前接正月环章，匆匆北行，未遑裁答。兹又接到二月十九日惠书，伏审台旆将赴潮阳，办理中外交涉事件，倚畀弥隆，企慰曷已。

两淮鹾务，自阁下履任以来，节次整顿，渐有端绪。凡修堤浚坞，驳船排档，清查垾锹，甄劾场员，莫不悉心澄汰，井井有条，每年可多出额产至二三十万引，实属大有功效。尊意暂留扬郡，稍迟两月再赴潮州，甚善甚善。新桥缺口，既灼见秋间必不能保，即应于旧河影兴工，深凿广浚，计在经久，事在必行。其场灶积弊，亦当除恶务尽，不可遽易生手。无论速行迟行，此二事者求阁下引为己任，无少推诿为望。

闻洋人在京陈说多端，词意激切，有所谓局外旁观论者，新议论略者，逞辨寻衅，咄咄逼人。阁下在沪勒缴吴淞炮台之地契，驱逐上海城内之洋兵，拔去浦东之电气线，停止内驶之小轮船，禁绝洋泾滨之赌规、桶租，裁革会防局之夫价、杂费，一切已成之局，奋臂力争，著有明效。此次赴潮，当不难折冲樽俎，立解纠纷。徐委员所造轮船，独开生面，容委员所购机器，与阁下所得虹口铁厂，其事今日不可少之务，其人亦即为中国可造之才。惟须阁下主持调护，使群士不至龃龉，遥领之说，似不可辞。方今群盗纵横，竭天下谋臣武夫以与无根之寇争胜负，而迄未有定，及其既定，则又力尽筋疲，悉成强弩之末。政恐拊吾背以起者，复持短长以寻干戈，后患方长，杞忧何极！

国藩劳人暮齿，精力衰颓，奉命办捻以来，将近一载，四镇四游之兵虽已粗有端绪，而逆踪飘忽，往来于鄂、豫、皖、齐、江苏五省之地，曾未大受惩创，抱愧何已。现在群捻麇集河南，侵轶山东，鄙人既至济宁，与贼相距甚近，碍难舍此而之豫，即驻此间调度剿办，未知果否有裨。

代寄家信一件收到。诸惟亮鉴，复问台安。汇缴谦版，不备。

遵调鲍超剿捻并筹定霆军饷项折
（同治五年三月初五日）

奏为遵旨檄调鲍超一军北来剿捻，并筹议有着之饷，恭折复奏，仰祈圣鉴事。

窃臣承准军机大臣字寄，正月二十三日奉上谕："现在东南虽已肃清，而捻匪窜扰北路，楚、豫等省到处戒严，防剿正当吃紧。鲍超一军，前本令其驰赴北路助剿，此时粤贼业已办结，即着左宗棠饬令统带所部，迅赴楚、豫之交，听候曾国藩调遣。其江、闽各路得力将弁兵勇，有可调赴楚、豫、江、皖助剿者，并着曾国藩迅速函商左宗棠等酌量调往，以期厚集兵力，早殄逆氛"等因。钦此。

又奉二月初一日寄谕："嗣后江西、浙江、湖南，每月可协济甘省饷银若干两？并协济调赴鄂、豫、江、皖助剿勇银若干两？鲍超一军调赴鄂、豫约有若干名？楚北可协济此军饷银若干两？江苏省能否于现协甘省月饷外，再行筹添若干两？均着官文、曾国藩、左宗棠、李鸿章、刘坤一、马新贻、李瀚章妥筹速奏"等因。钦此。

又奉二月二十八日寄谕："鲍超奏拨营抵江，拟请筹拨饷项，采办战马，整队赴豫一折。前因鲍超一军调豫助剿，曾经谕令官文、曾国藩将该营所需饷项函商奏拨。兹据鲍超奏称，豫省地势平旷，利在骑战，现在派员采买战马并赴粤购办马枪等件，俟马匹到齐，编立十五营，操练候调。至所部新旧各军，月需饷银九万七千零，马队编立，照章需饷三万四千零，合共月需饷银十三万一千有奇。此时东南军务告竣，江省各军分别裁撤，该营月需饷银可否仍由江西筹拨；马队均用洋枪，所需洋药、洋火，请饬广东陆续采运各等语。着官文、曾国藩懔遵前旨，将鲍超军营月饷，迅速函商筹拨有着之款，源源接济。如鄂省饷需缺乏，不能全顾鲍超军饷，或由江西每月协济若干。着官文、曾国藩酌度情形奏明办理。其洋枪所需火药等件，应用若干，并着官文等酌定数目，咨明广东赶紧筹解，以利师行"等因。钦此。并抄示鲍超原折到臣。

臣查捻匪万骑纵横，行踪剽疾，而步贼则裹胁居多，火器极少。臣所部湘、淮各军，战守俱优，而骑兵则马匹太少，技艺尤生，是捻匪所长者在马而不在步，官军所短者亦在马而不在步。署督臣李鸿章近寄臣函，谓宜裁减步兵，酌添马队，实属因时制宜之策。

鲍超所统步队需饷至九万七千有奇，为数过多，应令裁撤三千余人，酌留一万二千人。按鲍超向来营制，可编二十营，每月给予饷银七万两，其马队之数，应令招募三千二百人，按臣处新定营制，可编十二营有奇，每月给予额饷三万两。

臣自抵临淮以来，察看皖北、齐、豫等省，皆以柴草之故，兵民相争，动成仇隙。因令各营发价购买柴草，丝毫不妄取于民间。鲍超一军，除口粮外，又有柴草之费、添换马匹之费、西洋军火之费、雇买车辆、骆驼以资陆运之费，每月不下一万四五千金，通共使支，该军月需十一万数千两。据鲍超原奏，请全由江西筹拨，不至缺乏。其致臣书函，亦称将与抚臣刘坤一面商，请供渠军巨款。臣查鲍超一军，咸丰十一年驰援江西，驱除李秀成巨股，肃清全境。同治三年再援江西，许湾大捷，挽回危局。此次克复嘉应州，俾江、粤得以撤防，有功于江西甚巨，即以霆军之饷全责江西，亦无不可。惟江西须协解席宝田赴黔之军，而本省酌留防兵不无积欠，虽刘坤一局量宏远，究恐力有不逮。臣反复权衡，拟请旨饬下江西月解七万，供霆营步军之饷；湖北月解二万，供霆营马队之饷；江苏月解二万五千，以一万充马队口粮，以一万数千为购买柴草、车、驼，添补洋药、马匹之用。江苏供应淮军、湘军七万余人，为款极巨，兹又协济鲍超军饷，业已入不敷出。江西协黔协豫，物力已竭。该两省除前此议定甘饷照旧按解外，似不宜再添协甘之款。谕旨饬令浙江、湖南协济剿捻之饷银，又令广东筹解霆营之洋药，臣今皆未议及。盖欲腾出浙江、广东之银，以大批协解甘肃；腾出湖南之银，以全力专谋贵州也。

至剿捻之师，新添鲍超一军，步队愈厚，马队亦不为薄。但患调度不善，不患兵力不敷，无庸再调远兵，致滋縻费。相应请旨饬下左宗棠、刘坤一等，将闽、江各军分别遣撤，次第销兵，以靖民气。

抑臣尤有虑者，鲍超所部各营，颇有骚扰之名。每当拔营沿江行走，掳掠船只，舟人畏避，市肆惊惶。去岁金口之变，沙井之哗，尤为人所诟病。然犹有可原者，前此饷项支绌，士卒终岁无银寄家，间或食米稍缺，将领不能以空言抚慰，故号令有所不行。今既筹得有着之款十一万余两，应即在于襄阳设立该军粮台，派襄阳道总司其事，仍由江西派一委员驻台支应步军口粮，湖北、江苏各派一委员驻台支应马队口粮及洋药器械等事。步军欠饷，将来仍由江西找补，马队欠饷，将来仍由湖北、江苏找补，俾鲍超得以专精办贼，不分心于管饷，以符原奏之意。

河南民圩恨兵如仇，积怨已久，必须秋毫无犯，乃可挽回此风，军民一气。霆营月饷充足，如再有骚扰情事，臣必据实参奏，请将该军遣散，一以保全鲍超之令名，一以拊循河南之赤子。纪律所在，关系甚重，不得不预先陈明，善全始终。

所有遵议鲍超剿捻筹定饷项缘由，恭折由驿驰奏，伏乞皇太后、皇上圣鉴训示。谨奏。

谕纪泽纪鸿
（同治五年三月十四日）

字谕纪泽、纪鸿：

顷据探报，张逆业已回窜，似有返豫之意。其任、赖一股锐意来东，已过汴梁，顷探亦有改窜西路之意。如果齐省一律肃清，余仍当赴周家口以践前言。

雪琴之坐船已送到否？三月十七果成行否？沿途州县有送迎者，除不受礼物酒席外，尔兄弟遇之，须有一种谦谨气象，勿恃其清介而生傲惰也。余近年默省之勤、俭、刚、明、忠、恕、谦、浑八德，曾为泽儿言之，宜转告与鸿儿，就中能体会一二字，便有日进之象。泽儿天质聪颖，但嫌过于玲珑剔透，宜从浑字上用些工夫。鸿儿则从勤字上用些工夫。用工不可拘苦，须探讨些趣味出来。

余身体平安，告尔母放心。此嘱。济宁州

密陈重视捻匪博贮将才核实
奏报力戒虚浮以正风气片
（同治五年三月二十一日）

再，密陈者，臣窃观此股捻匪，奔突六省，攻剿十年，久成流寇之症，虽人众不及发逆，而马队则数倍过之，其凶狠之性、狡诈之谋，亦不亚于发逆。而中外论者轻视此贼，以为殆不足平。古称恐则致福，骄则致败，若人人轻视剧寇，则骄气遍于数省，岂有奏功之理？明季流贼，初亦或聚或散，时盛时衰，终遂至于不可收拾。殷鉴不远，能无惴惴？

臣愚以为，欲求众心之警惧，须先戒奏报之虚浮。奏报之于兵事，关系最重。所奏果实，则一军之是非悉公，朝廷之赏罚亦当；所奏若虚，则劳苦多功者从而寒心，巧伪偾事者反以得志。近日各路奏报，颇多粉饰，河南、湖北两省尤甚。河南今春屡报胜仗，查询实无战事。湖北报正月二十八日鄂军会同铭军攻克黄陂，查询是日午刻，刘铭传率师克城追贼，酉刻收队，并未见别有一兵来会。至二更后，鄂军蓝斯明、刘维桢等始至西门外驻扎。今铭军与鄂军均准开单请奖，有功者与无功者毫无区别，实不足以彰公道。

凡疆臣奏事，皆据各将领原禀入告，本不能免于虚饰，但须略加考察，稍为删改，俾黑白不甚颠倒，庶中材知所劝惩。伏乞皇上不咎既往，警示将来，于鄂、豫暨各省奏报，俯赐鉴察，殷勤训诫，其屡报胜仗毫无实际者，严旨诘责。风气一振，不特疆吏悚惧，即幕僚草奏者，亦不敢率尔命笔，大局幸甚。

同治三年八九月后，亲王僧格林沁之师疲劳过甚，邓州吕堰驿、罗山等处之败，失去战马三千余匹，精锐伤亡太多，本不可以再战，使皇上灼知实情，或令该亲王回京休息数月，或令在山东、河南停兵养锐，亦何至有曹南之祸？乃各省奏报皆称捻匪最畏僧格林沁，不敢与之交仗；或称残孽无多，歼除在即，朝廷不得确耗，早为之所，遂至陨丧贤王，忠良短气，遐迩震惊。臣痛念及此，未尝不归咎奏报失实，有误大局也。

自臣接办此贼，设四镇驻防之卒，筹大支游击之师，意谓且战且守，或可渐有头绪。及此次入齐，与张总愚股匪相遇，本月初旬三次接仗，两次挫衄。张逆人数较少，即已骁悍若此，况益以任、赖等逆之众，尤觉难操胜算。总缘贼马逾万，数倍我兵，旷野平原，步不敌骑，臣屡思多练马队，不特湘、淮各勇骑射非其所长，且臣所派两起买马之员，均据禀称去冬大雪苦寒，口外马瘦且少，不敷购办，臣处欲添千余骑而不可得，鲍超欲买三千余匹，未知成军更在何日。臣受命剿捻已满十月，制寇之方尚无把握，终夜以思，且忧且愧。外间不察，或以迅速成功相期，每日所接宾僚，无非誉言；所阅文牍，无非谀词，不曰旦夕可灭，即曰贼无长技。此等浮言虚誉，既恐传播行间，长部曲骄矜之气，亦恐上达天听，弛朝廷兢业之心。

臣因此次小挫，将各军痛加警戒，尤愿我皇上弗轻视此贼，常以流寇难治为虑；博贮将才，以求为可继；稽核奏报，以戒其勿欺，庶凭圣主朝乾夕惕之怀，终救中原火热水深之厄。区区微忱，谨据实附片密陈，伏乞皇太后、皇上圣鉴训示。谨奏。

同治五年四月十五、十六日日记

十五日

黎明，早饭后启行，约五十五里至夏张打尖。巳正中饭。又行四十五里至泰安府，在考棚作公馆。清理文件，兼阅本日文件，围棋二局。剃头一次。

酉正至岱庙。头门凡五门：正中曰正阳门，左右曰掖门，又左曰仰高门，又右曰见大门。余入仰高门，院中左有《宣和碑》，右有《祥符碑》。二门曰仁安门，院中左右皆有乾隆御碑亭，余碑甚多。正殿曰峻极殿，祀东岳大帝。后殿曰寝宫，祀大帝与碧霞元君。正殿丹墀之下，东有古柏如龙爪，有藤萝绕之。西有新柏如凤翼，有倒挂嫩枝，葱翠异常；又有一柏正当甬道，名曰"独立大夫"。稍南有一太湖石，甚奇，名曰扶桑石。其西院有环咏亭，自宋元以来题咏各碑环嵌壁间，李斯刻碑亦自山顶移嵌于此。其内为东岳帝之便殿，陈列朝所颁法物珍器于此。中有乾隆间颁镇圭，长三尺许，厚二寸许，上青、中白、下绀色，首为凉玉，邸为温玉。环咏亭之南有唐槐，苍古无匹。旋赴东院，有炳灵宫，宫前有汉柏六株，尤为奇古。又登仰高门、正阳门之楼一望岳色。暝时还寓，料理明日登岱各事。

十六日

黎明，早饭后与幕客六人登岱。出泰安北门三里许，过岱宗坊，旋至玉皇阁小坐，有孙真人化身。据道士云：孙某在此修炼，年九十四岁，康熙四十年化去，今手足皮骨尚在，如干腊然，惟头系土塑耳。又至关帝庙小坐，有盐当会馆。旋过飞云阁，有孔子登临处坊。旋过万仙楼下，未登楼。旋至斗母阁小坐，水声清激可听。旋过水帘洞，在大路之西，图中误刻于东。旋阅石经峪。峪在大路过溪之东，约步行小半里。其上为摩天岭，岭上泉流涧中，巨石铺于涧底，纵横五亩许，刻《金刚经》其上，字大径尺四寸许，中署三大字，曰暴经石。又有明汪玉者著论谈文，其子汪坦刻之石上，侧署二大字曰"经正"。旁一巨石曰试剑石。旋还大路，过一小桥，土人名曰东西桥。自此桥以下，路在溪之西，自此桥以上，路在溪之东矣。夹道翠柏成列，土人名曰柏洞。旋至壶天阁小坐。自城至此凡十八里。又过回马岭，至二虎庙。登岱程途，至此得半矣。该处路稍平夷，微有陟降，名曰"快活三里"。稍北为云母桥，该处有瀑布，名曰御帐坪。小坐，盖途中最胜之处也。遥望东边石壁，摩崖一碑，曰万丈碑。过朝阳洞，有元君殿，今颓毁矣。旋至五松树，小坐，有石坊曰"五五〔衍一五字〕大夫松"。秦时松久不可见，今亦有虬松数株。又北为对松山，溪之两岸，古松森列，与东西桥之柏洞皆岱岳茂林也。自此以上为慢十八盘，过升仙坊为紧十八盘，岱岳中最为险峻之处。至南天门小坐。旋折而东，行里许，为碧霞元君庙，又东北一百步许为东岳大帝庙。余即在此停住。卯初自城起程，午初一刻到此，不觉登陟之难，盖号为四十里，实不过三十二三里。小憩片时，旋至两庙各行三跪九叩礼。因捻匪未平，发愿默为祈祷。中饭后，小睡片刻。旋与幕友步行登览各处。

　　先至岱顶，即所谓天柱峰也。中有玉皇殿，殿外有巨石陂陀，相传为山之颠顶。门外有无字碑，广二尺许，厚一尺五六寸，高丈二三尺，《志》称为汉时立石。顶之西南为青帝宫，又西为寝宫，内有元君卧像，门锁，未得启视。其南为北斗台，台上两石幢，高二尺许。寝宫之西为孔子殿。以上宫殿四处及北斗台皆已颓败。旋至岱顶之东，有乾坤亭，因纯皇帝书"乾坤普照"扁而名之也。又东为日观峰亭，亦有纯皇帝诗碑，其后一碑题"孔子小天下处"。此亭本可观日出，今已颓毁，上无片瓦，不如玉皇殿东轩看日出之便。又东南为舍身岩，改名爱身岩。岩之侧为仙人桥，两石壁之间，三石相衔，下临深谷，有如飞桥。又东为东神霄山，即日观峰迤东之耸起者，实一山耳。遥对西神霄山，即南天门迤西之耸起者。傍夕归，观东岳殿后唐明皇摩崖《纪泰山铭》。其旁小泉曰圣女池。凡岱顶之可观者，略尽于此。此外如丈人峰，不过三石，略具人形。东天门、西天门、北天门，不过各立二石而已。

　　大抵泰山自北而南，分两大支、一小支：西大支由西神霄峰而南，至卧马峰、傲来峰一带；东大支由东神霄峰而南，至乾坤山、老人寨、二虎山、摩天岭一带；中一小支自东支之二虎山分出，南至马蹄峪、水帘洞、白杨洞一带。东大支及中小支皆不甚长，惟西支自傲来峰以西绵亘三四十里，重峦巨嶂，惜不及遍游也。水亦分两支：西支发源于南天门，目下干涸，至对松山始见流水，下经傲来峰出郡城之西门外，名曰黄西河，又名漖河；东支发源于二虎山，自二虎山以南大路皆在此溪之沿，名曰中溪，又曰环水。余粗识脉络于此，余不及详。

　　是夕阴云作雨，闻贼又窜曹州，恐其渡运河而东，焦灼之至。睡不甚成寐。

复陈远济
（同治五年五月十二日）

松生贤甥足下：

四月二十七接甥十七日信，具悉近状平善为慰。

与慕徐、子晋同居，互相切磋，甚好。尔三人均系忠良之后，父为贤哲，而不获为善之报，天理当不如是。若能发愤立品立学，当不至于终穷。三人身体俱弱，尤须好为调养。纪泽身体亦弱，吾教以专从眠、食二字上用功，眠所以养阴也，食所以养阳也。养眠贵有一定时刻，而戒其多思；养食亦贵有一定时刻，而戒其过饱。尔现将功课登诸日记，尤以起居有恒为主。养生与力学皆从有恒做出，故古人以有恒为作圣之基。余近十年来，亦力守一恒字。明年正科尔三人皆须下场，墨卷非揣摩不能熟。请师选名墨中之气盛词圆者，手抄口诵，试帖、经文亦须常作，免致场屋因此二者而有碍于中式。三十以前不宜仕宦，专讲举业可也。

尊公遗事，自戊戌以至乙巳余知之颇悉，多系琐事难于载记，待甥侍侧时从容语及，甥自谨记可也。黄军门归，寄百金为甥买书之资。顺问近好。

致澄弟
（同治五年六月初五日）

澄弟左右：

五月十八日接弟四月八日信，具悉一切。七十侄女移居县城，长与娘家人相见，或可稍解郁郁之怀。乡间谷价日贱，禾豆畅茂，尤是升平景象，极慰极慰。

此间军事，贼自三月下旬退出曹、郓之境，幸保山东运河以东各属，而仍蹂躏于曹、宋、徐、泗、凤、淮诸府，彼剿此窜，倏往忽来。直至五月下旬，张、牛各股始窜至周家口以西，任、赖各股始窜至太和以西，大约夏秋数月山东、江苏可以高枕无忧，河南、皖、鄂又必手忙脚乱。余拟于数日内至宿迁、桃源一带察看堤墙，即由水路上临淮而至周家口。盛暑而坐小船，是一极苦之事，因陆路多被水淹，雇车又甚不易，不得不改由水程。余老境日逼，勉强支持一年半载，实不能久当大任矣。因思吾兄弟体气皆不甚健，后辈子侄尤多虚弱，宜于平日讲求养生之法，不可于临时乱投药剂。

养生之法约有五事：一曰眠食有恒，二曰惩忿，三曰节欲，四曰每夜临睡洗脚，五曰每日两饭后各行三千步。惩忿，即余匦中所谓养生以少恼怒为本也。眠食有恒及洗脚二事，星冈公行之四十年，余亦学行七年矣。饭后三千步近日试行，自矢永不间断。弟从前劳苦太久，年近五十，愿将此五事立志行之，并劝沅弟与诸子侄行之。

余与沅弟同时封爵开府，门庭可谓极盛，然非可常恃之道。记得己亥正月，星冈公训竹亭公曰："宽一虽点翰林，我家仍靠作田为业，不可靠他吃饭。"此语最有道理，今亦当守此二语为命脉。望吾弟专在作田上用些工夫，而辅之以书、蔬、鱼、猪、早、扫、考、宝八字，任凭家中如何贵盛，切莫全改道光初年之规模。凡家道所以可久者，不恃一时之官爵，而恃长远之家规；不恃一二人之骤发，而恃大众之维持。我若有福罢官回家，当与弟竭力维持。老亲旧眷、贫贱族党不可怠慢，待贫者亦与富者一般，当盛时预作衰时之想，自有深固之基矣。

凯章家事，即照弟信办一札照收。湘军各营俱不在余左右，故每月仅能送信一次，俟至周家口后即送三次可也。余详日记中。顺问近好。沅弟在鄂拆阅，均此。

同治五年六月初七、八日日记

初七日

　　早饭后散步一千。清理文件，改信稿三百余字。辰正，由济宁起程至嘉祥县，将谒曾子林庙。大雨之后，积潦盈途，行三十里至新开河茶尖，沿途见运河堤墙概行坍卸，忧虑之至，因思一律改为板筑，与程牧绳武商议良久。又行十八里至嘉祥县，未正始到，住嘉祥书院。见客，坐见者三次，立见者二次。在舆中阅《杂记》、《丧大记》二十五叶。中饭后陆续散步三千，小睡半时许。记录朴目。酉初至宗圣庙叩谒，行三跪九叩礼。庙中规模扁小，朽败已甚。左，子思配享；右，曾子配享。后为启圣庙，名养志楼，尤朽敝不能庇风雨。旋至宗子五经博士广莆家一坐。其头二门及大堂等一概颓毁无存，内室亦甚残陋，即雍正间所赐"省身念祖"扁亦无悬挂之处，仅庋置于桌上。余前闻嘉祥圣裔式微，久思有以任恤之，本日捐祭产银千两，又赠广莆银四十两。及见此景况，则又愀焉不安，怒焉不忍，而非人力所能遽振也。傍夕归。阅本日文件，改信稿一件，再问〔阅〕王氏《礼记章句》，温近日所已看者。二更三点睡，尚能成寐。

初八日

　　早饭后散步二千。旋由嘉祥至南武山，本不过四十余里，因路上处处隔水，绕道行五十余里始至南武山，未刻到。巳正在纸坊集打尖，即住宗圣庙之东省身堂。庙在南武山下，山高约五十丈，一片顽石，不生草木，庙外内柏数百株，大约二尺围上下，殆嘉庆间所植。附近居民种五谷者少，皆种蓝及烟。曾氏合族人丁不过三百，贫苦特甚。文生曾毓鉴等来，备述窘状。

未正谒庙。先拜莱芜侯庙，在正殿之西，后有寝殿。旋拜宗圣庙，庙修不知始于何时，初系宗圣在前殿，莱芜侯在后寝。明正统间重修，始改为宗圣在中，莱芜在西。至万历间重修，有太仆少卿刘不息碑记，载曾质粹之孙名承业者，承袭时兴讼事，碑立于万历七年，在庙庭之东南。至国朝雍正七年，请帑重修，规模始大。后有寝殿，前有御碑亭，刻纯皇帝《宗圣赞》。两庑祀弟子阳肤、乐正、子春，东、西各五人。中有宗圣门，前有石坊三座。酉刻谒林墓，在庙西南里许。北、东、西三面皆石山，墓在平地。今雨后，墓道被淹，石马、翁仲皆在水中，仅坟未淹耳。享堂及门颓败异常，几于片瓦无存。有碑曰"郕国公宗圣曾子之墓"，缘宗圣公墓久已佚亡，不知所在。明成化初，山东守臣奏，嘉祥县南武山有渔者陷入一穴中，得悬棺，有石镌"曾参之墓"。弘治十八年，山东巡抚金洪奏请建享堂、石坊，即今林也。余观山石顽犷，地势散漫，不似葬圣贤者，殊以为疑。薄暮归，补行四千步。是日在舆中阅《丧大记》、《祭法》二十五叶。申刻写日记。夜在庭中纳凉。二更三点睡，不甚成寐。

批铭字营刘军门铭传禀防河事宜俟抵周口 与潘张二军通力合作等情 （同治五年六月二十五日）

来牍具悉。防守沙河之策，从前无以此议相告者，贵军门创建之，本部堂主持之。凡发一谋，举一事，必有风波磨折，必有浮议摇撼。从前水师之设，创议于江忠烈公；安庆之围，创议于胡文忠公。其后本部堂办水师，一败于靖江，再败于湖口，将弁皆愿去水而就陆，坚忍维持而后再振。安庆未合围之际，祁门危急，黄、德糜烂，群议撤安庆之围，援彼二处，坚忍力争而后有济。至金陵百里之城，孤军合围，群议皆恐蹈和、张之覆辙，即本部堂亦不以为然，厥后坚忍支撑，竟以地道成功。可见天下事，果能坚忍不懈，总可有志竟成。

办捻之法，马队既不得力，防河即属善策，但须以坚忍持之。假如初次不能办成，或办成之后，一处疏防，贼仍窜过沙河以北，开、归、陈、徐之民必怨其不能屏蔽，中外必讥其既不能战，又不能防。无论何等风波，何等浮议，本部堂当一力承担，不与建议者相干；即有咎豫兵不应株守一隅者，亦当一力承担，不与豫抚部院相干，此本部堂之贵乎坚忍也。

游击虽劳而易见功效，易收名誉，防河虽劳而功不甚显，名亦稍减，统劲旅者不屑为之。且汛地太长，其中必有极难之处。贵军门当为其无名者，为其极难者，又况僚属之中，未必人人谅此苦衷，识此远谋，难保不有一二违言，贵军门当勤勤恳恳，譬如自家私事一般，求人相助，央人竭力，久之人人皆将鉴其诚而服其智。迨至防务办成，则又让他军接防，而自带铭军游击，人必更钦其量矣，此贵军门之贵乎坚忍也。若甫受磨折，或闻浮言，即意沮而思变计，则掘井不及泉而止者，改掘数井亦不见泉矣，愿与贵军门共勉之。此复。

再，二十二过韩庄时，问及铭军已否自徐拔行，不得确信。酷暑郁蒸，积潦盈途，陆军辛苦异常，深为系念。本部堂在小舟中，亦为溽暑所困，拟将运河妥筹防御，即速赴周家口也。又及。

复李鸿章
（同治五年七月十八日）

少泉宫保世仁弟阁下：

　　前接七月初三惠函，顷又接十三日一书，敬悉一切。

　　国藩以初六日自宿迁开行，初九日自清江扬庄换船，入湖溯淮，十六日至临淮。十五日酉刻，恶风暴起，顷刻翻炮船八号，鄙人所坐长龙船亦万分危急，头篷、大篷均被风裂断绳索，飏去江中，而后船势稍定，乃庆更生。大水成灾，千余里民居荡析，本已伤心惨目，而又逢此酷暑，受此大惊，衰年之身体意绪两非所堪。幸闻刘寿卿在上蔡、郾城等处四获胜仗，张总愚一股大受惩创，琴轩在太康、扶沟等处亦获三捷，任、赖已至洧川、郑州一带，防守沙河之议或可办成，差为一慰。

　　来示欲令省三回家休息，则断不可。现在苦无大枝劲旅，惟霆、省二军较为可恃，若省三归去，则刘盛藻、唐殿魁又分两枝，亦不能当一路矣。省三自元年夏赴沪，今仅四年有奇，三年冬曾回籍小住数月，亦不为甚劳甚久。凡教人，当引其所长，策其所短。如省三之所长在果而侠，其所短在欠渟蓄；琴轩之所长在坚而慎，其所短在欠宏达。国藩责令省三主持防守沙河一事，而教之以坚忍，正所以勉其海量，进之于渟蓄也。今若听其告假回籍，则沙河必办不成。在大局无转机，在省三无恒德矣。

　　目下淮勇各军既归敝处统辖，则阁下当一切付之不管。凡向尊处私有请求者，批令概由敝处核夺，则号令一而驱使较灵。以后鄙人于淮军，除遣撤营头必先商左右外，其余或进或止、或分或合、或保或参、或添募、或休息假归，皆敝处径自主持。如有不妥，请阁下密函见告。自问衰年气弱，但恐失之过宽，断无失之过严。常存为父为师之心肠，或责之，或激之，无非望子弟成一令名，作一好人耳。

　　昔麻衣道者论《易》云：学者当于羲皇心地上驰骋，无于周孔脚跟下盘旋。前此，湘军如罗罗山、王璞山、李希庵、杨厚庵辈，皆思自立门户，不肯寄人篱下，不愿在鄙人及胡、骆等脚下盘旋。淮军如刘、潘等，气非不盛，而无自辟乾坤之志，多在台从脚下盘旋。岂阁下善于制驭，不令人有出蓝胜蓝者耶？抑诸公本无远志，激之而不起耶？淮勇自成军后，多遇顺境，未经大挫，未殉奇节。不困厄则不能激，无诋毁则不自愤。愿阁下愤之、激之、劳之、教之，俾诸统将磨折稍多，成就更大，而鄙人借以少靖捻氛，免于咎责，受惠多矣。诸希心鉴，顺问台安。

致澄弟
（同治五年八月初十日）

澄弟左右：

八月初六日接弟六月十八山枣一缄，初九日沅弟寄到弟七月十九与沅之函，具悉一切。

哥老会之事，余意不必曲为搜求。左帅疏称要拿沈海沧，兄未见其原折，便中抄寄一阅。提镇副将，官阶已大，苟非有叛逆之实迹实据，似不必轻言正法。如王清泉，系克复金陵有功之人，在湖北散营，欠饷尚有数成未发。既打金陵，则欠饷不清不能全归咎于湖北，余亦与有过焉。因欠饷不清，则军装不能全缴，自是意中之事。即实缺提镇之最可信为心腹者，如萧孚泗、朱南桂、唐义训、熊登武等，若有意搜求，其家亦未必全无军装，亦难保别人不诬之为哥老会首。余意凡保至一、二、三品武职，总须以礼貌待之，以诚意感之。如有犯事到官，弟在家常常缓颊而保全之。即明知其哥老会，唤至密室，恳切劝谕，令其首悔而贷其一死。惟柔可以制刚很之气，惟诚可以化顽梗之民。即以吾一家而论，兄与沅弟带兵，皆以杀人为业，以自强为本；弟在家，当以生人为心，以柔弱为用，庶相反而适以相成也。

孝凤为人，余亦深知，在外阅历多年，求完善者实鲜。余外病全去，尚未复元。初九抵周家口，此间或可久住。余详日记中。顺问近好。

致沅弟
（同治五年八月二十四日）

沅弟左右：

　　二十三日接弟十八日信，欣悉甲五、科三两侄于初一、初四均得生子，先大夫于十日之内得三曾孙。余近年他无所求，惟盼家中添丁，心甚拳拳，今乃喜溢望外。弟之有功于家，不仅谋葬祖父一事，然此亦大功之昭著者，即越级超保，亦必不干部驳也。来汝会晤一节，尽可置之缓图。顺斋排行一节，亦请暂置缓图。此等事幸而获胜，而众人耽耽环伺，必欲寻隙一泄其忿。彼不能报复，而众人若皆思代彼报复者。吾阅世最久，见此甚明。寄云一疏而参抚，黄藩又一片而保抚，郭臬、李非不快意，当时即闻外议不平。其后小蓬果代黄报复，而云仙亦与毛水火，寄云近颇悔之。吾参竹伯时，小蓬亦代为不平，至今尚痛诋吾兄弟。去冬查办案内，密片参吴少村，河南司道颇为不平，后任亦极隔阂。陈、黄非无可参之罪，余与毛之位望积累，尚不足以参之，火候未到，所谓燕有可伐之罪，齐非伐燕之人也。以弟而陈顺斋排行，亦是火候未到，代渠思报复者必群起矣。苟公事不十分掣肘，何必下此辣手？汴之紫三本家于余处颇多掣肘，余顷以密片保全之，抄付弟览。吾兄弟位高功高，名望亦高，中外指目为第　家。楼高易倒，树高易折，吾与弟时时有可危之机。专讲宽平谦巽，庶几高而不危。弟谋为此举，则人指为恃武功，恃圣眷，恃门第，而巍巍招风之象见矣，请缓图之。

　　春霆何以缺饷？每月十一万五千，渠究竟有亏空否？请细查见示，余拟定霆军饷项单，两次咨弟，曾细阅否？顾问近好。

　　再，星冈公教人常言："晓得下塘，须要晓得上岸。"又云："怕临老打扫脚棍。"兄衰年多病，位高名重，深虑打扫脚棍，蹈陆、叶、何、黄之覆辙。自金陵告克后，常思退休藏拙。三年秋冬，应让弟先归。四年夏间，僧邸殉难，中外责望在余，万难推卸。又各勇遣撤未毕，不得不徘徊审慎。今年弟既复出，兄即思退。逮大暑病瘦之后，言路又有避贼而行之劾，决计引归。拟八九月请假二次，十月开缺。今群捻东窜，贼情大变，恐又不能遽如吾意。弟若直陈顺斋排行，则人皆疑兄弟熟商而行。百喙无以自解，而兄愈不能轻轻引退矣。望弟平平和和作一二年，送阿兄上岸后，再行轰轰烈烈做去。至嘱至嘱。

胡润帅奉朱批不准专衔奏军事，其呕气百倍于弟今日也，幸稍耐焉。兄又手致。

复彭毓橘
（同治五年九月十一日）

杏南表弟阁下：

前月两次来函，尚稽裁复。顷接惠书，猥以老年得孙，远承赐贺，弥增纫感。即审训练新军，茂绩日隆，至为企慰。

该逆前窜曹州，因东省防务尚严，未能渡运。又经东军、淮军迭次剿败，合股向西南回窜，刘、潘、刘、杨四军业已追剿在途。顷据各路探报，初五日兰考交界之杨集，初八日扶沟以北之江村，两处均见边马。国藩拟候该逆渡过沙河，仍当申办防守，以麏贼于皖、鄂山多田多之处，庶几贼有所归，而会剿较易为力，未审能果如所策也。

捻匪之异于粤匪处，第一在奔驰迅速，每日可行百余里，以湘军之旧例，须行三日乃能赶上，即接仗之际，一不得手，即云散电奔，顷刻已不见矣。第二在马队包抄，动将官军四面围住，令人骇惶失措，而其狠处在长矛猛进，虽当枪炮如雨之际，尚复冒烟直进。我军制之之法，总须一半枪炮，一半长矛，贼匪冒烟冲进之时脚站得稳，马队包围之时胆放得定，则必获胜仗。表弟操练贵部，宜在此二事着力。至于追贼不能迅速，尚无大损，另行设法筹之，并请转告各军各营知之。复问台安，顺颂节禧。汇缴芳版，不具。

致沅弟
（同治五年九月十二日）

沅弟左右：

九月初六接弟八月二十七八日信，初十日接初五樊城所发之信，具悉一切。

顺斋一事业已奏出，但望内召不甚着迹，换替者不甚掣肘，即为至幸。弟谓命运作主，余素所深信；谓自强者每胜一筹，则余不甚深信。凡国之强，必须多得贤臣工；家之强，必须多出贤子弟。此亦关乎天命，不尽由于人谋。至一身之强，则不外乎北宫黝、孟施舍、曾子三种。孟子之集义而慊，即曾子之自反而缩也。惟曾、孟与孔子告仲由之强，略为可久可常。此外斗智斗力之强，则有因强而大兴，亦有因强而大败。古来如李斯、曹操、董卓、杨素，其智力皆横绝一世，而其祸败亦迥异寻常。近世如陆、何、肃、陈亦皆予知自雄，而俱不保其终。故吾辈在自修处求强则可，在胜人处求强则不可。福益外家若专在胜人处求强，其能强到底与否尚未可知，即使终身强横安稳，亦君子所不屑道也。

贼匪此次东窜，东军小胜二次，大胜一次，刘、潘大胜一次，小胜数次，似已大受惩创，不似上半年之猖獗。但求不窜陕、洛，即窜鄂境，或可收夹击之效。余定于明日请续假一月，十月请开各缺，仍留军营，刻一木戳，会办中路剿匪事宜而已。余详日记中。顺问近好。

复刘铭传
（同治五年九月十三日）

省三仁弟阁下：

　　初八日一函业于十二日批答，并抄复李中丞一件，计呈台览。顷接初十日惠书，知台旆与琴轩均抵通、许，该逆已由汴城西窜，据来员面禀，贵军已至尉氏，鼎军已至朱仙镇矣。此次该逆合股，锐意东犯，未二旬而即败回，固由东省防务谨严，而贵部与鼎军应机之捷，追贼之速，实为近日行军所罕见。用能迭摧凶焰，寒贼胆而振军威，曷胜嘉慰！

　　各营制办寒衣，徐饷尚未解到。此间粮台久经告匮，已由敝内银钱所借拨一万两交来员，以应急需。前已借去万三千金，又借老湘营万金，尚须向临淮、徐台索偿。目下公私空乏，本日琴轩四千金竟无以应也。

　　防河之议，台端发之，鄙人主之，前此功弃垂成，殊为可惜。乘此群捻西窜，正好申办旧防。贵部与鼎军均极勤劳，应予休息，即请分驻河干，仍照八月防守之法，一面重加修筑，一面休养兵力。闻中外纷纷浮议，谓此策费力而不讨好，殊不知除此策外，并无不费力而讨好之策。当事者盖亦千思百计，不得已而为此难事。仆与阁下仍当一力主持，不可因浮议而中沮，本日又经奏明矣。鄙意仍请铭、鼎、盛、树四军经理河务，而以刘、杨淮军，刘、张湘军赴楚会剿，一面调幼泉速来周口，会办河防，又可腾出一军赴西追剿。至朱仙镇以上，豫中兵力不足，拟以淮军助挖二十里，助守十里。可否，请阁下与琴轩熟商见示。

　　贵军辛苦太久，黄陂保案务须迅速开来，十月出奏，以固军心。复问台安。不具。

复彭毓橘
（同治五年十月初六日）

杏南表弟阁下：

接二十七日环章，具悉一切。

剿捻譬如捕兽，可谓曲当事情，行山坐场。鄙人去岁分设四镇，即系坐场，另派游击各军，即系行山。该逆再窜山东，未能渡运，即系济宁坐场之效。然朱仙镇上游七十里，屡嘱豫军修濠设防，而八月被贼冲过，竟不能遏，岂非以山面太宽，山路太杂，而逸兽骇群，猝难拘絷故耶？

马队六千，谈何容易！无论目前难筹巨款，即有此巨饷，而年来塞外雪多马少，敝处旧冬凡遣数辈出口买马，将近周年，仅买到一千余匹，加以调养训练，非数月不能成军。若为数益多，则购买益难且久，而湘、淮各勇，骑队实非所长，纵有六千，亦难制贼死命。不若就现在之兵力，察现在之贼情，坚守以保完善之区，跟追以求一战之胜，天苟助顺，亦足以珍灭寇氛，否则苦练骑兵，亦未见果有裨益。据刘松山言，欲破此贼，在步而不在马，亦非全无所见也。

来示所论分立四大军，此是就该逆全数在豫中而言。自九月十八九后，逆踪由许州分两股窜去，任、赖东至郓、巨，张逆西至洛阳，当饬诸军分道跟剿。然东追之铭、鼎等军尚能相及，西追之霆、淮等军距贼较远，顷闻已过洛阳、陕州，二十七即至灵宝，恐其阑入秦中，尤难措手。

来书又谓坚壁清野之法，豫、鲁均已举行，然圩寨虽多，求其能抗贼者亦少。野非不清，而贼掳人勒赎，则米粮驴马烟土急于输贡；壁非不坚，而贼认真攻扑，亦难抵御，其财力两足者，尚恃此以自保性命。

国藩精力日衰，请假调理两月，尚无起色。艰巨久膺，无裨时局，焦愤实深。复问台安。诸惟心鉴，不具。

病难速痊请开各缺仍留军中效力折
（同治五年十月十三日）

奏为微臣病难速痊，吁恳天恩，准开各缺，仍在军中效力，恭折仰祈圣鉴事。

窃臣因病请假，仰蒙恩准，两次均赏假一月，在营调理。两月以来，加意调治，而心气过亏，不时出汗，不能多阅文牍。说话逾十余句，外舌端即蹇涩异常，耳亦重听；不说话时，耳鸣而尚不甚聋，因是终日不愿见客。标病则屡有变换，近日右腰疼痛。陕西抚臣乔松年过此，目睹臣狼狈之状。似此病躯，久膺重任，断无不偾事之理。再四筹思，不得不仰恳圣慈，请开各缺，安心调理。惟臣受恩深重，有不敢遽请离营者，人臣事君之义，苟有所长所短，皆可直陈于圣主之前。

臣不善骑马，未能身临前敌亲自督阵。又行军过于迟钝，十余年来但知结硬寨打呆仗，从未用一奇谋、施一方略制敌于意计之外。此臣之所短也。臣昔于诸将来谒，无不立时接见，谆谆训诲，上劝忠勤以报国，下戒骚扰以保民。别后则寄书告诫，颇有师弟督课之象。其余银米子药搬运远近，亦必计算时日，妥为代谋，从不诳以虚语。各将士谅臣苦衷，颇有家人父子之情。此臣昔日之微长也。〈今〉臣病势日重，惮于见客，即见亦不能多言，岂复能殷勤教诲？不以亲笔信函答诸将者已年余矣；近则代拟之信稿，亦难核改；稍长之公牍，皆难细阅。是臣昔日之长者今已尽失其长。而用兵拙钝，剿粤匪或尚可幸胜，剿捻实大不相宜。昔之短者，今则愈形其短。明知必误大局，而犹贪恋权位，讳饰而不肯直陈，是欺君也；明知湘、淮各军相信颇深，而必遽求离营，不顾军心之涣散，是负恩也。臣不敢欺饰于大廷，亦不忍负疚于隐微，惟有吁恳天恩，准开协办大学士、两江总督实缺，并另简钦差大臣接办军务。臣以散员留营，不主调度赏罚之权，但以维系将士之心，庶于军国大事毫无所损，而臣之寸心无忝。即病体亦可期渐愈，感激鸿施，曷有既极。

所有微臣病难速痊，请开各缺，仍留军中效力缘由，谨缮折具陈，伏乞皇太后、皇上圣鉴训示。谨奏。

复陈病状艰难请准不回江督本任
仍命李鸿章暂行兼署折
（同治五年十一月十七日）

奏为钦奉谕旨，恭折复陈，仰祈圣鉴事。

窃臣接准兵部火票递到，同治五年十一月初一日奉上谕："曾国藩着回两江总督本任，暂缓来京陛见。江苏巡抚一等肃毅伯李鸿章着授为钦差大臣，专办剿匪事宜。"钦此。

旋准军机大臣字寄，同治五年十一月初八日奉上谕："着曾国藩即遵前旨，将军务交李鸿章接办。该督即回两江总督本任，办理饷需军火，源源筹解，俾李鸿章得离江境统兵进剿，则筹饷与剿匪之功，均为国家倚重，正不必以开缺赴营，始足为朝廷宣力也"等因。钦此。

跪诵之下，无任钦感。遵即择于十九日饬派江苏候补道林桐芳、衡州协副将胡正盛谨赍钦差大臣关防驰赴徐州，交李鸿章祗领。

至臣仍回两江总督本任一节，朝廷体恤下情，不责臣以治军，但责臣以筹饷，不令留营勉图后效，但令回署调理病躯，圣恩高厚，感悚交并。惟两江总督公牍之烦，数倍于军营，而疆吏统辖文武，尤以接见僚属为要义。臣精力日衰，用心久则汗出，说话多则舌塞，不能多见宾客，不能多阅文牍，业经屡次陈奏。数月以来，标病虽除，而此二患者迄未痊可。若非将舌端蹇涩之症医治全愈，实难胜江督之任。且臣屡陈病状，求开各缺。若为将帅则辞之，为封疆则就之，则是去危而就安，避难而就易。臣平日教训部曲，每以坚忍尽忠为法，以畏难取巧为戒，今因病离营，安居金陵衙署，迹涉取巧，与平日教人之言自相矛盾，不特畏清议之交讥，亦恐为部曲所窃笑。臣内度病体，外度大义，减轻事权则可，竟回本任则不可。故前两次奏称，但求开缺，不求离营，盖自抱病以来，反复筹思，必出于此，然后心安而理得也。臣既不能回江督本任，而李鸿章新膺专征之命又难久署，江督之篆亦不可不熟计而兼筹。

查刻下贼分两股：东股任、赖等逆窜至光固，非西入鄂，即南入皖。李鸿章或仍驻徐州，或移驻六安，以剿鄂贼；或移驻颍川，以剿皖、豫之贼，皆在两江辖境之内。是李鸿章暂署江督，于剿办东股毫无窒碍。至西股张逆在秦，臣现多方筹办粮米，湘军防晋业已起行赴洛，霆军援秦即日亦可入关，似两三月内李鸿章兼署江督尚无损于大局。合无吁恳天恩，敕下李鸿章以钦差大臣暂行兼署两江总督，一面料理出省事宜。两三月后，或请另简两江总督，或请另简钦差大臣，或令李鸿章自荐筹饷大员，布置后路。该大臣出省之宜迟宜速，均听皇上权衡定夺，届时臣再具疏请开江督等缺，目下谨遵谕旨暂缓陛见，仍在周口军营照料一切，维湘、淮之军心，联将帅之情谊。凡臣才力所可勉，精神所能到，必当殚竭愚忱，力图补救，断不因兵符已解，稍涉疏懈，致乖古人尽瘁之义，请释宸廑。

所有钦奉谕旨，恭折复奏缘由，理合由驿驰陈，伏乞皇太后、皇上圣鉴训示。谨奏。

复尹耕云
（同治五年十一月二十九日）

杏农仁弟大人阁下：

十七日读惠书，承以大义相责，言辞切直，而拳拳挚爱流溢行间，嘉谊甚荷。

国藩以衰病相寻，惮见宾客，难阅公牍，自同治二年以来，盖已四次具奏，不欲以病躯久点高位。初非因办捻无功，而后托辞于病，以自解免，又恐骤然去位，或乖古人尽瘁之义，故不遽求离营，以塞清议而表歉衷；亦非欲于他人接办之后，攘臂代庖，昧于舟不两柁、马不两驭之说也。

来书谓维系军心之言，与平日惧为权臣之意自相矛盾。亦诚有所难解。鄙意所恶乎权臣得人心者，谓魏晋以后，都督中外诸军觊觎非常，及唐末五代方镇为众心所属者，动移神器，故可惧也。宋世鉴于陈桥之变，于将帅得军心者，猜忌特甚。北宋如王武恭、狄武襄均为正人所纠劾，不获大用。南宋秦氏亦以军心归附，急谋解张、韩、刘、岳之兵柄。自是以来，未闻有宿将大获军心倾动一国者，亦未闻有因此负疚而引嫌者。我朝宽大诚明，度越前古，国藩与左、李辈动辄募勇数万，保荐提镇以千百计，朝廷毫无猜疑，而仆辈亦不知有嫌可避，坦然如鱼之忘于江湖，如足适而忘履，腰适而忘带。国藩前所谓惧为权臣者，不过恐居心行事，稍有陵驾邻省之处；后所谓留营照料维系军心者，亦不过默运潜移，使霆、湘两军与少泉水乳交融而后安，绝非挟军心以自重。此梦寐所差堪自信，亦知必为阁下所深亮也。然江督一席，实繁且重，鄙人说话逾二十句，舌端塞滞，难于接见僚属，既不能为星使，岂复能为江督？顷奉二十三日寄谕，仍当具疏固辞。

来书引温公之言相勖，窃意宋世如韩、富、文诸公，皆尝力求致仕，温公为翰林学士，亦尝力求罢去，不才何敢远方古贤？特自度精神不能了一日之公牍，此则饮水饮汤，冷暖自知，不得因未合于古，而强以所不能也。辱相爱之深，辄敢布其区区，诸惟鉴亮。复问台安。不具。

致欧阳夫人
（同治五年十二月初一日）

欧阳夫人左右：

接纪泽儿各禀，知全眷平安抵家，夫人体气康健，至以为慰。余自八月以后，屡疏请告假开缺，幸蒙圣恩准交卸钦差大臣关防，尚令回江督本任。余病难于见客，难于阅文，不能复胜江督繁剧之任，仍当再三疏辞。但受恩深重，不忍遽请离营，即在周口养病，少泉接办。如军务日有起色，余明年或可回籍省墓一次，若久享山林之福，则恐不能。然办捻无功，钦差交出，而恩眷仍不甚衰，已大幸矣。

家中遇祭酒菜，必须夫人率妇女亲自经手。祭祀之器皿，另作一箱收之，平日不可动用。内而纺绩做小菜，外而蔬菜养鱼、款待人客，夫人均须留心。吾夫妇居心行事，各房及子孙皆依以为榜样，不可不劳苦，不可不谨慎。近在京买参，每两去银二十五金，不知好否？兹寄一两与夫人服之。澄叔待兄与嫂极诚极敬，我夫妇宜以诚敬待之，大小事丝毫不可瞒他，自然愈久愈亲。此问近好。

致澄弟
（同治五年十二月初六日）

澄弟左右：

十一月二十三日芳四来，接弟长信并墓志，二十六日接弟十一日在富圫发信，具悉一切。

余于十月二十五接入觐之旨，次日写信召纪泽来营，厥后又有三次信止其勿来，不知均接到否？自十一月初六接奉回江督任之旨，十七日已具疏恭辞；二十八日又奉旨令回本任，初三日又具疏恳辞。如再不获命，尚当再四疏辞。但受恩深重，不敢遽求回籍，留营调理而已。兹将初三折稿付阅。余从此不复作官。同乡京官，今冬炭敬犹须照常馈送。昨令李翥汉回湘送罗家二百金，李家二百金，刘家百金，昔年曾共患难者也。

前致弟处千金，为数极少，自有两江总督以来，无待胞弟如此之薄者。然处兹乱世，钱愈多则患愈大，兄家与弟家总不宜多存现银。现钱每年足敷一年之用，便是天下之大富，人间之大福。家中要得兴旺，全靠出贤子弟。若子弟不贤不才，虽多积银积钱积谷积产积衣积书，总是枉然。子弟之贤否，六分本于天生，四分由于家教。吾家代代皆有世德明训，惟星冈公之教尤应谨守牢记。吾近将星冈公之家规编成八句，云："书、蔬、鱼、猪、考、早、扫、宝，常说常行，八者都好；地、命、医理、僧巫、祈祷、留客久住，六者俱恼。"盖星冈公于地、命、医、僧、巫五项人，进门便恼，即亲友远客久住亦恼。此八好六恼者，我家世世守之，永为家训。子孙虽愚，亦必略有范围也。

写至此，又接弟十一月二十三日信并纪泽信矣。余详日记中。顺问近好。

致沅弟
（同治五年十二月二十二日）

沅弟左右：

二十日接弟十三四及十六日两信，比即复信，想可先到。

日来贼窜何处？由孝感而东南，则黄陂、新洲及黄州各属处处可虑。此贼故智，有时疾驰狂奔，日行百余里，连数日不少停歇；有时盘于百余里之内，如蚁旋磨，忽左忽右。贼中相传秘诀曰："多打几个圈圈，官兵之追者自疲矣。"僧王曹县之败，系贼以打圈圈之法疲之也。吾观捻之长技约有四端：一曰步贼长竿，于枪子如雨之中冒烟冲进；二曰马贼周围包裹速而且匀；三曰善战而不轻试其锋，必待官兵找他，他不先找官兵，得粤匪初起之诀；四曰行走剽疾，时而数日千里，时而旋磨打圈。捻之短处亦有三端：一曰全无火器，不善攻坚，只要官吏能守城池，乡民能守堡寨，贼即无粮可掳；二曰夜不扎营，散住村庄，若得善偷营者乘夜劫之，胁从者最易逃溃；三曰辎重妇女骡驴极多，若善战者与之相持而别出奇兵袭其辎重，必大受创。此吾所阅历而得之者。弟素有知兵之名，此次于星使在鄂之际，军事甚不得手，名望必为减损，仍当在选将练兵切实用功。一以维持大局，扫净中原之氛；一以挽回令名，间执谗慝之口。

吾复奏折昨日拜发。新正赴徐，暂接督篆，三月必切实恳辞。辛苦半生，不肯于老年博一取巧之名，被人窃笑也。余详日记中。顺问近好。

致沅弟
（同治六年正月二十六日）

沅弟左右：

二十五日亲兵回，接正月初十日来信，具悉一切。

顷阅邸抄，官相处分极轻。公道全泯，亦殊可惧。惟以少帅督楚，筱荃署之，又以韫斋先生抚湘，似均为安慰吾弟，不令掣肘起见。朝廷调停大臣，盖亦恐有党仇报复之事，弟不必因此而更怀郁郁也。

少荃宫保于吾兄弟之事极力扶助，虽于弟劼顺斋不甚谓然，然但虑此后做官之不利，非谓做人之有损也。弟于渠兄弟务须推诚相待，同心协力，以求有济。淮军诸将在鄂中者有信至少荃处，皆感弟相待之厚，刘克仁感之尤深。大约淮湘两军、曾李两家必须联为一气，然后贼匪可渐平，外侮不能侵。少荃及此间文武力劝余即回江宁，久于其位。余以精力日衰，屡被参劾，官兴索然，现尚未能定计。霞仙去官，屡干谕旨严诘，余不能不与之通信。兹有一函，请弟阅后封口，专人妥交。

鸣原堂文亦思多选，以竟其事。若不作官，必可副弟之望。古文目录，俟抄就再寄。顺问近好。

谕纪泽
（同治六年二月十三日）

字谕纪泽儿：

二月初九日王则智等到营，接澄叔及尔母腊月二十五日之信并甜酒、饼粑等物。十二日接尔正月二十一日之禀，十三日接澄叔正月十四日之信，具悉一切。

富圫修理旧屋，何以花钱至七千串之多？即新造一屋，亦不应费钱许多。余生平以大官之家买田起屋为可愧之事，不料我家竟尔行之。澄叔诸事皆能体我之心，独用财太奢与我意大不相合。凡居官不可有清名，若名清而实不清，尤为造物所怒。我家欠澄叔一千余金，将来余必寄还，而目下实不能遽还。

尔于经营外事颇有才而精细，何不禀商尔母暨澄叔，将家中每年用度必不可少者逐条开出，计一岁除田谷所入外，尚少若干，寄营余核定后以便按年付回。袁薇生入泮，此间拟以三百金贺之。以明余屏绝榆生，恶其人非疏其家也。余定于十六日自徐起行回金陵。近又有御史参我不肯接印，将来恐竟不能不作官。或如澄叔之言，一切遵旨而行亦好。兹将折稿付回。曾文煜到金陵住两三月，仍当令其回家。余将来不积银钱留与儿孙，惟书籍尚思添买耳。

沅叔屡奉寄谕严加诘责。劾官之事中外多不谓然。湖北绅士公呈请留官相，幸谭抄呈入奏时朝廷未经宣布。沅叔近日心绪极不佳，而捻匪久蹂鄂境不出，尤可闷也。此信呈澄叔阅，不另致。

致鲍超
（同治六年三月十四日）

春霆仁弟爵军门阁下：

二月二十四、二十七发去批答二件，计达尊鉴。

月初接奉寄谕，始知阁下有引疾求退之请。正欲作函询候起居，适接尊函并咨送二月十七日疏稿，又接李少帅来函，并抄与尊处往复数书，方悉阁下以上元日之捷，与舍弟遵旨复奏情形不符，不无介蒂。舍弟疏中所称，铭军系与任股接仗，霆军系与赖贼交锋，盖误听擒贼之供词。贼中任强而赖弱，人人共知。擒贼之供，盖心中实畏霆军，而口中故作不畏霆军之辞，以为霆军所攻破系破赖股之弱者，非破任股之强者，作此夸张之词，以欺骗舍弟。舍弟既不知任、赖之强弱迥殊，又不知擒贼之大言欺骗，遂据此语以入奏，致阁下正月十五日之奇功，五日穷追之苦战，几致埋没一半，宜阁下愤愤不平，浩然思归也。惟舍弟此次奏片之错，由于误听擒贼欺骗之言，而平日于阁下实深爱而敬佩之。数年来，舍弟寄敝处家信数十封，无一封不称阁下之好也。自去秋至今春，寄谕多责备阁下之词，阁下告病开缺，知者以为与舍弟新有嫌隙，不知者或疑为于朝廷微有怨望，虽寄谕亦疑其要挟。人生在世，所争者名耳。古来贤将帅以流传万世，不过得一忠字之美名耳。阁下苦战十余年，久著忠劳之美名，岂可因与舍弟小有嫌隙，而令外人疑为要挟乎？仆自去岁以来，寄谕责备者七次，御史参劾者五次，从无不平之意形诸言色。即因病陈请开缺，亦不敢求回籍，又不敢求进京，但求留营效力耳。顷又接阁下三月初二之折，两次皆请开缺回籍，与仆之请留营者情事不同，恐外间之疑议更多。仆欲劝阁下力疾治军，又恐阁下伤病果剧；欲不劝阁下力疾治军，又恐阁下名望大减。若仅为舍弟奏片错误，则仆当代为负荆谢过；若别有郁抑之处，则请阁下勉强忍耐。古来忠臣，未有不多受磨折者，幸无坚执为荷。诸惟鉴亮，顺问台安。不具。

复李昭庆
（同治六年三月十六日）

幼泉世仁弟阁下：

接十一日惠书，具悉一切。

统军之说，两年以来几经踌躇思议，阁下年富力强，器局闳远，鄙人本欲倚以办贼，又以两令兄同领封圻，而淮勇诸军皆助李氏建功，成名之人诸李中无一人身临前敌，与同艰苦，恐无以服诸将之心而塞天下之望，是以专欲阁下勉为其难。少泉亦有令阁下磨练军事，造成大器之望，又恐阁下不娴战守之事，又恐有拂太夫人之意，故前此屡前屡却，久无定计。直至去年九月寄信至敝处，始言欲求替人，自不能不令诸弟统军，盖自以王、董二镇归阁下统辖，而令二兄之计始决，而鄙人之计亦愈决矣。今来示欲卸营务、统军两差，以闲身随兄照料一切。此不特鄙人不便强劝，即令二兄亦有难于相强者。盖统将之道，必须身先士卒，两军交锋，危在呼吸，若非阁下有破釜沉舟、伏波裹革之志，他人强之从事，已不免于抱怨，况令兄上顾慈闱，下怜弱弟，岂敢稍涉牵强乎？又军事最贵气旺，必须有好胜之心，有凌人之气，酷羡英雄不朽之名，兼慕号令风雷之象，而后兴高众附，有进无退。阁下襟怀恬淡，于官阶、功名二者不甚歆慕，其长处在此，其于带兵不相宜处亦正在此。阁下既不愿统军，仆当函商少帅，另择统军之员。

接少帅初八来缄，力求并军之法，欲以树军归并于省三，以勋、盛归并于仲良，以开、奇归并于阁下，而以琴轩独当一路。鄙人与作梅之意，则欲召郭子美来，仍与勋军为一路，开、奇仍为一路，树军归附铭军为一路，仲良会合琴轩为一路。郭子美果来，宜裁散营，令其另募新营。如此，则阁下可卸统军之责。盖阁下阅历战事太少，开、奇将领勉强归属，勇丁未必信服，若仲良兼统勋、盛，则断不相安也。阁下纵不为统将，务须择劳苦之事而任之，助阿兄御此大难，断不可怀事外安逸之福，不可存问舍求田之谋。吾两家门第太盛，人忌鬼瞰，处处皆是危机，时时皆伏祸胎，除却耐劳尽忠四字，别无报国之道，亦别无保家之法，至嘱至嘱！千万千万！

来函询及保举事件，仆北征年余，惟铭、湘二军开单奏奖，鼎军则批准汇保而尚未出奏，盛军则并未批准，而以其战事稍多，曾经函商少帅，请其酌量略保。此外如刘、杨、张、松、桂、开、奇等军，似均在不应保之列。请与令兄一商，应如何而后士心鼓舞，使真出力者不与滥竽者同视则善矣。复问台安。诸惟心鉴。

致欧阳夫人
（同治六年五月初五日）

欧阳夫人左右：

自余回金陵后，诸事顺遂。惟天气亢旱，虽四月二十四、五月初三日两次甘雨，稻田尚不能栽插，深以为虑。科一出痘，非常危险，幸祖宗神灵庇佑，现已全愈发体，变一结实模样。十五日满两个月后，即当遣之回家，计六月中旬可以抵湘。如体气日旺，七月中旬赴省乡试可也。

余精力日衰，总难多见人客。算命者常言十一月交癸运，即不吉利，余亦不愿久居此官，不欲再接家眷东来。夫人率儿妇辈在家，须事事立个一定章程。居官不过偶然之事，居家乃是长久之计，能从勤俭耕读上做出好规模，虽一旦罢官，尚不失为兴旺气象；若贪图衙门之热闹，不立家乡之基业，则罢官之后，便觉气象萧索。凡有盛必有衰，不可不预为之计。望夫人教训儿孙妇女，常常作家中无官之想，时时有谦恭省俭之意，则福泽悠久，余心大慰矣。余身体安好如常，惟眼蒙日甚，说话多则舌头蹇涩，左牙疼甚，而不甚动摇，不至遽脱，堪以告慰。顺问近好。

复刘崐
（同治六年五月二十四日）

韫斋老夫子大公祖阁下：

接奉四月十五日惠书，知初九日敝函尚未入览。伏审兴居康吉，茇绩宣昭为颂。

兆方伯一军，拟以席砚香接统，并以叶介唐佐之，最为妥协。湘军守在四邻，已阅十年，有得力之军援黔，而吾围自固，惟须步步为营，后路未清，不宜深入。自处不溺之地，而后能援人之溺，想诸将皆已饫闻斯义。比闻雨旸时若，新政之初，此惟最切之图，有非可强求者。

侧闻直隶、山、陕旱象颇广，南则鄂、皖、宁、苏数千里同时被旱，二麦歉收，早稻失望。此间设坛求雨，步祷兼旬，苏、松、淮、杨〔扬〕、安、庐、徽、宁均得透雨，只要此后雨晴应候，岁事尚无大碍。鄂中则向例播种宜早，今已无及矣。

任、赖股匪自鄂窜出，不过旬余，竟于十二日从汶上窜过运河以东。千里墙濠，三年辛苦，一旦前功尽弃，可叹可忧。虽水涸由于天心，而懈忽亦关人事，如何如何！

闻敝邑哥老会滋事，幸茇筹调派神速，五六日间即已扫除藏事，不胜感荷。窃意哥老会人数极多，办理不善，则人人有自危之心，此戢彼发，必至治丝而棼。此辈非尽甘心为匪之人，大约初入会时，有两种议论最易诱人：一曰在营会聚之时，打仗则互相救援，有事则免受人欺；一曰出营离散之后，贫困而遇同会可周衣食，孤行而遇同会可免抢劫，因此同心入会。恶人固多，好人亦极不少，其中愿充老冒雄长而敛财者，数百人中不过二三人；其愿谋反叛逆者，数千人中不过一二人，若因拿办此一二人而株连及数万人，则事将不可收拾，而心亦有所不忍。鄙意当遍张告示，但问其有罪无罪，不问其是会非会。所谓罪者，大罪一条，谋反叛逆是也；中罪三条，一曰杀人伤人，二曰聚众抢劫，三曰造蓄军器是也。治之之法，大罪叛逆则兴兵诛剿，究其党与，坐其妻孥；中罪三条则但就案问案，重者正法，轻者枷杖。其未入会而犯此三条者，亦不轻纵；其已入会而犯此三条者，亦不加重，不究党与，不坐妻孥。当堂讯供之时，但问本案之是否认供，不问平日之曾否入会；至中罪三条之外，或犯小罪，更不问其是会非会矣。如此办法，则会中之千万好人安心而可保无事，会中之数千恶人势孤而不能惑众。国藩拟将此层出一告示，遍谕敝县及附近各县。老夫子如以鄙谕为然，亦请遍出告示，并通饬湘中州县遵照。于哥老会犯案者分别办理，庶足息浮言而定人心。谨此奉商。复问台安。诸惟心鉴，不具。

加李鸿章片
（同治六年八月初七日）

再，用兵之道，最忌"势穷力竭"四字。"力"则指将士之精力言之，"势"则指大计大局及粮饷之接续、人才之可继言之。目前可恃者，自以铭、鼎两军为最。然两军驰驱太久，又屡次修墙挖壕，皆认地段之最难者。士卒之精力，盖将竭矣。若再以该两军倒守运河，必又认地段之长者难者。军士之力太竭，恐以劲旅而变为羸卒。若铭、鼎两军不认防运之责，它军尤无可恃。为淮军略留有余不尽之力，必须决计罢防运之议，永不筑墙修壕，除追剿之外，或有休息之日。纵不能为淮军保常新之气，亦不至疲癃而不可振。愿与阁下反复图之。

至后路粮饷，仆与作梅筹画，今年尚可支持，明年断难接续。须裁减步队万数千人，方可为继而势不终穷。请阁下默为预筹，至以为祷。再颂少泉宫保世仁弟大人台安。

再，事机不顺之际，要当宽以居之，静以待之，不可过于焦急。仆初接办捻匪，只认防剿十二府州，实以江南饷力、淮湘兵力、鄙人才力三者，不过如此而止。厥后京师谤言纷起，仆亦自乱其例，自迁其说，迄无一成。今阁下当此艰危之局，望将躁急郁迫之怀扫除净尽。将来或仍理十二属旧说，与各省分汛办理，诸候卓裁。不具。

复马新贻
（同治六年十一月初三日）

穀山尊兄大人阁下：

顷奉十月十七日惠书，具悉一切。

预筹换约一事，敝处接到总署来函，当即分致丁司、应道等妥筹具复。大抵洋人之在泰西，互相争夺吞并，无非夺彼国商民之利，而后此国可以得志。其来中国，广设埠头，贩运百货，亦欲逞彼朘削之谋，隘我商民之生计者。自军兴以来，中国生民剥肤吸髓，久已痛深水火，加以三口五口通商，长江通商，生计日蹙。小民困苦无告，迫于倒悬。今若听洋人行盐，则场商贩运之生路穷矣，听洋人设栈，则行店囤积之生路穷矣；听小轮船入内河，则大小并航，水手舵工之生路穷矣；听其创办电线铁路，则车驴任辇、旅店脚夫之生路穷矣。且如小轮舟、如电线铁路等事，自洋人行之，则以外夷而占夺内地商民之利，即自中国行之，亦以豪强而占夺负贩穷民之利。此皆下系民命，上系国脉，所关极大。古人云：苟无民，何有国？不可不以全力争之，自当始终坚持不允。中国之大臣为中国之百姓请命，亦不患无辞置办〔辩〕。即使争执过甚，或致决裂，亦卜可以对列圣，下可以对苍生。鄙意专就民生立论，似觉理直气壮，初非有客气参预其间也。

至如请觐、遣使二者，中外皆谓关系重大，鄙意二事于彼既无甚利益，想亦非所必争。彼若坚意请觐，尽可答以皇上亲政之后，准令入觐，不绳以礼法，不待以藩属，徒见朝廷之大方，未必有损于国体。坚请遣使，亦可答以通饬各督抚保荐出使人员。有人则遣，无人则不遣，事仍在我，彼亦断不致以许而不遣遂启兵衅。许此二事，亦可稍折其饶舌之端。

又如传教一节，虽即准其开拓，究竟中国入教者仍自寥寥，且各省业已通行州郡各城悉准立堂，似拓之无可再拓。许之不为害，不许不为利，尚可委蛇应之。

　　鄙见如此，复奏时拟即就此意剀切陈明。阁下以为然否？尚希一一指政。倘有卓见，亦祈随时示及。肃复，即请台安。不具。

遵旨预筹与外国修约事宜密陈愚见
以备采择折
（同治六年十一月十五日）

奏为遵旨预筹修约事宜，恭折密陈，仰祈圣鉴事。

窃臣于九月二十三日承准军机大臣密寄，同治六年九月十五日奉上谕："总理各国事务衙门奏预筹修约事宜，请饬滨海沿江通商口岸地方将军、督、抚大臣各抒所见一折。前因原议十年修约，为期已近，据该衙门奏请饬南北通商大臣于熟悉各员中，每处选派二员，于十月咨送来京，当经降旨允准。惟前奏只欲于选派各员内收群策群力之效，而于通盘大局，尚待筹商，本年十二月，即英约前期六个月先行酌改之期，各该将军、督、抚大臣务于十一月内奏到，毋稍延缓，俟总理衙门密函条说寄到时，诸臣其审时度势，妥筹万全，以济时艰而副委任，详细复奏"等因。钦此。仰见我国家推心置腹，博采广取之至意，钦佩曷任。

详绎总理衙门原折密函，层层商析，谋坚执固拒之辞，而又不欲大局之决裂；怀雪耻报仇之志，而又不欲彼族之猜疑，实属审时度势，苦心经营。臣于预筹换约一事，前接总理衙门四月之函，当经分饬各关查议，开列清册，经臣详晰加签，业于九月二十一日选派候补道孙士达等二员，由沪进京赍投，以备采择在案。

兹复荷谕旨垂询，臣愚以为与外国交际，最重信义，尤贵果决。我所不可行者，宜与之始终坚持，百折不回；我所可行者，宜示以豁达大度，片言立定，断不宜若吐若茹，稍涉犹豫之象，启彼狡辩之端。大抵洋人之在泰西，数百年来互相吞并，无非夺彼国商民之利，然后此国可以得志。其来中国也，广设埠头，贩运百货，亦欲逞彼朘削之诡谋，隘我商民之生计。军兴以来，中国之民久已痛深水火，加以三口、五口通商，长江通商，生计日蹙，小民困苦无告，迫于倒悬。今若听洋人行盐，则场商运贩之生路穷矣；听洋人设栈，则行店囤积之生路穷矣；听小轮船入内河，则大小舟航水手柁工之生路穷矣；听其创办电线、铁路，则车、驴、任辇、旅店、脚夫之生路穷矣。就彼所要求各事言之，惟挖煤一事，借外国开挖之器，兴中国永远之利，似尚可以试办。应宝时条议册内以为可行，臣亦加签从而韪之。其余如小轮舟、铁路等事，自洋人行之，则以外国而占夺内地之利；自华民之附和洋人者行之，亦以豪强而占夺贫民之利，皆不可行。以上各节，臣于孙士达等赍京册内，逐条签明，总就小民生计与之切实理论，自有颠扑不破之道。如果洋人争辩不休，尽可告以即使京师勉强应允，臣等在外，仍必以全力争回；即使臣工勉强应允，而中国亿万小民，穷极思变，与彼为仇，亦断非中国官员所能禁止。中国之王大臣为中国之百姓请命，不患无词置辩，甚至因此而致决裂。而我以救民生而动兵，并非争虚仪而开衅。上可以对天地列圣，下可以对薄海苍生，中无所惧，后无可悔也。

至请觐、遣使、开拓传教三事，臣派员赍京册内，皆未议及。伏查康熙十五年圣祖仁皇帝召见俄人尼果赉等，其时仪节无可深考，然当日与俄罗斯议界、通市，实系以敌国之礼待之，与以属藩之礼待高丽者迥不相同。道光、咸丰以来，待英、法、米三国，皆仿康熙待俄国之例，视同敌体。盖圣朝修德柔远，本不欲胥七万里之外洋而悉臣服之也。拟请俟皇上亲政以后，准其入觐。其仪节临时酌定，既为敌国使臣，不必强以所难，庶可昭坦白而示优容。

遣使一节，中外既已通好，彼此往来，亦属常事。论者或恐使臣之辱命，或惮费用之浩繁，此皆过虑之词，似应令中外大臣留心物色，随时保举可使绝国人员，储以待用，不论官阶，不定年限，有人则遣，无人则不遣，权仍在我，彼亦断不致以许而不遣，遂启兵衅。顷准总理衙门咨，已奏派志刚等出使西洋，从此源源通聘，使事渐多，纵或有一二不能专对之臣，亦安知无苏武、班超、富弼、洪皓者流出乎？其中为国家扬威而弭患，此可慨然允许者也。

至开拓传教一事，查天主教之始专以财利饵人，近日外国教士贫穷者多，彼之利有所不给，则其说亦将不信。自秦汉以后，周孔之道稍晦，而佛教渐行。然佛教兴于印度，今日之印度，则多从回教，而反疏佛教。天主教兴于泰西，今日之泰西，则另立耶苏教，而又力攻天主教。可见异端之教，时废时兴，惟周孔之道，万古不磨。但使中国修政齐俗，礼教昌明，彼虽百计开拓，亦终鲜尊信之者。况目前各省郡县多立教堂，业已拓之，无可再拓，将来换约之时，该国如于此条渎请不已，似可许以随时行文保护彼教，但不必再添条款，亮不至更肆要求矣。

此数端者，其害稍轻，不特不与力争，并可有求立应。独至铁路、轮船、行盐、开栈等事，害我百姓生计，则当竭力相争，不设抵制之词，不用严峻之语，但以婉言求之，诚意动之，始终不可移易，使彼知恤民以保邦，乃千古帝王之常经，亦我朝列圣之家法。在今日，中国多事，洋人方张，我不能因曲徇和议而不顾内地生民之困，即异日中国全盛，洋人衰弱，我亦但求保我黎民而别无耀兵海外之心。彼虽倔强诡谲，当亦知理直不可夺，众怒不可犯，或者至诚所感，易就范围。区区愚见，是否有当，谨献刍荛，以备采择。所有遵旨预筹修约缘由，恭折由驿四百里复陈，伏乞皇太后、皇上圣鉴训示。谨奏。

复郭崑焘
（同治六年十一月二十日）

意城仁弟亲家阁下：

得十月朔日惠书，敬审以桑梓多故，复出从事幕僚，又快婿舒世兄新举于乡，台候多绥，至以为慰。

哥匪之外，又有斋匪，所在蔓延。吾乡未形之患，诚不知其所极，然亦只宜批郤导窾，以无厚入有间，未可概用斤斧陵节而施。舍澄弟在湘乡办理哥匪，则排击不中理解，徒足以坚胁从者从逆之心，而枭桀者或多遁匿，无辜者或遭刑戮。国藩前恐激之生变，寄书邑侯刘明府，概从宽弛。顷又致函韫斋中丞，申内严外宽之说，在湘乡专主一"宽"字，其有真正头目须予严惩者，则拿解省垣，听候中丞委审定夺，不知韫帅以为然否？窃意湘乡果办理得法，则他属之哥匪易戢；哥匪办理得法，则通省之斋匪亦孤。欲湘乡之悉就范围，则生杀之权当操之抚帅，湘邑不准擅杀一人；狱讼之权当操之邑侯，局绅不准擅断一狱。此湖南之福，亦寒门私家之幸也。望阁下佐中丞力为主持。他县或可放松，惟湘乡举动纤悉，必使府署呼吸皆知，明以了之，静以镇之，或可化有事为无事耳。

东路捻股自十月二十四日击毙巨酋任柱后，贼焰日衰。刘、潘、郭、杨诸军追至青州等处，若再能大创数次，该逆进不得掳粮，退不能渡运，或当有投诚者。直隶枭匪存者无几，而官相顷有署直隶之信，不知印渠何故开缺。近日厚、霞、筠、沅次第去位，而印复继之。吾乡极盛，固难久耶？思之悚惕。复问台安。

金陵建立军营官绅昭忠三祠折
（同治六年十二月初三日）

奏为江宁城内建立军营官绅昭忠祠，恭折仰祈圣鉴事。

窃臣于同治三年十月二十二日，奏请于江宁省城建立昭忠祠，专祀湘军陆师阵亡各员弁；嗣于本年六月初十日，奏请增祀水师阵亡各员弁，均经奉旨允准在案。惟江宁自咸丰三年沦陷，向荣、和春等驻兵八载，阵亡之文武将弁，殉难之官绅士民，为数极多，尚未建祠崇祀，实为阙典。前准礼部咨称，同治五年五月十六日奉上谕："御史朱镇奏，请饬查殉难官绅，建立专祠等语。咸丰三年间，粤逆窜扰江宁省城，所有殉难之将军祥厚等，及绅士曹森等，或临阵捐躯，或积劳病故，均堪悯恻，着准其在江宁省城建立忠义专祠，即着李鸿章将江宁前后殉难各官绅详细查明，一并附祀。其迭次殉难之民妇，着该署督查明，一并奏请建祠，以表忠荩而彰节烈。"钦此。前署督臣李鸿章遵旨饬派委员于城东关帝庙左侧建立一祠，甫经落成，未遑经理，即已督师北征。臣回任之后，亲往查验，见其地隘宇卑，规制多缺，祠中未立栗主，妇女别无设位之处，寸心怒焉不安。旋值秋祭之时，勘得湘军昭忠祠在城北莲花第五桥，系克城之初，就伪王府略加修葺者，工程虽稍简陋，地基极为宽宏，因与僚属集议，就该处并建三祠。中间仍为湘军陆师昭忠祠，但拆其朽者改建后栋两庑；东边新建金陵军营官绅昭忠祠；西边新建湘军水师昭忠祠。俾各省各军前后抗志捐躯者，忠魂毅魄，萃于一处。官既免于分祭，民亦便于观瞻，始觉理得心安。

其三祠应祀人数，中祠原祀湘军陆师将士，甲子冬间已查明一万二千余人，各立神牌，应仍其旧。西祠祀湘军水师将士，因先于咸丰八年奏准在江西湖口县之石钟山建有总祠，设立木主，此间仅祀水师营官及九洑洲殉难之员，为数较少，查办较易。惟东边一祠，应祀之人最多，稽查之事最难。综举大纲，约有六端：一曰咸丰三年金陵城陷，满汉文武殉节之员；二曰自癸丑至庚申八载，向荣、和春营中阵亡伤亡及病故之员；三曰江宁七属历年殉难之绅及外籍而寓居金陵遇害之绅，本籍而阵亡于外省之绅；四曰生平久居金陵大营，其后尽节他处，如邓绍良、周天受、张玉良之类；五曰扬州、镇江两军皆因图克金陵而设，两处阵亡、伤亡、病故之员，亦应附祀省城祠中；六曰金陵满汉妇女不屈而死者，应别立贞烈祠祀之。臣现派道员杜文澜、杨钟琛、朱履恒查此六色人等，详考事实，书立神牌，同享明禋，期无遗漏。派道员桂嵩庆鸠工庀材，悉求坚实，约计明年二月祠工可以蒇事。合无仰恳天恩，明降谕旨，准立金陵军营官绅昭忠祠，饬令地方官春秋致祭。前奉准建湘军陆师昭忠祠上谕一道，臣曾敬谨缮写，伐石树碑。此次钦奉谕旨，亦拟恭录勒石，庶使双碑并峙，千古不刊，圣谟与日月同昭，臣节偕山河并壮，于熙朝褒忠劝善之道不无裨补。

所有建立军营官绅昭忠祠缘由，谨缮折具陈，伏乞皇太后、皇上圣鉴训示。谨奏。

同治七年正月十七日日记

　　早饭后清理文件。见客，立见者三次，坐见者二次。习字一纸，核对各折、片。专差发年终密考等折。围棋二局。阅苏诗七律十二叶。午正出门，拜客三家。至竹如处一谈，至春织造处赴宴，申正归。阅本日文件。至幕府一谈。折差自京归，接京信多件。阅十二月邸钞，核批稿各簿。四点睡，三更成寐，四更末醒。是日阅张清恪之子张懿敬公师载所辑《课子随笔》，皆节抄古人家训名言。大约兴家之道，不外内外勤俭、兄弟和睦、子弟谦谨等事，败家则反是。夜接周中堂之子文翕谢余致赙仪之信，则别字甚多，字迹恶劣不堪，大抵门客为之，主人全未寓目。闻周少君平日眼孔甚高，口好雌黄，而丧事潦草如此，殊为可叹！盖达官之子弟，听惯高议论，见惯大排场，往往轻慢师长，讥弹人短，所谓骄也。由骄字而奢、而淫、而佚，以至于无恶不作，皆从骄字生出之弊。而子弟之骄，又多由于父兄为达官者，得运乘时，幸致显宦，遂自忘其本领之低，学识之陋，自骄自满，以致子弟效其骄而不觉。吾家子侄辈亦多轻慢师长，讥谈人短之恶习。欲求稍有成立，必先力除此习。力戒其骄。欲禁子侄之骄，先戒吾心之自骄自满，愿终身自勉之。因周少君之荒谬不堪，既以面谕纪泽，又详记之于此。

同治七年二月十五日日记

　　未黎明，至大程子祠主祭，祭毕回署。早饭后清理文件。见客，坐见者二次，雪琴坐甚久。习字一纸，围棋二局。批校杜诗，至未正毕，凡十二叶。中饭后清理文件。至后园一览。写对联五付、挂屏二幅，约二百字。申正核批稿各簿。傍夕小睡。夜核订水师未尽事宜一条，将本辕人员斟酌补缺毕。二更后核信稿各件。心绪憧憧，如有所失。念人生苦不知足，方望溪谓汉文帝之终身，常若自觉不胜天子之任者，最为善形容占人心曲。大抵人常怀愧对之意，便是载福之器、入德之门。如觉天之待我过厚，我愧对天；君之待我过优，我愧对君；父母之待我过慈，我愧对父母；兄弟之待我过爱，我愧对兄弟；朋友之待我过重，我愧对朋友，便觉处处皆有善气相逢。如自觉我已无愧无怍，但觉他人待我太薄，天待我太啬，则处处皆有戾气相逢。德以满而损，福以骄而减矣。此念愿刻刻凛之。三点睡，通夕不甚成寐。

同治七年二月二十九日日记

　　早饭后清理文件，习字一纸。坐见之客一次，与雪琴、雨生一谈。旋陪雨生至会馆看地球，又同至昭忠祠一看，午正归署。中饭后阅本日文件。添刘省三信二叶，写对联五付、挂屏六幅。与雨生一谈。围棋二局。傍夕小睡。夜核批札稿。雨生来久坐。二更三点后将稿核毕。四点睡。本日天气晴霁，麦稼或不大伤。

　　昔年曾以居官四败、居家四败书于日记，以自儆惕。兹恐久而遗忘，再书于此，与前次微有不同。居官四败：曰昏惰任下者败，傲狠妄为者败，贪鄙无忌者败，反复多诈者败。居家四败：妇女奢淫者败，子弟骄怠者败，兄弟不和者败，侮师慢客者败。仕宦之家不犯此八败，庶有悠久气象。

同治七年三月二十五日日记

早饭后，坐见之客二次，衙门期也。旋清理文件，习字一纸，围棋二局。阅太白诗至未初止，批校十一叶。午刻，立见之客一次，坐见者一次。中饭后阅本日文件。小睡片刻。申正写对联七付。至后园一览。核批稿各簿，核信稿一件。傍夕小睡。夜将金陵一军奏案摘录。二更四点睡，三更后成寐。是夜与纪泽论为学之道，不可轻率评讥古人，惟堂上乃可判堂下之曲直，惟仲尼乃可等百世之王，惟学问远过古人乃可评讥古人而等差其高下。今之讲理学者，动好评贬汉唐诸儒而等差之；讲汉学者，又好评贬宋儒而等差之，皆狂妄不知自量之习。譬如义理不通之童生而令衡阅乡试、会试之卷，所定甲乙岂有当哉？善学者于古人之书，一一虚心涵咏，而不狂妄加评骘，斯可矣。

复方骏谟
（同治七年四月初八日）

元征尊兄阁下：

顷接二月十三日惠函，具领壹是。即维台候多绥，纂著益富，至以为颂。

徐台支放各军，入款寥寥，诚为可虑。近日裁撤数营，出款亦减，或可支持。老湘一军，比年以来转战齐、豫、晋、秦，常以孤军独御捍贼，迄未稍休。迩来首援畿辅，星夜穷追，劳苦实倍他军。以后该军之饷不宜轻于挪移，至以为嘱。

徐方雨旸不愆，闻之深为抃慰。此间阴雨太多，大损麦稼。日来率属步祷，幸稍晴霁。然十寒已久，一暴何能有益？惟冀连晴三四旬，或麦收尚可望四五分。尤祝军事早蒇，裁减征饷，少纾民力，则如天之福也。

开生奉讳奔里，哀痛窘迫，二者交乘。百日后自当仍出从公，庶生事不至竭蹶。

制球诸匠惟舒姓已回安庆，余俱尚在金陵。彭教谕已回湖南，钥匙存僧人手。顷已将全球移至署内。纸有裂处，余皆完好。子靳制造此件，实为巨观。惟一破之后，即无副本，鄙意欲照刻一分，并请子靳作《地球图说》。仍分为十二宫，如天文帝星在卯宫，地球即以京师居卯宫；如某国某省，经度在卯宫几度，纬度在赤北几度。其各说不同者，仿《通鉴》之例，作为考异，注于本条之下。将来见闻愈广，推究愈精，必成子靳不朽之业，而即借以为防御外洋之具。丁中丞曾来敝处，得见此球，极为佩仰，欲延请入上海机器制造局。鄙意亦欲多访才智之士精于天文、地理者，萃于机器局中，而徐州粮台又有将撤之势，故比即允许之。子舸在徐台,薪水本属不丰,一至沪局自可增至一倍以外,于家计不无小补,去贵里又不甚远,特此奉商。可否令子舸先赴上海,阁下俟撤台后再离徐州?抑或乔梓不能暂离,别有窒碍之处?统祈示复。至国藩曾许以《皇清经解》全部饷子舸,亦经面托丁中丞在粤购寄,想不久亦可带到。复问台安,顺缴芳版。统惟心鉴,不具。

同治七年闰四月十二日日记

　　早饭后清理文件。坐见之客四次，立见者二次。旋出门至机器局，观一切制造机器，屋宇虽不甚大，而机器颇备。旋观新造之轮船，长十六丈，宽三丈许。最要者惟船底之龙骨，中间龙骨夹层两边，各龙骨三根。中骨直而径达两头，两边骨曲而次第缩短。骨之下板一层，骨之上板一层，是为夹板，板厚三寸。龙骨之外，惟船肋最为要紧，约每肋宽厚三寸有奇，皆用极坚之木。计此船七月可下水。巳正回寓，坐见之客一次。写家信一件。小睡片刻。改片稿一件。中饭后，英、法等领事来见，凡坐见者三次，又坐见之客二次，立见者一次。看丁中丞带来之洋镜内山水画图，甚为奇丽。与南屏等一谈。小睡片刻。夜间，南屏、惠甫等来看洋镜画。旋阅本日文件。二更三点睡。①

---

　　①　后附记杂项略而未录。——本书编者注。

遵旨绘造江苏全省舆图情形折[*]
（同治七年闰四月二十二日）

奏为遵旨绘造江苏全省舆图，一律告成，恭折进呈，仰祈圣鉴事。

窃前准总理各国事务衙门咨开，"具奏沿海、沿边省分，应令绘具地图一折，奉旨'依议'。钦此。抄奏行知办理"等因。即经臣曾国藩将长江全图，于委员绘造安徽舆图时一并绘成，恭折进呈。其江苏省舆地全图，经饬令两藩司遴委员董，设局条议章程格式，详细绘造去后，江藩司属被兵处所尚少，查办稍易措手，据候补知县唐翰题会同江、淮等属各府、州、厅、县往返参考，次第绘造。由散合总共成地图四十三幅，图说四十三篇，于前年先行送交苏省舆图局存，俟汇齐转送。惟苏省郡县被兵迍遍，各邑志乘，大半无存。即间有陈编可考，而东南廓清以来，事事更始。一切民聚之盛衰，山川之险易，水道之迁变，营汛之废兴，今昔既殊，事机亦异，非用割圜消息之法，按县实测，则株守故纸，谬误必多。先经扎委试用知县沈宝禾等前往各府、州、厅、县，按照管辖境址形胜，会同地方官绅详细履勘，参访裴氏地图六体之法，逐处施以实量。用是程功既巨，为时亦久。臣丁日昌于上年在苏藩司任内，添委候补同知褚成绩、候补知县何绍章驻局经理，仍由臣督同各员暨董事金德鸿、李凤苞等分司赶办，勒限告成。并遵仿康熙、乾隆年间内颁格式，参以李氏定本及《豫乘识小录》地图测绘诸法，山从占地平基推出积高实数，以折算磴道上下盘曲之路；水由地形之方斜高下，以辩其经流顺逆支于分并之朵；陆由城市通行大道及边隘堡镇四出之要，而一以人迹屈曲为据。诚以疆域之大，原不能一一身亲。然在一邑之间，凡夫山川、道里、邮驿、津梁，罔不攸关民瘼，如使容心指画，详求实用所宜，则知虚空鸟道之准绳，可以辩广轮而正疆界；知普地人迹

＊ 此件与丁日昌会衔具奏。日期为奉旨之日。

之迂直，可以稽程限而定差徭；知地势之洼隆，可以为旱潦备；知堰坝之高下，可以时钟泄宜；知陂泽河菹之并分，可以权高〔商〕旅之盈虚，讲除之利病；知汛地村镇之大小，可以察户口之繁简，守望之声援。凡此数者，皆地方官吏所宜讲求而虑夫旧图不能详，亲历不能遍。今幸成此全省图说，上以供朝廷之采择，下以备州、县之稽查，似于吏治、民情大有裨益。谨成苏、松等属总散各图及太湖里图，共四十二幅，图说四十三篇，北极道里表一卷，疆域表一卷，各府、州干路清册五卷，海塘、江岸、黄浦、太湖清册三卷，汇为二箧同送存，江、淮等属图说二箧，一并专弁赍送，恭呈御览。理合缮折具奏，伏乞皇太后、皇上圣鉴。谨奏。

复何绍基
（同治七年五月二十二日）

贞翁年老前辈大人阁下：

刘子迎观察至，接奉惠书，并得宠赐大集。伏承兴居多祜，纂著弥勤，鲁殿灵光，薄海欣其健在；谢家兰玉，绕膝尽是诗人。深慰瞻企之私。惟子敬同年人琴遽丧，致伤老怀，尚望强自排遣，颐性葆真，至以为祷。

尊集奉读一二，尽取古人之精华而一不袭其貌，竟不能举一家以相拟。惟博综众流，才力富健，则于近人《曝书亭集》为近。其天机横溢，孝友笃挚，时有度越竹坨之处。特酬答之际不择胜流，间有俗题，挥斥之余，不耐矜炼，间有率句，斯又逊于朱氏者。昔尝戏语：尊诗撒豆成兵，有大老官脾气。虽一时谐谑之言，亦疑率句之宜予芟薙也。鄙人于诗致力甚浅，不敢作序以黩鸿编，聊贡其愚，仰希鉴裁。

此间自刻《船山遗书》后，别无表章前哲之刻。李帅饬局刻《诸经读本》，国藩回任后继刻"三史"，计冬间乃可断手开刷。时当以初印本奉寄台端。《仪礼正义》板不知现存何处，吴帅入觐南旋，闻当由金陵溯江入蜀，会当一询究竟。江浙学人，近岁似以俞荫甫樾为冠，所著《群经平议》、《诸子平议》，往往精审轶伦。惟年未五十，成书太速，刻之太早，间有据孤证以定案者，将来仍须大加删订。《吴子序遗集》，其从弟子登刻之广州，昔年所刊《丧服会通说》却未重刻。各种似不如《丧服》之精。其家式微特甚，良可悯念。

令侄性泉之事久经函寄，少泉尚未具奏。渠比当危疑盘错之时，未便催促。世法所束，解脱良难，然终当令其湔被无垢，重履亨衢也。诸希心鉴，顺颂道安。不具。

预筹裁撤湘淮军经费折[*]
（同治七年七月二十二日）

奏为预筹撤勇经费，恭折仰祈圣鉴事。

窃两湖督臣李鸿章统师剿捻，所部淮军马、步、水师五万余人，暨刘松山老湘营一军，皆由苏省供支，自乙丑至今，已阅四年，悉索转输，不遗余力。今幸仰托圣主威福，东、西捻股一律肃清，亟应赶紧裁撤，以节饷需而苏民力。惟苏省按月应用之饷，本系各指各款，毫无赢余，本年上半年拨款，更有出于指定款项之外者。如抚臣丁日昌两次筹解神机营银十一万两，运河马棚湾堤工用钱十三万余串，均系腾挪筹拨，各台库移借一空。闰四月间，因周转不敷，曾咨商浙江抚臣借银十万两以应急需。预计下半年应用之款，又有出于指定款项之外者。如户部指拨陕西每月银一万两，前以西捻未平，尚难筹解。抚臣刘典函商臣处，臣允以捻股荡平，必当筹济，此后自不能不按月协解。又如里下河民田，以运河东、西两堤为保障，现在勘估小罗堡一段工程，约须钱十余万串，亦属必不可缓之款。苏省饷源以厘捐为大宗，闰四月间，臣至上海，商民禀求减厘，业已饬局量予裁减。六月初，因苦雨为灾，苏民环跪诉求免厘，又经抚臣将铺捐厘金裁免。入款既有所减，出款转有所增，若欲再筹巨款为撤勇之资，更属力有未逮。

臣等往返函商，本思向洋商借银五十万两，因利银太多，而中国屡借洋银，亦属疆臣之耻。惟有向浙江、江西、湖北等省暂时挪借，尚可设法通融。查前借浙江银十万两，或作协款，或作借款，本拟秋间定议具奏。而目前情形，不特前款无可筹还，并须续行添借。江西省供应廷军，两年来按月拨解，已逾百数十万。抚臣刘坤一力顾大局，臣方时以为歉，本不欲作尽忠竭欢之举。而目下需用甚亟，不得不再商筹借。湖

---

* 此件与李鸿章、丁日昌会衔具奏。

北本年境内无事，养兵极少，又系臣李鸿章本辖之境，自可缓急相通。合无吁恳天恩，敕下浙江、江西两抚臣各借银二十万两，湖北借银十万两，拨解臣处，为遣撤淮、湘各军之用，仍由苏省于四个月以后陆续归款。浙江之款，则由松、沪厘局解还。江西之款，则由西盐督销局解还。湖北之款，则由鄂盐督销局解还。或李鸿章履任后，酌量筹办。一转移间，苏省之力稍纾，而三省亦尚无所损。至闰四月间所借浙江之十万两，更无余力筹还，应请旨敕下浙江抚臣作为协苏之款。将来即由浙江归入军需报销，以省辗辘。所有预筹撤勇经费缘由，理合会同两湖督臣李鸿章、江苏抚臣丁日昌恭折驰陈。伏乞皇太后、皇上圣鉴训示。谨奏。

金陵湘军陆师昭忠祠记
（同治七年八月十四日）

　　同治三年六月既望，大军克复金陵。国藩至自安庆，犒劳士卒，见吾弟国荃面颜焦萃，诸将枯瘠，神色非人。盖盛暑攻战，昼夜暴露城下，半月而未息，余既惊痛而抚慰之。乃遍行营垒，周视所开地道，览战争之遗迹。彭君毓橘、刘君连捷、萧君孚泗、朱君南桂相与前导而指示曰："某所某将尽命处也，某所贼困我之地也。"诸君所不备述，吾弟又太息而缕述之。

　　弟之言曰："自吾围此城，壮士多以攻坚而死。贼于城外环筑坚垒数十，大者略与城埒，攒以小营，障以长坞，甃石如铁，掘堑如川，牢不可拔。我军以元年五月之初，始克江宁镇、三汊河、大胜关各垒。二年五月，李臣典等克雨花台及南门各垒，刘连捷等会同水师克九洑洲、中关、下关各垒。其江东桥之垒，则陈湜等于八月克之。上方门、高桥门、七瓮桥、土山、方山各垒，则萧庆衍、萧孚泗等于九月克之。是时，朱南桂亦克博望镇，赵三元等亦克中和桥、秣陵关。至十月，克解溪、隆都、湖墅，而东南划削略尽。三年止月，彭毓橘、黄润昌等乃克钟山高垒，贼所署为天保城者也。每破一垒，将士须臾陨命，率常数百人，回首有余恸焉。其穿地道以图大城者，凡南门一穴，朝阳至钟阜门三十三①穴，爇火而入地，崖崩而窟塞，则纵横聚葬于其中。贼或穿隧以迎我，熏以毒烟，灌以沸汤，则趚者幸脱，而惫者就歼。最后神策门之役，城陷矣而功不成；龙膊之役，功成矣而死伤亦多。"于是叹攻坚之难，而逝者之可悯也。

　　毓橘之言曰："我军薄雨花台，未几疾疫大行，兄病而弟染，朝笑而夕僵，十幕而五不常爨。一夫暴毙，数人送葬，比其反而半殡于途。

---

　　① 光绪传忠书局本作"三十六"。

近县之药既罄，乃巨舰连樯，征药于皖、鄂诸省。当是时也，群医旁午，而伪王李秀成等大至。援贼三十万，围我营者数重。我军力疾御之，一夕筑小垒无数，障粮道以属之。江贼益番休迭进，蚁傅环攻，累箱实土以作橹楯，挟西洋开花炮自空下击，子落则石裂铁飞，多掘地道，屡陷营壁。凡苦守四十五日，至冬初而围解，军士物故殆五千人。会有天幸，九帅独免于病，目不交睫者月余，而勤劬如故；虽枪伤辅颊，血渍重襟，犹能裹创巡营，用是转危而为安。靖毅公则病后过劳，竟以不起。"九帅者，军中旧呼国荃之称；靖毅者，吾季弟贞幹谥也。

连捷之言曰："李酋解围去后，率众渡江，连陷江浦、和州、含山、巢县，皆我军新取之城，得而复失。九帅乃分兵守西梁山，遣连捷与彭毓橘辈救援江北，既解石涧埠之围，破运漕、铜城闸之贼，遂偕水师连收四城，江北大定，剧贼益衰。然我众死者，亦不可胜数也。"

南桂之言曰："方金陵官军围困之际，同时鲍超之军亦困于宁国，水师亦困于金柱关。金柱关者，水阳江及群湖所自出，芜湖之藩卫也。九帅乃分兵守东梁山，而遣南桂与朱洪章、罗洪元辈力扼此关，夹河而与之上下，乱流而相攻。卯而战，酉而不休，水营捷，陆营或挫，一夕数起，一餐屡辍，凡七阅月而事稍定。百里内外，白骨相望。时闻私祭夜泣之声，天下之至惨也。"

于是国荃与诸将并进称曰："此军经营安庆，剪伐沿江诸城，凋丧尚少。独至金陵而死于攻，死于守，死于疾疫，死于北援巢、和，南援芜湖、太平，乃筹计而不能终。今存者，幸荷国恩，封赏进秩，而没者抱憾无穷。鸡鸣山下有贼造府第一区，若奏建昭忠祠，春秋致祭，庶以慰忠魂而塞吾悲耳。"

国藩具疏上闻，制曰可。黄君润昌爰董其事，取有册可稽者，造神主一万一千六百三十有奇，无册者姑阙焉。甫历三载，楹栋枉桡，墙宇鼓陉。同治六年，省中僚友集议，廓而新之，基局固护，笾豆有严。国藩乃追叙所闻于诸君者，而系以诗章，用备乐歌。诗曰：

> 人无贵贱，夭寿贤愚，终归于死，万古同途。死而得所，身殄魂愉。六朝旧京，逆竖所都。濯征十载，莫竟天诛。嗟我湘人，锐师东讨。非秘非奇，忠义是宝。下誓同袍，上盟有昊。昊天藐藐，成务实难。祚我百顺，厄我千艰。狂寇所噬，刈人如菅。沴厉乘之，积胔若山。伟哉多士，夷险一节。万死靡他，心坚屈铁。鉴彼

巧偷，守兹贞拙。缕血所藏，后土长热。卒收名城，获丑擒王。宠赉冥漠，千祀馨香。新庙孔赫，彝罍将将。天子之锡，烈士之光！

工既竣，粗为记其梗概。至于历年战争，良将猛士之劳，攻牢保危之策，将具于国史方略，兹不复备述云。

奏陈新造轮船及上海机器局筹办情形折^{*}
（同治七年九月初二日）

奏为新造第一号轮船工竣，并附陈上海机器局筹办情形，恭折仰祈圣鉴事。

窃中国试造轮船之议，臣于咸丰十一年七月复奏购买船炮折内即有此说。同治元、二年间驻扎安庆，设局试造洋器，全用汉人，未雇洋匠。虽造成一小轮船，而行驶迟钝，不甚得法。二年冬间，派令候补同知容闳出洋购买机器，渐有扩充之意。湖广督臣李鸿章自初任苏抚，即留心外洋军械。维时，丁日昌在上海道任内，彼此讲求御侮之策，制器之方。四年五月，在沪购买机器一座，派委知府冯焌光、沈保靖等开设铁厂，适容闳所购之器亦于是时运到，归并一局。始以攻剿方殷，专造枪炮，亦因经费支绌，难兴船工。至六年四月，臣奏请拨留洋税二成，以一成为专造轮船之用，仰蒙圣慈允准，于是拨款渐裕，购料渐多，苏松太道应宝时及冯焌光、沈保靖等朝夕讨论，期于必成。

查制造轮船，以气炉、机器、船壳三项为大宗。从前上海洋厂自制轮船，其气炉、机器均系购自外洋，带至内地装配船壳，从未有自构式样造成重大机器、汽炉全具者。此次创办之始，考究图说，自出机杼。本年闰四月间，臣赴上海察看，已有端绪。七月初旬，第一号工竣，臣命名曰恬吉轮船，意取四海波恬、厂务安吉也。其汽炉、船壳两项，均系厂中自造。机器则购买旧者，修整参用。船身长十八丈五尺，阔二丈七尺二寸。先在吴淞口外试行，由铜沙直出大洋至浙江舟山而旋，复于八月十三日驶至金陵。臣亲自登舟试行至采石矶，每一时上水行七十余

里，下水行一百二十余里，尚属坚致灵便，可以涉历重洋。原议拟造四号，今第一号系属明轮，此后即续造暗轮。将来渐推渐精，即二十余丈之大舰可伸可缩之烟囱，可高可低之轮轴，或亦可苦思而得之。上年试办以来，臣深恐日久无成，未敢率尔具奏，仰赖朝廷不惜巨款，不责速效，得以从容集事，中国自强之道，或基于此。各委员苦心经营，其劳勋亦不可没也。

溯自上海初立铁厂，迄今已逾三年，先后筹办情形，请为皇上粗陈其概。开局之初，军事孔亟，李鸿章饬令先造枪、炮两项，以应急需。惟制造枪、炮，必先有制枪制炮之器，乃能举办。查原购铁厂，修船之器居多，造炮之器甚少。各委员详考图说，以点、线、面、体之法求方圆、平直之用，就厂中洋器以母生子，触类旁通，造成大小机器三十余座。即用此器以铸炮炉，高三丈，围逾一丈。以风轮煽炽火力，去渣存液，一气铸成。先铸实心，再用机器车刮旋挖，使炮之外光如镜，内滑如脂。制造开花、田鸡等炮，配备炮车、炸弹、药引、木心等物，皆与外洋所造者足相匹敌。至洋枪一项，需用机器尤多。如辗卷枪筒，车刮外光，钻挖内膛，旋造斜棱等事，各有精器，巧式百出。枪成之后，亦与购自外洋者无异。此四五年间先造枪炮兼造制器之器之情形也。

该局向在上海虹口暂租洋厂，中外错处，诸多不便，且机器日增，厂地狭窄，不能安置。六年夏间，乃于上海城南兴建新厂，购地七十余亩，修造公所。其已成者，曰气炉厂、曰机器厂、曰熟铁厂、曰洋枪楼、曰木工厂、曰铸铜铁厂、曰火箭厂、曰库房、栈房、煤房、文案房、工务厅暨中外工匠住居之室。房屋颇多，规矩亦肃。其未成者，尚须速开船坞以整破舟，酌建瓦棚以储木料，另立学馆以习翻译。盖翻译一事，系制造之根本。洋人制器出于算学，其中奥妙皆有图说可寻。特以彼此文义扞格不通，故虽日习其器，究不明夫用器与制器之所以然。本年局中委员于翻译甚为究心，先后订请英国伟烈亚力、美国傅兰雅、玛高温三名，专择有裨制造之书，详细翻出。现已译成《气机发轫》、《气机问答》、《运规约指》、《泰西采煤图说》四种。拟俟学馆建成，即选聪颖子弟随同学习，妥立课程，先从图说入手，切实研究，庶几以理融贯，不必假手洋人，亦可引伸，另勒成书。此又择地迁厂及添建翻译馆之情形也。

兹因轮船初成之际，理合一并附奏。该局员等殚精竭虑，创此宏规，实属卓有成效，其尤为出力各员，可否吁恳天恩给予奖叙，恭候命下遵行。如蒙俞允，臣当与李鸿章、丁日昌酌核清单，由新任督臣马新贻会奏。所有新造第一号轮船工竣，并附陈机器局筹办情形，谨会同湖广总督臣李鸿章、江苏巡抚臣丁日昌恭折具陈，伏乞皇太后、皇上圣鉴训示。谨奏。

请禁川盐私行楚省收复淮南销盐引地折[*]
（同治七年十月初五日）

奏为请禁川私行楚，收回淮南引地，以复旧制而整鹾纲，恭折仰祈圣鉴事。

窃照楚省本系淮南引地，定额最多，销盐最广。从前淮纲盛时，岁征各岸课银甲于天下，其征诸苏省者不及十之一，征诸江西、安徽者不过十之三，征诸两湖者则居十之六。是淮纲之兴替，全视楚岸之畅滞为转移。军兴以后，长江梗塞，淮盐不能行楚，经楚省督、抚奏明借食川盐，原属权宜之计。臣于同治二、三年间整理鹾务，维时淮商即以收复楚岸为请。只因引地被占十有余年，行之既习为常，禁之未便太骤，是以暂将邻盐厘税酌量加重，原冀川私本重而日衰，淮盐渐进而日旺，不谓川贩巧于迁避，百计漏厘，每运两引之盐，仅完一引之税。臣访知其弊，上年曾派委员至宜昌会同楚省委员公同掣验，本年又减淮盐之厘，期收敌私之效，非不多方补救。乃查鄂、湘两局积压淮盐不下十余万引，存数极多，销数极滞，而川私纷至沓来，较前尤盛。推原其故，总由鄂省利食川盐，虽有掣验之名而明让斤两。近闻宜昌抽收川税，仍不过六七折，以致川贩成本大轻，来源愈旺。是前此绕越而偷行者，今更肆行而无忌。川、鄂官商几忘引地之应属何省，请举淮之受害于川者数端，为皇太后、皇上缕晰陈之。

淮盐逆流上驶，历长江、洞庭之险，每船至少须装千余包，船笨载重，计自瓜洲开行，非四五个月不能达鄂，非六七个月不能达湘。偶遇暴风、山矶，立时淹消巨万，本银悉归乌有。川盐则自川江顺流而下，势等建瓴，杂用小船，灵便异常。计程途则淮远而川近，论舟行则下易而上难。此运道之捷于淮者，其害之一也。

---

* 此件与马新贻会衔具奏。

淮南之盐以馀东、吕四两场为通场之冠，俗所称馀吕真梁者也。从前畅行楚岸，其盐色之洁，由于商力充足，本年所产之盐堆至次年始行开售，堆愈久则卤愈净。近年垣商疲乏，随收随售，盐色不无稍减。川盐则自行楚以后，广开井灶，其色甚白，其质甚干。川贩因之而居奇，淮岸因之而日废，喧宾夺主，莫斯为甚。此盐色之胜于淮者，其害二也。

淮盐定章以五百引起票，系有鉴于道光末年改办票运，不拘引数，听商票认。厥后承办数千引之大贩，皆为一二十引之小贩抢运所误，故新章定以限制，一以杜无本冒充之弊，一以验有力承运之资。计请鄂、湘引票五百引，非现银七八千两不办，川盐则计斤不计引，集资数百千即可办运，盐皆散装。既官私之莫辨，厘不预纳，亦来去之自由。此筹运之巧于淮者，其害三也。

鄂、湘两局售盐，皆以到岸之先后定出售之迟速，盐未到轮，不准抢卖。近数年来，销虽极疲而商未跌价，深得整轮之益。但在船守风，抵岸守轮，计一档之盐，非一年之久不得脱销。川盐则到处可售，得价即卖，销路广则穷乡僻壤，遍地皆私卖，价轻则铺户行家，非川不鬻。此筹销之便于淮者，其害四也。

有此四害，淮何能与川敌？川盐一日不停，淮盐一日无畅销之望。议者谓川盐停止，于川省业盐人等有碍。殊不知淮南通泰二十场，垣商煎丁，以及钩、扛、捆、忙人等不下数百万户，兵荒年久，困若颠连，为从来所未有。满望江路通行规复，引地徐图转机，不料鄂、湘最畅之岸，尽为川私所占，西岸亦为粤私、闽私所占，场运各商，倒歇之家固众，而煎捆各役失业之人尤多，比之川省业盐者何止数倍。凡认淮引之商，屡赴臣衙门呈递禀词，请堵川私，几无虚日。譬之家有田产，任客民多年占据，为尊长者忍视子弟之啼饥号寒而不为之救，有是情乎？至湖北军饷，原以川厘为大宗，刻下发、捻俱灭，军事大定，鄂省存营极少，饷项足敷周转。况淮盐内亦收鄂厘，淮销果畅，鄂饷即因之而增。此时堵止川私，核与前淮部文俟淮盐畅行，应即申明旧章，严禁邻私，毋任侵占等语实相吻合。相应请旨敕下四川、湖广各督、抚停止川私行楚，以复昔年之旧制而收经久之利权。臣职司鹾权，历有岁年，所征课银，因军饷紧要，未能多筹解京，私衷抱歉，耿耿于心。今虽交卸盐篆，犹思筹异日之有余，补近年之不足。我朝盐法沿明旧制，画分引地，系大经大法，一成而不可易。今南北军务告竣，而不力争以图规复，则二百余年之宪典，自臣而隳，其拂逆商情，敛一时之怨，厥咎尚轻。败坏成法，贻后世之讥，厥咎更重。用是缕晰具陈，如蒙谕旨准禁川私，应如何分立限期，渐减渐停，如何堵缉粤私、潞私、浙私、闽私，不复抽收邻税，统由新任督臣马新贻核议章程，奏明办理。所有请禁川私行楚，收回淮南引地缘由，理合会同两江督臣马新贻恭折具奏，伏乞皇太后、皇上圣鉴训示。谨奏。

复吴嘉善
（同治七年十月初五日）

子登仁弟馆丈阁下：

去岁张西山方伯自粤中携来手书，并惠到哲兄遗集，尘劳冗阘，裁复久稽。五月间又接来函，即谂侍福康愉，纂著宏富，至为欣颂。

洋人自通上国，所至语言文字，无不容心。而中邦人士能晓西文者，寥寥罕觏。往来文牍，翻译间有歧误，亦属考证无资。尊议欲纂《中西合璧字汇》一书，洵为当今至要之关键。诚能开馆纂辑，使翻译诸生分类编修，教习之师随时裁定，则业既专精，功亦易就。书成之后，实为治国闻者所必资，亦奇观也。

此间机器局，近年制造，讨论颇精。上海铁厂购雇西洋工料，造办轮船，今年八月已成一只。敝处奏造轮船第一号，疏稿抄呈台览。即翻译一事，亦已粗有端绪。

来示称米利坚人富文新作小大机器简妙绝伦，献其国君，果已邀上赏否？既欲观光上国，未便交臂失之。国藩本拟请阁下邀同富文来此，为沪局更开生面。因闻瑞制军相待甚好，恐未便舍粤而他适，是以徘徊未果。今因调任直隶，即日将离江南，而上海制造翻译，关系全局，鄙人虽不官两江，尚不肯置之不问，拟即商之马制军、丁中丞。阁下如能挈富文来苏，必可妥为位置，沪局当日起有功也。诸惟心鉴，即颂台安。不具。

箴言六则规澄侯[*]
（同治七年十月二十五日）

清

《记》曰："清明在躬。"吾人身心之间，须有一种清气。使子弟饮其和，乡党熏其德，庶几积善可以致祥。饮酒太多，则气必昏浊；说话太多，则神必躁扰。弟于此二弊，皆不能免。欲葆清气，首贵饮酒有节，次贵说话不苟。

俭

凡多欲者不能俭，好动者不能俭。多欲如好衣、好食、好声色、好书画古玩之类，皆可浪费破家。弟向无癖嗜之好，而颇有好动之弊。今日思作某事，明日思访某客，所费日增而不觉。此后讲求俭约，首戒好动。不轻出门，不轻举事。不特不作无益之事，即修理桥梁、道路、寺观、善堂，亦不可轻作。举动多则私费大矣。其次则仆从宜少，所谓食之者寡也。其次则送情宜减，所谓用之者舒也。否则今日不俭，异日必多欠债。既负累于亲友，亦贻累于子孙。

明

三达德之首曰智，智即明也。古来豪杰，动称英雄，英即明也。明有二端：人见其近，吾见其远，曰高明；人见其粗，吾见其细，曰精

＊ 传忠书局稿本题《书赠仲弟六则》，据曾氏日记改。

明。高明者，譬如室中所见有限，登楼则所见远矣，登山则所见更远矣。精明者，譬如至微之物，以显微镜照之，则加大一倍、十倍、百倍矣。又如粗糙之米，再舂则粗糠全去，三舂、四舂则精白绝伦矣。高明由于天分，精明由于学问。吾兄弟忝居大家，天分均不甚高明，专赖学问以求精明。好问若买显微之镜，好学若舂上熟之米。总须心中极明，而后口中可断。能明而断谓之英断，不明而断谓之武断。武断自己之事，为害犹浅；武断他人之事，招怨实深。惟谦退而不肯轻断，最足养福。

慎

古人曰钦、曰敬、曰谦、曰谨、曰虔恭、曰祗惧，皆慎字之义也。慎者，有所畏惮之谓也。居心不循天理，则畏天怒；作事不顺人情，则畏人言。少贱则畏父师，畏官长。老年则畏后生之窃议。高位则畏僚属之指摘。凡人方寸有所畏惮，则过必不大，鬼神必从而原之。若嬉游、斗牌等事而毫无忌惮，坏邻党之风气，作子孙之榜样，其所损者大矣。

恕

圣门好言仁，仁即恕也。曰富，曰贵，曰成，曰荣，曰誉，曰顺，此数者，我之所喜，人亦皆喜之。曰贫，曰贱，曰败，曰辱，曰毁，曰逆，此数者，我之所恶，人亦皆恶之。吾辈有声势之家，一言可以荣人，一言可以辱人。荣人，则得名、得利、得光耀。人尚未必感我，何也？谓我有势，帮人不难也，辱人则受刑，受罚，受苦恼，人必恨我次骨。何也？谓我倚势，欺人太甚也。吾兄弟须从恕字痛下工夫，随在皆设身以处地。我要步步站得稳，须知他人也要站得稳，所谓立也。我要处处行得通，须知他人也要行得通，所谓达也。今日我处顺境，预想他日也有处逆境之时；今日我以盛气凌人，预想他日人亦以盛气凌我之身，或凌我之子孙。常以恕字自惕，常留余地处人，则荆棘少矣。

静

静则生明，动则多咎，自然之理也。家长好动，子弟必纷纷扰扰。

朝生一策，暮设一计，虽严禁之而不能止。欲求一家之安静，先求一身之清静。静有二道：一曰不入是非之场，二曰不入势利之场。乡里之词讼曲直，于我何干？我若强为剖断，始则赔酒饭，后则惹怨恨。官场之得失升沉，于我何涉？我若稍为干预，小则招物议，大则挂弹章。不若一概不管，可以敛后辈之躁气，即可保此身之清福。

澄侯老弟自家来金陵，三千里之远，十一年之别，老年昆弟，乱后相聚，其乐可知。昼夜剧谈，杂忆少年嬉戏时事，间以谐笑。会晤月余，余将北上，弟即南归，书此六则，用以赠别，以见吾兄弟谐谑之际，不忘箴规敬慎之义也。

筹议江苏水师事宜折
（同治七年十一月初三日）

奏为酌议江苏水师事宜，恭折仰祈圣鉴事。

窃臣拟酌改江南外海水师营制，业于本年四月初七日附片陈奏大概在案。伏思厘订新章，必须参稽旧制。查《中枢政考》所载，江南水师向分外海、内河两支。外海兵六千七百七十六名，官一百一十八员。内河兵八千零二十一名，官一百三十三员。其船数则无可稽考。道光二十四年，前督臣璧昌奏称，江南旧例，营船二百七十五只，业已破废不堪，另造舢板船一百三十五号，大舲船十二号等语。约而计之，其船不过装载二千数百人。额定之兵，尚有万余人无船可载，有水师之名，无舟楫之实，不能不大为变通，讲求实际。窃谓水师之多少，宜以船只之多少为断。无船则兵无用武之地，官为虚设之员。欲定水兵之额数，必先筹口粮之入款，兼筹修船之经费。即如外海船只，须用广艇、红单、拖罾之类，每造一号，动费数千金，夹底者或万余金，加以大小修整绳索扛具、子药、炮械，所费更为不赀。上而火轮兵船用款尤巨，下而舢板、小艇需费亦繁，竭江苏之物力，不过办船百余号，装兵三千余人而止。其不能不裁旧制之兵，酌减旧设之官者，势也。

至于养兵之饷，旧制水师亦照陆营之例，有马粮、战粮、守粮等名目。平日或小贸营生，或手艺糊口，尚不足以自存，今既责令常住船上，不得不稍从优厚。故长江章程，兵粮月支二两七钱或三两不等，较战粮已加一倍，较守粮几加二倍。今议江苏水师，亦宜仿照长江之例，外海则尚须略增。自军兴以来，绿营之兵无功，各省之勇著绩，兵丁亦颇以平素饷薄为词。今欲一兵收一兵之用，不能不酌增口分者，亦势也。惟既增出款，即须筹划入款。长江之饷，五省各留厘卡一处，系出于长贼之外。臣尚以太多为虑。江苏水师则经费出自司库，断不能于正额之外添出无着之饷，尤不可狃抽厘之说，留一永远之卡。溯查乾隆四十七年增兵六万有奇，其时大学士阿桂上疏陈论，以为国家经费骤加不觉其多，岁支则难为继。臣国藩于咸丰元年在侍郎任内奏请裁兵，即引伸其言，叹为远虑。今日整理水师，岂肯尽背前言。

江苏水师，嘉庆、道光年间，每岁用银若干，苏省无案可稽。此时约略计算，总不欲使新章之银浮于旧制之外。如其不敷，更须酌裁陆兵以补救之，不独江苏为然也。即沿海各省整顿水师，均须核算饷项，如使新饷果浮于原数，即应兼裁陆兵以酌济水饷。盖水师久无战船，非修造两三年不能集事；陆路纵缺额兵，苟募勇两三月，即可成军。陆路则有事招勇，无事裁撤；水路则制器于多年，取用于一旦。权衡缓急，海疆似以水营为重，其他省之但有陆兵并无水师者，纵不遽议裁撤，趁此中原大定之际，亦可将出缺之弁兵缓至二十年后再议募补，将来重募之日，尽可仿浙江之例，大减额兵，酌加口粮。此又因节省经费而兼筹陆营之计也。谨议江苏水师事宜十四条，营制十六条，缮具清折①，恭呈御览。伏乞敕下各衙门详细会议，归于至当。

凡疆臣奏事，每畏部臣驳诘，亦古来之恒情。独至此等大政，则不畏驳诘，且惟恐其不驳，惟恐其少驳，目前多一诘难，日后少一愆尤，不特求部臣再三驳诘。即江苏前后各任如协办大学士湖广督臣李鸿章在苏省用兵最久，洞悉水陆情形；两江督臣马新贻在浙江办理减兵事件，讲求已熟；江苏巡抚丁日昌素有捍御外洋之志，并请敕下李鸿章、马新贻、丁日昌各抒所见，将江苏水师船政妥为核议，务使外防与内盗并谋，旧制与新章兼顾。臣虽离两江，倘有所见，仍当续行陈议，期于利多弊少，不特江苏为然，即长江水师亦乞敕下沿江五省督抚随时察看。如有不妥之处，三年以内尽可奏明，斟酌损益，臣断不因系初议之人，稍存回护之见。

臣之微意，不过欲使中国兵勇以舟楫为室家，以海洋为坦道，庶几事以屡试而渐精，人以狎水而渐壮。至于船式如何而后善，营制如何而后强，自当博采群言，不敢略执成见也。一俟江苏水师定章后，沿海闽粤各省，均可参酌办理。大局幸甚。所有酌议江苏水师事宜缘由，谨会同两江督臣马新贻、江苏抚臣丁日昌恭折具奏，伏乞皇太后、皇上圣鉴训示。谨奏。

---

① 清单原附此奏折之后，未录。——本书编者注。

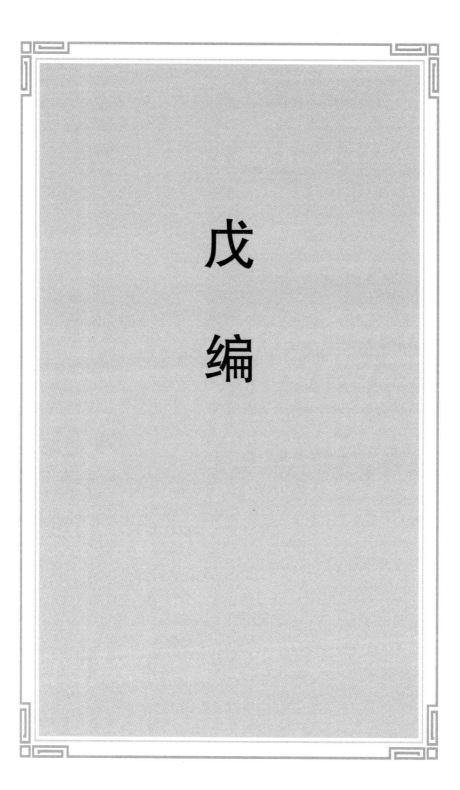

戊编

同治七年十一月初四日日记

　　是日，余启程北上入觐。早饭后清理文件。见客二次。将邵位西墓志写本另写十余字，改信稿四件。剃头一次。巳正二刻启行。途中观者如堵，家家香烛、爆竹拜送，戏台、酒席路饯者，在署之西为盐商何公远旗等一席，在水西门之外为合城绅士方伯雄等一席，又有八旗佐领等及船户等各设彩棚为饯。午正至官厅，少泉、穀山及文武等送别，寄请圣安。余旋登舟，见客五次。吃中饭后，又见客三次。开船，行至下关。少泉、穀山送至下关，久谈，吴竹如亦至下关，与三人久谈。而满城文武士友皆送至下关，坐见之客十余次。夜饭后，潘季玉、李眉生等先后来谈，澄弟一谈，疲倦极矣。二更三点睡。申刻行船时，曾将郭云仙所著《湘阴县志》一阅。睡后，不甚成寐。念本日送者之众，人情之厚，舟楫仪从之盛，如好花盛开，过于烂漫，凋谢之期恐即相随而至，不胜惴栗。又接湖南咨文，不愿出长江十六万一款，其事仍办不成，殊以为虑。

复马新贻
（同治七年十二月初一日）

榖山尊兄大人阁下：

二十二日沂州道中接十五日复示，即维苼勤懋著，庶祉多绥，至为企慰。

国藩自十七日由清江登陆道，旬日天霁风和，浑不识严冬跋涉之苦。三十日至齐渡黄，丁稚帅在此候晤。适值瑞雪，小驻半日。贱躯平适，足纾远念。

长江水师经费，湖南独请缓解，并欲令湖北代出。初不解其意指，既而细思，盖因湘省驻两营，所占长江地段不满百里。而岳州镇所辖仅中营与沅江营，共船七十五号，系湖南地面。其荆州陆、溪两营，共船七十号，则在湖北地面。殆因此故，嫌照省摊费之议为未允耶？敝处前致韫帅一函，请其认出十万。又致李伯相一函，言湘省藩库出六万，湘盐局出六万，此三年内即可敷衍。至三年以后如何永定拨款，尚须另行续议。目下为三年之计，求阁下与李相通融商办，姑全大局为荷。至五省各十六万之数，本系雪琴原咨所定，敝处又会列贵衔转咨各省。此等大政甫经会咨，岂能朝令夕改？就大数计之，三江十四营，前经庞省三约算银米，每年共需五十一万金。现裁去通、海两营，腾出银可五万有奇。三江各营，不过需银四十万数千耳。以三省入款四十八万计之，每年可余二万数千。两湖八营银米，约算每年共需二十六万三千有奇。以两省入款三十二万计之，每年可余五万数千，五省合计可余八万。前次雪琴来咨，本有湖北独出十八万之说。弟嫌其偏枯，减去二万。而雪琴力言其少，弟又单衔咨请湖北添出一万，江西添出一万。现在湖北业已咨复允准，江西亦必允许。增此二万，则共余十万矣。此十万者，每年以二万办子弹、火药等局，内分子弹四千，火药一万六千；又以五万设厂修船，内分鄂厂二万，修岳、汉之船，吴城厂二万，修湖口及提标之船。或金陵，或芜湖厂一万，修瓜洲镇之船。综计每岁可余三万两，有赢无绌。此途中约略核算，容日当开一细数，咨达冰案。亦请阁下告之昌期、省三，开一细数，彼此互对。如此数不差，则目下三数年间，不须设子药局，每年实剩五万两。此五万者，或以四万帮贴湖南，一万发给归标候补之哨官可也。如湖南或可少帮归标哨官，或可由桂道处发给，则以此款为修葺署之用可也。如此数果有差错，出款果有不敷，则五省当分多寡，万不能概责以十九万之数。如江西仅占江面百余里，已出十七万，岂可再加？湖南仅占江面数十里，十六万尚不肯出，岂可议加？安徽奇窘，十万尚取给于皖南茶厘，亦难再加。惟江苏隐然为五省之主盟。湖北占江面千六百里，又为上游之主盟。如有欠缺，只可求阁下与李相自行解囊，两省酌量分认，实未便摊派他省。鄙意如此，尚望鸿裁细核示复。

至于长江事宜四十条，有未妥者，固由弟之才疏虑浅，亦因事端重大，难于妥善。乙丑冬将奏时，将①改，渠仅改数十②回拜发。今欲增改尽善，仍求阁下与李相精细筹议。弟愿更正于近年，不愿诒讥于后世也。如荆州一营，尚在闲散之列，若湖北襄河不另立水师，恐须移此营于襄阳。湖南省河不另立水师，恐须移此营于长沙。若此之类，自须再三审察，乃能切中至理耳。

闽中所送艇船，即请闽中代造，工料较易合式。派往监造之员，即用将来驾管之人，尤易得力。雨生中丞之意，颇思专用轮船，不用艇船。鄙意二者兼营，两三年后视何者最便，斟酌去留，尚不为迟。

南中切务以训练水师为第一义，必使长江上下无兵不惯住船，滨海各口无船不能自造，方可徐图自强。上年回任，因洋面多盗，长江渐弛，心窃忧之。规划未成，私怀慊慊。昨在扬州，与昌岐、质堂告别，嘱以水师提镇每月须有十五日住船，副参、游营官须有二十日住船，都、守、千、把、哨官终年须日日住船。非刻也，营中素不狎水，则水中断无将材也。尚求阁下谆切开导，严密访察，随时见示。但水营自有起色，不胜感祷。诸惟心鉴，复问台安。

谕纪泽
（同治七年十二月初三日）

字谕纪泽儿：

泰安发一信交刘高山带至金陵。是日接尔二十日禀，知十九日已移下江考棚为慰。李中堂欲借后园地球，尽可允许。俟渠到湖北，即交便轮船带去。并求其将方子可请入楚督署内，刊刻此图，附刻图说。仍求将方元徵调入鄂省，酌委署缺，必为良吏。李相创立上海、金陵两机器局，制造船炮，为中国自强之本，厥功甚伟。余思宏其绪而大其规，如添翻译馆、造地球，皆是一串之事。故余告冯、沈二君，以后上海铁厂仍请李相主持，马、丁两帅会办。尔可将此意先行函告李相，余以后再有函商之也。

应敏斋所兑号票银虽止一万二千，而言明可用二万两，计别敬用万六七千，尚有三四千作盘川，尽足敷用。小舫此举殊为多事。尔亦不宜寄来，姑带在身边可也。

日内途次平安。三十日小雪，恰与丁中丞在齐河会谈。今日至刘智庙，已交直隶境。兹将二十二以后九日日记寄去，尔速寄澄、沅两叔一览。余久未寄湘信，甚歉甚歉，过保定再寄耳。此嘱。

同治七年十二月初九日日记

　　黎明起，早饭起行，行三十里至固城镇打尖。尖后，午初起行。行三十里，未初一刻至北河店住宿。在轿中温《左传》三十八叶。在固城店内将直隶地图细阅，略考水道，约直隶大河不由东西淀而入海者凡三：曰南运河，其源为山西之清漳水、浊漳水，河南之卫河，山东分汶北流之运河，径流至天津入海；曰滦河，其源出蒙古，过承德府，至永平府之滦州入海；曰北运河，其源出于古北口、独石口外，至密云合流，又汇以昌平州之水，玉泉山之水，南海子之水，至天津入海。由东西淀而入海者凡四：曰滹沱河，其北源出山西之代州，南源出平定州，至衡水县分为两支，均经东淀而入海；曰猪龙河，其源为无极、灵寿之滋河，阜平、新乐之沙河，浑源、灵邱之滱河，至祁州合而为一，经西淀、东淀而入海；曰白沟河，其源出于房山涞水，又汇易州之易水，乃经西淀、东淀而入海；曰桑乾河，其北源出于蒙古，经过宣化，其南源出于朔平大同，至保安州合而为一，至怀来县入关，经东淀而入海。本年桑乾河决于芦构桥以下，至今未塞，故雄县积水未消也。至宿店再一考核。夜改四六折稿一件。二更三点睡，竟夕不甚成寐，似亦用心太过之故，从此衰老，不复能看书任事矣。

同治七年十二月十四、十五、十六日日记

十四日

　　五更起，寅正一刻也。饭后趋朝。卯初二刻入景运门，至内务府朝房一坐。军机大臣李兰生鸿藻、沈经笙桂芬来一谈。旋出迎候文博川祥、宝佩衡鋆，同入一谈。旋出迎候恭亲王。军机会毕，又至东边迎候御前大臣四人及惇王、孚王等。在九卿朝房久坐，会晤卿寺甚多。巳正叫起，奕公山带领余入养心殿之东间。皇上向西坐，皇太后在后黄幔之内，慈安太后在南，慈禧太后在北。余入门，跪奏称臣曾某恭请圣安，旋免冠叩头，奏称臣曾某叩谢天恩。毕，起行数步，跪于垫上。太后问："汝在江南事都办完了？"对："办完了。"问："勇都撤完了？"对："都撤完了。"问："遣撤几多勇？"对："撤的二万人，留的尚有三万。"问："何处人多？"对："安徽人多。湖南人也有些，不过数千。安徽人极多。"问："撤得安静？"对："安静。"问："你一路来可安静？"对："路上很安静。先恐有游勇滋事，却倒平安无事。"问："你出京多少年？"对："臣出京十七年了。"问："你带兵多少年？"对："从前总是带兵，这两年蒙皇上恩典，在江南做官。"问："你从前在礼部？"对："臣前在礼部当差。"问："在部几年？"对："四年。道光廿九年到礼部侍郎任，咸丰二年出京。"问："曾国荃是你胞弟？"对："是臣胞弟。"问："你兄弟几个？"对："臣兄弟五个。有两个在军营死的，曾蒙皇上非常天恩。"碰头。问："你从前在京，直隶的事自然知道。"对："直隶的事，臣也晓得些。"问："直隶甚是空虚，你须好好练兵。"对："臣的才力怕办不好。"旋叩头退出。回寓，见客，坐见者六次。是日赏紫禁城骑马，赏克食。斟酌谢恩折件。中饭后，申初出门拜客。至恭亲王、宝

佩衡处久谈，归已更初矣。与仙屏等久谈。二更三点睡。

十五日

黎明起。早饭后写昨日日记。辰初三刻趋朝。在朝房晤旧友甚多。已正叫起，六额附带领入养心殿。余入东间门即叩头，奏称臣曾某叩谢天恩。起行数步，跪于垫上。皇太后问："你造了几个轮船？"对："造了一个，第二个现在方造，未毕。"问："有洋匠否？"对："洋匠不过六七个，中国匠人甚多。"问："洋匠是那国的？"对："法国的，英国也有。"问："你的病好了？"对："好了些。前年在周家口很病，去年七、八月便好些。"问："你吃药不？"对："也曾吃药。"退出。散朝归寓。见客，坐见者六次，中饭后又见二次。出门，至东城拜瑞芝生、沈经笙，不遇。至东城拜黄恕皆、马雨农，一谈。拜倭艮峰相国，久谈。拜文博川，不遇。灯初归。夜与曹镜初、许仙屏等久谈。二更后略清理零事。疲乏殊甚，三点睡，不甚成寐。

十六日

黎明起。早饭后，写昨日日记。辰正趋朝。已正叫起，僧王之子伯王带领入见。进门即跪垫上。皇太后问："你此次来，带将官否？"对："带了一个。"问："叫甚么名字？"对："叫王庆衍。"问："他是什么官？"对："记名提督，他是鲍超的部将。"问："你这些年见得好将多否？"对："好将倒也不少，多隆阿就是极好的，有勇有谋，此人可惜了。鲍超也很好，勇多谋少。塔齐布甚好，死得太早。罗泽南是好的，杨岳斌也好。目下的将材就要算刘铭传、刘松山。"每说一名，伯王在旁迭说一次。太后问水师的将。对："水师现在无良将。长江提督黄翼升、江苏提督李朝斌俱尚可用，但是二等人才。"问："杨岳斌他是水师的将，陆路何如？"对："杨岳斌长于水师，陆路调度差些。"问："鲍超的病好了不？他现在那里？"对："听说病好些。他在四川夔州府住。"问："鲍超的旧部撤否？"对："全撤了。本存八九千人，今年四月撤了五千，八、九月间臣调直隶时，恐怕滋事，又将此四千全行撤了。皇上如要用鲍超，尚可再招得的。"问："你几时到任？"对："臣离京多年，拟在京过年，朝贺元旦，正月再行到任。"问："直隶空虚，地方是要紧的，你须好好练兵。吏治也极废弛，你须认真整顿。"对："臣也知直隶要紧，天津海口尤为要紧。如今外国虽和好，也是要防备的。臣要去时总是先讲练兵，吏治也该整顿，但是臣的精力现在不好，不能多说话，不能多见属员。这两年在江南见属员太少，臣心甚是抱愧。"属员二字，太后未听清，令伯王再问，余答："见文武官员即是属员。"太后说："你实心实意去办。"伯王又帮太后说："直隶现无军务，去办必好。"太后又说："有好将尽管往这里调。"余对："遵旨，竭力去办，但恐怕办不好。"太后说："尽心竭力，没有办不好的。"又问："你此次走了多少日？"对："十一月初四起行，走了四十日。"退出。散朝归寓。中饭前后共见客①，坐见者七次，沈经笙坐最久。未正二刻，出城拜李兰生，归寓已灯初矣。饭后与仙屏诸君一谈。旋写日记。二更三点睡。

---

① 此处疑有脱漏。

遵旨妥议驭外防守机宜折[*]
（同治八年正月初七日）

奏为遵旨会商妥议复奏事。

正月初三日奉旨："醇郡王奏敬陈管见一折，着派醇郡王、大学士将所陈各条会商斟酌情形，再行妥议具奏。原折着封交阅看。"钦此。臣倭仁等遵即于初五日与醇郡王同集内阁，将军机处封送原折公同阅看，斟酌妥议。上年十二月二十八日复奏之折，系专就和议中胪列条款分别准驳，而未尝议及战守。自古中国之驭外夷，必能战能守，而后其和局可久，其流弊较少。此时虽不遽议战事，亦必议及防守之具，期于有备无患。一则庚申大变，臣民义愤，不可以日久日忘；一则中原甫定，将士余勇，亦尚可再接再厉。趁此而图自强之道，诚为时不可失。惟今日之外国，实千古非常之创局，重洋七万里外，大国四五，小国数十，只有待以邻敌羁縻弗绝之法，断无耀兵海外、并吞永逸之理。衅端自彼而开，不过一二国与我为难；衅端若自我而开，彼必联各国与我为仇，中国恐有难支之势。臣等再三审度，窃谓讲和与设备，二者不可偏废。讲和则惇信明义，争辩条约，处处求彼曲我直之道；设备则卧薪尝胆，选练兵将，日日怀报仇雪耻之心。数年以后，练兵果多，选将果精，而仍不肯先启衅端，我中国庶有大伸之日矣。醇郡王原折皆练兵设备，不忘愤恨之忱。谨分条议复，恭候圣裁。

第一条：马新贻复恭亲王等密函有云，修约无事，则维持大局在于王大臣；修约决裂，则维持大局在于各省督抚。其言诚为沉毅可嘉，应请寄谕密询该督，决裂时如何维持之方，是否确有把握。待该督复奏后，并请密饬沿海七省将军、督抚、湖广总督暗为设备，如何选将练兵，如何造船制械，直隶、奉天两省饷项不足，如何筹措，山东、湖

北、苏、浙、闽、粤等省饷项较多，除供支本省协济各处外，尚可存余若干为防备外洋之用，计可练兵若干人，一一切实复奏，不准空言塞责。

第二条：令王大臣各抒所见，以济时艰。查上年腊月复奏案内，列衔者不下四五十人。若令各抒所见，必不能均在内阁起草，势将携回家中从容构思，恐满城周知，传播于洋人之耳。醇郡王此折，关系极大，理宜密之又密，未可宣布太广。原议王大臣人数过多，自以暂不交议为妥。

第三条：洋人入内地后，惟传教一事为害更深，到处以育婴为名收养幼孩，民间传其有取眼、挖心、割脑、抉髓等事，往往痛恨入骨，聚众毁堂、殴伤教士。然激成事变之后，该洋酋必大兴波澜，索取银两，赔修教堂，惩办为首之绅民，要求无厌。如上年扬州打毁教堂之案，洋酋辄带兵船前来金陵肆行要挟。台湾殴伤教士之案，洋酋亦带兵船，叠次战胜，反索赔费是也。地方官于民间打毁教堂，若全不庇护，恐莠民以习教为利途，愈聚愈多；若力为庇护，又恐刁民以打教堂抢货为得计，激成变端，与练兵而不先启衅之道相反。再三思维，殊无善策。应请饬下总理衙门，可否与洋酋熟商，凡传教之处，不准兼设育婴堂，以免怀疑争斗。仍请饬下各省督抚，密谕有教堂之州县，告诫绅民，目下筹议练兵设备，不许刁民遽生衅端。将来有备之后，再当激励良民，以为后图。

第四条：不贵异物。著在圣经、钟表、洋枪，尚属有用之物，然中国亦优为之。此外，则多玩好无用之物。应请如原奏所议，竟将大内西洋各物先行分颁屏弃，大臣等亦不宜佩带洋货，轻着洋服。在上既睹物而生愤，在下亦向风而怀义矣。

第五条：练兵虽多，若无良将，临阵仍不得力。发、捻各逆平定未久，宿将尚不乏人。顷奉寄谕，饬刘铭传来京陛见。此外，如原奏所称之杨岳斌等，尽可特召入见，以备器使。仍请密饬沿海将军、督抚密保制夷之人，宽以求之，慎以用之，庶临时无乏才之患。

第六条：洋人入城，向来是否有数可稽，臣等未闻其详。京师者，四方之枢纽。驻京各酋即为各国向背之机，除公使等职分较大，无难指数外，其余无职洋人，某国共有若干，可否设法稽查，示以限制，应请饬下总理衙门斟酌办理。至于支干之说，虽若重在京城，而强弱之势，则全系乎外省。果使沿海七省皆有精兵良将，则山有虎豹，藜藿为之不采，各国弭耳帖服，在京诸酋亦无能为役矣。

以上六条，除第二条颇有窒碍外，余五条似均可采择施行。三代以上，非礼不能强国；三代以下，非兵不能强国。今日抚驭外夷，实宜兼此二者。讲和，则以礼制之；设备，则以兵制之。能制之而又不先开衅端，乃为万全之策。所有臣等遵旨妥议缘由，恭折复奏，伏乞皇太后、皇上圣鉴训示。

再，臣奕谖系原奏之人，此折未经与议。臣倭仁等所议各条，亦逐一与臣奕谖熟商，合并声明。谨奏。

同治八年正月十六、十七日日记

十六日

早饭后清理文件。辰正二刻起行趋朝。是日廷臣宴。午正入乾清门内，由甬道至月台，用布幔帐台之南，即作戏台之出入门。先在阶下东西排立，倭艮峰相国在殿上演礼一回。午正二刻皇上出，奏乐，升宝座。太监引大臣入左、右门。东边四席，西向。倭相首座，二座文祥，三座宝鋆，四座全庆，五座载龄，六座存诚，七座崇纶，皆满尚书也。西边四席，东向。余列首座，朱相次之，三座单懋谦，四座罗惇衍，五座万青藜，六座董恂，七座谭廷襄，皆汉尚书也。桌高尺许，升垫叩首，旋即盘坐。每桌前有四高装碗，如五供之状。后八碗亦鸡、鸭、鱼、肉、燕菜、海参、方䐉、山查糕之类。每人饭一碗，杂脍一碗，内有荷包蛋及粉条等。唱戏三出，皇上及大臣各吃饭菜。旋将前席撤去，皇上前之菜及高装碗，太监八人轮流撤出；大臣前之菜，两人抬出，一桌抬毕，另进一桌。皇上前之碟不计其数。大臣前，每桌果碟五、菜碟十。重奏乐，倭相起，众皆起立。倭相脱外褂，拿酒送爵于皇上前，退至殿中叩首，众皆叩首。倭相又登御座之右，跪领赐爵，退至殿中跪。太监易爵，另进杯酒，倭相小饮，叩首，众大臣皆叩首。旋各赐酒一杯。又唱戏三出。各赐奶茶一碗，各赐汤元一碗，各赐山茶饮一碗。每赐，皆就垫上叩首，旋将赏物抬于殿外，各起出，至殿外谢宴、谢赏，一跪三叩，依旧排立，东、西阶下。皇上退，奏乐。蒙赏如意一柄、瓷瓶一个、蟒袍一件、鼻烟一瓶、江绸袍褂料二付。各尚书之赏同一例也。归寓已申刻矣。中饭后，见客二次。写对联十付。剃头一次。坐见之客二次。朱修伯来久坐。二更三点睡。

十七日

早饭后，辰初二刻趋朝。是日请训，递封奏一件也。在朝房久坐。午初召见。皇太后问："尔定于何日起身出京？"对："定廿日起身出京。"问："尔到直隶办何事为急？"对："臣遵旨，以练兵为先，其次整顿吏治。"问："你打算练二万兵？"对："臣拟练二万人。"问："还是兵多些？勇多些？"对："现尚未定。大约勇多于兵。"问："刘铭传之勇，现扎何处？"对："扎在山东境内张秋地方。他那一军有一万一千余人，此外尚须练一万人，或就直隶之六军增练，或另募北勇练之。俟臣到任后察看，再行奏明办理。"问："直隶地方也不干净，闻尚有些伏莽。"对："直隶、山东交界，本有枭匪，又加降捻游匪，处处皆有伏莽，总须练兵乃弹压得住。"问："洋人的事也是要防。"对："天津、海口是要设防的，此外上海、广东各口都甚要紧，不可不防。"问："近来外省督抚也说及防海的事否？"对："近来因长毛、捻子闹了多年，就把洋人的事都看松些。"问："这是一件大事，总搁下未办。"对："这是第一件大事，不定那一天他就翻了。兵是必要练的，那怕一百年不开仗，也须练兵防备他。"问："他多少国连成一气，是一个紧的。"对："我若与他开衅，他便数十国联成一气。兵虽练得好，却断不可先开衅。讲和也要认真，练兵也要认真。讲和是要件件与他磨。二事不可偏废，都要细心的办。"问："也就靠你们替我办一办。"对："臣尽心尽力去办，凡有所知，随时奏明请示。"问："直隶吏治也疲玩久了，你自然也都晓得。"对："一路打听到京，又问人，也就晓得些。属员全无畏惮，臣到任后，不能不多参几人。"问："百姓也苦得很。"对："百姓也甚苦，年岁也不好。"问："你要的几个人是跟你久了的？"对："也跟随臣多年。"太后顾带见之惠郡王云："叫他就跪安。"余起身走数步，复跪奏云："臣曾某跪请圣安。"是日太后所问及余所奏，皆初七公折及本日折中事也。退朝，拜客数家，沈经笙、黄恕皆处谈颇久，归寓已申初矣。饭后，见客数次。写对联二付。夜与仙屏核别敬单。二更后，张竹汀等来一谈。三点睡。

略陈直隶应办事宜并请酌调人才酌拨银两折
（同治八年正月十七日）

奏为略陈直隶应办事宜，并请酌调人才，以资差委，酌拨银两，以济要需事。

窃臣奉命移督直隶，自顾精力衰颓，夙夜兢兢，深以不克胜任为惧。上年十二月召对之次，荷蒙皇太后两次训示，以畿辅空虚，必须认真练兵，吏治尤须整顿等谕。臣恭聆之下，悚佩难名。近复详加察访练兵、饬吏二端，诚为直隶最大之政，其次则治河亦属要图。谨就此三者略陈梗概，伏候明训指示。

直隶近岁以来，北有马贼，南有教匪，东南与齐省接壤，则枭匪出没之区，而降捻、游勇亦多散处其间，伏莽堪虞。一旦窃发，旬日啸聚，动以千计，非有数千劲兵星速剿捕，即恐酿成大变。此内患也。其无形之外患，陕回现尚猖獗，宣化固宜严为置防；洋务虽曰安恬，天津滨海，亦宜暗为设备。综计数者，必须练兵二万有奇，乃足以敷调遣。目下刘铭传一军万余人驻扎张秋，该军精劲冠时，应请敕下李鸿章，即以铭军长作拱卫京畿之师。其饷项照旧由江南供支，业经李鸿章奏明在案。待刘铭传陛见以后，或将该军全调北路，或因运米之故，分扎东、直之交，臣再与之商酌办理。此外，尚须练兵万人。或专就原议之六军调省城而合练之，或兼用湘、淮之营制，募北勇而另练之，俟臣到任后，再行察度奏明办理。惟二万余人果能练成劲旅，敬求皇上不轻调动。凡兵一经调出，即难遽归，仓卒有警，畿辅仍属空虚。上年辇毂震惊，可为鉴戒。此不能不预为陈明者也。

直隶之吏治，臣入境以后，略询民间疾苦，大约积狱太多，羁累无辜。闻有州县到任年余，未曾坐堂一次、讯结一案者。又因连年用兵，差徭甚重，大户则勒派车马，供支柴草，小户则摊派钱文，掳充长夫。劣绅勾通书役，因缘讹索，车辆有出而无归，贫户十室而九逃。今虽军事大定，尚复派修城之资，索前欠之费，诛求无已。大吏过于宽厚，罔恤民艰。加以政出多门，相忍为国。劣员于此处败露，方惧严参，而彼处钻营，反得优保。总督之事权不一，属僚之径窦愈多。玩上则簸弄是非，虐民则毫无忌惮。风气之坏，竟为各省所未闻。臣到任后，不得不大加参劾。拟以清理积讼，停止杂派为先务，严立法禁，违者重惩。臣自问素非苛刻者流，近在江南亦系失之于宽，今忽变为严厉，劣员或求书函以图救全，或腾谤议以冀宽弛，皆属意中之事。臣随时体察，攻伐之剂，去病即止。苟使数月期年，风气稍转，亦无难渐就和平，复我常度。而下车伊始，则非刚猛不能除此官邪，是亦宜预为陈明者也。

直隶之大河凡九，其不经东、西二淀而径入海者有三，其经过东、西二淀而后入海者有六。六者之中，惟永定河、滹沱河常泛溢而为民患。论者谓二淀为民间田庐所占，不能容纳众流，日就淤塞。上年永定河决，被水之县甚多。臣于河工素未讲求，出京以后，拟先看永定河再行履任。审度情形，奏明兴工。惟查永定河工，从前每年部拨岁修银近十万两中，隔数年辄复另案发帑，加培土工。自道光二十二年后，而另案之土工停矣。自咸丰三年以后，而岁修十万仅发四分之一矣。近虽由刘长佑奏请岁发五万，而司库支绌，不能如期到工，以致堤身处处受病，常常溃决。上年南四汛大工，原请经费十一万，而部拨之闽海三万，山东三万，迄未报解。将来三月兴工，无款筹垫，不能不奏请先从部库借拨。又闻所估之数，只可敷衍目前，断难坚实。经久恐须添筹巨款，乃可一劳永逸。此亦宜预先陈明者也。

此三者，非有人不能振兴，非有财不能展布。河工尚难计算，即练兵一事，除户部六军经费照常拨解外，所短尚多。请旨敕下两江总督马新贻、江苏巡抚丁日昌，每月拨银三万两解至直隶，稍资周转。臣就两江员绅中开列数人，请旨敕下吏部调至直隶，俾收臂指之助，不胜感幸。所有直隶应办事宜缘由，恭折具陈，伏乞皇太后、皇上圣鉴训示。谨奏。

谕纪泽
（同治八年二月十八日）

字谕纪泽儿：

初二日接印，初三日派占施〔施占〕琦至江南接眷，寄去一缄并正月日记，想将到矣。初八日纪鸿接尔正月二十七日信，知三孙女乾秀殇亡，殊为感恼，知尔夫妇尤伤怀也。然吾观儿女多少成否，丝毫皆有前定，绝非人力所可强求。故君子之道，以知命为第一要务，不知命无以为君子也。尔之天分甚高，胸襟颇广，而于儿女一事不免沾滞之象。吾观乡里贫家儿女愈看得贱愈易长大，富户儿女愈看得娇愈难成器。尔夫妇视儿女过于娇贵。柳子厚《郭橐驼传》所谓旦视而暮抚、爪肤而摇本者，爱之而反以害之。彼谓养树通于养民，吾谓养树通于养儿。尔与家妇宜深晓此意。庄子每说委心任运听其自然之道，当令人读之首肯，思之发□。东坡有目疾不肯医治，引《庄子》曰："闻在宥天下，不闻治天下也。"吾家自尔母以下皆好吃药，尔宜深明此理，而渐渐劝谏止之。

吾自初二接印，至今半月。公事较之江督任内多至三倍，无要紧者，皆刑名案件，与六部例稿相似，竟日无片刻读书之暇。做官如此，真味同嚼蜡矣。纪鸿近日习字颇有长进，温《左传》亦尚易熟，稍为慰意。此谕。

直隶清讼事宜十条
（同治八年三月初五日）

第一条，通省大小衙门公文宜速。

凡公事迟延，通弊有二：曰支，曰展。支者，推诿他人，如院仰司，司仰府，府仰县之类。一经转行，即算办毕，但求出门，不求了事是也。展者，迟延时日，如上月展至下月，春季展至夏季，愈宕则愈松，担迟不担错者是也。各省均难免此习气，而直隶则似更甚。藩司照转督院之文，有数月未转行者；总局奉饬核议之件，有终岁不议详者。上控之案，饬府先查大概，往往经年不报；饬县录案详复，亦或经年不复。催提钱粮，则曰"另文批解"；催提人证，则曰"传到即解"。宕过数次，上司亦遂置之不问。上下相容，疲玩已甚。前此犹有军务可诿，本部堂当肃清之后，不得不力挽积习，与诸君子舍旧图新，以公事之勤惰，觇同官之贤否。除寻常文牍外，如催解银解犯之类，均须酌定限期，分记功过。其四种月报之四柱册，限期送省，悬榜官厅。至饬道府先查大概之事，饬州县录案详复之件，亦将限期，悬牌官厅，违者记过。小过积至六次，大过积至二次者，撤委示惩。司道有积压之文，本部堂必面加诘责，督署有稽延之牍，亦望僚友立进箴规。通省上下，皆以勤字为本，自有一种旭日初升气象。虽不专为狱讼，而清讼之道必自此始。

第二条，保定府发审局宜首先整顿。

保定发审局虽为首府之专司，而实总督衙门之分局。凡京控、省控、奏交、咨交各案，总督独挈其纲，而两司与首府分任其责。若不能详慎速结，则积案日多，弊端百出。

闻京控发交到局，委员往提人证，间有得钱卖放之弊；行贿受托，则以患病外出等词捏禀搪塞，此一弊也。案证提到省城，分别保押，听候审办。有发交清苑取保者，县役任意讹索；有发交辕门取保者，府役与门丁任意讹索；有取店保者，店家居奇勒掯，择肥而噬；此又一弊也。每过堂时，必有差役承带案证，而承带之差，往往五日一换，换差一次，讲费一次，诛求无厌，此又一弊也。斯三者，全赖首府认真防范，督院及臬司随时稽查。提犯则删除闲人，专提要证，愈少愈好。札饬本地方官依限解到，不得轻率委员前往。取保则再三访察，严禁讹索；承带则一案一差，始终不准更换。吾辈稍尽一分之心，讼者少受一分之苦。

及发交局员审讯，每案只派一员承审，一员副之。凡京控巨案，初到时，正副二员将卷宗细看，过堂一二次，寻出端倪，开一节略，其末即稍判曲直。五日之内，臬司带同首府及正副承审官上院，本部堂与之商论一番，名曰"议狱"。其应由藩司主稿者，则两司带同首府局员上院议狱，议毕再行审讯。紧要工夫全在议狱一次，及初讯一二堂，而案之是非已明矣。未过堂之先，不妨详慎访察，既过堂则须求速了，愈速则真情易露，愈久则幻态弥多。其业已淹滞者，尤须设法催办。上司以严札催之，首府以婉言催之，局员以仁心自催之。另立限期，分记功过。讯结之后，取保者饬令速归，管押者立予释放。即监禁者，亦时加检点，惟恐瘐毙。首府之滞狱一清，通省之风俗立变。造福造孽，只在吾人寸心一转移间耳！

第三条，州县须躬亲六事，不得尽信幕友丁书。

牧令为自古要官，百姓之所托命，非才德俱优，难言称职。然天下安得许多龚、黄、卓、鲁萃于一方？吾辈与人为善，悬格不可太高，但求中材可勉者。苟能以"勤"字为本，事事必躬必亲，便可造到第一等循吏。直隶怠玩之习，相沿已久。每逢三八告期，或委典史收状，或由承发房将呈词送交门丁，门丁积压数日，送交幕友，幕友拟批挂榜，而本官尚不知呈中所告何事。至判阅稿票时，任听丁书主政，按照呈内姓名全数差传，不敢删减一名。甚至经年累月，未尝坐堂讯问，两造破家荡产，求息讼而不能。此小民所以困穷，案牍所以丛积也。

今与诸君约，有六事宜躬亲者：放告之期，必须亲自收状。能断者立予断结，不能断者交幕拟批，必须亲自细核，分别准驳准理者。差票传人，必须亲自删减。命盗案件，以初起供招为重，必须亲自勘验，愈速愈妙。承审限期，何日解勘，何日详结，必须亲自计算。监禁管押之犯，常往看视，每日牌示头门，每月册报上司，必须亲自经理。六者皆能躬亲，则听讼之道，失者寡矣。如其怠惰偷安，不肯躬亲者，记过示惩；如其识字太少，不能躬亲者，严参不贷。

第四条，禁止滥传滥押，头门悬牌示众。

凡小民初涉讼时，原、被告彼此忿争，任意混写多人，其中妄扳者居多。且有差役勾串，牵入呈内者。票上之传人愈多，书差之索费愈甚，名曰"叫点"。所谓"堂上一点朱，民间万点血"也。嗣后自理词讼，只准一原、一被、一干证，或证至二三人为止，不准多传。传到人证，非命盗大案，不准轻于管押，只许当堂取保候讯，万不得已而羁押，则须随时亲到班馆，查访有无凌虐、私押等弊。仍制造大粉牌一面，悬挂头门之外，将在押人姓名逐一开载，并注明某月某日因某案管押，书明牌上，俾众周知。倘书差舞弊私押，准家属喊禀严究。本部堂常常派人密查，如有并未悬牌，或牌上人数与在押之数不符，与月报之数不符者，记过重惩。

第五条，禁止书差索费。

凡一呈词到案，如有交涉富民及巨商者，则差役勾串门丁，买此案差票；又或丁书纳贿，签粘原差之名于票尾，朦官标判；又或家丁求明本官，指名签差。此种弊窦，无处无之。又或原差串通告状之人，伺该差值日，方来喊控，以为朋比讹索地步，此即江南所谓"坐差"也。差役持票到门，引类呼朋，叫嚣征逐，妇女出避，鸡犬不安。本家之搜索既空，亲族或因而受累。及审讯时，有坐堂之费；将结时，有了衙门之费；两造议和者，又有和息呈词之费。一字到官，百端需索，疮痍赤子，其何以堪！自今以后，各属当除以上积弊。凡签差，皆择谨愿者分路酌派，不准丁书粘签指请。一切规费，酌最核减。视民家有差骚扰，如吾家有差未退；视民家有讼纠缠，如吾家有讼未结。官长设身处地，则民间受福无穷。此在良有司寸心自儆自修，吾不能一一预悬记过之格。然访察得实，亦必随时严惩。

第六条，四种四柱册按月呈报悬榜。

直隶向来章程，州县按月呈报上司者，约有五种：一曰新旧各案，已结未结，开折呈报；二曰监禁之犯，开折呈报；三曰管押之犯，开折呈报；四曰监管病毙者，具禀呈报；五曰窃贼未获者，具禀呈报。每月报此五事，立法可谓至密至善矣。乃近来不报之县甚多，呈报之县甚少。即或偶报一月，又复间断数月，以致无可稽查。今欲清厘狱讼，须将此四种章程认真行之。本阁部堂定一格式：首曰积案。上月控者为旧管，本月控者为新收，审结者、和息者、注销者为开除，未结者为实在。次曰监禁。次曰管押。皆分旧管、新收、开除、实在为四柱。又次曰逸犯。无论强盗、窃贼、土匪、逃军、凶犯、要证，但系逃逸应缉者，概名之曰"逸犯"，分旧逸、新逸、已获、在逃为四柱。其逸犯名数未定者，则添注曰"又应缉者几起"。每县每月填写格式一叶，而四种朗然在目矣。其每种各开人名事宜清单，仍照向例开写，但宜略不宜详耳。州县于每月初一、二、三等日办齐四柱册四种，由驿递省。其偏僻之县，自度驿递难到者，专差送省，限十日内送齐。院司查对数日，钉成总册，存于三处官厅，大众阅看。其未报者，报而不实者，立予记过。其已报者，视结案、获犯之迟速，监禁、管押之多少，定该员之功过。有过、有功者，另写一榜，悬于三处官厅。此皆本省旧章。前督刘公曾申明之，本阁部堂与诸僚友当力行之。

第七条，严治盗贼以弭隐患。

近来盗案迭出，抢劫频仍，勒缉严比之文书不绝，而罕见破获之犯。初、二、三参之奏咨不绝，而终无降调之官。即真正强盗斩犯，而再三勘转，狡供驳回，亦非四五年不能正法。为从者，更逍遥法外，毫无畏惮。是以盗风日盛，邦畿重地，万方辐凑，而行旅皆有戒心。从前枭匪、教匪、捻党降众余氛未殄，一夫煽动，群盗啸聚，此直隶之隐患也。欲弭大患，先除小盗。州县一遇盗案，无不责成捕役，捕役之能干者，强半通贼，本不愿于破案，一经破获之后，解府解省，往返羁留，费用半出自捕役。捕役应得之工食，本官久挪不发；解案之费资，该役无从措办。此捕快所以借豢贼为生路，视获贼为畏途也。嗣后各州县皆宜厚养捕役，工食之外，另给月饷，恣其所为。譬如良将厚养死士，不问千日之过，但责一朝之效。及至捕案之时，购线募人等费，官为给发，重悬赏格，少者数十金，多者每名百金或数百金。捕而不获，则又酷刑严比，血溅肉飞。大利在前，峻法在后，而捕役之不尽力者寡矣。既养捕役以治其标，又择团长以治其本。选明干者数人，立为团长，优加礼貌，酌给薪资。令之帮办捕务，约束乡邻。首告者有赏，隐匿者连坐。禁赌场以清其薮，拿窝家以绝其踪。专讲捕盗之实政，不尚会缉之虚文。既获之后，分别两种办法：一种赃少而情轻者，仍照旧例招解勘转；一种赃多而情重者，禀请本部堂可否照军法从事。本部堂审择要犯，批令先行解省，委审明确，立正军法。剧盗之首速枭，群贼之胆自破。而枭教捻匪之余党，或亦可弭患无形。除具奏外，仰各属实力遵行。其平日不能治本治标，临时不能重赏严比者，记过撤参。其果能认真缉捕者，悬赏之银，每名百金，可令获犯之人，径来督院领赏。即难解之犯，本部堂亦可派兵迎护，事事相谅相助，要不使属员有掣肘处耳。

第八条，讼案久悬不结，核明注销。

乡曲愚民，每因一言参商，致起讼端。迨事过气平，或经亲友劝解，又复怨释悔生，彼此情甘罢讼。而衙门索和息钱文，难以措办，因而避匿迁延，久不到案。此案悬不结之一端也。又有刁民凭空砌词涉讼，或挟仇，或渔利，造作影响无据之言，诬告多人，但求准状，不求审理。递呈之后，永远不敢到案。此案悬不结之又一端也。直隶、天津、河间，此等恶风尤甚。若任其经年悬宕。则被告干证受累无穷。每逢新年开印，或值新官到任，一概换票一次，恐吓传提，徒为书差门丁谋利之券，实可深恨。查例载各衙门告言人罪，一经批准，即令原告投审，若不赴审，辄复脱逃，及并无疾病事故，两月不到案听审者，即将被诬及诬证释放，所告之事，不与审理，拿获原告，专治以诬告之罪等语。嗣后有日久未结各案，原告两月未经呈催，即照原告两月无故不投审例，将案注销，并将差票查缴，以清积牍。一面将注销缘由禀闻，一面汇入月报册，列于积案开除项下报查。

第九条，分别皂白，严办诬告、讼棍。

直隶民情朴厚，刚直好善之风甲于天下，而健讼逞刁者亦复不少。或贫民挟仇讹诈，砌词上控，希图拖累富民；或莠民聚众相谋，动以钱粮差徭控告官长，借大题为敛钱之计；或讼棍扛帮不胜，复以诈赃毙命控告书差，借延讼为餔啜之计。种种幻态，不可言状。一经批饬提省，则奸计得行，而无辜受累。嗣后省控之案，院司不可轻于批准，情节支离，批词即宜斩截，不可用"姑准饬府查复"等语。少准一谎状，即多造一阴功。其必须准理者，不可轻批提省，但责成本管知府，秉公研讯，或委贤明之员前往会讯。其提省审办者，则须剖分皂白，实究虚坐。理无两是，势不两存。近来直隶京控、省控之案，一经发交澂局，平日则多方弥缝，临结则一味含糊。告官得实者，承审官回护同僚，但议以不应重、不应轻之咎。告吏得实者，承审官删改情节，但科以答杖及除名之罪。其控告全系虚诬者，则又曲庇奸民，惟恐反噬，但以"怀疑妄控"及"愚民无知"等语了结之。奏交之案，十审九虚；刁讼之民，十虚九赦。问官皆自命为和事之人，讼棍皆立身于不败之地。皂白不分，莫此为甚。

自今以往，凡京控、省控重案，本部堂率属议狱之初，即当确究虚实。审实者，即治被告以应得之罪；虚诬者，即治奸民以诬告之罪。黑白较然，不稍含混，一变向来麻木不仁之习。讼棍之积猾玩法者，除照律科断外，再加严刑以痛苦之。本部堂惩治他犯，恪遵律例，独至治盗贼讼棍，则当格外从严。冀以救一时之弊，有识者尚鉴亮焉。

第十条，奖借人才，变易风俗。

严惩讼棍，邪气虽除而正气不伸，则风俗仍难挽回。风俗之美恶，主持在县官，转移则在绅士。欲厚风俗，不得不培养人才。

古者乡大夫宾兴贤能，考其六德、六行、六艺而登进之。后世风教日颓，所谓六德者，不可得而见矣。至于六行，曰孝、友、睦、姻、任、恤。孝、友则宗族敬服，睦、姻则亲党敬服，今世未尝无此等人也。任则出力以救急，恤则出财以济穷，今世亦未尝无此等人也。六艺曰礼、乐、射、御、书、数。今世取士，用文字、诗赋、经策，其事虽异，其名曰"艺"则一也。

今之牧令，即古乡大夫之职，本有兴贤举能之责。本部堂分立三科以求贤士：凡孝友为宗族所信，睦姻为亲党所信者，是为有德之科；凡出力以担当难事，出财以襄成义举者，是为有才之科；凡工于文字、诗赋，长于经解、策论者，是为有学之科。仰各州县采访、保举，一县之中，多者五六人，少者一二人。其全无所举，及举而不实者，该牧令皆予记过。教官如确有所见，亦可随时禀保。举有德者，本部堂或寄匾额以旌其宅，或延致来省，赐之酒食，馈之仪物。举有才者，本部堂或饬属派充团长，酌给薪水，或调省一见，札令帮办捕务。举有学者，本部堂或荐诸学使，量加奖拔，或召之来省肄业，优给膏火。每州每县，皆有数人为大吏所知，则正气可以渐伸，奸宄因而敛迹。此虽与清讼无涉，而端本善俗，尤在于此。用一方之贤士，化一方之莠民。芳草成林，荆棘不锄而自悴；鸾凤在境，鸱枭不逐而自逃。诸良吏无以为迂而忽之！

《国朝先正事略》序
（同治八年三月末）

　　余尝以大清达人杰士超越古初而纪述阙如，用为叹憾。道光之末，闻嘉兴钱衎石给事仪吉仿明焦竑《献征录》，为《国朝征献录》，因属给事从子应溥写其目录，得将相、大臣、循良、忠节、儒林、文苑等凡八百余人，积二三百卷，借名人之碑传，存名人之事迹。自别京师，久从征役，而此目录册者不可复睹。同治初，又得鄢陵苏源生文集，具述其师钱给事于《征献录》之外，复节录名臣，为《先正事略》。于是知钱氏颇有造述，不仅钞纂诸家之文矣。又二年而得吾乡李元度次青所著《先正事略》，命名乃适与钱氏相合。前此二百余年未有成书，近三十年中，钱氏编摩于汴水，次青成业于湖湘，斯足征通儒意趣之同，抑地下达人杰士，其灵爽不可终闷也。

　　自古英哲非常之君，往往得人鼎盛。若汉之武帝，唐之文皇，宋之仁宗，元之世祖，其时皆异材勃起，俊彦云屯，焜耀简编。然考其流风所被，率不过数十年而止。惟周之文王暨我圣祖仁皇帝，乃阅数百载而风流未沫。周自后稷十五世，集大成于文王。而成、康以洎东周，多士济济，皆若秉文王之德。我朝六祖一宗，集大成于康熙。而雍、乾以后，英贤辈出，皆若沐圣祖之教，此在愚氓亦似知之。其所以然者，虽大智莫能名也。圣祖尝自言：年十七八时读书过劳，至于咯血而不肯少休，老耄而手不释卷。临摹名家手卷，多至万余；写寺庙扁榜，多至千余。盖虽寒畯，不能方其专。北征度漠，南巡治河，虽卒役不能逾其劳。祈雨祷疾，步行天坛，并醯酱菹盐而不御。年逾六十，犹扶病而力行之。凡前圣所称至德纯行，殆无一而不备。上而天象、地舆、历算、音乐、考礼、行师、刑律、农政，下至射御、医药、奇门、壬遁，满蒙、西域、外洋之文书字母，殆无一而不通，且无一不创立新法，别启津途。后来高才绝艺，终莫能出其范围。然则雍、乾、嘉、道累叶之才，虽谓皆圣祖教育而成，谁曰不然？

今上皇帝嗣位，大统中兴，虽去康熙时益远矣，而将帅之乘运会立勋名者，多出一时章句之儒，则亦未始非圣祖余泽陶冶于无穷也。如次青者，盖亦章句之儒从事戎行。咸丰甲寅、乙卯之际，与国藩患难相依，备尝艰险。厥后自领一队，转战数年。军每失利，辄以公义纠劾罢职。论者或咎国藩执法过当，亦颇咎次青在军偏好文学，夺治兵之日力，有如庄生所讥挟策而亡羊者。久之，中外大臣数荐次青缓急可倚，国藩亦草疏密陈："李元度下笔千言，兼人之才，臣昔弹劾太严，至今内疚，惟朝廷量予褒省。"当时虽为吏议所格，天子终右之起家，复任黔南军事。师比有功，超拜云南按察使。而是书亦于黔中告成。

圣祖有言曰：学贵初有决定不移之志，中有勇猛精进之心，末有坚贞永固之力。次青提兵四省，屡蹶仍振，所谓贞固者非耶？发愤著书，鸿篇立就，亦云勇猛矣。愿益以贞固之道持之，寻访钱氏遗书，参订修补，矜练岁年，慎褒贬于锱铢，酌群言而取衷，终成圣清巨典，上跻周家雅颂誓诰之林，其尤足壮矣哉！

复朱学勤
（同治八年四月十四日）

修伯尊兄大人阁下：

三月二十八日接到惠书，猥以留别笺敬，尚承置谢，只益悚惭。在京月余，邕聆名论，兼承料理各琐事，感纫无极。

直隶例行文牍多于江南，而重大之件较少。刑案积压已久，亟须设法清理。前撰《清讼事宜》，本不欲上渎天听，因奏留臬司宜详陈备细，遂以进呈，得毋以琐渎取讥否？昨所举劾数员，徐察物议，尚不谓谬。惟天气亢旱，二麦灾歉，若旬日内再无雨泽，则民不堪命，百为并废。

练兵一事，本拟到任两月即行规画，现因旱象已成，恐须办理荒政，不得不暂置缓图。六军之弊，在挑练兵丁加有练饷二两四钱。其同在本营者，如甲、丙得挑而饷多，乙、丁不得挑而饷少，一予一夺，相去悬殊，而差、操则并无劳逸难易之分，各兵皆莫得其解。其不同在本营者，如良乡、涿州之兵挑入练军，调至保定，其练饷二两四钱在保定支领，其底饷一两五钱仍在良、涿本营支领。各省兵丁常态皆以小贸营生，或手艺营生，今以良、涿之兵丁充保定之练军，其本身仍在良、涿小贸手艺如故也。另雇保定之人冒名入于练军，应点、应操少分练军所加之饷，给予临时冒点之人。一遇有事调征他省，冒点者又不肯往，则又转雇乞丐、穷民代之远征。兵止一名，人已三变，尚安望其得用？鄙意此后挑选某营兵丁一名，即裁去本营额饷一名，练军多一兵，绿营即少一兵。无论底饷、练饷均归一处支放，归一处训练，庶可杜平日之雇替，而奉调远征时，仍不能禁其临时之雇替也。左右思维，竟无妙策。至于将才，尤为难得。往年察看老湘营尚有一二将才，二月间檄问〔问〕寿卿何员最优，调之入直，适遇绥德之变，未据禀复。

变通楚勇之议，自金陵克复，国藩即屡疏，言湘军浸成暮气，不可复用。故他营全撤，独留寿卿一军。去年平捻之后，又批答寿卿来牍，屡令暂勿西征，带回长沙，遣散旧勇，另行招募，如戚南塘澄定浑水再汲新水之说，庶几壁垒一新。该军未奉此文，遽行西渡，今果致有此失！尚幸应对立定，未挫军威，此军在秦究系得力之师，势难骤议撤换。若新募秦陇之人，未谙营制，未临战阵，虽有名将统之，亦难遽期得力。秦中自收降董福祥股匪，克复董志原老巢，军事大有起色，似可毋庸改弦更张也。

圣学日益精进，不胜大幸。大婚典礼停罢浮费，力崇节俭，洵救时之要务。艮相一疏，论及内府耗费之多，亦属切要之言。其管部一节，竟未施行。鄙人不过以此为分所应言。其见信与否，原亦不过问耳。醇邸慎所许可，乃独垂青于鄙人，感惭无已。敝处函牍稀少，未便于醇邸忽改常度。公事交涉，则必竭力关注，如有所急于其私靳者，而后足成天下之大公。

前接方略馆来文，因档案多有糜烂，查收敝处奏稿，核对前疑，庚申以前奏档罕有存者，接此文知并未遗失。敝处稿本转有偶失者，同治元年二月十六日奉旨询袁帅为人何如，兼询胜帅。五月初二日复奏，当时因系慎密，原稿并未录存，后遂遗失不见。阁下暇时能检抄见寄否？又自咸丰四年三月以前拙疏多因战败失去，三年十一月有创办水师分条复奏一件，疏多愤激语，本不足观。奉文宗朱谕褒嘉，有"尔之忠诚，可格天日，非独朕知"之语，闻命感激，至于泣下。亦欲存其原奏，用志恩遇。此事年较久远，不识尚可查录否？琐琐奉商，尚祈秘之。肃复，即颂台安。不具。

少荃宫太保中堂世仁弟阁下：

接四月初十日手示，具悉一一。

京畿营兵冗弱，沿海各省乏任重致远之人，各论自是精确。枢府意旨盖以船坚炮利不逮洋人，不得不专恃和议。又兼毫无准备，万一和局决裂，天下必归咎执政诸公；故议留直隶练军，欲用以间执清议，并非果有备豫，不虞深谋远虑也。直督义应练兵，责无可贷。惟绿营废坏已极，六军章程过密，文法太繁。印渠当日牵于众议，为此应酬世故之文。今欲厘革积弊，一新壁垒，殊乏良策。现因久旱不雨，二麦歉收，秋禾未种，恐须办理荒政，不得不暂置练兵为缓图。目下所恃，惟铭字一军。赵道镜川带八营来保定，似亦中等之材。刘子务久驻张秋，又分三营移驻临清，聊资镇摄。惟闻子务因省三不出，自以肩荷太重，焦灼惕惧。省三曾言丁寿昌系一好手，但子务业已代统铭军，丁到难于位置云云。今子务不特代统，已接统矣。应否调丁寿昌北来分统几营，稍轻子务之负担，而令镜川专管营务，不必带队；抑或即用目下局势，子务总统而镜川分管，无须更张之处。二者孰为妥善，请便中迅速示复。如须调丁北来，并请尊处先行告丁也。

津防由崇帅兼制。春间崇公奏裁二千余人，曾来省面商去留。仆因裁撤另换亦未必遽能得力，敝处又无统将可当一路者，因嘱其不可多裁，而不欲徒为已甚之举，仍以津防全局相属。渠意亦深愿如此，因是无复龃龉。现令陈济清带天津所留之兵，与铭军分汛巡防境内伏莽，当可无虞。

至备豫外洋，则不惟畿甸孱军骤难及此，即他省兵力数倍于直隶者，亦断不足以敌洋人。鄙意北方数省因循已久，无良将劲卒足备任用，饷项又难筹措，设备之说，诚为毫无把握。东南新造之区，事事别开生面，百战将士尚不乏有用之才，饷项足以济之，制器造船各事皆已办有端绪，自强之策，应以东南为主。阁下虽不处海滨，尚可就近董率。购办器械，选择人才，本皆前所手创，仍宜引为己任，不必以越俎为嫌。鄙人则年老气衰，自问不堪为世用矣。

舫仙前被严谴，郑帅屡奏欲用防河开复，虽蒙俞允，犹有后命。渠意颇惮于西行，近有一函来商进止。琴轩前亦有函见商。仆皆告以少挈数营西征，不识尊处为琴轩代筹，更有良策否？申夫事已奏结，想可挂帆西上矣。

贱眷以四月二十日抵保定，途间殇去一孙。内人目疾亦未就愈，惟贱躯粗适，足慰远念。肃复，即颂台安。不具。

遵旨筹议直隶练军事宜折
（同治八年五月二十一日）

奏为遵旨筹议练军事宜，恭折复陈，仰祈圣鉴事。

窃臣去年十月初六日在江南接奉寄谕："直隶营务久经废弛，前经总理各国事务衙门会同户部、兵部议定选练六军，诚以根本重地，当为自强之谋。迨捻匪北窜直隶，官兵打仗仍不得力，虽云训练未精，然国家岁糜巨万帑金，养此无用之兵，实堪痛恨。此时贼匪既平，亟应将前定练军章程从新整顿。曾国藩久谙戎事，应如何因时变通之处，着于到任后详慎妥筹，悉心经理，务期化弱为强，一洗从前积弊，以卫畿疆。倘因直境甫就敉平，毗连东、豫一带，应暂拨勇队以资弹压，一并由该督斟酌奏明办理。曾国藩未到以前，官文务饬各员弁照常训练，不得稍有懈弛。神机营原折均着抄给阅看"等因。钦此。

迨臣腊、正两月展觐天颜，仰蒙圣训周详，亦以直隶练军为要务。臣于二月抵任，检阅六军案卷，见内外臣工章奏，于直隶不宜屯留客勇一节，言之详矣。当此全境敉平，若留大支勇队驻于近畿，穷年累月，剿无可剿，防无可防，不特于居民难期和协，即于事势亦同赘疣。是以诸臣之议，多主练兵而不主养勇。惟养勇虽非长策，而东南募勇多年，其中亦尽有良法美意为此间练军所当参用者。臣请略言数端：

一曰文法宜简。勇丁帕首短衣，朴诚耐苦，但讲实际，不事虚文。营规只有数条，此外别无文告，管辖只论差事，不甚计较官阶。而挖濠筑垒，刻日而告成，运米搬柴，崇朝而集事。兵则编籍入伍，伺应差使，讲求仪节，即有一种在官人役气象。及其出征，则行路须用官车，扎营须用民夫，油滑偷惰，积习使然。而前此所定练军规条，至一百五十余条之多，虽士大夫不能骤通而全记，文法太繁，官气太重。此当参用勇营之意者也。

一曰事权宜专。一营之权，全付营官，统领不为遥制。一军之权，全付统领，大帅不为遥制。统领或欲招兵买马，储粮制械，黜陟将弁，防剿进止，大帅有求必应，从不掣肘。近年江楚良将为统领时，即能大展其材，纵横如意，皆由事权归一之故。今直隶六军统领迭次更换，所部营哨文武各官皆由总督派拨前往，下有翼长分其任，上有总督揽其全，统领并无进退人材、综管饷项之权。一旦驱之赴敌，群下岂肯用命？加以总理衙门、户部、兵部层层检制，虽良将亦瞻前顾后，莫敢放胆任事，又焉能尽其所长？此亦当参用勇营之意者也。

一曰情意宜洽。勇营之制，营官由统领挑选，哨弁由营官挑选，什长由哨弁挑选，勇丁由什长挑选。譬之木焉，统领如根，由根而生干、生枝、生叶，皆一气所贯通。是以口粮虽出自公款，而勇丁感营官挑选之恩，皆若受其私惠，平日既有恩谊相孚，临阵自能患难相顾。今练军之兵，离其本营、本汛调入新哨、新队，其挑取多由本营主政。新练之营官不能操去取之权，而又别无优待亲兵，奖拔健卒之柄，上下隔阂，情意全不相联，缓急岂可深恃。此虽欲参用勇营之意而势有所不能者也。又闻各营练军皆有冒名顶替之弊，防不胜防。盖兵丁之常态，口分不足以自给，每兼以小贸营生、手艺营生，以补事畜之资，此各省所同也。直隶六军以此处之兵，调至他处训练，其练饷二两四钱，在练营支领，其底饷一两五钱，仍在本营支领，兵丁不愿离乡，往往正身仍留本处，特于练营左近雇人顶替应点应操，少分练军所加之饷给与受雇冒名之人。一遇有事调使远征，受雇者又不肯行，则又转雇乞丐、穷民代往，兵止一名，人已三变，练兵十人，替者过半，尚安望其得力耶？臣两月以来，博采众论，参以愚见，就目前练军之规模，即使力加整顿，亦难遽化弱为强，将欲倚为干城，备御强寇，殊无把握。今当讲求变通之方，自须先杜顶替之弊。拟令嗣后一兵挑入练军，即将本营额缺裁去，练军增一兵，底营即减一兵。无论底饷、练饷，均归一处支放。或因事斥革，即由练营募补，底营不得干预。冀所练者皆为正身，或可少变积习。

此外尚有须酌改者，如马队不应杂于步队，各哨之内应另立马队营，使临敌不至混乱。一队不应增至二十五人，应仍为十人一队，使士卒易知易从。若此之类，臣本拟定一简明章程，重整练军，练足万人，以副朝廷殷勤训饬之意。乃近者节逾夏至，亢旱如故，二麦业已歉收，秋禾多未播种，深恐岁饥民困，藩库入款太减，不能不长虑却顾，暂缓兴办。查直隶司库本属入不敷出，同治六、七两年收数尤少，而欠发各款，除京协各饷及文职应领之款，共欠一百五十余万外，专就本省武营言之，欠发绿营及驻防俸薪、养廉三十二万余两，欠发兵饷二百七十余万两，欠发米折及公费银十三万余两。近来武营俸饷，本仅支五折、七折、八折不等，既折之后，又欠发三百余万，是以各将士纷纷诉苦，衣食无资，办公无费，即令六军选练极精，而各底营存余之兵已废弛不可救药矣。通盘筹算，本省可指之银，断不能拨济练军之饷，若于现存四千人之外增练六千或八千人，仍须由部另拨的饷二万两，按月解直，乃可应手久办，徐图功效。其未挑入练者，各底营存余之兵亦须略为料理，未可听其困穷隳坏。臣拟略仿浙江减兵增饷之法，不必大减兵额，但将老弱者汰而不补，病故者缺而不补。即以所节之饷项，量发历年之欠款，俾各营微有公费添制器械、旗帜之属，庶足壮观瞻而作士气。数年之后，或将五折、七折、八折者全数赏发。兵丁之入练军者，所得固优，即留底营者亦足自赡。营务或可渐有起色，而畿辅练兵之议亦不至屡作屡辍，事同儿戏。至腾出裁兵所省之饷，弥补练军所增之饷，多寡尚难预定，要亦少有裨益。是否有当，请旨敕下原议各衙门核议施行。所有遵旨筹议直隶练军缘由，恭折复奏，伏乞皇太后、皇上圣鉴训示。谨奏。

复吴廷栋
（同治八年六月十二日）

竹翁仁兄大人左右：

金陵重聚，遂已二年。依依之怀，老而弥笃。量移畿辅，忽复远离。卅载石交，暮年执别。濒行承出饯江上，临歧怅惘，不可为怀。别后巾车入觐，尘事倥偬，履任以来，诸务草创。又闻台从适还霍山，未及通书，深用悚仄。昨接涂朗轩、洪琴西两君来函，知近日已由霍山东还金陵，诸公投辖相留不听，遽还山左。又闻稚璜中丞甚思筑宫拥彗，矜式国人。琴西书言阁下精神清健如常，惟左手右足以在霍山时行动过劳，举止维艰。幸尚自知痛痒，连服辛温之剂，已有转机。近日已渐次复常否？至为驰系。

艮相老成宿望，近年势颇孤立。国藩欲稍解水火之痕，商诸枢府诸公，为之谋一部务。当时似已许诺，出都以后佳音邈然，微闻系为忌者所尼。在艮翁固不以是为轻重，然贞介之操无往而不龃龉，亦足以阻人为善之机耳。

直隶荒残之余百废待举，国藩精力衰退，剧任本非所堪。适值久旱成灾，麦收歉薄，意兴为之索然。近日始得透雨，秋禾尚可播种。但顺、广各属仍未一律沾足，而蝗蝻亦未驱除净尽，犹不无后虑耳。

练兵一事，上意深相责望，筹思三月，未即举行。一则营兵积习太深，一则直隶入款太少，终觉无甚把握，不得不长虑却顾。贫乏之省有所兴举，恒苦不能善其后，正坐此耳。

唐镜丈之世兄过此，携确慎公暮年所编辑《朱子学案》见示。据称确慎公病革时犹修订不倦，嘱送敝处一阅。其大纲有九：曰为学总案，曰格致案，曰诚正案，曰修斋案，曰治平案，曰时事案，曰传述案，曰论撰案，曰兴观群怨案。其子目数十，今抄一本奉寄左右。其每目之中抄朱子文若干首，将大全集全数抄毕，惟语录与或问未抄。其间有不满人意者，既已分门别目，为紫阳另开生面，即不能无所取舍于其间。乃如论撰案中尽抄墓碑、行状、祭文等篇，兴观群怨案中尽抄诗词，篇第皆仍其旧，则于为学之津途并非另有阐发高深之处，不过寻常抄写全书之例，恐未足以餍笃古好道者之心。未敢遽行刊刻，特以商之左右。吾兄服膺朱子，沉潜寝馈三四十年，不知于朱文之精粹者亦尝分门别类摘抄成帙否？并乞垂示，无任瞻企。顺问道安，诸惟心鉴。

劝学篇示直隶士子
（同治八年七月初六日）

　　人才随士风为转移，信乎？曰：是不尽然，然大较莫能外也。前史称燕赵慷慨悲歌，敢于急人之难，盖有豪侠之风。余观直隶先正，若杨忠愍、赵忠毅、鹿忠节、孙征君诸贤，其后所诣各殊，其初皆于豪侠为近。即今日士林，亦多刚而不挠，质而好义，犹有豪侠之遗。才质本于士风，殆不诬与？

　　豪侠之质，可与入圣人之道者，约有数端。侠者薄视财利，弃万金而不盻。而圣贤则富贵不处，贫贱不去，痛恶夫墦间之食、龙断之登。虽精粗不同，而轻财好义之迹则略近矣。侠者忘己济物，不惜苦志脱人于厄，而圣贤以博济为怀。邹鲁之汲汲皇皇，与夫禹之犹己溺、稷之犹己饥、伊尹之犹己推之沟中，曾无少异。彼其能力救穷交者，即其可以进援天下者也。侠者轻死重气，圣贤罕言及此。然孔曰成仁，孟曰取义，坚确不移之操，亦未尝不与之相类。昔人讥太史公好称任侠，以余观此数者，乃不悖于圣贤之道。然则豪侠之徒，未可深贬，而直隶之士，其为学当较易于他省，乌可以不致力乎哉？

　　致力如何？为学之术有四：曰义理，曰考据，曰辞章，曰经济。义理者，在孔门为德行之科，今世目为宋学者也。考据者，在孔门为文学之科，今世目为汉学者也。辞章者，在孔门为言语之科，从古艺文及今世制义诗赋皆是也。经济者，在孔门为政事之科，前代典礼、政书及当世掌故皆是也。

　　人之才智，上哲少而中下多。有生又不过数十寒暑，势不能求此四术遍观而尽取之。是以君子贵慎其所择，而先其所急。择其切于吾身心不可造次离者，则莫急于义理之学。凡人身所自具者，有耳、目、口、体、心思；日接于吾前者，有父子、兄弟、夫妇；稍远者，有君臣，有朋友。为义理之学者，盖将使耳、目、口、体、心思，各敬其职，而五伦各尽其分，又将推以及物，使凡民皆有以善其身，而无憾于伦纪。夫使举世皆无憾于伦纪，虽唐虞之盛有不能逮。苟通义理之学，而经济该乎其中矣。程朱诸子遗书具在，曷尝舍末而言本、遗新民而专事明德？观其雅言，推阐反复而不厌者，大抵不外立志以植基，居敬以养德，穷理以致知，克己以力行，成物以致用。义理与经济初无两术之可分，特其施功之序，详于体而略于用耳。

今与直隶多士约：以义理之学为先，以立志为本，取乡先达杨、赵、鹿、孙数君子者为之表。彼能艰苦困饿，坚忍以成业，而吾何为不能？彼能置穷通、荣辱、祸福、死生于度外，而吾何为不能？彼能以功绩称当时，教泽牖后世，而吾何为不能？洗除旧日晻昧卑污之见，矫然直趋广大光明之域，视人世之浮荣微利，若蝇蚋之触于目而不留。不忧所如不耦，而忧节概之少贬；不耻冻馁在室，而耻德不被于生民。志之所向，金石为开，谁能御之？志既定矣，然后取程朱所谓居敬穷理、力行成物云者，精研而实体之。然后求先儒所谓考据者，使吾之所见，证诸古制而不谬；然后求所谓辞章者，使吾之所获，达诸笔札而不差。择一术以坚持，而他术固未敢竟废也。其或多士之中，质性所近，师友所渐，有偏于考据之学，有偏于辞章之学，亦不必遽易前辙，即二途皆可入圣人之道。其文经史百家，其业学问思辨，其事始于修身，终于济世，百川异派，何必同哉？同达于海而已矣。

若夫风气无常，随人事而变迁。有一二人好学，则数辈皆思力追先哲；有一二人好仁，则数辈皆思康济斯民。倡者启其绪，和者衍其波；倡者可传诸同志，和者又可祖诸无穷；倡者如有本之泉放乎川渎，和者如支河沟浍交汇旁流。先觉后觉，互相劝诱，譬之大水小水，互相灌注。以直隶之士风，诚得有志者导夫先路，不过数年，必有体用兼备之才，彬蔚而四出，泉涌而云兴。

余忝官斯土，自愧学无本原，不足仪型多士。嘉此邦有刚方质实之资，乡贤多坚苦卓绝之行。粗述旧闻，以勖群士，亦冀通才硕彦，告我昌言，上下交相劝勉，仰希古昔与人为善、取人为善之轨，于化民成俗之道，或不无小补云。

遵旨续议直隶试办练军事宜折
（同治八年八月二十七日）

奏为再行酌议练军事宜，恭折仰祈圣鉴事。

窃臣接准部咨会奏直隶练军事宜一折，令臣迅即筹定简明章程，奏报定议等因，咨行到臣。臣窃维用兵之道，随地形贼势而变焉者也，初无一定之规，可泥之法。或古人著绩之事，后人效之而无功；或今日致胜之方，异日狃之而反败。惟知陈迹之不可狃，独见之不可恃，随处择善而从，庶可常行无弊。即就扎营一事言之，湘勇初出亦屡为粤匪所破，既而高其垒深其濠，先图自固之道，旋即用此以制敌。厥后淮勇诸军继起，亦皆以高垒深沟为自立之本，善扎营者，即称劲旅。直至移师北来改剿捻匪，每日计行路之远近，分各营之优劣，曾无筑垒挖濠之暇，而营垒之或坚或否，于胜败全不相涉。即询及陕甘剿回、贵州平苗，亦不以筑垒挖濠为先务。至天津捍御外洋，虽坚壁亦不足恃。即此一端，已知陈迹之不可狃，兵势之变化无常矣。然安营支帐、埋锅造饭一则，不扰闾阎一则，自固壁垒，斯乃古来之常法，并非勇营之新章，终未可弃而不讲也。臣愚以为直隶练军，宜添学扎营之法，每月拔营一次，行二三百里为率。令兵丁修垒浚濠，躬亲畚筑，以习劳勤；不坐差车，以惯行走。至运米搬柴，则勇丁不过偶尔为之。如今年近事，老湘营之勇由绥德州运米至花马池，铭军之勇由济宁州运米至张秋是也。论平日之常例，则采薪等事，每勇百人，照章有长夫三十六名，兵丁百人，旧例亦有夫役三十名，并有报销四十名者。臣意练军既拔营行动，即须添募长夫百兵〔名〕，给三十名。虽所费较巨，似亦不可省之项。有长夫任樵汲负重之事，则兵丁可不任搬运之劳，既以稍示体恤，又以见筑垒挑濠等事，必须躬亲，宽于此者，正欲其严于彼。至部臣所议兵丁宜讲衣冠礼节，臣意老营操演尽可整冠束带，以习仪文。拔营行走，仍宜帕首短衣，以归简便。凡此皆一张一弛，择善而从者也。

　　臣前折所谓重统领之权者，盖因平日之事权不一，则临阵之指麾不灵。臣在南中尝见有藩臬衙门募勇多营，平日之领饷拔缺请奖等事，皆由衙门主政，至临阵之际，则另派武员统领率之打仗，致指麾不克如意，即巡抚及大帅所部多营，平日无一定之统领，临时酌拨数营派一将统之赴敌，终不能得士卒之死力。而江楚诸省幸获成功者，大抵皆有得力统领，其权素重，临阵往来指挥号令进退之人，即系平日发饷挑缺、主持赏罚之人，士卒之耳目有专属，心志无疑贰，是以所向有功。臣所谓事权宜专，本意如此。然亦会逢其适，幸遇塔齐布、罗泽南、李续宾、杨岳斌、多隆阿、鲍超、刘铭传、刘松山诸人，或隶臣部，或隶他部，皆假重权而树伟绩，苟非其人，权亦未可概施。部臣所议得良将则日起有功，遇不肖则流弊不可胜言，洵为允当之论。良将者，可幸遇而不可强求者也。嗣后直隶练军统领，臣当悉心察看，遇上选则破格优待，尽其所长；遇中材，则随处防维，无使越分，庶几两全之道耳。部臣复议及兵将相习，可收一气贯通之效，又言转弱为强，不必借才于异地等语。臣窃意就兵言之，以土著为主，以保状为凭，断无令外省客勇充补之理，而客勇亦无愿补远省额兵之志。就官言之，则武职自一命以上，直至提镇，皆准服官各省。况畿辅万方辐辏，尤志士愿效驰驱之地，是各路将弁有出色者，皆可酌调来直，不得以借才论。

　　直隶练军，询诸众论，不外二法：一曰就本管之镇将练本管之弁兵，一曰调南人之战将练北人之新兵而已。访闻前此六军，用本管镇将为统领者，其情易通，而苦于阖营无振作之气。用南人战将为统领者，其气稍盛而苦于上下无联络之情。将欲救二者之弊气之不振，本管官或不胜统率之任，当察其懈驰择人而换之。情之不联，南将或不知士卒之艰，当令其久处积诚以感之。臣今拟于前留四千人外，先添三千人稍复旧观。一于古北口暂添千人，该提督傅振邦，老于戎行，安详勤慎。一于正定镇暂练千人，该总兵谭胜达，勇敢素著，志气方新。二处皆以本管官统之者也。一于保定暂添千人，令前琼州镇彭楚汉，以南将统之，与中军冷庆所辖千人姑分两起，俟察验实在得力而后合并一军。此因论兵将相孚而拟月前添练之拙计也。

　　部臣又令筹定简明章程，再行按月给饷，并查明直隶未经遣撤之勇，饬令回籍妥为安插。臣查直隶勇丁，上年经署督臣官文奏留十二营，臣今年撤去余承恩三营。其后，夏麦秋禾迭遭亢旱，常有匪徒窃发，因恐散勇穷无所归，聚而滋事，是以迁延未及续撤。俟秋末安靖，再当遣撤数营，即以裁勇之银添作练军之费。至淮勇铭军，乃臣所奏为拱卫京畿之师，其大队扎于张秋，分数营驻扎保定，数营驻扎临清，目下不拟裁撤，另行附片复奏练军规模。臣拟仍以四军为断，二军驻京以北，二军驻京以南，每军三千人，统将功效尤著者或添至四千、五千人，其余常行章程已详具于部臣及前督臣刘长佑所议条款中。臣昨议练饷、底饷一并支领，马队不溷步队之中，一棚只以十人为率，亦经部议允准。此外，如顶名冒替，是前此之积弊，未知将来能否革除；参用南将，是前此所已行，未知此后能否融洽；此次所议添募长夫，每月拔营，亦未知有无窒碍。斯三者一有未妥，则全局皆须变更。臣不敢遽定章程，恐不久仍须更换也。可否请旨一面交各衙门核议，臣一面先行试办。其饷需暂用江南协款，俟定议后再由户部拨发。俟试行果有头绪，然后刊刻简明章程，俾各军一律遵守。所有再议练军事宜，恭折复陈，伏乞皇太后、皇上圣鉴训示。谨奏。

致各府厅州*
（同治八年十月二十七日）

△△尊兄阁下：

睽别以来，时殷驰企。辰惟政祺静谧，台候绥愉，至以为颂。

弟视事畿疆，瞬逾九月，于地方吏治极望振兴。而阖省情形总未见有起色，心常内疚。窃念亲民之官莫如牧令，果其勤求政理，清慎自矢，必能造福一方。否则玩视民瘼，偷惰贪残，贻害亦非浅鲜。弟随时访察，亦有见闻，仍恐未能详尽。阁下辖治所属境壤较近，耳目较真，其人或才或否，或勤或惰，亮昭昭然早分黑白。望即将属内各州、县细切胪列，出具密考示复，以备稽核其缺。如或过于瘠苦，不免赔累，或地方雕敝，民情刁悍，诸多棘手，中有实在难办之处，亦可代为叙诉一切。

忝为大吏，自当存心公恕，设身处地。吾所不能为者，而责人以所难为，固属不可。然但知体恤属僚，而置害民之吏于不问，则所损尤大。是以平心细察，期于上下皆存视民如伤之念，而又不苛责属员，乃为妥善。请阁下从此用心，不得仅用四字泛泛考语，致等虚文。统望于一月之内见复，是为至要。专布，顺颂台安。

---

* 原抄件有批示，云："有近日新见面者，有并未见过一次者，有自省赴任未久者。首二行写法各不同，须照另单分别写之。"另单今未见。

长芦盐务按照部议十条分条复奏折
（同治八年十一月初一日）

奏为长芦盐务，按照部议，分条复奏，仰祈圣鉴事。

窃臣于同治八年五月初一日奉到寄谕："前因给事中陈鸿翙奏请整顿长芦盐务，当经降旨交户部议奏。兹据奏称，陈鸿翙所拟各条，或系申明成例，或系现办有案，或款由外销，向未报部。总之，芦纲积弊在引岸虚悬，乏人认运，因而交款日绌，浮费过重，商力难纾，正供遂致暗亏，请饬迅速整顿等语。着曾国藩按照部议各条，督饬长芦运司将应办事宜赶紧修举，应汰陋习实力扫除。如尚有未尽事宜，并着体察情形，酌拟章程具奏"等因。钦此。当即恭录札饬运司恒庆，据实详复，以凭核奏。旋据该运司将盐捐钱文津贴剥船一条，先行详请咨复，其余九条亦于六月间详复。臣以其中利弊未能详细厘剔，所陈尚有不实不尽，批令再行确查具详。九月初间，又经另委候补知府李兴锐驰赴天津，按照原奏各条，明查暗访，悉心考究，据实禀复。兹据该司及委员先后查复前来，臣参观互证，酌拟办法，分条具陈如左：

第一条，认办悬岸，宜定限期。

查芦商认办引地，向例于具禀之后，饬纲查明是否家道殷实，仍由本商自觅散商联名出结具保，由纲总循例加结，始由运司转详咨部更名，一面给发行知领引办运。此等层折，原为慎重课帑，由来已久，其中紧要关键，重在出结之保商，不在加结画折〔押〕之总商。其或商本实不充足，或外来人地生疏，纲中无商承保，则往返查访，稽延时日，亦事势所常有，并非该纲总等有意刁难，借端需索也。惟新商认岸之初，办千引者向令先交两课银一千余两不等，名曰寄库，以验殷乏。又认运、租运、捆运之外，另有试运章程，试之二三年，果不能办，准其禀退。有寄库则资本之证据早明，有试运则本商之进退裕如。在纲总不必过于慎重，徒起垄断之疑，不以为因循废公，即以为靳惜美岸，迹近把持，情同勒掯。嗣后新商具呈，但有散商联名结保者，即令纲总酌定限期，于二十日内加结画押，运司亦迅速发给行知，庶众商可资鼓舞。

第二条，保结商人，宜专责成。

查长芦向例，新商入纲，取具联名商保，保其家道殷实，如有贻误课运，愿甘分赔甘结。惟各商因通纲向有随引带交参课银两，遇有参商拖欠课款，除以查抄家产变抵不敷外，均在商交参课内弥补，是以从无保商摊赔之案。迨至道光二十九年，引岸参悬，无商认办，悬课过多，参课不敷弥补。通纲添捐悬岸课一款随领引时，每引交银四分，专补悬课之用。无如悬岸日增，归补愈难，所有续参商课虽逐案饬令分赔，总未据完交实银。且查芦纲商人，多因误运、误课，其本商名下自能保全出纲者，甚属稀少，若再责令分赔，代人受过，并不予以年限，难免不纷纷畏累远避，则芦属引地，从此有参无认，殊于全局有碍，自应量为变通。拟请仿照保固三年定限，如果三年正课之内，认商贻误课运被参，即将应交正课除查抄备抵外，其余参欠课银分作三成，在于参商名下追交二成，出结之散商、加结之总商分赔一成。如逾三年之期，认商业经完过奏销引课，可称家道殷实，即与保商无涉，以示限制。似此酌核办理，于课款分赔有着，而于各商亦不致有畏累不保之虞矣。

第三条，督催总商，宜先完课。

查芦商完课，无论总商、散商，均照通纲一律办理。近年奏销后所欠勒限课银，委系累商欠交之款，纲商名下应交正课，均经依限催完。惟向来章程，每届上课之期，运司派委盐务候补数员，率同纲总督催委员，平日与众商情谊不洽，于盐务底里不明，督催无权，虚应故事，每届笼统完至八分以上为率。而此八分中孰多孰寡，孰先孰后，无从稽考，是总商之拉匀牵算从中取巧，其物议亦由此而起。嗣后惟当遵照部议，饬令纲总首先完纳，每届奏销将总商名下课款是否清完之处，附案声明。仍由运司将总商另立簿册，散商亦立一簿，将已完几成、未完几成，据实登注，随同销册详文送盐院衙门备查，纲总无从牵拉，众商无从朦混，开诚布公，共见共闻，征收亦当日有起色。

第四条，捆运悬岸，宜交全额。

查长芦悬岸，前于道光二十八年，经钦差王大臣查办盐务案内，将无商州县五十五处，除有州县自行运销者十一处无庸更改外，其余四十四处之河南悬岸二十州县，尽改票盐，仿照淮北成案先课后盐，无论资本多寡，一经交课，给票护运。直隶悬岸二十四处，予限半年，责令各州县或招商，或招贩，一律整理。倘商贩无人，责成各州县领运；如州县实有不能办理之处，仍由盐政遴员官运等因。今查直、豫各处悬岸，除陆续招有新商具认外，尚有豫属之新郑、太康、扶沟、长葛，直属之成安、开州，并先经曾有商认办，复又参悬之豫属鄢陵、沈邱、项城、洧川。又二十八年以后，续经参悬引岸，除随据新商接认外，尚有南岸祥符、许州、禹州、临颖〔颍〕、郾城，直隶之永清、邢台、鸡泽、隆平、巨鹿、衡水、唐山、曲周。统计二十三处内，除衡水现有新商禀认试办外，其余各岸迭经该司出示招商，并通饬各属一体广为招募，迄今无商认办，引岸虚悬，民食堪虞，自不得不照案饬令官商民贩招运，借济民食，以补课款。惟捆运多寡无定，原与包额运办不同，若辈唯利是图，能多捆一包之盐，即多获一包之利，亦未曾不愿多运多销，而卒之所运无几，盖亦有故。或因资本微薄，无力多捆；或因岸地滞销，有亏成本，以致未能按额捆运。现在既准部议，自应遵照饬令，捆运之各官商如果情愿包额认办，限一年之内出具认状保结，详请咨部更名。一面由司另行招募新商，禀认妥办，如有实在滞销无商认办之处，每岸专案详咨，不复以笼统浮词搪塞，盖悬岸为中外所同虑，捆运乃蹉政之弊政，本无所容其掩饰也。

第五条，长芦纲总，宜令更代。

查山东纲总虽系按年更换，第山东先课后引，长芦先引后课，纲总之责任两不相侔。换期太促，必以甲年应完之课款，责成丙年之纲总督催，恐此推彼诿之弊，必且层见迭出。且纲总为通纲领袖，要在遴选得人。非其人，即一月一换，无裨实政；得其人，即累年不换，亦惬舆情。芦商殷实者少，殷实而认真办事者尤少，年年更换，恐中选之人无多，而废弛之患滋甚。现经运司于旧纲总四人之内，挑留杨俊元、华桢，斥退高凌汉、黄昭融，于本年六月具奏，众论尚属允协。嗣后纲总拟不必限定换期，为众商所翕服者酌留接充，如其不然，随时撤换，详请咨部查照。

第六条，代销融销，宜行分别。

查长芦滞岸积引例，准融与畅岸分成代销。当办理融销之初，原为芦商疲累居多，销路又滞，每至奏销届限，虽引地积有存盐，而课项无措，力不能完，势必纷纷。参追各商，以融盐与融引事同一律，禀请将积盐融卖与别商销售，以所得之盐价即交库抵课。惟复价一项归买商完交，其余一切课款仍由卖商按限呈纳，仍为保全奏课起见。同治三年前任督臣刘长佑奏复河南抚臣张之万，奏参芦商把持案内，将融销引盐一层业经详细声明，有案可稽。检查近三年案卷，亦系疲累之商，或因正课无措，或因复价到限无力措交，不得已将所运之盐融卖与别商，运赴畅岸销售，其所得价银由买商呈出交官，以济目前之急，是卖商得价融销，即与自运销售无异。在买商既经按包交价，并非得无课之盐；在卖商盐已收价，亦非上无盐之课。融卖融买，事出两商情愿，并非买商图得便宜，致有弊窦。且代销与融销稍异之处：代销则卖主津贴银每引三钱五、六分至四钱不等，其正杂课复价等款，概归买主完纳；融销则买主代交正课六钱，复价五钱，解费二分一厘，其余各款仍由卖主自行完纳。代销则卖主出津贴之费，融销则卖主有自纳之款。其办法不同，而使累商得稍资周转则同。卖者买者彼此扣算，定价两相情愿则亦同。所有各商融销引盐，除捆运之商仍遵三年奏案，饬令一概领引运盐不准融销外，其行商盐盐应请照旧办理，免其禁革，以保颓纲而重帑项。

第七条，历年积欠，宜令代交。

查归补库垫积欠一项，自道光二十八年清查案内，共计银二千三百四十三万一千四百余两，每年议交库垫银六万两，积欠银十一万两，分年按引摊交，每引摊银二钱四分零。自同治二年起，因商力拮据，改为外引，拨出银一钱二分，京引拨出银八分。领引时随引完纳，其余银两仍照案按限带交。嗣于同治五年因纲情愈疲，禀请外引减交银一钱，京引减交银六分。自道光二十九年起，至咸丰八年止，除已完现商净欠交银五十九万八千三百三十余两，业经奏奉部复，准自咸丰十一年奏销后分作五年代完。又自咸丰九年起，至同治七年止，续应征银一百七十万两，内除参黜无着银四十九万九千二百四十余两，永平七属官办及天津公共口岸未拨银四万四千二百三十余两，现商应交银一百十五万六千五百二十余两。内已完银三十五万六千七百余两，连前实计现商共未完银一百三十九万八千一百五十余两。其已交银两，均经凑拨各饷动用，按季册报在案。其欠交银两，虽屡经严谕饬催，无如各商佥称，因近年引地被扰被灾，领运失时，额引滞消，商力拮据，顾运顾课已属万分竭蹶。前项积欠，代交前商参黜之款，一时无力赔交，委属实情。且近来参商迭出，长芦悬岸已属不少，若以此纷纷参办，通纲无商不欠，几至无岸不悬，全纲掣动，所关非细。兹准部议除将欠交银两赶紧设法严行催交以清积欠外，所有随引先交之款，按每年出库引数，核计应完数目，造入春秋拨册，听候部拨。至于欲纾商力，必须减成本，臣当另案陈奏。

第八条，报灾补运，宜再详查。

查各州县详报被抢被水各商引盐，有详运司已经委员会勘。尚未勘复详报者，是以失盐数目，即院〈司〉两处案卷，已觉未能相符。兹据该司逐细详查，除奉部复准补运五、六等年被枭匪、发逆烧抢之宁晋、临城、杞县，七年被捻逆焚抢之定州、南乐、清丰、大名、开州、东明、临漳等州县，商人益德裕等被抢失盐一万六千零二十九包不计外，实在现据委员勘复陆续详报之清苑等处，商人被抢失盐四万五千六百七十七包。又，新城等州县被水冲淹盐一万八千六百三十一包。又，已委未经复勘之济源等州县，并未经委勘之安平县商人，被抢失盐一万零八百五十六包。又，因案情未符批饬，复查未据详复之温县等处商人，在途被抢失盐三千二百四十六包。除由司核明照例分案叙详，并将未经通详之各州县分饬另行补报以昭核实外，所有州县商名盐数，分别另造清册，呈送备查。谨将原册封送军机处，并分咨户部，以备考核。

第九条，加斤抽钱，宜行禁止。

查道光二十八年清查案内，每包加盐一百五十斤，合计北盐重五百六十七斤有奇，南盐重五百七十二斤有奇，违者即以私论。各商赴坨筑盐，向由批验所大使验明秤掣按包编号之后，始行饬商装运。前奉部饬即经该运司明查暗访，出示严禁，并亲赴关所查照，盐包挨次编列号数，按包抽提，当堂秤掣，均属相符。讯据各商佥称，伊等赴坨按引筑包，均由批验大使查验秤掣编号，有一盐必有一引，造关时按号抽提过秤，既有官司稽查，又有部砝斤两，众目共睹，非商等所能行私朦混。且伊等深知例禁极严，亦当自顾身家，何肯犯法取利。至造关时装载备掣者，即系批验所过秤编号之引盐，此外实在并无另有私筑号盐，意图夹私加斤情事。复饬据小直沽批验所大使王凤冈，以查明各商赴坨筑运，均系遵照部砝斤两一律办理，并无夹斤加带，另筑号盐以备掣抽情弊，出具印结，详送到司。该司恐尚有不实不尽，复经连日逐细查访，佥称如一。此后惟有严益加严，督饬委员及批验大使认真秤掣，不时密查，倘有奸商夹私加斤情弊，立即照例从严惩办。臣亦当不时由省委员赴津密查掣验事宜，断不敢稍存姑息，以杜流弊而肃鹾政。至随引每包抽收津贴钱五十文，乃系同治六年海运案内各商公议，捐以作津贴漕剥民船之用，并无浮收抑勒情弊，业经另行详明，咨部覆准在案。

第十条，墨笔科则，宜加裁革。

查道光二十八年钦差王大臣查办盐务，核定科则，曰正杂课，曰平饭，曰补欠，曰归补积欠，曰王范满垣租息，曰领告杂费，曰缉费，曰各项解费，曰内外帑利，共九款。每引摊交银二两六厘，刊单通行，饬商遵照，此木板之则也。后有续增商捐款项，因年限多寡，并无一定，一经捐足，即由各商随时禀请停止，并非作为定额，是以向用墨笔添写刊单之后。同治三年河南抚臣张之万奏参芦商把持，运使受其朦弊，案内指称墨笔私加私用，经前运司克明查出，墨笔添写者，曰悬岸课，曰捐补参价，曰钦天监生息，曰归补缉费，曰口岸汛工，曰筹补津贴，曰还垫办公，曰酌增领告，曰朝袍册宝，曰修署，曰报效军需，曰随引复价，凡十二款，当将墨笔原委逐款造册，由前督刘长佑奏复，有案可稽。嗣将朝袍册宝六厘、修署一分、报效军需二分三款先后停止。同治六、七年间，因迭奉内务府奏派长芦采办绢笺，以及芦勇口粮并捐筑金堤挑挖府河等事，增添一款，初曰寄库还款，改曰金堤还款，其余均照前奏之数，并无丝毫加增。此外又有南场各商禀添大河口巡费一款，南引各商捐添报效豫省协饷一款，系不在通纲科则之列，皆墨笔之则也。至所称领引时外交者三款，查有津贴办贡一款，因前办彩缎贡商人张鉴历年赔累，各旧商公议情愿每引津贴办贡银三分五厘。又津贴办公一款，因总商办公一切费用出自己囊，众商公议愿每引帮贴办公公银六厘，迨因旧商星散，新商心力不齐，完交寥寥，本年已将此二款停止矣。至巡费津贴一款，系承办青、静、沧、盐四处引地缉费，裁减不敷，通纲公议，每引愿帮银四厘，此为保护引地而设，应仍其旧。斯三者，外交帮贴之则也。据该运司造具木板科则一册，续增墨笔一册，外交帮贴一册，并将领告科则款式呈送前来，理合封送军机处，并分咨户部备查。至部议以浮费过重，行令认真，厘剔分别禁止。臣亦深知芦纲之疲，由于成本太重，销路太滞，而众商亦禀诉苦累情形，呈请拯救。顷至天津，与运司面商一切，即日将各项科则酌拟裁减具奏，以轻成本而挽颓纲。

以上十条，就部文所指者逐细登复，至于引滞商疲，全纲不振，别图补救之方，容即于酌减科则案内另行具陈，伏乞皇太后、皇上圣鉴训示。谨奏。

复倭仁
（同治八年十一月十六日）

艮翁老前辈中堂阁下：

十月十五日接读惠书，敬承道履康愉，苾行清健，至为企颂。

各国梗约尚属无大更张。惟法公使罗淑亚前将蜀、黔教案饶舌不已，并牵叙各省未结各案，声称携带兵船由大江进赴各省。虽系虚疑洞〔恫〕喝，而妄诞殊属可恨。夷人传教，当时实不得已而允行，目下欲遏其流，诚乏善策。尊议谓既许其传，即不能禁人之习，此事理之昭著者。至宣讲圣谕，本地方官应行之旧章。然使官吏奉职无状，民困益深，虽日事宣讲，百姓方恶其政，谁复肯听其言？又谁知巫道之当遵，邪说之当革？鄙意洋人教术本不足以惑人，愚民所以趋之若鹜者，并非真欲崇奉彼法，以入教则官吏不敢肆虐。一若习教虽有后患，而未若苛政之害民者。若使地方各得贤吏，赋役有经，纪纲不紊，蠲除苛敛，清厘滞狱，民教一体，各使适俗安民，又何所利而甘心从教乎？

书院一席，迄未得满意之选。现闻有在籍绅士王振纲，系侍戊戌同年，人品高洁，通籍以后遂乞假归养，恬于荣利。数十年来教授乡里，从游颇众，讲授时文、帖括之学，当可胜任。至若淹贯经史，研究性理，则恐有所不逮。不得已求其次，则此其选矣。

此间自江南来省者述及竹翁近状，知足疾愈后又复染疴。现闻虽已康复，尚未能出房见客。应廉访到京，想亦谈及耳。

侍前月出省，查验永定河北四汛合龙工程，便道一至天津，沿途察看民情，粗称安谧。惟本年旱灾甚重，春麦秋谷皆已歉收。秋冬雨雪稀少，二麦至今种不入土，明岁春分以后，不识能否补种。诚恐嗷鸿遍野，啸聚煽变，剿抚两难。现欲勉筹抚恤之法，而库款支绌，断难遍给。此皆疆吏不职，殃及苍黎，曷任悚惧！

练军一节，前准部复议，主沿守旧章，不肯更变。而绿营惰窳，积习已深，欲其旷然改观，实觉毫无把握。现虽挑练三千人，试办新章，譬犹日读方书，未尝临病用药，一旦试之战阵，终恐难期成效耳。知注附及，即颂道安。

同治八年十二月二十二日日记

　　早饭后清理文件。旋坐见之客二次。偶阅孙退谷《庚子销夏记》。巳正核科房批稿各簿，午初三刻毕。黄静轩启愚来久坐。中饭后，史绳之来一坐，又坐见之客一次。阅本日文件，阅《庚子销夏记》及《四库简明目录》。傍夕至幕府一谈。夜，眼蒙殊甚。阅《四库书目》，温古文。气势之盛者，莫盛于李、杜、韩、苏之七古，因温诵七古良久。二更五更〔点〕睡。日内，思古来圣哲名儒之所以彪炳宇宙者，无非由于文学、事功。然文学则资质居其七分，人力不过三分；事功则运气居其七分，人力不过三分。唯是尽心养性，保全天之所以赋于我者。若五事则完其肃、义、哲、谋、圣之量，五伦则尽其亲、义、序、别、信之分，充无欲害人之心而仁足，充无穿窬之心而义足，此则人力主持，可以自占七分。人生着力之处当于自占七分者，黾勉求之，而于仅占三分之文学、事功，则姑置为缓图焉。庶好名争胜之念可以少息，徇外为人之私可以日消乎？老年衰髦，百无一成，书此聊以自警。

查明畿南所属灾歉轻重来春应行赈恤酌拟办法折（同治八年十二月二十四日）

奏为遵旨查明畿南所属灾歉较重，来春应行赈恤，酌拟办法，奏祈圣鉴事。

窃臣接奉十月二十八日寄谕："给事中陈鸿翊奏，直隶西南各属，本年雨泽稀少，灾歉已成，闻有报灾未遂，人怀乱萌之说。又广平属之清河、威县，毗连河南安阳等县，大名府则与曹州接壤，捻、幅余匪难保不潜伏其间。其开州等处，人心亦多浮动。现闻各处已渐有均粮等事，若饥民相率效尤，各匪乘机窃发，必至贻害地方，请饬曾国藩查明办理等语。着曾国藩迅即派员查明各该地方被灾轻重情形，分别赈济，如有应蠲应缓之处，并着赶紧奏明办理，以惠灾黎而消隐患。原折着抄给阅看。将此谕令知之。"钦此。

十一月初一日，臣即将通省被灾各州县应征钱粮，按照分数恳请蠲缓，会同兼管顺天府尹臣万青藜、府尹臣王榕吉等具折恭奏，于十一月初四日荷蒙恩谕准行，并附片具奏南路大、顺、广一带雨泽尤艰，种麦尤少，明春恐须另筹赈抚。奉旨："知道了。"钦此。均经钦遵行知在案。

查本年直隶收成，以永平、遵化为最丰，天津、河间、宣化、正定次之，顺天、保定、深、冀、易、赵、定等府州所属均在歉薄之列，南路大名、广平、顺德为最下。八九月间，南三府各属所报灾歉情形，均不甚重，与臣在省所闻者不符，颇深疑讶，盖州县积习多以办灾为难，缘荒政之条例甚严，关系甚重。初报灾时，不论灾之轻重，即有先发一月口粮之例。厥后不论贫之极次，又有普赈一月之例，旋又有续赈、摘赈、大赈、加赈之例，蠲免则有七分、六分、四分之别，缓征则有三年、二年、次年之差，皆视其灾之分数以为区别。而分数凭官之一言为断，岂能恰如其量。同一县也，或东乡九分而西乡六分；同一乡也，或左村四分而右村五分。百姓起而相争，以为参差之处或涉偏私，即将来之或蠲或缓、多赈少赈，高下悬殊。分数之所辨甚微，而民间之所争甚巨。故州县之不乐办灾，非尽恐免征之后办公无资，亦由赈事繁重。对百姓则易于见怨难于见德，对上司则易于见过难于见功耳。臣前闻南三府灾情较重，恐州县格于成例，狃于积习，所报或有不实不尽，因函嘱升任按察使大名道钱鼎铭亲历各处认真稽查，借重编门牌之便，抽记极贫户口，于腊月内汇齐禀报。该升道旋即出外查勘，遍历三府二十六州县之地。兹据钱鼎铭禀称，伏查三府中旱歉情形，以广平为最，大名次之，顺德又次之。

缘顺郡沾百泉河之利，并地又多，夏秋间偏得阵雨，虽九属高下不同，要皆可以支持，无须调剂。大郡开、东、长三处，因得黄河之润，转歉为丰。南乐、清丰光景尚不窘迫。广郡则磁州、清河、威县最佳，鸡泽、曲周稍次，而以肥乡、广平、成安、邯郸及永年县毗连肥乡之数十村庄，及大名所属之大、元两县为最苦之区，尤以肥乡、广平为极重，成安、邯郸、永年为次重，大名、元城二县为略轻。此七处急须设法补救。两旬余，辙迹所经，体察真情，博采舆论，种种成法，皆不易行，惟有按口给钱最为直截了当。但勘灾宜细判等差，而望泽殊不分彼此。曾接见久官直省、素肯尽心之守令辈，佥谓本年酌办缓征，灾轻之区纷纷观望，不肯输纳，则将来酌办抽赈必致多所窒碍。然事关民瘼，又安能因噎废食？反复推求，惟有寓赈于贷之一法，就各属中著名灾重之县，就各县中著名灾重之村，复于一村中择老弱、病废、妇女及无业丁壮种地不满十亩者，往时尚可借贷，今年灾广，告贷无门，名曰极贫。即在此次重编门牌上详细揭出，编定户口，遍行榜示：某户某口加恩酌借口粮两月，大口每日给制钱若干，小口减半，由本村公正绅耆出具保状，俟秋成后酌量清还。不曰赈而贷，则邻近灾轻之区无可比较，不致生觊觎之心。二月中旬开办，办竣后即大张告示，宣布皇仁，按村晓谕，概行蠲免，毋须清还，俾穷黎得沾实惠，名为贷而实则赈矣。至灾区中之次贫者，本非无告之民，类皆有田之户，或有他技济生，或有春收指望，察核情形，尚可支持至三四月间，再行酌办，暂且不必调剂。若果雪泽不沾，春雨复少，此等次贫之户，固须接济，恐各属灾轻之区亦宜普为设法，届时春荒一成，实属难于着手。是惟虔祷天心之仁爱，默为转移，庶几司牧之愆尤，或可稍逭等情，禀复前来。

臣查户部则例，内开被灾五分者准酌借来春口粮等语。五分乃极轻之灾，本有准借口粮之例。广平等七州县据各属原报虽有尚不及五分者，而被灾较重，远近周知。钱鼎铭拟用酌借口粮之例，以暗行其赈济之实，期则宽以两月，足救春末之饥。惠不及于次贫，足杜冒滥之弊。所议尚为妥协。其按口给钱，亦古人所称施粥不如放米、散银不如发钱者恰相符合。惟七属贫民每县多或数万人，少则万余人，所费亦殊不赀。合无吁恳天恩，敕部于天津存储现钱项下拨制钱十万串，由天津运至大名，即交钱鼎铭经理赈恤事宜，预弭畿南无形之患，大局幸甚，微臣幸甚。至于以贷为赈，系恐灾轻之区，或生觊觎之心，故借此名以息争端。惟我朝遇灾蠲恤之典，皇仁最溥，良法最多。然法之最善者，分数亦必有轻重，贫户亦必有极次，断不能无向隅觖望之人，亦不能无幸泽争竞之事。此次虽未必尽合成法，然意在先救极贫，是谓之借贷也，可即谓之赈恤也，亦可但使稽察精细，心术公平，纵有觖望争竞，当亦不足深虑。若赈恤之地，无粮可买，尚应择要设平籴局数处，籴入则较市价略贵，粜出则较市价略贱，庶米商可广为招来，而贫民亦稍沾便益。倘其商贾流通，粮价不甚昂贵，则无须由官设局，是亦当预为议定者也。除通省各属应否调剂，同日另案具奏外，所有遵旨查明畿南所属灾歉较重应行赈恤缘由，恭折复奏，伏乞皇太后、皇上圣鉴训示。谨奏。

湘乡昭忠祠记
（同治八年十二月）

咸丰二年十月，粤贼围攻湖南省城。既解严，巡抚张公亮基檄调湘乡团丁千人至长沙备防守。罗忠节公泽南、王壮武公鑫等，以诸生率千人者以往。维时国藩方以母忧归里，奉命治团练于长沙。因奏言团练保卫乡里，法当由本团酿金养之，不食于官，缓急终不可恃，不若募团丁为官勇，粮饷取诸公家。请就现调之千人，略仿戚元敬氏成法，束伍练技，以备不时之卫。由是吾邑团卒，号曰"湘勇"。

三年春，平土寇于衡山，破逆党于桂东。其夏，粤贼围江西省城。国藩募湘勇二千、楚勇千人，罗忠节公辈率之东援。初战失利，营官谢邦翰、易良幹等殉难。湘勇之越境剿贼，将领之力战捐躯，实始于此。余闻而悼之，议立忠义祠于县城，祀湘人与于南昌之难者。其冬，余奉命筹备舟师，乃募湘勇水陆万人。

明年，率之东讨。岳州之役，陆兵败挫，虽旋有湘潭之捷，而湘士中燔。既而整军再出，罗公暨李忠武公续宾率湘勇以从。于是大隽于岳州，克武汉，下蕲、黄，破田家镇，复江西弋阳、信州、宁州。又以其间由江还鄂，扫荡枝县，再克武昌省会。

咸丰五、六年间，罗、李湘勇之名震天下，而王壮武公与刘武烈公腾鸿、萧壮果公启江暨巡抚蒋公益沣，皆提湘勇征战湖北、江西、广西、广东等省，所在有声。然罗公、王公、刘公遂以六、七年间先后徂谢，而将士伤亡者滋益多。前所议建之忠义祠，规制隘庳，不足以严典祀。咸丰八年秋，国藩乃与李公具疏会奏，请立昭忠祠于湘乡，令有司春秋致祭。天子许之。吾邑军士，没有余荣已。

未几而舒城、三河之难作，李公殉节，部下死者殆六千人。国藩私忧，以谓湘中士气恐不复振。其后李公之弟勇毅公续宜重辑部曲转战皖北，张忠毅公运兰及唐总戎义训辈之师转战皖南，而吾弟国荃遂以湘士克复安庆、金陵两省，蒋公暨杨公昌濬亦用湘人平浙江、伐福建，张忠毅公亦战没于闽。东南数省，莫不有湘军之旌旗，中外皆叹异焉。

其西北诸道，则提督刘君松山追逐捻匪于河南、山东、直隶，征叛回于陕西、甘肃，而按察使陈君湜防守山西。其西南诸道，则萧壮果公率师入蜀，而巡抚刘公蓉屡平蜀寇，总督刘公岳昭暨诸湘军又自蜀而南入黔，西入滇。一县之人，征伐遍于十八行省，近古未尝有也。

当其负羽远征，乖离骨肉，或苦战而授命，或邂逅而戕生，残骸暴于荒原，凶问迟而不审，老母寡妇，望祭宵哭，可谓极人世之至悲。然而前者覆亡，后者继往，蹈百死而不辞，困厄无所遇而不悔者，何哉？岂皆迫于生事，逐风尘而不返与？亦由前此死义数君子者为之倡，忠诚所感，气机鼓动，而不能自已也。

君子之道，莫大乎以忠诚为天下倡。世之乱也，上下纵于亡等之欲，奸伪相吞，变诈相角，自图其安而予人以至危，畏难避害，曾不肯捐丝粟之力以拯天下。得忠诚者起而矫之，克己而爱人，去伪而崇拙，躬履诸艰而不责人以同患，浩然捐生，如远游之还乡而无所顾悸。由是众人效其所为，亦皆以苟活为羞，以避事为耻。呜呼！吾乡数君子所以鼓舞群伦，历九州而戡大乱，非拙且诚者之效与？亦岂始事时所及料哉？

今海宇粗安，昭忠祠落成有年，而邑中壮士效命疆场者，尚不乏人。能常葆此拙且诚者，出而济世，入而表里，群材之兴也，不可量矣，又岂仅以武节彪炳寰区也乎！

饬发清讼事宜
（同治八年）[*]

为通饬事。照得直隶省讼狱极繁，向来章程，各州县月报之事有五，法本极良。惟各属报者较少，不报者多，即报亦月有月无，上司并不札催，良法渐废。今本部堂酌定《清讼事宜》十条，《清讼限期功过章程》十五条，四种四柱格式一叶，禁止私押示式一叶，刊刻成本，分发所属，逐条遵照办理。

各该州县四种四柱册，每月填写，格式三份。其每种各开人名事由清单，仍照向章开写，亦系每月三份。本部堂衙门一份，两司共送一份，本管府州一份。上月之四柱册四种，于下月初一、二、三办齐，由驿驰递。如系偏僻之县，自度驿递难到，即专差送省，限十日内送到。统限每月十三日送齐到省，院司再查对数日，钉册存于官厅，大众阅看。有功过者另悬一榜。应自四月起查造，五月初间送省，不得逾违。

又，各州县清厘积案，招解者每月应结二案，自理者缺之繁简不同，案之多寡不一，统限八年腊底将七年腊底旧案办毕。每月应结若干案，由各州县自行酌定数目，于奉文半个月后禀复，另候核示。

至首府谳局承审各案，必须详慎速结。去年腊底以前积压之案，现分四股，每股认办若干起。仰首府禀明，限于八年年底全数办毕。其八年新到之案，亦须依限审理。功过具在，各宜遵行。至道府厅州奉札委审之案，于奉文半个月后开折报查，听候另行勒限饬遵。兹将刊章各发一本，仰即验收照办。

又，《清讼事宜》内有奖借人才、变易风俗一条，各学教官常与士

---

[*] 查所饬发的文件，成于同治八年三月，下发时间当在该年之内。——本书编者注。

类习处，才德品学易于周知，应饬各教官确加采访。如有可举之人，随时禀保，以凭酌核饬遵。兹亦将刊章各发一本，仰即验收照办。

此外，又有《劝诫浅语》十六条，系本部堂昔年在安庆所刻，兹各发去一本，仰该道暨各府州县一体收览。合行通饬，札到，该△①即便遵照。此札。

---

① 此处传忠刻本原空一格，当为"府州县"之一者，视下发具体地方，各分别填写。

批候补县丞杭楚沅禀呈条陈
（同治八年）*

据禀增广乡学六条，意在振兴文教，力挽薄俗，殊堪嘉尚！

惟乡学之设，与保甲、社仓等，得其人则事诚有益，非其人则弊亦丛生。且详阅所禀，亦有窒碍推〔难〕行之处。如第一条云"筹经费必广劝捐"。查捐务最为厉民秕政，在州县有苛派之病，在绅士有武断之虞，恐百姓未见乡学之益，先受劝捐之害。从前军务未平，间有劝捐助饷者，民力已不能堪，今直省敉平，疮痍之后，正当蠲去烦苛，与民休息，未便因举办乡学，广为劝捐，以滋扰累。第二条云"举绅董必专责成"。凡地方公事，廉静谨饬之绅士多不愿为，其乐于从事者，则往往侵蚀把持，从中牟利。欲各乡所举尽属佳士，势必不能。一有不肖者参之，则弊端百出。本部堂有鉴乎此，故常训饬各属，不准借事立局，滥引绅董，亦不准于应征钱粮之外加派分文。该员所陈，首即不免犯此二弊，应毋庸议。

至学规一条，欲使各崇实学，谓可不习诗文，论亦近正。在士人为学，自以抗希往哲、深明道义者为最要，本不可专溺于文辞。惟文以载道，亦未有文理不通而能通知道理者。近来讲学之人，务为高论，未通章句，先鄙文辞为不足为。文风日衰，儒术日陋，弊皆坐此。本部堂前在皖中刻有《训诫浅语》，其中勤学问以广才，扩才识以待用各条，于士人进德修业之方不无裨助。近撰《清讼事宜》，分德才学三科取士。兹各发去一册，仰即收领，以备参核。

---

* 由文中"近撰《清讼事宜》"句，当可认定作于该年。——本书编者注。

复杨昌濬
（同治九年正月二十四日）

石泉尊兄大人阁下：

去腊接奉惠书，猥以岁节相庆，吉词被饰，愧不敢当。就维簪绂翔华，履绚集祜，至为企颂。筱帅调署楚督，台端荣膺简命，擢署浙抚，具见闳声茂实，上达九重。遂听温纶，无任额庆。

浙省去岁虽有偏灾，而秋后畅晴，粮价平减，新漕尚有三十万石，农事未为歉收。直隶则三时亢旱，畿南大、广各属被灾尤甚。地方瘠苦，无术抚循。忝为大吏，又不忍坐视流冗塞路而不为之所，因于天津存储制钱奏拨十万串，择被灾尤重之区抽赈其极贫下户，深惜款目过少，惠难遍施。开正已委员前往兴办，稍尽力所能及者而已。近日南三府已报得有微雪而土膏仍未深润，麦事固已失望，秋麦亦难播种。急盼此后雨泽顺时，不致嗷鸿遍野，煽诱生变，便为深幸。

绿营裁兵增饷，浙省已有成效。此间颇思仿照办理，而兵部驳议，牵于旧制，不能大有变革。去岁于保定、正定、古北口三处挑练三千人先行试办，而兵弁偷惰已久，骤与申明约束，勤加操演，皆若视为分外之督责，甚者乃至相约潜逃。近因李相征黔，铭军恐当随往，欲于保定、正定添练马队，稍壮声势，亦未识能否办妥。

吾乡近时风俗侈靡，一变向来勤朴之旧，实缘乡人从军日久，职官太多之故。推论缘起，即鄙人不能辞其咎。今欲力挽颓俗，固须林下诸公身示俭约，诱进以诗书。而凡为达官于外者，尤宜约束子弟，不使习为豪华以相炫耀，庶可渐移锢习。然由俭入奢易，由奢入俭难，仍未知其果能挽救也。

《湘乡忠烈祠记》顷已脱稿，抄稿奉寄。年老才退，每成一文，自视芜蔓，无一是处，殊不惬意，深以为愧。肃颂春禧，诸希心鉴。敬璧大束，不具。

复刘蓉
（同治九年正月末）*

霞仙仁弟亲家阁下：

十二月初接八月二十六日惠书及《绎礼堂记》，敬悉兴居康胜，勤学不倦，所居疑在蓬岛之间，置身若在周秦以前。非泊然寡营，观物深窈，玩希声而友前哲，殆未足语于此。研究"三礼"，洞澈先王经世宰物之本，达于义理之原，遂欲有所撰述，以觉后世之昏昏。甚盛甚盛，钦企何穷！

国藩于《礼经》亦尝粗涉，其藩官事繁冗，莫竟其业。所以沮滞而不达者，约有数端：盖礼莫重于祭，祭莫大于郊庙，而郊祀祼献之节，宗庙时享之仪，久失其传。虽经后儒殷勤修补，而疏漏不完，较之《特牲》、《少牢馈食》两篇详略迥殊，无由窥见天子诸侯大祭致严之典。军礼既居五礼之一，吾意必有专篇细目，如戚元敬所纪各号令者，使伍两卒旅有等而不干坐作，进退率循而不越。今十七篇独无军礼，而江氏永、秦氏蕙田所辑，乃仅以兵制、田猎、车战、舟师、马政等类当之，使先王行军之礼无绪可寻。国之大事，在祀与戎，而古礼残阙若此，则其他虽可详考，又奚足以经纶万物？前哲化民成俗之道，礼乐并重，而国子之教，乐乃专精。乐之至者，能使凤仪兽舞，后圣千载闻之忘味，欲窥圣神制作，岂能置声乐于不讲？国藩于律吕乐舞茫无所解，而历算之学有关于制器、审音者，亦终身未及问津，老钝无闻，用为深耻。夫不明古乐，终不能研究古礼，国藩之私憾也。郊庙祭仪及军礼等残阙无征，千古之公憾也。是皆用以自沮而不达者也。

所贵乎贤豪者，非直博稽成宪而已，亦将因其所值之时、所居之俗而创立规制，化裁通变，使不失乎三代制礼之意，来书所谓苟协于中，

---

* 原件未署日期，兹据内容而定。

何必古人是也。然时俗亦有未易变者。古时祭祀必有主妇聘飨，亦及夫人，诚以在宫雍雍，斯在庙肃肃。妃匹有笃恭之德，乃足以奉神灵而理万化，所谓有《关雎》、《麟趾》之精意，而后可行《周官》之法度也。自阳侯杀缪侯，而大飨废夫人之礼。后世若以主妇承祭，则惊世骇俗，讥为异域。然全行变革，则又与《采蘩》、《采蘋》诸诗之精义相悖。古之宫室与后世异，议礼之家，必欲强后代之仪节就古人之室制，如《明史》载品官冠礼几与《仪礼》悉合，不知曰东房西牖，曰房内户东，曰坫，明世已无此宫室也。然稍师《仪礼》之法，则堂庭浅狭，必有龃龉而难行者。诚得好学深思之士，不泥古制，亦不轻徇俗好，索之幽深而成之易简，将必犁然有当于人心。

国藩于婚、丧、祭三礼，亦颇思损益《涑水书仪》、《紫阳家礼》撰订一编，以为宗族乡党行习之本，守官少暇，不克斟酌礼俗之中，卒未能从容为之，斯亦自沮而不达之一端也。阁下山居静笃，将为《礼经发微》及《或问》等书，何不先取此三礼撰著鸿篇，使品官士庶，可以通行用今日冠服拜跪之常，而悉符古昔仁义等杀之精，倘亦淑世者所有事乎？

来书又以文章欲追欧阳公辈，而与之并，而志愿有大于此者将决然而弃去，抑两利而俱存，就鄙人而卜取舍。国藩窃维道与文之轻重，纷纷无有定说久矣。朱子《读唐志》谓，欧阳公但知政事与礼乐不可不合而为一，而不知道德与文章尤不可分而为二，其讥韩、欧裂道与文以为两物，措辞甚峻。而欧阳公《送徐无党序》亦以修之于身、施之于事、见之于言分为三途：夫其云修之身者，即叔孙豹所谓"立德"也；施之事、见之言者，即豹之所谓"立功"、"立言"也。欧公之意盖深慕立德之徒，而鄙功与言为不足贵，且谓勤一世以尽心于文字者，皆为可悲。与朱子讥韩公先文后道，讥永嘉之学偏重事功，盖未尝不先后相符。朱子作《读唐志》时岂忘欧公《送徐无党》之说？奚病之若是哉？

国藩之愚，以为事功之成否，人力居其三，天命居其七。苟为无命，虽大圣毕生皇皇，而无济于世。文章之成否，学问居其三，天质居其七，秉质之清浊厚薄，亦命也。前世好文之士不可亿计，成者百一，传者千一，彼各有命焉。孔子以斯文之将丧归之天命，又因公伯寮而谓道之行废由命。孟子亦以圣人之于天道，归之于命。然则文之兴衰，道之能行能明，皆有命焉存乎其间。命也者，彼苍尸之，吾之所无如何者也。学也者，人心主之，吾之所能自勉者也。自周公而下，惟孔孟道与文俱至，吾辈欲法孔孟，固将取其道与文而并学之。其或体道而文不昌，或能文而道不凝，则各视乎性之所近。苟秉质诚不足与言文则已，阁下既自度可跻古人，又何为舍此而他求哉？若谓专务道德，文将不期而自工，斯或上哲有[1]，然恐亦未必果为笃论也。

仆昔亦有意于作者之林，悠悠岁月，从不操笔为文，去年偶作罗忠节、李忠武兄弟诸碑，则心如废井，冗蔓无似，乃知暮年衰退，才益不足副其所见矣。少壮真当努力，光阴迈往，悔其可追？姻丈于上年六月改葬，《行述》未蒙寄到，若果为铭章，必不足称盛意。南屏亦已衰颓，共游衡巇之说果践约否？筠仙修《通志》之役，事甚浩博，未易卒业。近又丧其爱子，忧怀何以自遣？

寒门已嫁四女，三家未得生子。郭氏女生子而早寡，感怆无涯。内人失明之后，诸病丛集，医药相寻。冢妇亦多病。次儿于元日得举一子，差为忻慰。贱躯粗遣，惟目光日蒙，于花镜之上又加一花，看字尚如隔烟雾。直隶终年亢旱，去秋未种宿麦，今岁夏收失望。疆吏对此，如坐针毡，公私孑孑，都无好怀。南望故乡，恨不得屏弃百事，从阁下一豁襟抱也。略布近状，诸希鉴察。不宣。

---

[1] 此处疑缺一"之"字。

直隶清讼完竣请将办理勤奋各员酌奖折
（同治九年二月初二日）

奏为直隶清讼旧案陆续完竣，新案办理就绪，请将勤奋各员酌予奖励，恭折仰祈圣鉴事。

窃维讼狱为民命所关，审办之迟速，民生之休戚系之。直隶讼案之繁甲于他省，听断稍稽，即虞积压。自咸丰初年军兴以来，地方官或办理防堵，或供应兵差，未能专治讼事。而前任督臣及历任臬司均因督办防剿，节次公出，军务紧急，遂将刑名事件稍置缓图。日积月累，年复一年，截至同治八年三月底止，通省未结同治七年以前之案积至一万二千余起之多。微臣履任，以直隶军事已定，民困未苏，清厘积案尤为当务之急，即经奏请张树声暂留直隶臬司本任，以资熟手，奉旨允准。酌撰清讼事宜，并饬司议定限期功过章程，一并刊发各属实力奉行，将积案及监押逸犯四种开列四柱单册，按月造送臣衙门及藩、臬两司三处。臣署派奏调之知县金吴澜等帮同经理，臬署派县丞陈本等帮同经理，藩署派知县夏子鎏帮同经理，参互稽核，分别勤惰记功记过，每月悬榜院司官厅，大众阅看，以期群相砥砺。其词讼案内交差管押人证，往往州县漫不经心，书役人等难保无私放滥押情弊，复经随时委员分投密查，其有人数不符者立予记过撤佃。至保定府谳局历年积案一百三十余起，多系京控奏交重大之件，添派明干委员帮同该府恩福上紧审理，间遇疑狱，派前臬司史念祖会督局员悉心核议，以昭慎重。计自上年四月开办起至十一月底止，共八个月，历据各属审结，并注销、息销七年以前旧案一万二千零七十四起，又结八年新案二万八千一百二十一起。此外尚存未结旧案仅止九十五起，或紧要犯证无获，或隔省关查未复，均已咨部展限。又未结八年新案二千九百四十起，不足一月新收之数，不难渐就清理。

此次办理清讼，印委各员振刷精神，悉心推鞫，间有平反重案，悉臻允协，多年淹滞尘牍，为之拂拭一清，凡无辜被牵者，从此得免拖累，该员等不无微劳可纪。首府谳局为通省之表率，该府恩福会督委员无间寒暑，昕宵悉心研鞫，审办完竣，尤属勤劳卓著。据两司具详前来。谨将七年以前旧案在百起以上至千余起一律全清者及记功较多者，择尤开单恭呈御览。① 合无仰恳圣恩俯准，照苏省成案给奖，以示鼓励。所有直隶清讼完竣，请将各员酌奖缘由，恭折具奏，伏乞皇太后、皇上圣鉴训示。

再，积讼已就清理，臬司张树声自应钦遵谕旨饬赴山西臬司之任。惟新任直隶臬司钱鼎铭前已奏明留办畿南一带赈务，请俟事毕再行各赴本任，合并陈明。谨奏。

---

① 所附请奖清单，省略未录。——本书编者注。

江宁府学记
（同治九年二月）

　　同治四年，今相国合肥李公鸿章改建江宁府学，作孔子庙于冶城山，正殿门庑，规制粗备。六年，国藩重至金陵。明年，菏泽马公新贻继督两江，赓续成之。凿泮池，建崇圣祠、尊经阁及学官之廨宇。八年七月工竣。董其役者，为候补道桂嵩庆暨知县廖纶、参将叶圻。既敕既周，初终无懈。

　　冶城山颠，杨、吴、宋、元皆为道观，明曰朝天宫，盖道士祀老子之所也。道家者流，其初但尚清静无为，其后乃称上通天帝。自汉初不能革秦时诸畤，而渭阳五帝之庙，甘泉泰一之坛，帝皆亲往郊见。由是圣王祀天之大典，不掌于天子之祠官，而方士夺而领之。道家称天，侵乱礼经，实始于此。其他炼丹烧汞、采药飞升、符箓禁咒、征召百神、捕使鬼物诸异术，大率依托天帝。故其徒所居之宫，名曰"朝天"，亦犹称"上清"、"紫极"之类也。

　　嘉庆、道光中，宫观犹盛，黄冠数百人。连房栉比，鼓舞盯庶。咸丰三年，粤贼洪秀全等盗据金陵，窃泰西诸国绪余，燔烧诸庙，群祀在典与不在典，一切毁弃，独有事于其所谓天者，每食必祝，道士及浮屠弟子，并见摧灭。金陵文物之邦，沦为豺豕窟宅，三纲九法，扫地尽矣。原夫方士称天以侵礼官，乃老子所不及料。迨粤贼称天以恫群神而毒四海，则又道士辈所不及料也。圣皇震怒，分遣将帅诛殛凶渠，削平诸路，而金陵亦以时戡定，乃得就道家旧区，廓起宏规，崇祀至圣暨先贤先儒。将欲黜邪慝而反经，果操何道哉？夫亦曰隆礼而已矣。

　　先王之制礼也，人人纳于轨范之中。自其弱齿，已立制防，洒扫沃盥有常仪，羹食肴胾有定位，绥缨绅佩有恒度。既长则教之冠礼，以责成人之道；教之昏札，以明厚别之义；教之丧祭，以笃终而报本。其出而应世，则有士相见以讲让，朝觐以劝忠；其在职，则有三物以兴贤，八政以防淫。其深远者，则教之乐舞，以养和顺之气，备文武之容；教之《大学》，以达于本末终始之序，治国平天下之术；教之《中庸》，以尽性而达天。故其材之成，则足以辅世长民，其次，亦循循绳矩。三代之士，无或敢遁于奇邪者，人无不出于学，学无不衷于礼也。

老子之初，固亦精于礼经。孔子告曾子、子夏，述老聃言礼之说至矣。其后恶末世之苛细，逐华而悖本，斫自然之和，于是矫枉过正，至讥礼者忠信之薄而乱之首，盖亦有所激而云然耳。圣人非不知浮文末节无当于精义，特以礼之本于太一，起于微眇者，不能尽人而语之。则莫若就民生日用之常事为之制，修焉而为教，习焉而成俗。俗之既成，则圣人虽没，而鲁中诸儒犹肄乡饮、大射礼于冢旁，至数百年不绝。又乌有窈冥诞妄之说，淆乱民听者乎？

吾观江宁士大夫，材智虽有短长，而皆不屑诡随以徇物。其于清静无为之旨，帝天祷祀之事，固已峻拒而不惑。孟子言："无礼无学，贼民斯兴。"今兵革已息，学校新立，更相与讲明此义，上以佐圣朝匡直之教，下以辟异端而迪吉士。盖凛凛乎企向圣贤之域，岂仅人文彬蔚，鸣盛东南已哉！

复方楷
（同治九年三月十三日）

子可世讲阁下：

去腊接手书并《球图凡例》一册、杂文四首，一一具悉。

海外城邑、部落、水脉、水道、洋面、岛岸，考核难详，不能立表，且令有表无图，仍于形势不能明了。鄙人前岁所殷殷相嘱者，恐木球不能经久，意欲另摹副本，如胡文忠所刻《一统舆图》之例，分之可成数卷，合之仍为一图耳，本欲别为一表也。尊议今拟分割圆体，绘成平图，细析度分，附以《图说》，俾可萃为一册，而案度辏合，仍成全球，则固与鄙意吻合，请即悉心考辑成此巨观大著。《图说》数则，体裁既当，考订尤精。内如日本国则以倭人自绘之图为定，而据《皇清通考》、南怀仁《坤舆图说》等书以订《武备志》及魏、胡诸图之误。于南洋滨海各国则从《瀛寰志略》以蒲甘属缅甸，禄奈属越南，而订魏默深合为一地之误。又据中英各图辨明绰多穆楚河为大金沙江，而订魏氏指雅鲁藏布江、徐氏指潞江之误，所论皆极翔确。其余考订经纬度线及地名界域均能精审。而其不能确定者则不强不知为知，尤得阙疑之义。大约海外地形当以洋人之图为蓝本。洋人于地舆之学既所究心，所至又多经目验，惜其文字不能尽识耳。若得熟识西字者与之往返商定，或遇西士之有学者，从之访问形势，考核字体，必能有益此书。至于中国诸儒之书，率皆悬度影响以自炫于华人而已，不足据依也。阁下所为《图说》，大端亦主此意。其西洋各国则洋图尤为详明。仍望续成《图说》，俾成全书。至间有测望未定者，随时考证可也。

上海机器局常有洋人地图，或分或合，流传在彼，亦能翻谬〔译〕洋文，悉以汉字写出。鄙意每欲请阁下入局，在该局得博学精思之士提挈纲领，在台端亦可稍广见闻。不知肯俯就该处否？

读《诗》四文皆有创识，而考论渭阳为秦人，疑晋人臆测，宜鉴前辙，尤为神理宛合。鼓钟之淮水为今凤翔府邹县境内之水，以《地理志》右扶风、武功下淮水初为据，亦属精当。第此诗果为刺幽王与否，殊难判断。《〈扬之水〉说》发明《风》诗"云何"之例，亦极明确。《抑》，《诗序》谓卫武公刺厉王，武公与厉王时代先后，唐孔氏亦尝辨之，而以此诗为追刺之作，似亦可通。如唐人于长庆、会昌之年犹咏杨妃马嵬之事，亦皆不必生当其世。《正义》于《节南山》诗谓作于平、桓之世、上刺幽王者，亦此类也。尊论谓毛、郑大儒未一辨及，则此《序》原无"卫武公"三字。而以卫武公为共伯和之讹，据其年世固已适合，惟《诗序》"卫武公"三字既不足信，则刺厉王之说亦无缘确知其不妄。郑君于《十月之交》四诗尝改《诗序》之"幽王"为"厉王"，以为汉兴之初，师移其第；然则《序》称刺某王美某公，其不足据多矣。《国语》卫武公作"懿戒"，韦注引三君说，以"懿戒"为书，此乃望文生训。故韦氏以自不从"懿戒"之篇，他无所见，何由声为书名？即使古书果有此篇，而唐孔氏于《书》、《诗》"正义"数引《国语》此文，"懿"下皆无"戒"字。《北堂书钞》引此亦无"戒"字，是《国语》原文或本无"戒"字，"戒"为后人所加亦未知。韦氏破"懿"为"抑"，其《抑》诗当已无疑。《抑》诗为武公作，尚有《国语》之一证，而谓为刺厉之诗，则茫然无据，似不必改为共伯和，以求合其世数也。武公当时有"睿圣"之谥，见称于季札及左史倚相，皆晚周之博物君子也。其诗则孔子兼录于《风》、《雅》，其为当时贤诸侯无疑。史载弑兄之说，小司马已辨其非，阁下据此断其不能作《抑》诗，始亦未为定论。尊览著服其皆有独见，略贡所疑，以备参核。即候台安。不具。

谕纪泽纪鸿
（同治九年六月初四日）

余即日前赴天津，查办殴毙洋人焚毁教堂一案。外国性情凶悍，津民习气浮嚣，俱难和叶，将来构怨兴兵，恐致激成大变。余此行反复筹思，殊无良策。余自咸丰三年募勇以来，即自誓效命疆场，今老年病躯，危难之际，断不肯吝于一死，以自负其初心。恐邂逅及难，而尔等诸事无所禀承，兹略示一二，以备不虞。

余若长逝，灵柩自以由运河搬回江南归湘为便。中间虽有临清至张秋一节须改陆路，较之全行陆路者差易。去年由海船送来之书籍、木器等过于繁重，断不可全行带回，须细心分别去留。可送者分送，可毁者焚毁，其必不可弃者，乃行带归，毋贪琐物而花途费。其在保定自制之木器全行分送。沿途谢绝一切，概不收礼，但水陆略求兵勇护送而已。

余历年奏折，令夏吏择要抄录，今已抄一多半，自须全行择抄。抄毕后存之家中，留于子孙观览，不可发刻送人，以其间可存者绝少也。

余所作古文，黎莼斋抄录颇多，顷渠已照抄一分寄余处存稿，此外黎所未抄之文寥寥无几，尤不可发刻送人，不特篇帙太少，且少壮不克努力，志亢而才不足以副之，刻出适以彰其陋耳。如有知旧劝刻余集者，婉言谢之可也。切嘱切嘱。

余生平略涉儒先之书，见圣贤教人修身，千言万语，而要以不忮不求为重。忮者，嫉贤害能，妒功争宠，所谓怠者不能修，忌者畏人修之类也。求者，贪利贪名，怀土怀惠，所谓未得患得，既得患失之类也。忮不常见，每发露于名业相侔、势位相埒之人；求不常见，每发露于货财相接、仕进相妨之际。将欲造福，先去忮心，所谓人能充无欲害人之心，而仁不可胜用也。将欲立品，先去求心，所谓人能充无穿窬之心，而义不可胜用也。忮不去，满怀皆是荆棘；求不去，满腔日即卑污。余于此二者常加克治，恨尚未能扫除净尽。尔等欲心地干净，宜于此二者痛下工夫，并愿子孙世世戒之。附作忮求诗二首录右。

历览有国有家之兴，皆由克勤克俭所致。其衰也，则反是。

余生平亦颇以勤字自励，而实不能勤。故读书无手抄之册，居官无可存之牍。生平亦好以俭字教人，而自问实不能俭。今署中内外服役之人，厨房日用之数，亦云奢矣。其故由于前在军营，规模宏阔，相沿未改，近因多病，医药之资漫无限制。由俭入奢易于下水，由奢反俭难于登天。在两江交卸时，尚存养廉二万金。在余初意，不料有此，然似此放手用去，转瞬即已立尽。尔辈以后居家，须学陆梭山之法，每月用银若干两，限一成数，另封秤出。本月用毕，只准赢余，不准亏欠。衙门奢侈之习，不能不彻底痛改。余初带兵之时，立志不取军营之钱以自肥其私，今日差幸不负始愿，然亦不愿子孙过于贫困，低颜求人，惟在尔辈力崇俭德，善持其后而已。

孝友为家庭之祥瑞。凡所称因果报应，他事或不尽验，独孝友则立获吉庆，反是则立获殃祸，无不验者。

吾早岁久宦京师，于孝养之道多疏，后来展转兵间，多获诸弟之助，而吾毫无裨益于诸弟。余兄弟姊妹各家，均有田宅之安，大抵皆九弟扶助之力。我身殁之后，尔等事两叔如父，事叔母如母，视堂兄弟如手足。凡事皆从省啬，独待诸叔之家则处处从厚，待堂兄弟以德业相劝、过失相规，期于彼此有成，为第一要义。其次则亲之欲其贵，爱之欲其富，常常以吉祥善事代诸昆季默为祷祝，自当神人共钦。温甫、季洪两弟之死，余内省觉有惭德。澄侯、沅甫两弟渐老，余此生不审能否能见。尔辈若能从孝友二字切实讲求，亦足为我弥缝缺憾耳。

附忮求诗二首：

> 善莫大于恕，德莫凶于妒。妒者妾妇行，琐琐奚比数。己拙忌人能，己塞忌人遇。己若无事功，忌人得成务。己若无党援，忌人得多助。势位苟相敌，畏逼又相恶。己无好闻望，忌人文名著。己无贤子孙，忌人后嗣裕。争名日夜奔，争利东西鹜。但期一身荣，不惜他人污。闻灾或欣幸，闻祸或悦豫。问渠何以然，不自知其故。尔室神来格，高明鬼所顾。天道常好还，嫉人还自误。幽明丛诟忌，乖气相回互。重者灾汝躬，轻亦减汝祚。我今告后生，悚然大觉寤。终身让人道，曾不失寸步。终身祝人善，曾不损尺布。消除嫉妒心，普天零甘露。家家获吉祥，我亦无恐怖。右不忮
>
> 知足天地宽，贪得宇宙隘。岂无过人姿，多欲为患害。在约每

思丰，居困常求泰。富求千乘车，贵求万钉带。未得求速偿，既得求勿坏。芬馨比椒兰，磐固方泰岱。求荣不知餍，志亢神愈忕。岁燠有时寒，日明有时晦。时来多善缘，运去生灾怪。诸福不可期，百殃纷来会。片言动招尤，举足便有碍。戚戚抱殷忧，精爽日凋瘵。矫首望八荒，乾坤一何大！安荣无遽欣，患难无遽憨。君看十人中，八九无倚赖。人穷多过我，我穷犹可耐。而况处夷途，奚事生嗟忾？于世少所求，俯仰有余快。俟命堪终古，曾不愿乎外。右不求

谕天津士民
（同治九年六月初九日）

自咸丰三、四年间，本部堂即闻天津民皆好义，各秉刚气，心窃嘉之。夫好义者，救人之危难，急人之不平，即古所谓任侠之徒是也。秉刚气者，一往直前，不顾其他，水火可赴，白刃可蹈之类是也。斯固属难得之质，有用之才，然不善造就，则或好义而不明理，或有刚气而无远虑，皆足以偾事而致乱。即以昨五月二十三日之事言之：前闻教堂有迷拐幼孩、挖眼剖心之说，尔天津士民忿怒洋人，斯亦不失为义愤之所激发。然必须访察确实，如果有无眼无心之尸实为教堂所掩埋，如果有迷拐幼孩之犯实为教堂所指使，然后归咎洋人，乃不诬枉。且即有真凭实据，亦须禀告官长，由官长知会领事，由领事呈明公使，然后将迷拐知情之教士、挖眼剖心之洋人大加惩治，乃为合理。今并未搜寻迷拐之确证、挖眼之实据，徒凭纷纷谣言，即思一打泄忿。既不禀明中国官长，转告洋官，自行惩办；又不禀明官长，擅杀多命，焚毁多处。此尔士民平日不明理之故也。我能杀，彼亦可以杀报；我能焚，彼亦可以焚报。以忿召忿，以乱召乱，报复无已，则天津之人民、房屋皆属可危。内则劳皇上之忧虑，外则启各国之疑衅。十载讲和，维持多方而不足；一朝激变，荼毒万姓而有余。譬如家有子弟，但逞一朝之忿，而不顾祸患入于门庭，忧辱及于父兄，可乎？国有士民，但逞一朝之忿，而不顾干戈起于疆场，忧危及于君上，可乎？此尔士民素无远虑之故也。

津郡有好义之风，有刚劲之气，本多可用之才，然善用之，则足备干城；误用之，则适滋事变。闻二十三日焚毁教堂之际，土棍游匪混杂其中，纷纷抢夺财物，分携以归。以义愤始，而以攘利终，不特为洋人所讥，即本地正绅，亦羞与之为伍矣。

本部堂奉命前来，一以宣布圣主怀柔外国、息事安民之意；一以劝谕津郡士民，必明理而后可言好义，必有远虑而后可行其刚气，保全前此之美质，挽回后日之令名。此后应加何仰体圣意，和戢远人，应如何约束同侪，力戒喧哄，如何而惩既往之咎，如何而靖未平之气，仰读书知理君子悉心筹议，分条禀复。特谕。

复奕䜣等
（同治九年六月二十二日）

曾国藩顿首上书王爷殿下、列位大人阁下：

十六日接读隶字三十七号钧示，当因十四日肃上隶字第十号复函尚未达览，是以裁复稍稽。旋经迭接隶字三十八九等号赐函，敬承一一。李中书"辨诬"、"弭诬"二论，所言多可采录，尊处改削处尤为精细。威使以查办迟缓深咎国藩，承为多方解释，曷任感纫！

法使十九日到此，相见于地山宫保署中，颇形和缓。二十日地山往见该使，辞语亦属平善。讵二十一二两日，该使忽改初说？接据该使照会出言无状，谓天津之案为府县所主使，必将该府县正法云云，办理殊为棘手。谨将该使照会及敝处给该照复一件抄呈钧览。该府县等，本无甚办理不善之处，不过张于郭拐之案操之太蹙，王三、武兰珍之案稍事刑求，卒无切供，为民间浮言所动，初非有意与洋人为难，其咎不过革职。而止惟事关大局，不敢稍事拘泥，已将该二员送交刑部，冀可量为转圜。罪轻法重，殊为愧恨。

敝处查明大概情形一折，系就前咨通商衙门一牍主言。盖因尊函所寄威使照会中，专论谣言之诬有"野番不为"之语，故不惮力为辨白，以平各国之气而释外省之疑，拟请明发谕旨昭雪挖眼剖心等事之诬。惟教堂迷拐一节，实难保其必无缘，欲使洋人有可转圜之地，立语不得不稍事浑含。尚有密陈一片，大指言迷拐之说不为无因，拟请此案议结时将行教条约酌为修改。李中书论中所言，间亦采取意昭示公道，临拜发时因罗使有此照会，恐敝处片奏偶有漏言之人，该使又将借此饶舌，遂将此片抽出未发。将来稍有成议，仍当再申前请，先以奉闻。敝处前咨欲求釜底抽薪之策，但恐薪虽抽而沸不止，不识如何办理，方为轻重适宜。

至百姓谣传之疑，本无确证，一经指出，便自无辞以对。此等止一州县能问案者，便优为之。来示推奖过当，至谓德泽入人，益增惭恧。目下虽无确证，而百姓尚愤激不已，满城嚣嚣，群思一逞。是鄙人外既不能止洋人之沸，内亦不能靖津民之乱，愧悚何极！近来日益昏蒙，眩晕复发，心悸肝郁，深恐以病躯偾事。地山宫保交卸后，尚思留之会办，以匡不逮。王三久无确供，罗使要求过切，已饬释还。本日法国水师提督已带兵船径抵大沽，该使声势愈张，此后胁制愈甚。雨生中丞密陈之第六条，深中事理，少荃亦言不可无备。敝处调到保定勇二千人，拟即调至津郡。此外，张秋铭军九千人亦拟量移近处，以备不虞，但恐洋人借口开衅。是否可行，密请示谕，俾有遵循。肃此奉复，敬颂钧安。伏希垂鉴，不具。

查明天津教案大概情形折
（同治九年六月二十三日）

奏为查明天津滋事大概情形，恭折仰祈圣鉴事。

窃臣国藩于六月初九日，静海途次承准军机大臣字寄，六月初八日奉上谕："曾国藩奏起程赴津筹办情形一折，据称教堂牵涉迷拐之案，讯供稍有端倪，尚未能确指证据等语。此案启衅之由，因迷拐幼孩而起，总以有无确据为最要关键，必须切实根究，则曲直既明，方可再筹办法。至洋人伤毙多人，情节较重，若不将倡首滋事之犯惩办，此事亦势难了结。着曾国藩、崇厚悉心会商，体察事机，妥筹办理，以期早日完案，免滋后患。曾国藩拟将误毙俄国人命及误毁英美两国讲堂先行设法议结，不与法国牵混，所见甚是，着即会同崇厚妥为商办，以免缪辀。将此由五百里各密谕知之。"钦此。

臣等伏查此案起衅之由，因奸民迷拐人口，牵涉教堂，并有挖眼剖心作为药材等语，遂致积疑生愤，激成大变，必须确查虚实，乃能分别是非曲直，昭示公道。臣国藩抵津以后，逐细研讯教民迷拐人口一节，王三虽经供认授药与武兰珍，然尚时供时翻。又其籍在天津，与武兰珍原供在宁津者不符，亦无教堂主使之确据。至仁慈堂查出男女一百五十余名口，逐一讯供，均称习教已久，其家送至堂中豢养，并无被拐情节。至挖眼剖心则全系谣传，毫无实据。臣国藩初入津郡，百姓拦舆递禀数百余人，亲加推问挖眼剖心有何实据，无一能指实者，询之天津城内外亦无一遗失幼孩之家控告有案者。惟此等谣传，不特天津有之，即昔年之湖南、江西，近年之扬州、天门及本省之大名、广平，皆有檄文揭帖，或称教堂拐骗丁口，或称教堂挖眼剖心，或称教堂诱污妇女。厥后各处案虽议结，总未将檄文揭帖之虚实剖辨明白。此次详查，挖眼剖心一条竟无确据，外间纷纷言有眼盈坛，亦无其事。盖杀孩坏尸、采生配药，野番凶恶之族尚不肯为，英法各国乃著名大邦，岂肯为此残忍之行？以理决之，必无是事。天主教本系劝人为善，圣祖仁皇帝时久经允行，倘戕害民生若是之惨，岂能容于康熙之世？即仁慈堂之设，其初意亦与育婴堂养济院略同，专以收恤穷民为主，每年所费银两甚多，彼以仁慈为名，而反受残酷之谤，宜洋人之忿忿不平也。

至津民之所以积疑生愤者，则亦有故。盖见外国之堂终年扃闭，过于秘密，莫能窥测底里。教堂、仁慈堂皆有地窖，系从他处募工修造者。臣等亲履被烧堂址细加查勘，其为地窖不过隔去潮湿庋置煤炭，非有他用。而津民未尽目睹，但闻地窖深邃，各幼孩幽闭其中，又不经本地匠人之手，其致疑一也。中国人民有至仁慈堂治病者，往往被留不令复出，即如前任江西进贤县知县魏席珍之女贺魏氏，带女入堂治病，久而不还。其父至堂婉劝回家，坚不肯归，因谓有药迷丧本心，其致疑二也。仁慈堂收留无依子女，虽乞丐、穷民及疾病将死者亦皆收入。彼教又有施洗之说。施洗者其人已死，而教主以水沃其额而封其目，谓可升天堂也。百姓见其收及将死之人，闻其亲洗新尸之眼，已堪诧异。又由他处车船致送来津者动辄数十百人，皆但见其入而不见其出，不明何故，其致疑三也。堂中院落较多，或念经，或读书，或佣工，或医病，分类而处，有子在前院而母在后院，母在仁慈堂而子在河楼教堂，往往经年不一相见，其致疑四也。加以本年四五月间，有拐匪用药迷人之事，适于是时堂中死人过多，其掩埋又多以夜，或有两尸三尸共一棺者。五月初六日河东丛冢有为狗所发者一棺二尸。天津镇中营游击左宝贵等曾经目睹死人皆由内先腐，此独由外先腐，胸腹皆烂，肠肚外露。由是浮言大起，其致疑五也。平日熟闻各处檄文揭帖之言，信为确据，而又积此五疑于中，各怀恚恨。迨至拐匪牵涉教堂，丛冢洞见胸腹，而众怒已不可遏。迨至府县赴堂查讯王三，丰领事对官放枪，而众怒尤不可遏。是以万口哗躁，同时并举，猝成巨变。其浮嚣固属可恶，而其积疑则非一朝一夕之故矣。

今既查明根原，惟有仰恳皇上明降谕旨，通饬各省，俾知从前檄文揭帖所称教民挖眼剖心戕害生民之说多属虚诬，布告天下，咸使闻知，一以雪洋人之冤，一以解士民之惑，并请将津人致疑之由宣示一二。天津风气刚劲，人多好义，其仅止随声附和者不失为义愤所激，自当一切置之不问。其行凶首要各犯及乘机抢夺之徒，自当捕拿严惩以儆将来。在中国戕官毙命尚当按名拟抵，况伤害外国多命几开边衅，刁风尤不可长。惟当时非有倡首之人预为纠集，正凶本无主名，津郡人心至今未靖，向来有曰混星子者结党成群，好乱乐祸，必须佐以兵力，乃足以资弹压。顷将保定铭军三千人调扎静海，此军系记名臬司丁寿昌统带，该员现署天津道缺。一俟民气稍定，即以缉凶事件委之，该署道督同府县办理，当可胜任。至武兰珍犯供既已牵涉教堂，经臣崇厚饬令地方官赴堂查验，实为解释众疑起见。近日江南亦有教堂迷拐之谣，亦即如此办理。其后丰大业等之死，教堂公馆之焚，变起仓猝，非复人力所能禁止。惟地方酿成如此巨案，究系官府不能化导于平时，不能预防于先事，现已将道、府、县三员均行撤任，听候查办，由臣国藩拣员署理。

同日另片具奏，其杀毙人口现经确查姓名实数，惟仁慈堂尚有女尸五具，未经寻获，其余均妥为棺验，交英国领事官李蔚海收存。俄国三人，已由该国领事官孔气验明掩埋。谨开列清单①，恭呈御览。法国公使罗淑亚业经到津议及赔修教堂事，宜臣等拟即派员经理。余俟议有端绪续行陈奏，其误毙俄国之人命、误毁英美两国之讲堂，亦俟议结另行具奏。所有查明大概情形，谨具折先行会奏，伏乞皇太后、皇上圣鉴训示。谨奏。

---

① 原附清单省略未录。——本书编者注。

奉旨复陈天津教案办理情形折
（同治九年六月二十八日）

奏为钦奉谕旨，恭折复陈，仰祈圣鉴事。

窃臣承准军机大臣密寄，六月二十三日奉上谕："有人奏，风闻津郡百姓焚毁教堂"等因。钦此。同日又奉上谕："前据曾国藩奏，本月初六日启程"等因。钦此。臣于二十三日业将大概情形，会同崇厚恭折具陈在案。洋人挖眼取心之说，全系谣传，毫无确据。故彼族引以为耻，忿忿不平。焚毁教堂之日，众目昭彰，若有人眼人心等物，岂崇厚一人所能消灭？且当时由教堂所出，必有取出之人呈交崇厚收执，亦必有呈交之人。此等异事，绅民岂有不知？臣抵津后，查讯挖眼取心有无确据，绅民俱无辞以对。内有一人言眼珠由陈大帅自带进京，大帅者，俗称陈国瑞之名也，其为讹传，已不待辨。原其讹传所起，由崇厚前月二十四日专弁到京，向总理衙门称有搜出眼珠盈坛之说。其时，仓卒传闻，该弁未经考实，致有此讹。其实眼珠如至盈坛，则堂内必有千百无目之人，毁堂之时，何无一人见在？即云残害，其尸具又将何归？此可决知其妄者。

谕旨垂询迷拐一案，究竟有无确据。臣查挖眼剖心决非事实，迷拐人口实难保其必无。大津之王三、安三，河间拿获之王三纪，静海现留之刘金玉，供词牵涉教堂，在在可疑。臣前奏系力辨洋人之诬，请发明谕，故于迷拐一节，言之不实不尽，诚恐有碍于和局。当时另有片奏密陈迷拐之可疑，旋因虑及偶有漏泄，法使罗淑亚必致又兴波澜。洋人此时断不肯自认理亏，不如浑含出之，使彼有转圜之地。临发时将密片抽出，将来此案办结，仍当再申前说，请令教堂、仁慈堂均由地方官管辖，庶冀永弭衅端。

至谕旨垂询传教有碍通商一节，臣上年在京曾与臣文祥论及，传教不宜兼设育婴堂。文祥力言，其势不能禁遏，育婴堂且不能禁，况能禁传教乎？

谕旨垂询现在办法，臣已〔以〕为昭雪挖眼剖心等事之诬，以平洋人之心。其焚毁教堂、公馆，业已委员兴修。王三屡经翻供，现已释还。教民安三迷拐被获，因狱词未定，而该使索之甚坚，亦经暂行释放。至查拿正凶，措手稍难，已饬新任道、府拿获九名，拷讯党羽。至俄国误伤三人，前经委员与俄国领事官孔气商酌，每伤一人给予恤银五千两。该领事当以请示国主为辞，昨经臣处动用公牍再为询商。惟法使罗淑亚必欲将天津府、县及陈国瑞三人拟抵，经臣照复该使，府、县并非有心与洋人为难，陈国瑞不在事中，仍复曲徇所请，将该府、县奏交刑部治罪。昨据该使照会，仍执前说必令该三员抵偿，又遣翻译官德伟力亚来臣处面称，必如照会所言，方不决裂。臣与辩论良久，问该使称府、县主使，究有何据？德伟力亚不能指出，然其辞气始终狡执，未就范围。臣查府、县实无大过，送交刑部已属情轻法重。该使必欲拟抵，实难再允所求。由臣处给予照复，另录送军机处备查。彼若不拟构衅，则我所断不能允者，当可徐徐自转；彼若立意决裂，虽百请百从，仍难保其无事。

谕旨垂询近日民情，虽经臣迭次晓谕，而其疾视洋人，尚难遽予解化。良民安分畏事，每欲自卫身家；莠民幸灾乐祸，辄欲因乱抢夺。浮动之意，至今未定，故有邀集众绅往见罗使者，亦有撕毁教堂告示者。现有铭军二千人在此弹压，当可无虞。但臣举措多不惬情，堪内疚耳。

谕旨询及崇厚如可交卸，即着先行来京。现在办理虽有端倪，罗使尚未应允。臣于夷务素未谙悉，且病势日深，崇厚与洋人交涉已久，无事不熟，应请饬令该侍郎暂缓赴京，留此会办，俾臣不至偾事，于大局实有裨益。所有微臣奉旨查询缘由，谨复〔缮〕折复陈，伏乞皇太后、皇上圣鉴训示。谨奏。

密陈津郡教案委曲求全大概情形片
（同治九年六月二十八日）

再，臣正缮折间，承准军机大臣密寄六月二十五日奉上谕："曾国藩、崇厚奏查明天津滋事大概情形一折，另片奏请将天津府县革职治罪等语，已均照所请明降谕旨宣示矣。曾等此次陈奏各节，固为消弭衅端委曲求全起见，惟洋人诡谲性成，得步进步，若事事遂其所求，将来何所底止？是欲弭衅而仍不免启衅也。该督等现给该使照会于缉凶修堂等事，均已力为应允，想该使自不至再生异词。此后如洋人仍有要挟恫喝之语，曾国藩务当力持正论，据理驳斥，庶可以折敌焰而张国维。至备预不虞，尤为目前至急之务，曾国藩已委记名臬司丁寿昌署理天津道篆，其驻扎张秋之兵，自应调扎附近要隘，以壮声威。李鸿章已于五月十六日驰抵潼关，所部郭松林等军亦已先后抵陕。此时审陕回匪屡经官军剿败，其焰渐衰，若移缓就急，调赴畿疆似较得力，着曾国藩斟酌情形，赶紧复奏，再降谕旨。日来办理情形若何？能否迅就了结？并着随时驰奏。总之，和局固宜保全，民心尤不可失，曾国藩总当体察人情向背，全局通筹，使民心允服，始能中外相安也。沿江沿海各督抚本日已有寄谕，令其严行戒备。陈国瑞当时是否在场，到津后即可质明虚实，已令神机营饬令该提督赴津听候曾国藩查问矣。将此由五百里各密谕知之。"钦此。

臣查此次天津之案，事端宏大，未能轻易消弭。中国目前之力，断难遽启兵端，惟有委曲求全之一法。臣于五月二十九日复奏折内，曾声明立意不与开衅，匝月以来，朝廷加意柔远，中外臣民亦已共见共闻。臣等现办情形，仍属坚持初议，而罗酋肆意要挟，卒未稍就范围。谕旨所示，洋人诡谲性成，得步进步，若事事遂其所求，将来何所底止？是欲弭衅而仍不免启衅。确中事理，洞悉敌情，臣等且佩且悚。目下操纵之权主之自彼，诚非有求必应所能潜弭祸机。此后彼所要求，苟在我稍可曲徇，仍当量予转圜；苟在我万难允从，亦必据理驳斥。惟洋人遇事专论强弱，不论是非，兵力愈多，挟制愈甚。若中国无备则势焰张，若其有备，和议或稍易定。现令张秋全队九千人拔赴沧州一带，略资防御。李鸿章前在潼关，臣已致函商谕，万一事急，恐须统率所部由秦入燕。此时陕回屡受大创，若令李鸿章入陕之师移缓就急，迅赴畿疆办理，自为得力。英法两国水师提督顷已均在大沽，其请示国主旬日内当有复信。法国若仅与津人为难，则称兵必速；若要求无厌，直与国家为难，则称兵较迟。李鸿章若于近日奉旨移军东指，当不嫌其过缓。

臣于洋务素未研求，昨二十一日眩晕之病又复举发，连日心气耗散，精神不能支持，目光愈蒙。二十六日崇厚来臣处面商一切，亲见臣昏晕呕吐，左右扶入卧内，不能强起陪客，该大臣已有由京另派重臣来津之奏。

臣自咸丰三年带兵，早矢效命疆场之志，今兹事虽急，病虽深，而此志坚实，毫无顾畏。平日颇知持正理而畏清议，亦不肯因外国要挟尽变常度。朝廷接崇厚之奏是否已派重臣前来，应否再派李鸿章东来，伏候圣裁。抑臣更有请者，时事虽极艰难，谋画必须断决。伏见道光庚子以后办理夷务，失在朝和夕战，无一定之至计，遂至外患渐深，不可收拾。皇上登极以来，外国盛强如故，惟赖守定和议，绝无改更，用能中外相安，十年无事，此已事之成效。津郡此案因愚民一旦愤激，致成大变，初非臣僚有意挑衅。倘即从此动兵，则今年即能幸胜，明年彼必复来，天津即可支持，沿海势难尽备。朝廷昭示大信，不开兵端，此实天下生民之福。虽李鸿章兵力稍强，然以外国之穷年累世专讲战事者尚属不逮，以后仍当坚持一心曲全邻好。惟万不得已而设备，乃取以善全和局。兵端决不可自我而开，以为保民之道；时时设备，以为立国之本，二者不可偏废。臣此次以无备之故，办理过柔，寸心抱疾，而区区愚虑，不敢不略陈所见，伏乞皇太后、皇上圣鉴训示。谨奏。

复廖寿丰廖寿恒
（同治九年八月初四日）

毂士、仲山仁弟大人阁下：

七月十七日接到惠示，并抄寄沈吏部条陈一件。具承挚爱殷拳，亮其愚忱而规所不及，使不佞得闻其过，至感至荷。

津案事端宏大，未易消弭。国藩智虑短浅，初奉查办之命，亦深惧失机偾事，见讥贤哲。徒以谬点高位，不敢稍涉避难，假期未满，力疾来津。及查讯衅端，则津民所传洋人挖眼剖心等谣绝无证据，不足恃为辨论之端，而洋人毙命伤官，其势不肯再认理曲。适英使威妥玛有一照会，言之极为忿忿，直谓此等残忍之行，野番尚不肯为，泰西大邦岂肯为之？不独法人私愤，实乃各国公耻。意在激怒党羽，潜煽祸机。因是亟上一疏，代为剖析，欲为釜底抽薪之计。此疏未出，即自知不为物议所容。考究事实，则挖眼剖心实皆好事传疑之说，非敢诬罔津民，曲徇彼族。即来示所言，扬州、金陵各处皆有，顷晤亦皆辨为流传之误。

至府县一节，当时罗酋要求将府县拟抵，崇帅力请交部，谓可轻重自由。国藩初与崇帅书，即称有祸同当，有谤同分，不敢过执己见，用是有交部治罪之奏。府县本无大过，张守尤为得民，此事至今追悔。外惭清议，内负神明，萃九州之铁，不能铸此一错。及罗酋坚执前说，敝处峻词拒绝，该酋旋即入都，幸廷议均力主正论，不稍游移。仍恐府县解京转有意外之虞，朝命改解津郡听候质讯。该员等现已到津呈递亲供，国藩等先为驳诘，务令罗酋见府县供词不能再求一间，庶可徐图救护。此事虽设法斡旋，而私衷内疚仍未尝少释也。

津民本以怀疑激成公愤，初非有作奸犯科之心，而目下顾全和局，仍以查拿为关键。顷已拿获数十人，设局审供，其坚不承认者尚须日事刑求。吾辈身在局中，岂真愿酷虐吾民以快敌人之欲？徒以边衅一开，则兵连祸结，累岁穷年而未有已。今西南未靖，沿海战伤毫未议及。各省绿营兵一无可用，勇丁惟淮勇器械较精，气势较壮。然劲者亦不满二万，能防御一口，未必能遍防各口；能保全一年，未必能力持多年；能抵敌一国，未必能应付各国，而诸国合从之势、狼狈之情则牢不可破。即以饷论，李、左两军之饷及解京、解直隶每月取之苏、沪者四十余万，一经交兵，则此源立竭，是皆不能不长虑而却顾。故鄙人尝谓今人外夷与汉之匈奴，宋之辽、金迥别，实不敢以全局付之尝试，又安肯以津民一朝之忿，贻国家无穷之忧？洋人得寸进尺，愈让愈骄，诚非百请百从所能了事，然其桀黠之性专论强弱，不论是非，中国目前兵力不足与之抵拒，彼族皆所深悉，绝非虚张声势所能恐吓。惟曲全邻好而仍不忘防御，乃为完策。现在李相之兵业已东来，在我粗为有备。彼所要求如属势所能允，仍当量与转圜，万一所欲无厌，亦断不能过示怯弱，束手受困。国藩平日颇知畏清议而持正论，今虽局势艰难，亦决不敢饰非文过，拒绝至言。阁下如有所不谓然者，尚望随时见教，是为至幸。肃复，即颂台安。不具。

恭谢调补两江总督圣恩并陈下情折
（同治九年八月初七日）

奏为恭谢天恩并陈下情，仰祈圣鉴事。

窃臣接准兵部火票递到同治九年八月初三日内阁奉上谕："曾国藩着调补两江总督，未到任以前，着魁玉暂行兼署。直隶总督着李鸿章调补。"钦此。当即恭设香案，望阙叩头谢恩讫。

伏念臣猥以菲材，久膺重寄，愧涓埃之无补，实陨越之时虞。昔岁剿捻无功，回任江南，至今抱惭无地。上年量移畿辅，于奏明之吏治、军政、河工三者，毫无绩效，惶悚尤深。乃蒙新命之优加，更许旧官之重莅。在圣主曲加体恤，不以无用而弃樗栎之材；在微臣感荷恩知，亦思竭诚而图桑榆之报。惟臣自本年二月以来，衰疾日甚，前在假期之内奉旨驰赴天津，实因津事重大，不敢因病推诿，而目疾已深，将来必须开缺调理，曾于折内预为声明。到津已后眩晕时发，又感受暑邪，有呕吐泄泻等症。近日标病虽已痊除，目疾实难医治，右目久经无光，左目亦日加昏眵。疆臣之职，必以披览文牍为要，臣目病甚重，往来文件难以细阅，幕僚拟稿难以核改，江南庶政殷繁，若以病躯承乏，将来贻误必多。臣自去春履任直隶，今已一年六个月，自问旷官溺职，负疚甚深。倘以病目重履江南，则旷官溺职必更有甚于今日者。臣受累朝高厚之恩，皇太后、皇上委任尤隆，优容尤至，即捐糜顶踵不足云报，岂复爱惜身命自便私图。然因病而不能居官，与居官而不能勤政，其辜恩究有轻重之分。再四筹思，惟有避位让贤，乞回成命，合无吁恳圣恩，另简贤能，畀以两江重任。目下津案尚未就绪，李鸿章到津接篆以后，臣仍当暂留津郡，会同办理，以期仰慰圣厘。一俟津事奏结，再行请开大学士之缺，专心调理。倘能仰托圣主福庇，目光复明。仍当泥首宫门，求赏差使，再图酬报鸿慈于万一。所有微臣感激下忱，谨缮折叩谢天恩，伏乞皇太后、皇上圣鉴训示。谨奏。

天津府县解京请敕部从轻定拟并请嗣后各教堂由地方官管辖片（同治九年八月二十六日）

再，臣国藩有密陈者。津郡五月二十三日之案由丰领事仓卒激变，非府县之有意挑衅，中外皆知，臣亦屡疏论及。其府县拟抵之说，则迭奉谕旨一意拒绝。该革员等此时到部，原无俟鳃鳃过虑，惟大局之所关甚巨，而微臣之负疚实深，有不敢不沥陈于圣主之前者。

府县本无大过，张光藻尤著循声。臣之初意，斤斤保全尚不欲遽予参撤，岂肯更加以重咎？迨得罗使照会，忽有三员拟抵之说，料敌不审，匆遽失措，但冀和局之速成，不顾情罪之当否。又过听浮议，以为下狱以后，轻重尚可自主，遽将府县奏交刑部，此疏朝上夕已悔恨。六月二十八日一奏，曾经略述歉衷，而神明之疚实至今未尝暂弭也。其后奉到改解津郡之旨，于微臣举措失机之咎，既曲为宽容，并其衾影抱愧之心，亦默为解释，庙谟广运，惭幸交并。自七月下旬该革员等提解到津，臣等逐细研讯，洋人主使之说绝无影响，固已不俟多辩，即科以应得之公罪，亦犹有可原者。以崇厚统率数千之众不能预为弹压，以微臣办理两月之久不能速缉正凶，今欲专责之区区之府县，亦属苛论。惟语言文告之间，讯犯用刑之际，该革员等偶有未检。此等疏忽之咎，地方官皆所时有，准以寻常之法，至重亦不过革职而止。而臣初奏遽交刑部，宜物论纷纷不平。该革员等初闻改解津郡之命，私语窃贺以为复睹天日。及近闻仍解刑部之命，则又魄散魂飞，怯对狱吏，以为洋人仍执疆臣之原奏，终欲得而甘心。微臣之所深自负疚者，此也。

又有进于此者。各省民教滋事之案，层见迭出。臣前奏查明大概情形时，本有密片未上，曾于六月二十八日折内声明，此案议结之时再申前请。今臣交卸在即，津案已将第一批人犯奏结，请得而毕其说。

自中外通商以来，各国皆相安无事，惟法国以传教一节屡滋事端。及各教流传，如佛、道、回等教，民间皆安之若素，虽西人之耶苏教亦未尝多事。惟天主一教屡滋事端，非偏有爱憎也，良由法人之天主教，但求从教之众多，不问教民之善否，其收入也太滥。故从教者良民甚少，莠民居多。词讼之无理者，教民则抗不遵断；赋役之应出者，教民每抗不奉公。迷拐人口一节，臣六月二十八日之奏，本难保其必无。六月二十三日之奏，亦称魏席珍言堂中有药迷人本性。挖眼剖心一节，世间原有此等折割惨毒之人，刑律亦有专治此罪之条，教中既多收莠民，即难保此等人不溷入其中。故臣前奏昭雪挖眼剖心之诬，自京师及各省皆斥为谬论，坚不肯信。凡教中犯案，教士不问是非，曲庇教民，领事亦不问是非，曲庇教士。遇有民教争斗，平民恒屈，教民恒胜。教民势焰愈横，平民愤郁愈甚。郁及必发，则聚众而群思一逞。以臣所闻，酉阳、贵州教案，皆百姓积不能平所致。虽和约所载，中国人犯罪由中国官治以中国之法，而一为教民，遂若非中国之民也者。庸懦之吏，既皆莫敢谁何。贤能之吏，一治教民，则往往获咎以去。此次天津府县其始不过欲治一教民，其后竟至下狱，已为向来所未有。若部议再与重遣，将来地方官必群以为前车之鉴，谁敢与教民较量？在总理衙门及各疆吏，皆思力全大局保护教堂，然使教中与平民太不相安，譬如父母保护骄子，为众子与乡里所共恶，则骄子之身必败，而其家亦必破，是护之而适所以损之。如守近年保护之法，而不思所以变计，终有决裂之一日。臣愚以为，中国欲长全和局，外国欲久传此教，则条约不能不酌增。拟请议定，此后天主、仁慈各堂，皆归地方官管辖。堂内收入一人，或病故一人，必应报明注册，仍由地方官随时入堂查考。如有被拐入堂，或由转卖而来，听本家查认备价赎取。教民与平民争讼，教士不得干预扛帮。请旨敕下总理衙门，可否就此次议结之时，与各公使商订，预杜后来衅端。臣所谓有关大局者，此也。微臣仓卒之误于此二者，未能深究。此案未定，清夜难安。目下张光藻、刘杰等入狱，大下吏民无不环而观望，相应请旨敕下刑部，细核该革员等亲供，从轻定议，则所以张国威而伸正气者实非浅鲜，微臣亦借以稍释隐憾。愚昧之见，缕缕上陈，伏乞皇太后、皇上圣鉴训示。谨奏。

续讯天津教案内第二批人犯分别定拟折
（同治九年九月十三日）

奏为续讯天津案内第二批人犯分别定拟，恭折圣鉴事。

窃臣等前于八月二十三日，将津郡滋事案内首从各犯分别定拟具奏，并将供证未确在逃未获之犯，附列清单进呈，奉上谕："情节较重供证未确之犯，仍着认真研鞫，迅速定拟具奏。未获各犯，并着上紧饬缉归案讯办"等因。钦此。两旬以来，严饬地方文武各员续行访拿，昼夜研讯，又获应正法者五人，应办军徒者四人，各犯供词抄咨总理衙门及刑部备查，谨开列清单续呈御览。此次审明各犯，皆系续行缉获，不在前次附开两单之内。其前单供证未确者，除何四现已治罪外，其余再四讯鞫，迄无定供，亦无确证，碍难定罪，应即随时释放。前单在逃未获者，除杨二现已拿办外，其余购线密拿，迄未缉获。其中尤要之犯，应俟缉获至日，另行奏结。此案事起仓卒，并无预先纠集之人，其后杀人放火万众喧杂，亦非百姓始意所能料。今中国力全邻好，先后两次共得正法之犯二十人，军徒各犯二十五人，办理不为不重，不惟足对法国，亦堪遍告诸邦。昨准总理衙门抄录罗使信函移咨到臣，内称派德翻译官前赴天津出具切结，并确查烧毁房屋被抢物件，以便议偿等语。该翻译顷已抵津，俟查回京当可议定赔偿确数。拿凶一节最为难办。此事就绪，则其余各节皆可次第定议。惟查拿凶手虽系首先应办之事，而处决人犯究为最后完案之着。臣等先后定拟，应行正法之犯，应请敕下总理衙门，俟修堂赔银诸事议结之后，知照臣等酌定行刑日期办理，免致处决之后，事犹未了，民气既已大伤，和局仍多不协，不能不鳃鳃过虑也。所有臣等讯结天津案内第二批人犯，分别定拟缘由，谨合词缮折，由驿具陈，伏乞皇太后、皇上圣鉴训示。谨奏。

复王振纲
（同治九年九月十五日）

仲山仁兄同年大人阁下：

保阳畅叙，积愫频倾。阔别以来，良深驰系。顷承惠翰，猥以津门一事曲加慰藉，复以鄙人量移南服，荷雅怀之远注，怅旧雨之重离。展诵再三，弥殷惭感。比维兴居笃祜，著述益宏。引睇乔晖，定符私颂。

国藩承乏畿辅，愧无裨益。抵津以后，忽忽已逾三月。办理既多棘手，措施未尽合宜，内疚神明，外惭清议。缉凶一事，已分作两批奏结。但使外国不再挑斥，虽一身丛毁，而大局尚得保全，即属厚幸。惟中国兵疲饷绌，而彼族环伺海隅，隐忧方大。此次虽幸获无事，将来仍须励精求治，隐图自强之策。

鄙人外病渐除，而目疾迄未痊愈，两脚近复浮肿。孱躯暮齿，实难久点高位。乃复奉重莅江南之旨，陈情未允，殊切悚惶。

莲池多士，渥荷教泽，自必蒸蒸日上，克登大雅之林。国藩拟请入都陛辞，即当启程南迈。未获言旋省垣，一造讲堂，用申别绪，尤以为怅。复颂台安，诸希雅鉴。不具。

复张光藻
（同治九年九月十八日）

翰泉仁弟大人阁下：

昨接来函，具悉一一。

鄙人办理津案，实昧机宜，致阁下等受此无妄之祸，自觉无面目相对。乃承执谦过度，执礼弥恭。在贤哲盛怀，或尚存略迹原心之论，而鄙人神明负疚，转因之益甚矣，愧赧无似！前闻部中有新疆之议，当即函商部堂，请勿用改发黑龙江之近例，讵料定谳时乃径发黑龙江。此固由廷议别有深虑，究由敝处初奏过重所致。阁下年老无子，远戍穷荒，闻夫人又复多病，何以堪此！来示近患颏疽，不识已否就痊，尤为悬系。

尊意欲盛京将军设法遮留，此恐难行。彼处近无军务，与陕甘不同。此次中外无不知此狱之冤，其议令远戍，全系曲徇洋人。若不到戍所，是予洋人以口实，转恐无益有损，盛京若可奏留，则定谳时即可以军台了事，不复从重远发矣。相度情势，黑龙江不能不到，即沿途亦不必稽留。敝处拟与李相均致书盛京、吉林将军，请其沿途照料。其黑龙江将军向未通函，亦拟婉切详言，属其加意优待。

查黑龙江至京三十三站，其地有稻有江鱼，浙人多有在彼贸易者。风景与内地无异，惟苦寒耳。若资用宽裕，或不至过受艰窘。向例遣戍以三年为限，到戍后可由家属赴户部具呈，捐资收赎。四品官赎银四千五百两，七品官赎银一千五百两，未到戍者加倍收赎。今阁下等势须到戍，未到恐不听赎。现与李相商定，在于运署酌提闲银五千两，李相及官场军营可凑成三千两，合之敝处前次措备之三千两，共筹银一万一千两。阁下四品，刘令七品，赎款共需银六千两。外存五千两，亦略照官阶定数，阁下三千，刘令二千，其银存李中堂处，随时设法汇兑成所，由尊处禀商李相，或函商乐山，均无不可，眷属尽可挈之同行。如到戍以后即可收赎固佳，万一不能遽赎，转瞬大婚，恩诏必可召还，不致久羁殊域。现筹之款倘有不敷，仍可从容筹补。阁下此行虽小有摧抑，而贤声由此益著。赐环以后，必将重履亨衔，事业正未可量，慎勿过事愤郁，致隳伟抱，是为至望。复颂台安，不具。

同治九年九月二十六、二十七日日记

二十六日

早，于寅初三刻即起。寅正二刻自寓起行，大轿至东华门，换坐小轿至景运门。卯初至内务府朝房，与军机沈经笙、李兰生、文博川先后一谈。旋与恭王一面，即退至东路九卿朝房，与黄恕皆等久谈。巳正叫起，因入乾清门内，养心殿之外军机坐处一坐。巳正三刻入养心殿之东间，叩谒皇太后、皇上圣安，旋即叩头恭谢天恩。西太后问曰："尔何日自天津起程？"对："二十三日自天津起程。"问："天津正凶曾已正法否？"对："未行刑。旋闻领事之言，俄国公使即将到津，法国罗使将派人来津验看，是以未能遽杀。"问："李鸿章拟于何日将伊等行刑？"对："臣于二十三日夜接李鸿章来信，拟以二十五日将该犯等行刑。"问："天津百姓现尚刁难好事否？"对："此时百姓业已安谧，均不好事。"问："府、县前逃至顺德等处，是何居心？"对："府、县初撤任时，并未拟罪，故渠等放胆出门，厥后遣人谕知，业已革参交部，该员等惶骇，始从顺德、密云次第回津。"云云。问："尔右目现尚有光能视？"对："右目无一隙之光，竟不能视，左目尚属有光。"问："别的病都好了么？"对："别的病算好了些。"问："我看你起跪等事，精神尚好。"对："精神总未复原。"问："马新贻这事岂不甚奇？"对："这事很奇。"问："马新贻办事很好。"对："他办事和平、精细。"旋即退出殿门以外。归寓，见客四次。中饭后又坐见之客三次。旋出门拜恭邸及宝尚书鋆家，灯后始归寓。见客二次。写本日日记簿。二更二点睡。

二十七日

早饭后，在寓稍一徘徊。辰初三刻出门入朝，在景运门内九卿朝房听候传宣。已初三刻后，蒙召入内，在内朝房小坐。已正三刻进见。西太后问："尔在直隶练兵若干？"对："臣练新兵三千，前任督臣官文练旧章之兵四千，共为七千。拟再练三千，合成一万，已与李鸿章商明，照臣奏定章程办理。"问："南边练兵也是最要紧的，洋人就很可虑，你们好好的办去。"对："洋人实在可虑，现在海面上尚不能与之交战，惟尚设法防守。臣拟在江中要紧之处，修筑炮台，以防轮船。"问："能防守便是好的，这教堂就常常多事。"对："教堂近年到处滋事，教民好欺不吃教的百姓，教士好庇护教民，领事官好庇护教士。明年法国换约，须将传教一节加意整顿。"问："你几时出京？"对："万寿在迩，臣随班行礼后，再行跪安请训。"太后旋与带见之六额驸景寿说话，命余明日无庸递牌。旋退出殿外。归途，拜单地山先生。到寓后，坐见之客四次。中饭后，坐见之客二次。出门拜客四家，仅黄恕皆得晤，久谈，日晡归。夜围棋二局。将上年别敬簿核对一过，应拜者记出。二更三点睡。

同治九年十月初九日日记

早，卯正三刻起，吃饭，料理等事。于辰初二刻出门，道途泥泞，不敢坐轿，雇车一辆。行六刻，至巳初始抵景运门。余本日具折请训，已早奉传宣召见矣。亟进乾清门，至内奏事处，与六额驸景寿同坐。约三刻许，始进养心殿东间。慈禧皇太后问："尔几时起程赴江南？"对："臣明日进内随班行礼，礼毕后三两日即起程前赴江南。"问："江南的事要紧，望你早些儿去。"对："即日速去，不敢耽阁。"问："江南也要练兵。"对："前任督臣马新贻调兵二千人在省城训练，臣到任，当照常进行训练。"问："水师也要操练。"对："水师操练要紧，海上现造有轮船，全未操练。臣去，拟试行操练，长江之中，拟择要隘处试造炮台，外国洋人纵不能遽与之战，也须设法防守。"问："你从前用过的人，此刻好将尚多么？"对："好的现在不多。刘松山便是好的，今年糟踏了，可惜！"问："实在可惜！文职小官也有好的么？"对："文职小官中，省省都有好的。"问："水师还有好将么？"对："好将甚少。若要操练轮船，须先多求船主。"太后少停，未问。旋告六额驸曰："令他即可跪安。"余立起退至帘前，复跪请圣安。旋即出乾清门。至东华门外，拜客五家，惟官中堂及宝大司农两处得会。申初至恭王处，未会。归寓已酉初矣。夜围棋二局。将本日公事及各处送礼稍一查阅。二更三点睡。

谕纪泽纪鸿
（同治九年十一月初三日）*

一曰慎独则心安。自修之道，莫难于养心。心既知有善知有恶，而不能实用其力，以为善去恶，则谓之自欺。方寸之自欺与否，盖他人所不及知，而己独知之。故《大学》之"诚意"章，两言慎独。果能好善如好好色，恶恶如恶恶臭，力去人欲，以存天理，则《大学》之所谓自慊，《中庸》之所谓戒慎恐惧，皆能切实行之。即曾子之所谓自反而缩，孟子之所谓仰不愧、俯不怍，所谓养心莫善于寡欲，皆不外乎是。故能慎独，则内省不疚，可以对天地质鬼神，断无行有不慊于心则馁之时。人无一内愧之事，则天君泰然，此心常快足宽平，是人生第一自强之道，第一寻乐之方，守身之先务也。

二曰主敬则身强。敬之一字，孔门持以教人，春秋士大夫亦常言之，至程朱则千言万语不离此旨。内而专静纯一，外而整齐严肃，敬之工夫也；出门如见大宾，使民如承大祭，敬之气象也；修己以安百姓，笃恭而天下平，敬之效验也。程子谓上下一于恭敬，则天地自位，万物自育，气无不和，四灵毕至。聪明睿智，皆由此出。以此事天飨帝，盖谓敬则无美不备也。吾谓敬字切近之效，尤在能固人肌肤之会筋骸之束。庄敬曰〔日〕强，安肆日偷，皆自然之征应，虽有衰年病躯，一遇坛庙祭献之时，战阵危急之际，亦不觉神为之悚，气为之振，斯足知敬能使人身强矣。若人无众寡，事无大小，一一恭敬，不敢懈慢，则身体之强健，又何疑乎？

三曰求仁则人悦。凡人之生，皆得天地之埋以成性，得天地之气以

---

* 此件传忠书局刻本注明"同治十年金陵节署中日记"。查曾国藩日记同治九年十一月初二日记载："写慎独、主敬、求仁三条，每条疏证二百余字，以为暮年盖愆之资，共七百余字。"第二天日记中有："写习劳一条，约四百字。"可知此件实作于同治九年十一月，前半部分写于初二日，后半部分写于初三日。

成形，我与民物，其大本乃同出一源。若但知私己，而不知仁民爱物，是于大本一源之道已悖而失之矣。至于尊官厚禄，高居人上，则有拯民溺救民饥之责。读书学古，粗知大义，即有觉后知觉后觉之责。若但知自了，而不知教养庶汇，是于天之所以厚我者辜负甚大矣。

孔门教人，莫大于求仁，而其最切者，莫要于欲立立人、欲达达人数语。立者自立不惧，如富人百物有余，不假外求；达者四达不悖，如贵人登高一呼，群山四应。人孰不欲己立己达，若能推以立人达人，则与物同春矣。后世论求仁者，莫精于张子之《西铭》。彼其视民胞物与，宏济群伦，皆事天者性分当然之事。必如此，乃可谓之人；不如此，则曰悖德，曰贼。诚如其说，则虽尽立天下之人，尽达天下之人，而曾无善劳之足言，人有不悦而归之者乎？

四曰习劳则神钦。凡人之情，莫不好逸而恶劳，无论贵贱智愚老少，皆贪于逸而惮于劳，古今之所同也。人一日所着之衣所进之食，与一日所行之事所用之力相称，则旁人艳之，鬼神许之，以为彼自食其力也。若农夫织妇终岁勤动，以成数石之粟数尺之布，而富贵之家终岁逸乐，不营一业，而食必珍羞，衣必锦绣，酣豢高眠，一呼百诺，此天下最不平之事，鬼神所不许也，其能久乎？

古之圣君贤相，若汤之昧旦丕显，文王日昃不遑，周公夜以继日坐以待旦，盖无时不以勤劳自励。《无逸》一篇，推之于勤则寿考，逸则夭亡，历历不爽。为一身计，则必操习技艺，磨炼筋骨，困知勉行，操心危虑，而后可以增智慧而长才识。为天下计，则必己饥己溺，一夫不获，引为余辜。大禹之周乘四载，过门不入，墨子之摩顶放踵，以利天下，皆极俭以奉身，而极勤以救民。故荀子好称大禹、墨翟之行，以其勤劳也。

军兴以来，每见人有一材一技、能耐艰苦者，无不见用于人，见称于时。其绝无材技、不惯作劳者，皆唾弃于时，饥冻就毙。故勤则寿，逸则夭，勤则有材而见用，逸则无能而见弃，勤则博济斯民，而神祇钦仰，逸则无补于人，而神鬼不歆。是以君子欲为人神所凭依，莫大于习劳也。

余衰年多病，目疾日深，万难挽回，汝及诸侄辈身体强壮者少，古之君子修己治家，必能心安身强而后有振兴之象，必使人悦神钦而后有骈集之祥。今书此四条，老年用自儆惕，以补昔岁之愆；并令二子各自勖勉，每夜以此四条相课，每月终以此四条相稽，仍寄诸侄共守，以期有成焉。

钦奉谕旨复陈夷务折
（同治十年正月十二日）

奏为钦奉谕旨，恭折复陈，仰祈圣鉴事。

窃臣承准军机大臣字寄同治九年闰十月二十六日奉上谕："英翰奏，津案暂结，隐忧方大，敬陈筹备事宜一折。津案虽已了结，而蓄艾卧薪之志不可一日或忘。迭经谕令沿江沿海各督抚力戒因循，绸缪未雨，并因直隶、江南为南北洋总汇，以曾国藩、李鸿章分任其事。该督等为国家股肱心膂之臣，想必能先事图维，讲求实际"等因。钦此。又奉十一月二十二日密谕："本日醇郡王奏，请饬办理夷务，诸臣除徇夷之积习，举驱夷之大局等语。着沿江沿海各将军督抚，实力实心次第筹办，以整顿武备为第一要务。而整饬吏治，固结民心，宽筹饷需，尤与军事相表里。各该督抚等职任封圻，受恩极渥，当此时事艰难，务各激发天良，讲求实际，勿事因循，勿涉蒙蔽，尤当慎密图维，勿使有所泄漏。日后势需用兵，应如何确有把握之处，着各该将军督抚详细熟筹具奏"等因。钦此。并抄录醇郡王英翰各原折到臣。

臣闻古人谋及军国，其规画全局，必有可大可久之图；其讲求实际，但为得尺得寸之计。筹全局者，志欲坚而势欲远，虽百变而不改初谋；求实际者，虑欲细而功欲精，虽小事而不妨屡试。前史所称规画全局，若韩信登坛之言，诸葛隆中之对，荀彧之陈说曹氏，王朴之献策周主，皆以一时之论议，而能预料数十年后军事之成败，此诚非中材以下所可及。然中材以下，或据一方克一敌，亦往往有审度全局，不愆于素者。良以用兵之道，多算则胜，好谋则成，临事而周章，十常九失；先事而熟计，十常九得也。今朝廷以中外交涉，时艰孔亟，思所以惩前毖后，未雨绸缪。臣虽愚昧，亦当规画局势，备圣明之采择。

十八行省之中，滨海者六，滨江者三，合之奉天共为十省，皆洋船指顾可到，皆膏腴之地也。前任江苏抚臣丁日昌曾与臣言及防海之道，数省当合并办理。直隶、山东归并设防，而以直隶主政。江苏、浙江归并设防，而以江苏主政。广东、福建归并设防，而以广东主政。分立三大镇练兵制器，专精筹备则力厚，而气不散漫等语。臣因就其说，而推之奉天亦可归并北防，仍由直隶主政。沿江之安徽、江西、湖北三省亦可归并设防，而以湖北主政。沿海七省共练陆兵九万，少者一万，多者或二万或一万数千。沿江三省共练陆兵三万，或各统一万，或小有参差。闽省前经奏明，成造轮船十六号，将来沪厂亦须造十六号，各以数号为水师兵船，其余以为货船，平日租赁商贾听装货物，有事则装载陆兵，互相救援，南北江海十省，均不过数日可到。以陆兵为御敌之本，以轮船为调兵之具，海道虽甚遥远，血脉仍极贯通。十省之中，主持防务者四省。枪炮、子药、米粮、杂物，四省多为存储，六省亦各有存储。一遇调兵，则各件皆由轮船运之同行。平日无事，即用轮舟载送，各省习惯而渐成自然，出洋而如履庭户。洋人长于水师，断非中国所能几及。至其陆军野战，则淮勇前在苏沪亦常与洋将洋兵角逐争胜，尚非殊绝不可及者。若能多练陆兵，而以轮舟装载驰援，各省举重若轻，驭远如近，似亦制敌之方。此臣妄拟规画全局之略也。

至于讲求实际，则下手工夫贵于铢积寸累，一步不可蹈空，一语不可矜张。其大要不外三端：曰制器，曰学技，曰操兵。现在上海机器局所造轮船已成四号，以后即拟专造兵船及铁壳等船。枪炮造成者甚多，即来福枪、林明敦枪，为外国所称精绝者，亦已仿造，与之相埒。以后日进不懈，不患不臻极诣。惟绝大之铁板尚不能造，且需用之铁煤极多，一一购自外国，为费太巨。闻广东、江西、湖南所产之铁，亦不减于洋铁，而佳煤则处处有之。但须略仿洋法，借洋人之机器开中国之铁煤。另立铁厂一所，与上海之机器局相为表里。铁煤不须购自外洋，则诸事皆绰有余裕矣。外国学技以算法为第一义，而又证之以图，申之以书。中国学外国之技，则须以翻译为第一要义，得洋人一技之长，始明其迹，继探其意，既乃翻译汉文，使中国人人通晓，可见施行。今上海局中所翻诸书，颇能窥洋学之奥密。若勤求不已，将来创立新法，别出绝技，亦属意中之事。臣又拟选聪颖子弟，赴泰西各国书院及军政、船政等院，分门学习，曾于上年九月十六日具奏一次。彼来则延访，我往则就教，总求尽彼之长而后已。至于操兵之法，臣履任后，即檄前台湾道吴大廷操练轮船。据该道禀呈章程，职司有专责，作息有定时，赏罚有常例。又拟求外国所刊航海简法、兵船、炮法诸书，仪器、行阵、炮法各式，翻译成帙，以次教习，未知果否有成。江南陆兵，有吴长庆所统八营，李鸿章部下之淮勇也；挑练新兵五营，前督臣马新贻自绿营选出者也；又有旧存湘勇星字两营，此外并无大支劲旅。目下甘肃军务颇有起色，此后如协饷稍松，可以腾出款项，臣当招致宿将另练一军，专为防海防江之用。此三者，皆臣所拟讲求实际之略也。

国家蓄养绿营额兵五十余万，军兴以来不甚得力，赖募勇以戡乱。论者谓勇有流弊，不如仍用标兵为正。然标兵散处各汛，不相联属，欲练大支劲旅，必须调集一处，群居团操，识者皆能言之。兵之坐饷，仅一两及两余不等，不足以赡身家，必须大加钱粮，识者亦皆能言之。今臣所拟十省，练十二万人，欲用额兵，则恐无此多兵可调；欲用练勇，则恐将来散勇为患。至养兵十二万，每年需饷近八百万，论御侮则尚嫌其少，论需费则实觉其多。加以养轮舟三十余号，则需千万以外矣。兵之难集若此，饷之难筹如彼，若非由廷臣主持大计，各省协力和衷，实有不敢轻于一试者。即使臣言微有可采，而造船操兵亦非八年十年不能有成。其他添立铁厂，选子弟赴外国学习诸技，尤需岁月迟久，乃可有济。自各国换约以来，我中华隐忍迁就，始获一日之安，得以余间剿平发、捻诸匪。今内地粗靖，尤当一意保全和局，不宜轻开衅隙。如练兵实有把握，彼族或以万分无礼相加，然后不得已而一应之耳。臣办理津案，失之过柔，至今内疚，神明耿耿莫释。然默察时势，一国则易防，众国则难御。我朝虽有并吞八荒鞭棰域外之具，尤愿常存慎之又慎之心。区区愚诚，未知有当万一否。所有选奉谕旨缘由，理合恭折密陈，伏乞皇太后、皇上圣鉴训示。谨奏。

预筹日本修约片
（同治十年正月十二日）

再，日本通商一案，钦奉九年闰十月二十六日寄谕："英翰以日本吁请通商，恐贻后患，殷殷以杜绝为请。此事因该国响①化甚坚，业已令其特派大员，到时再与妥议条约，自无再事拒绝之理。至将来如何明定章程，以期永远相安之处，并着曾国藩、李鸿章预行妥筹，详晰奏明，庶临时较有把握"等因。钦此。臣窃思自道光二十一、二年间，与洋人立约议抚，皆因战守无功隐忍息事，厥后屡次换约，亦多在兵戎扰攘之际，左执干戈，右陈槃敦，一语不合，动虞决裂，故所定条约，间有未能熟思审处者。日本国二百年来，与我中国并无纤芥之嫌，今见泰西各国皆与中国立约通商，援例而来请叩关，而陈辞其理甚顺，其意无他，若我拒之太甚，无论彼或转求泰西各国介绍固请，势难终却。即使外国前后参观，疑我中国交际之道，逆而胁之则易于行成，顺而求之则难于修好，亦殊非圣朝怀柔远方之本意。同治元年，始有日本官员以商船抵沪，凭荷兰国商人报关进口，其后迭次来沪，中国随宜拒却。始而准其售货完税，仍不得在上海买带回货；继而准其在上海一口贸易居住，仍不准驶入长江别口；又继而允其前来传习学术，仍不允验收其船照印信，拒之亦已久矣。今既令其特派大员，到时再与妥议条约，岂可再加拒绝？英翰杜绝之说，盖未能合众国而统筹，计前后而酌核也。

至于明定章程，期于永远相安，则条约所载不外体制与税务两端。以元世祖之强，兴师十万，以伐日本，片帆不返。明世倭患蹂躏东南，几无完土。卒未闻有以创之。彼国习闻前代故事，本无畏慑中土之心。又与我素称邻邦，迥非朝鲜、琉球、越南臣属之国可比。其自居邻敌比

---

① "响"字，广西师范大学出版社《咸丰同治两朝上谕档》该上谕中作"向"。——本书编者注。

肩之礼，欲仿英法诸国之例，自在意中。闻日本物产丰饶，百货价贱，与中国各省不过数日水程。立约之后，彼国市舶必将络绎前来，中国贾帆亦必联翩东渡。不似泰西诸国，洋商来而华商不往。华人往者既多，似须仿照领事之例，中国派员驻扎日本，约束内地商民，并设立会讯局，讯办华洋争讼案件。彼所呈，初约中有严禁传教、严禁鸦片二条。中国犯者，即由中国驻洋之员惩办，或解回本省审办，免致受彼讥讽，相形见绌。其税则轻重，想亦必仿泰西诸国之例。日本自诩为强大之邦，同文之国，若不以泰西诸国之例待之，彼将谓厚腾薄薛，积疑生衅。臣愚以为，悉仿泰西之例亦无不可。但条约中，不可载明比照泰西各国总例办理等语，尤不可载后有恩渥利益施于各国者一体均沾等语。逐条而备载，每国而详书，有何不可？何必为此简括含混之词，坚彼之党而紊我之章。

总之，中国之处外洋礼数不妨谦逊，而条理必极分明。练兵以图自强，而初无扬威域外之志；收税略从彼俗，而亦无笼取大利之心。果其百度修明，西洋东洋一体优待，用威用德随时制宜，使外国知圣朝驭远一秉大公，则万国皆将亮其诚，何独日本永远相安哉！所有臣遵旨预筹缘由，理合附片复陈，伏乞圣鉴训示。谨奏。

复审凶犯行刺马新贻缘由仍照原拟分别定拟折*
（同治十年正月二十九日）

　　奏为会同复审凶犯行刺缘由，请仍照原拟罪名及案内人犯按例分别定拟，恭折会奏，仰祈圣鉴事。

　　内阁抄出同治九年十一月初二日奉上谕："魁玉、张之万奏，审明谋杀制使匪犯，情节较重，请比照大逆问拟，并将在案人犯分别定拟罪名一折。据称凶犯张汶祥曾从发逆，复通海盗，因马新贻前在浙抚任内剿办南田海盗，戮伊盗伙甚多。又因伊妻罗氏为吴炳燮诱逃，曾于马新贻阅边至宁波时拦舆呈控，未准审理。该犯心怀忿恨，适在逃海盗龙启沄等，复指使张汶祥为同伙报仇，即为自己泄恨，张汶祥被激允许。该犯旋至新市镇私开小押，适当马新贻出示禁止之时，遂本利俱亏，追念前仇，杀机愈决。同治七、八等年屡至杭州、江宁，欲乘隙行刺，未能下手。本年七月二十六日，随众混进督署，突出行凶。再三质讯，矢口不移。其供无另有主使各情，尚属可信等语。马新贻以总督重臣，突遇此变，案情重大。其张汶祥所供挟恨各节，及龙启沄等指使情事，恐尚有不实不尽。若遽照魁玉等所拟，即正典刑不足以成信谳，前已有旨令曾国藩于抵任后会同严讯，务得实情。着再派郑敦谨驰驿前往江宁，会同曾国藩将全案人证详细研鞫，究出实在情形，从严惩办，以伸国法。随带司员，着一并驰驿。"钦此。

　　臣郑敦谨遵于十一月十七日请训后，赶即束装率同随带司员星驰就道，因沿途雨雪阻滞，于十二月二十九日行抵江宁，会商臣曾国藩将全案人证逐一传齐。臣郑敦谨督饬司员刑部满郎中伊勒通阿、汉郎中颜士璋，臣曾国藩札委江安粮道王大经、江苏题补道洪汝奎会同审讯。先将凶犯素识之陈养和、陈淀甲、王星三并凶犯之同居妻嫂罗王氏，亲戚王

---

　　* 此件与郑敦谨会衔具奏。

张氏及结案后续获之武定帼、姚安心等，隔别研鞫，详细推求。于凶犯张汶祥私通海盗，屡次代为销赃。并发逆扰后，该犯之妻罗氏携带资财改嫁吴姓，该犯逃回查知控县，只断还罗氏，未得追出资财。及闻巡抚阅边，欲借呈词耸准倾陷吴姓，又未蒙收审。吴姓得计复勾引罗氏逃走，嗣经该犯追回逼使自尽。该犯仍时常怨恨，后在湖州新市镇私开小押店，又折本闭歇。迨同治七年二月往杭州一次，八年九月往江宁一次。九年春间，该犯贫苦无奈，于四五月间在军犯陈淀甲等小铺帮忙，至六月初九日该犯声称欲往江宁访友，携带洋银数元并随身衣被，即由新市镇起身前往各等情，供指明晰，历历如绘。而如何到宁，如何行刺，则供不知悉。

复提讯容留该犯居住之周广彩，曾寓该犯之朱定斋、张全，并与该犯同船到宁指送投店之柯春发等，严究该犯当日在船在店踪迹，有何人来往，向何处行止。据柯春发供称，六月十一日与张汶祥在苏州搭船相遇，同船八日，见其常约同船人斗牌，闲谈时自夸其能，可以投效出力，并未吐露别情。朱定斋供称，张汶祥于六月十九日到店，令其找保，延至七月初二日并未找得保人，即将其辞出。张全供称，张汶祥于七月初二日到店，延至初九日亦因未找得保人不留。周广彩供称，张汶祥于七月初七、八日到伊饭铺用饭，每餐计钱二十余文，据称访友未遇，欲借伊铺暂住，言明每宿交钱十文。伊见其光景甚苦，一时应允。随于初九日到铺，每日吃饭住店共钱五十余文各等语。研诘再四，均供并未见有来往相熟之人。

臣等复饬承审各员，将案内人证旁引曲喻，逐细搜求，别无异说。惟据陈养和、武定帼及罗工氏供出发逆头目陈世澄，于攻打宁波时，用红旗并护军告条保护该犯房产，后将该犯约去带队，曾随陈世澄攻打诸暨县包村。陈世澄被杀，该犯帮同头目王树勋等窜扰安徽、江西、广东、福建四省，迨贼陷漳州后，该犯始同时金彪逃出，细诘属实。遂监提张汶祥，严究行刺根由，该犯语言狂悖。据称，马总督系回教中人，闻其与甘肃回匪勾通，伊起意刺杀，系属报效。当严谕以前督臣马新贻素性忠直，且受国厚恩，该犯有何凭据敢污蔑大臣。该犯又称，系马总督差弁时金彪告知，迨提同时金彪当堂质对，该犯始犹狡赖，及用严词呵斥，反复驳诘，该犯理屈词穷，无可置辩。当即加以刑讯，复据供称，因为马总督家系回教，伊料行刺必得重罪，因而捏词诬陷。又扳时金彪作证，希翼轻减罪名。察其所供情节，恐有不实不尽。随即一面熬审诘问主使情由，一面调到凶刀，令当时抢获凶刀之方秉仁看视属实，即饬传谙练仵作当堂查验，确系佩带小刀，刃锋白亮，量视血癍，计透入三寸五分，验无药毒。又饬取前督臣马新贻受伤衣服四件，均有浸成血片，方圆大小不等，按原衣刀痕比对受伤部位，查系右肋近下，当取具仵作切结，及官医当日诊视伤痕验状存案。连日熬审，该犯狂悖言词及刁狡伎俩未能得逞，渐有输服认罪情状。即据供认，听受海盗指使，并挟私怨行刺，及时金彪等先后容留详细情形，仍与原供无异。

臣等亲提复讯。缘张汶祥籍隶河南汝阳县，时金彪籍隶河南杞县，刘学籍隶安徽寿州，周广彩籍隶湖北汉阳县。道光二十九年间，张汶祥折变家产货买毡帽，至浙江宁波贩卖，适遇已故军犯罗法善，问系同乡，渐相熟识，因在宁波放印子帐生息，即娶罗法善之女罗氏为妻。生有一子二女。子名长幅即幅糠。长女名宝珍，已许唐姓为妻。次女名秀珍，许给王庆恒为妻，过门童养。至咸丰年间，张汶祥开小押店生理，随雇陈养和在店帮伙。十一年十一月发逆将至宁波，张汶祥将衣服银两并洋钱数百元装入箱只，交罗氏带同子女出城避乱。张汶祥与陈养和在店看守。有与该犯素识之陈世瀍，在贼中充当后营护军，贼陷宁波时，暗差王树勋至张汶祥铺内保护，门口插贼旗一面，并贴护告条一张，得免抢掠。迨城中遍立贼馆，随将张汶祥约去，并将陈养和裹胁同行。后陈世瀍带同张汶祥攻打诸暨县包村，经包村团众将陈世瀍轰毙，张汶祥幸免，曾向陈养和告知，陈养和后遇便逃出。张汶祥在伪侍王李世贤队下为后营护军，窜扰安徽、江西、广东、福建等处。同治三年九月间，贼陷漳州，时金彪被掳，张汶祥询系同乡，代求免死留在一处。张汶祥因见贼势不支，暗与时金彪商议同逃，至十二月间乘便同时逃出，投提督黄少春军营剃发，欲献计破贼报效，该营以无确保未收，酌给盘费回籍。张汶祥失志，又同时金彪由厦门行至福州。

四年春间，时金彪经人荐至浙抚马新贻署中当差，张汶祥在福州当勇，后随搭李姓海船回至宁波。查知罗氏被吴炳燮奸占，并骗去银钱。至六月间控经鄞县，讯系罗氏改嫁，断令将罗氏领回，银钱无凭讯追。张汶祥心怀不甘，又因穷苦无法，向素识之王老四、陶孝扬、吴建工、武德沅等及王老四转托相识之龙启沄、李沅和、杨中和等，各帮给钱文，又开小押店营生，并代贼消赃图利。后张汶祥同龙启沄等来往熟识，随听从龙启沄、王老四、李沅和、李海、杨中和乘坐陶湘帼海船，一共七人往定海一带行劫，未经得手。龙启沄等即投入南田大股海寇伙内，张汶祥仍回宁波。

至五年正月，浙抚马新贻阅边至宁波，张汶祥起意借巡抚威力，倾陷吴姓，随写呈词拦舆喊控，欲耸动巡抚准为严追银钱。马新贻掷还呈词未准，吴炳燮闻知得意，向人谈笑，又乘间勾引罗氏逃走。经张汶祥控府批县追出罗氏给领，张汶祥忿极，逼令罗氏自尽。是年九月间，张汶祥与龙启沄、王老四在酒铺会遇，张汶祥以告状未准，遂致吴姓欺辱，现在人亡家败等情向述，龙启沄等亦告述从前投入南田大股，不幸遇马巡抚派兵往捕，陶湘帼、李沅和、李海、杨中和等均被杀死，伊等幸得逃回。又夸张汶祥素讲朋友义气，可以为众人报仇，并可泄自己忿恨。张汶祥被激允许遇便下手，各散。

六年七月间，张汶祥闻陈养和在湖州新市生意甚顺，即将子女托罗王氏照管，找至新市欲伙开小押。经陈养和告知，现值马巡抚出示，禁止小押，招人多开当铺，如欲仍开押店，只好小做。张汶祥遂租房屋开张，迎接妻嫂罗王氏带伊子女同来新市。嗣该处土棍，以违禁私开，屡向讹诈，遂致本利俱亏，张汶祥贫极愈忿。七年二月间，至杭州访知时金彪在巡抚衙门当差，暗喜，即往见时金彪，托其谋求衙门差使，并未告知别情。时金彪以巡抚已升浙闽总督，无从代谋差使，因念旧情，留在署中款待两日。张汶祥未能下手，仍回新市。

八年八月二十六日，张汶祥访闻马新贻调任两江总督，即托言访友行至江宁，探知时金彪已随升任藩司李宗羲进京。正虑无由到总督署内，瞥见督署墙上贴有每月二十五日考课武弁榜文，以为得计。九月二十五日，张汶祥至箭道窥伺，见总督散时标下多人拥卫，又虑棉衣护体，未敢妄动。心中暗计，俟来年夏间衣衫单薄再图下手，于是又回新市。

九年四月间，张汶祥暂在陈淀甲等铺内帮忙。至六月初九日，由新市上船，初十日下午至苏州搭换船只，十一日开行，十八日抵江宁，十九日进城，先住朱定斋客寓，待至考期往箭道窥探情形。后又辗转挪至周广彩饭店，暗将小刀磨利。七月二十五日张汶祥早往等候，时因天雨改迟一日。及二十六日卯刻，前督臣马新贻在署右箭道演武厅校射，向准应课武弁随带夫役，并许众人出入观看。至巳刻马新贻校毕，从演武厅后步行，由西角门回署。张汶祥在角门外偏南立待，适有前督臣马新贻同乡武生王咸镇跪道求帮，即经武巡捕叶化龙等拦问。马新贻仍向前走，甫至西角门口，张汶祥即拔身带小刀，乘众不备，口内呼冤，用刀猛力扑戳，致伤前督臣马新贻右肋近下。前督臣被伤，声喊差弁，方秉仁上前立将凶犯张汶祥拿住，夺获凶刀。中军副将喻吉三闻信，带同差弁将该犯捆缚。马新贻救治无效，至次日身故。据方秉仁拿获张汶祥时，该犯有"养兵千日，用在一时"之语。屡经执此语严鞫，该犯坚称实因常受龙启沄诸人帮助，令伊代朋友复仇，即为自己泄恨。该犯前曾受人恩惠，既经龙启沄等指令报仇，故当时被获时说出此语，实无另有主使及知情同谋之人。该犯家内贫苦，并无存蓄，业经前次委员查明。该犯到江宁后，日用只钱数十文，亦经客店供晰。臣等再三研讯，该犯所供坚执如前，业经熬审二十余日之久，该犯屡次绝食，现已仅存一息，奄奄垂毙，尚旦夕殒命，转得幸逃显戮，自应迅速拟结。

查律载，谋杀制使者斩。律注云，决不待时。又谋反大逆者，凌迟处死，若女许嫁已定，归其夫。又例载，反逆案内子孙实系不知谋情者，无论已未成丁，均解内务府阉割，发往新疆给官兵为奴。又同治九年奏定，续纂条例内开例内载明，应发新疆等处者，俱改发极边足四千里充军，系为奴人犯到配后，加枷号六个月。又容留外省流棍者，照勾引来历不明之人例，发近边充军。又奏定续纂条例内开，住户开设烟馆，照开场聚赌例治罪，应杖一百徒三年。又不应为而为事理，重者杖八十各等语。

此案张汶祥先经私开小押代贼消赃，后复随发逆打仗窜扰数省，追幸免后，又听从海盗行劫。嗣因伊妻罗氏为吴炳燮谋妻，业经断还，乃以未得追给银钱，敢于马新贻在浙抚任内阅边时，拦舆妄控，欲借呈词筶准倾陷吴姓。马新贻因非重情不为收审，本属照例办理。该犯辄怀恨在心，继以感受龙启沄等资助，胆敢允许为伙贼泄怨，甘犯法纪。至巡抚出示禁止小押招人开张典当，尤为便民之计，亦复因怨成仇。漏网余生复萌野性，业已两次阴谋行凶，未经得便，仍敢潜至江宁窥探总督校射已毕，常步行回署，遂混入署旁箭道乘间逞凶，将前督臣马新贻刺伤殒命。若按谋杀制使律，拟斩应决不待时。该犯曾随发逆打仗，又敢刺害兼圻大员，穷凶极恶，诚如圣谕实属情同叛逆，自应按谋反大逆律问拟。张汶祥应即照谋反大逆凌迟处死律，拟以凌迟处死。恭候命下，即将该犯绑赴市曹，明正典刑，以彰国法而快人心。

该犯之子张长幅即幅糠，上年获案时年甫十一，现年十二岁，年幼无知，实系不知谋情。应如原审所拟，照反逆案内子孙，实系不知谋情者，无论已未成丁，均解内务府阉割，发往新疆给官兵为奴例，拟即解送内务府，俟阉割后发往新疆为奴，仍照奏定条例改发极边足四千里充军，系为奴人犯到配后，加枷号六个月。惟张长幅年甫十二，尚未成丁，应请于到配后，从宽免其枷号。该犯之女宝珍、秀珍，均许嫁已定，亦不知情，应如原拟照律各归其夫。该犯所供，世代单传，别无亲属，亦无财产，应行知河南原籍查明办理。

时金彪前在巡抚署内当差，张汶祥至杭州闻知，到署相访，欲窥便行刺，时金彪并不知情，惟抚署重地容留两日，事虽未发，情不可恕。把总时金彪亦应如原审所拟，革去把总，比照容留外省流棍，照勾引来历不明之人发近边充军例，拟发近边充军。该犯虽系把总，并未食俸，应照常人一体办理，即行发配。周广彩开张歇店，不知别情，惟未能查明来历留张汶祥住店存身，致酿祸变，亦应如原审所拟，如容留外省流棍照勾引来历不明之人，发近边充军罪上减一等，拟杖一百，徒三年。朱定斋、张全与张汶祥来店，即令找保，后虽因无保辞出，究已容留数日，应与送张汶祥投店之柯春发均如原拟照不应重律，各拟杖八十，折责发落。刘学充当督署轿头，因讹赌革退，乃复开设烟馆，按开设烟馆照开场聚赌例，罪止满徒。该犯复指引王咸镇跪道求帮，适在凶徒乘机行刺之先，虽讯无同谋情事，究属玩法。刘学应请照开设烟馆于开场聚赌满徒例上加一等，拟杖一百，流二千里，到配折责安置。所有军流徒罪各犯，即由犯事地方定地发配。武生王咸镇已经前督臣马新贻两次帮给钱文，并不即时回籍，又复听刘学指引，跪道求帮，虽讯不知情，殊属不安本分，亦如原拟革去武生，免其发落。陈养和被贼裹胁后，随乘间逃出，应照不忘故土乘间来归例，免其治罪。罗王氏系张汶祥妻兄之妇，因代管子女与该犯同居，不知谋情。律无同居外亲无服妇女缘坐之文，应与王张氏均毋庸议，俟案结后，饬令回籍。续获之武定帼、姚安心讯无别情，并与讯无不合之家丁张荣，均无庸议。军犯陈淀甲、徒犯土星三，仍解交原配安置。张汶祥之凶刀衣物等件，案结后收存县库备查。海盗龙启沄等业经行文浙省密拿，仍请旨饬下浙江巡抚，一体严拿务获另结。

至初审原奏声称，督标中军副将喻吉三、武巡捕官叶化龙、唐得金，差弁方秉仁、刘云青、朱信忠、潮枝桂、冉雄彪、蒋金鳌、王长发、费善乐等，本有捍卫稽查之责，惟突遇凶匪行刺，力难保获。尽先守备方秉仁首先拿获凶犯，守备刘云青、把总朱信忠、武生潮枝桂帮同获犯，功过尚足相抵，请免置议。提督衔记名总兵前署督标中军副将喻吉三，督同随弁登时将凶犯捆缚，武巡捕官花翎尽先游击叶化龙，因拦问求帮之王咸镇，以致赶救不及。酌量情形，拟请将喻吉三革去提督衔，降二级调用。叶化龙降二级调用。武巡捕把总唐得金、差弁千总费善乐、马兵冉雄彪、王长发、蒋金鳌均请斥革，以示惩儆等语，应仍如所拟惩办。除全案供招咨送军机处备查并分咨刑部存案外，所有臣等会同复审仍照原审定拟缘由，是否有当，谨恭折由四百里驰陈，伏乞皇太后、皇上圣鉴。

再，臣郑敦谨于拜折后，即率同随带司员回京复命，合并陈明。谨奏。

复陈兰彬
（同治十年三月初一日）

荔秋尊兄大人阁下：

展诵两次惠书，附寄林令条陈一扣。兼以鄙人添孙致庆，曷任劲戡！就谂运筹悉协，动履增绥，至以为颂。

承示沪局续钉轮船，一仿外洋兵船之式，并造铁壳舢板以为铁壳大船先导，继造铁甲兵船，一二年后遂可就绪。铁甲船中安设灵活炮台二座，座各二门，敌炮不能伤我，我炮可以击敌，诚属防守利器。惟是外国未将此船驶入内地各口，或系体质笨重，不利行驶，姑试为之。如尚易于运棹，即可仿照续造。倘多不便，再议酌更。

天平旧存器具，昨据贵局来牍详叙改造之方，比已批答。水雷之制，前此潘君仕诚进呈图说，法殊拙滞。近日夷人水雷省去葫芦等件，改用电线点放，较为灵捷。鄙意终以送入船下为难，虽巧而未必有用。

添办铁壳铁甲船只，需铁自多。大件熟铁采之彼国，本难长恃。拟在上海设厂试炼，以待扩充，固为省费之计，然上海为各国会萃之区，似宜在产铁之境另选僻静之地。闻湖南、江西、广东皆产佳铁，或在江西鄱湖、星子、都昌等处，或在湖北上游、嘉鱼、沔阳等处，或在广东惠、潮等处开设铁厂，总须山铁易于运厂，出厂易于登舟，又须易于取煤之处，乃为妥善。沪局诸友中，有能历游各省选择铁厂善地者否？似宜另开生面，不宜概在沪渎也。

至制办火药设局之地，尊处诸君业于龙华江北勘得一所，距制造局不过十里，尽可照料，请俟购到机器即行试办。炼造洋炮，治高克法即用汽锤在炉内沾锤，比之诸法尤速。但询之沪上洋人，悉未见过，其法或不尽善。局内制熟铁炮，但期精利坚洁，不贵强求新法。珂里东莞、新安两属线枪拟改后开门易于入药，更为敏捷。惟枪身过长，终不如洋枪之灵便，似亦不必试办。

幼童赴洋学习须通汉文，阁下定课经史为主，旁及会典律例，求为有用之学，每日习夷技后，西戌之间及礼拜日另为督课汉文，自是善策。第以西法精奥，必须专心致志，始克有成。汉文之通否，重在挑选之际先行面试一二，以决去留，此后只宜专学洋学。耳不两听而聪，目不两视而明，未可因兼课汉文而转荒洋业也。各童涉洋船价，每人往还须增二百余两，又教习华人须增员额，讲授年限须增岁月，统计应增经费不少。俟与总署函商妥筹，并请用鄙人及李相名，拟一公函稿致总理衙门，专商此事。附开章程单，便中将稿寄阅为荷。

沪关二成税内现正制器造船，规模日拓，费用日多，岂能再作幼童出洋之费？将来必当另行设法筹济。

阁下比来物色船主虾、梁、招、张、温、李、陈、黄八人，虾生最优，梁生次之。一已驾船出洋，一为闽省截阻。余亦各具一技之长，尚希会商彤云，分别招致，量材器使。李君凤苞已许到沪协助翻译、绘图诸事，兹已备札附去，乞即转交。黄丞颇有才略，亦当徐图位置。林令达泉所陈防务十五则，洞悉夷情，迥非流辈所及。其第十三条慎重择交，而以地球诸国作一大战国观，远绍纵横之术，于美则推诚联络，于英则严加防闲及俄、普、日本控驭之道，可谓高掌远蹠，切中机要。

另函示及英夷新制铁路随放随收，可行火车，将欲运至天津一带，似系无稽之言。火车电掣雷奔，一息千里，铁道须平坦坚致，辙内必无片瓦寸石方可畅行，随收随放，岂能安置妥帖，<u>丝丝入扣</u>？此矜夸之辞，理所不可信也。

鄙人目光昏雾，旬内复患疝气，内子患病甚重，日从事于医药，殊少欢惊。所幸大小儿及二小儿前月各举一子，稍慰迟暮耳。复颂台安。

笔记十二篇
（同治十年二、三月间）

才德

司马温公曰："才德全尽谓之圣人，才德兼亡谓之愚人，德胜才谓之君子，才胜德谓之小人。"余谓德与才不可偏重。譬之于水，德在润下，才即其载物溉田之用；譬之于木，德在曲直，才即其舟楫栋梁之用。德若水之源，才即其波澜；德若木之根，才即其枝叶。德而无才以辅之则近于愚人，才而无德以主之则近于小人。世人多不甘以愚人自居，故自命每愿为有才者；世人多不欲与小人为缘，故观人每好取有德者，大较然也。二者既不可兼，与其无德而近于小人，毋宁无才而近于愚人。自修之方，观人之术，皆以此为衡可矣。吾生平短于才，爱我者或谬以德器相许，实则虽曾任艰巨，自问仅一愚人，幸不以私智诡谲凿其愚，尚可告后昆耳。

诚神

大圣固由生知，而其平生造次，克念精诚，亦迥异于庸众。闻《韶》尽善，则亡味至于三月；读《易》寡过，则韦编至于三绝。文王则如见于琴，周公则屡入于梦，至诚所积，神奇应焉。故麟见郊而增感，凤不至而兴叹，盖其平日力学所得，自信为天地鬼神所不违也。即至两楹梦奠之际，祷神为臣之请，亦皆守礼循常，较然不欺。其后曾子易箦，诵战兢之诗，而自幸知免，犹有圣门一息不懈之风。后世若邵子之终，马、程诸人咸集，朱子之没，黄、蔡诸子并临，亦皆神明朗彻，不负所学。昔人云："善吾生者乃所以善吾死也。"若非精诚积于毕生，神志宁于夙昔，岂能取办于临时哉？

兵气

　　田单攻狄，鲁仲连策其不能下，已而果三月不下。田单问之，仲连曰："将军之在即墨，坐则织蒉，立则仗锸，为士卒倡。将军有死之心，士卒无生之气。闻君言，莫不挥涕奋臂而欲战，此所以破燕也。当今将军东有夜邑之奉，西有淄上之娱，黄金横带而骋乎淄渑之间，有生之乐，无死之心，所以不胜也。"余尝深信仲连此语，以为不刊之论。

　　同治三年，江宁克复后，余见湘军将士骄盈娱乐，虑其不可复用，全行遣撤归农。至四年五月，余奉命至河南、山东剿捻，湘军从者极少，专用安徽之淮勇。余见淮军将士虽有振奋之气，亦乏忧危之怀，窃用为虑，恐其不能平贼。庄子云："两军相对，哀者胜矣。"仲连所言以忧勤而胜，以娱乐而不胜，亦即孟子"生于忧患，死于安乐"之指也。其后余因疾病，疏请退休，遂解兵柄，而合肥李相国卒用淮军以削平捻匪，盖淮军之气尚锐。忧危以感士卒之情，振奋以作三军之气，二者皆可以致胜，在主帅相时而善用之已矣。余专主忧勤之说，殆知其一，而不知其二也。聊志于此，以识吾见理之偏，亦见古人格言至论，不可举一概百，言各有所当也。

勉强

　　魏安釐王问天下之高士于子顺，子顺以鲁仲连对。王曰："鲁仲连强作之者，非体自然也。"子顺曰："人皆作之，作之不止，乃成君子；作之不变，习与体成，则自然也。"余观自古圣贤豪杰，多由强作而臻绝诣。《淮南子》曰："功可强成，名可强立。"《中庸》曰："或勉强而行之，及其成功一也。"近世论人者，或曰某也向之所为不如是，今强作如是，是不可信。沮自新之途，而长偷惰之风，莫大乎此。吾之观人，亦尝有因此而失贤才者，追书以志吾过。

忠勤

　　开国之际，若汉唐之初，异才畸士，丰功伟烈，飙举云兴，盖全系夫天运，而人事不得与其间。至中叶以后，君子欲有所建树，以济世而康屯，则天事居其半，人事居其半。以人事与天争衡，莫大乎忠、勤二字。乱世多尚巧伪，惟忠者可以革其习；末俗多趋偷惰，惟勤者可以遏其流。忠不必有过人之才智，尽吾心而已矣；勤不必有过人之精神，竭吾力而已矣。能剖心肝以奉至尊，忠至而智亦生焉；能苦筋骸以捍大患，勤至而勇亦出焉。余观近世贤哲，得力于此二字者，颇不乏人。余亦忝附诸贤之后，谬窃虚声，而于忠、勤二字，自愧十不逮一。吾家子姓，倘将来有出任艰巨者，当励忠勤以补吾之阙憾。忠之积于平日者，则自不妄语始；勤之积于平日者，则自不晏起始。

才用

虽有良药，苟不当于病，不逮下品；虽有贤才，苟不适于用，不逮庸流。梁丽可以冲城，而不可以窒穴，犛牛不可以捕鼠，骐骥不可以守闾。千金之剑以之析薪，则不如斧；三代之鼎以之垦田，则不如耜。当其时当其事，则凡材亦奏神奇之效，否则钼铻而终无所成。故世不患无才，患用才者不能器使而适宜也。魏无知论陈平曰："今有尾生、孝己之行，而无益胜负之数，陛下何暇用之乎？"当战争之世，苟无益胜负之数，虽盛德亦无所用之。余生平好用忠实者流，今老矣，始知药之多不当于病也。

史书

《史记》叙韩信破魏豹，以木罂渡军，其破龙且以囊沙壅水，窃尝疑之。魏以大将柏直当韩信，以骑将冯敬当灌婴，以步将项它当曹参，则两军之数殆亦各不下万人，木罂之所渡几何？至多不过二三百人，岂足以制胜乎？沙囊壅水，下可渗漏，旁可横溢，自非兴工严塞，断不能筑成大堰，壅之使下流竟绝。如其宽河盛涨，则塞之固难，决之亦复不易。若其小港微流，易塞易决，则决后木必遂不可涉渡也。二者揆之事理，皆不可信。叙兵事莫善于《史记》，史公叙兵莫详于《淮阴传》，而其不足据如此。孟子曰："尽信书则不如无书。"君子之作事，既征诸古籍，诹诸人言，而又必慎思而明辨之，庶不至冒昧从事耳。

阳刚

汉初功臣惟樊哙气质较粗，不能与诸贤并论，淮阴侯所羞与为伍者也。然吾观其人有不可及者二：沛公初入咸阳，见秦宫室帷帐，狗马重宝，妇女以千数，意欲留居之，哙辄谏止，谓此奢丽之物，乃秦之所以亡，愿急还霸上，无留宫中，一也。高祖病卧禁中，诏户者"无得入群臣"！哙独排闼直入，谏之以昔何其勇，今何其怯，且引赵高之事以为鉴，二也。此二事者，乃不愧大人格君心者之所为。盖人禀阳刚之气最厚者，其达于事理必有不可掩之伟论，其见于仪度必有不可犯之英风，哙之鸿门披帷，拔剑割彘，与夫霸上还军之请，病中排闼之谏，皆阳刚之气之所为也。未有无阳刚之气，而能大有立于世者。有志之君子，养之无害可耳。

汉文帝

天下惟诚不可掩，汉文帝之谦让，其出于至诚者乎！自其初至代邸，西向让三，南向让再，已歉然不敢当帝位之尊。厥后不肯建立太子，增祀不肯祈福，与赵佗书曰"侧室之子"，曰"弃外奉藩"，曰"不得不立"。临终遗诏戒重服，戒久临，戒厚葬。盖始终自觉不称天子之位，不欲享至尊之奉。至于冯唐众辱而卒使尽言，吴王不朝而赐以几杖，勾群臣言朕过失，匡朕不逮，其谦让皆发于中心恻怛之诚，盖其德为三代后仅见之贤主，而其心则自愧不称帝王之职而已矣。夫使居高位者而常存愧不称职之心，则其过必鲜，况大君而存此心乎！吾尝谓为大臣者，宜法古帝王者三事：舜禹之不与也，大也；文王之不遑也，勤也；汉文之不称也，谦也。师此三者而出于至诚，其免于庚矣乎。

周亚夫

周亚夫刚正之气，已开后世言气节者之风。观其细柳劳军，天子改容，已凛然不可犯。厥后将兵，不救梁王之急，不肯侯王信，不肯王匈奴六人，皆秉刚气而持正论，无所瞻顾，无所屈挠。后世西汉若萧望之、朱云，东汉若杨震、孔融之徒，其风节略与相近，不得因其死于非命而薄之也。惟其神锋太隽，瞻睗太尊，亦颇与诸葛恪相近，是乃取祸之道，君子师其刚而去其傲可耳。

言命

孟子言治乱兴衰之际，皆由人事主之，初不关乎天命，故曰"以齐王由反手也"，曰"可使制梃以挞秦楚之坚甲利兵"，皆以人谋而操必胜之权。所谓祸福无不自己求之也。董子亦曰"治乱废兴在于己，非天降命不可得反"。与孟子之言相合。孔子曰"天生德于予，桓魋其如予何"，"天之未丧斯文，匡人其如予何"，亦似深信在己者之有权。然凤鸟不至，河不出图，有"吾已矣夫"之叹，又似以天命归诸不可知之数。故其答子服景伯曰"道之将行，命也；道之将废，命也"，语南宫适曰"君子若人，尚德若人"，隐然以天命为难测。圣贤之言微旨不同，在学者默会之焉耳。

功效

苟有富必能润屋，苟有德必能润身，不必如孔子之温良恭俭。孟子之睟面盎背，而后为符验也。凡盛德之君子，必有非常之仪范。是真龙必有云，是真虎必有风，不必如程门之游、杨、尹、谢，朱门之黄、蔡、陈、李，而后为响应也。凡修业之大人，必有景从之徒党，斯二者其几甚微，其效甚著，非实有诸己，乌可幸致哉！

复沈秉成
（同治十年四月初五日）

仲甫仁弟大人阁下：

初一日接手书，具悉壹是。

扬州教堂之事经阁下权衡缓急，善为调处，不致两情相激，滋生事端，洵得因时制宜之法。该房租约既已立定，自未便有所更张，致令事机中变。刻下镇江洋人皆知苦心周旋，多有感谢之意。可知忠信行于蛮陌，中孚可格豚鱼，乃是不易之理。租约写期二十个月，以示限制，办理亦甚周密。

镇江北岸之事，因观艺互争，并未斗殴。人多口杂，事后星散，本无从指拿人犯。既经台端饬县严禁，将该地保惩责，并禁民人开设洋酒馆，以免滋事，一面嘱英委员约束该国兵船，不许到北岸习艺饮酒，办理适得其平，实协大公之道。惟洋人被砖掷伤之后，何以未再陈诉而径达于京师副参赞处？不知此后尚更兴波否。

扬民聚众赴教堂滋扰之说，数月以来既无此事，想即因李提督危言恫喝，伊等畏惧，先行报知该参赞官，亦未可知。第李事在三月中旬，不知京信何以迅速若此！

至陈国瑞在扬分散银钱，煽动百姓暨刊刻《辟邪实录》一书，昨接马领事申陈，有怂恿匪徒窥探进攻之说，亦复危词耸听。查陈镇粗气未除，性喜多事，或大言欺人，自谓志在驱夷，固未可知。然市虎成于三人，投杼信于屡告。天下事并无风影，而凭空谣传亦常有之。或其党与将弁倚恃陈镇偶造浮言以恐吓洋人，或洋人因去岁天津之事积忿未捐，刻闻陈镇在扬尤加猜忌，以致互相惊恐，均属理势所或有。总须查访明确，然后酌核办法。如陈镇实有其事，亟宜设法禁止，以弭衅端。如尚无其事，但因大言煽惑众心，终久必不相安。似宜婉劝陈镇早行搬徙，以免百姓之影射及洋人之猜疑。此事非特以绥缉洋人，实亦以曲全陈镇。恐彼族疑忌过甚，卒有决裂之日，仍望台旆渡江，即以此意剀切劝导。或另有良法能迁徙离开扬州，固为大善，否则亦宜杜门谢客，闭口不谈洋务，乃为自全之道。《辟邪书》流播已久，不能必其尽绝。但恐激之生变，自应按照条约出示严禁止，以免洋人饶舌。凡此数端，敝处已据来信大略函复总署。兹将函稿抄寄一览。

国藩疝气尚未全愈，近服丸药稍见征效，内子病势亦渐痊愈，知注附闻。复颂台安，诸惟心鉴。不具。

致总理衙门[*]
（同治十年四月十五日）

曾国藩、李鸿章顿首上书王爷殿下、中堂大人阁下[①]：

去秋国藩在津门，丁雨生中丞屡来商榷，拟选聪颖幼童送赴泰西各国书院，学习军政、船政、步算、制造诸学，约计十年，业成而归，使西人擅长之基，中国皆能谙悉，然后可以徐图自强。且谓携带幼童前赴外国者，如四品衔刑部主事陈兰彬、江苏同知容闳皆可胜任等语。国藩深韪其言，曾于去秋九月及今年正月两次附奏在案。鸿章复往返函商。窃谓自斌君椿及志、孙两君奉命游历各国，于海外情形亦已窥其要领，如舆图、算法、步天、测海、造船、制器等事，无一不与用兵相表里。凡游学他国，得有长技归者，即延入书院，分科传授，精益求精。其于军政、船政，直视为身心性命之学，今中国欲仿效其意而精通其法，当此风气既开，似宜亟选聪颖子弟，携往外国肄业，实力讲求，以仰副我皇上徐图自强之至意。

查美国新定和约第七条内，载"嗣后中国人欲入美国大小官学学习各等文艺，须照相待最优国人民一体优待，又美国可以在中国指准外国人居住地方设立学堂，中国人亦可在美国一体照办"等语。国藩等思外国所长，既肯听人共习，志、孙诸君又已导之先路，计由太平洋乘轮船径达美国，月余可至，而非甚难之事。

或谓天津、上海、福州等处已设局仿造轮船、枪炮，京师设同文馆，选满汉子弟，延西人教授，又上海开广方言馆，选文童肄业，似中国已有基绪，无须远涉重洋。不知设局制造，开馆教习，所以图振奋之基也；远涉肄业，集思广益，所以收远大之效也。西人学求实际，无论

为士、为工、为兵，无不入塾读书，共明其理，习见其器，躬亲其事，和致其心思巧力，递相师授，期于月异而岁不同。我中国欲取其长，使一旦尽购其器，不惟力有不逮，且此中奥突，苟非遍览久习，则本原无由洞澈，而曲折无以自明。古人谓学齐语者，须引而置之庄岳之间，又曰百闻不如一见，比物此志也。况诚得其法，归而触类引伸，视今日所为孜孜以求者，不更可扩充于无穷耶？

惟是试办之难有二：一曰选材，二曰筹费。盖聪颖子弟不可多得，必其志趣远大，品质朴实，不牵于家累，不役于纷华者，方能远游异国，安心学习，则选材难；国家帑项，岁有常额，增此派人出洋肄习之款，更须措办，则筹费又难。凡此二者，国藩、鸿章亦深知其难。第以成山始于一篑，蓄艾期以三年，及今以图，庶他日继长增高稍易为力。爰饬陈兰彬、容闳等悉心酌议，加以复核，拟派在沪设局，访选沿海各省聪颖幼童，每年以三十名为率，四年计一百二十名，分年搭船赴洋，在外国肄习十五年后，按年分起，挨次回华。计回华之日，幼童不过三十上下，年方力强，正可及时报效。

闻前此闽粤宁波子弟亦时有赴洋学习者，但只图识粗浅洋文洋话，以便与洋人交易，为衣食计。此则入选之初，慎之又慎，至带赴外国，悉归委员管束，分门别类，务求学术精到。又有翻绎教习随时课以中国文艺，俾识立身大节，可冀成有用之材。虽未必皆为伟器，而人才既众，当有瑰异者出乎其中，此得十拔五之说也。

至于通计费用，首尾廿年，需银百二十万两，诚属巨款。不必一时筹拨，分析计之，每年接济六万，尚不觉其过难。除初年盘川发给委员携带外，其余指有定款，按年预拨，交与银号陆续汇寄，事亦易办。

总之图事之始，固不能予之甚吝而遽望之甚赊。况远适异国，储材备用，更不可以经费偶乏，浅尝中辍。近年来设局制造，开馆教习，凡西人擅长之技，中国颇知究心，所需经费，均蒙俞旨准拨，亦以志在必成，虽难不惮，虽费不惜，日积月累，成效渐有可观。

兹拟选带聪颖子弟赴外国肄业，事虽稍异，意实相同。仰惟荩抱讦谟主持大局，当必有以提挈之也。

《章程》十二条，附呈台览。如贵衙门以为可行，一俟接到复信，敝处即会衔具奏。其需用经费，亦即奏明饬下江海关于洋税项下指款，勿使缺乏。《章程》中恐有未尽事宜，仍求裁酌，示知遵办。专肃奉商，祗请钧安。诸惟鉴察，不备。

复吴大廷
（同治十年五月初五日）

彤云仁弟大人阁下：

接诵惠书，具聆一一。就审动履增绥为颂。

轮船船主，阁下锐意改用华人，数月以来，渐有把握。比复得招生精于测量，拟再选募数人随同学习，期于渐推渐广。外洋水师阵法、炮法两书，亦已次第翻译。台从将率船主、管驾久驻洋面，与之切实讲求，从事独贤，闻之欣慰。凡事患在不为，为之不已，终有效验。成大业者，每由于险阻艰难；致大富者，恒基于铢积寸累。庖丁解牛，手肩足膝悉中舞会，由其娴也。泰西诸国之人每治一事，不吝巨费，不惮苦功，不造其极不休，故其技能往往卓绝。今就操练一端欲与颉颃，当尽己百己千之工，以期必明必强之效。

至于水勇久役洋船，事简法疏，华船兼以操练，又以兵法部勒，舍逸就劳，必非人情所乐。来示援引唐宋兵制，拟拣有勤能者稍加口粮，另立一队，比之亲军。遇校阅时果能技艺出众，再加犒赏，以激劝之，固亦倡勇之策。第轮船水勇名粮已数倍于陆师，即使技勇迈伦，亦已无可再加。船中执司有定职，起居有常所，别立一队，徒觉相形见绌。一队别操，则其余将观望而却沮，转不足以示鼓励。鄙意平日可不必加口粮，校技时则可酌加奖赏。人各有一日之短长，中等者未必次次得赏，上等者果能次次得赏，则倡勇敢私死士之术，即寓其中矣。诚能常常得赏，亦与加口粮无以异。而多寡稀稠，由上为政，众人亦无觖望。未审有当否，仍乞裁示。

泊沪之船，上年冬间曾与阁下面订四船宜常应操，不宜常应差，近则应差时多，已恐为操防之累。李相复以北洋消息难通，商留操江一船。李相方以天下为己任，愚见亦欲倚之以御侮，况沪局为渠缔造，所成之船岂能吝而不与？是以复咨订定，自三月至八月留津，自九月至二月留沪，南北各驻半年，庶几在沪之日尚可逐队操习。恬吉水勇操练整肃而亦自然应常存沪赴操，决不令改归捕盗局。或修理天平，或另造一船，专归该局巡辑，则界限分明矣。

英人谣传陈国瑞在扬有意攻教，总署欲仆派员至扬，传饬陈镇勿再逗留扬郡。仆以陈镇系二品武员，若因彼族无稽之谣遽下逐客之令，未免有关政体。与沈仲甫往返函商，正苦无术以遣之。适接李世忠来禀，言渠前被陈镇抢劫渠军饷盐暨皮衣马鞍，积怨多年，此次因将陈镇捆缚在船，将带至金陵理论前仇。而陈宅之家属沿河悬赏叫喊，致岸上棍徒与湖北船户复强夺李世忠之眷属，逼令游街，且溺毙一妾。又抢李世忠之船，李亦落水，遇救得生。李陈俱来金陵。仆已派人确查详悉情形，少迟拟遂据实奏参革职，令各速还原籍。盖因两人皆桀骜不驯，相持日久必致纠众互殴，酿成巨案。而陈镇离扬，则攻教之说不辩自息，借免积疑生变，是亦一道也。

鄙人疝气之症已愈。内子所患，月内大有转机。尊阃夫人前恙就痊，从此可无内顾之忧。介唐前有书来，已许出山，近日却无到省信息，或真有病未愈耶？复颂台安，诸惟心鉴。不具。

李世忠陈国瑞寻仇构衅据实参奏折
（同治十年五月十一日）

奏为曾任提镇大员，寻仇构衅，据实参奏，恭折仰祈圣鉴事。

窃前任江南提督李世忠，于同治三年开缺回籍，本年三月间前来江宁见臣一次，旋赴扬州。该提督有一房屋，赁与洋人作为教堂，限期已满，索取甚急，几至生衅。经常镇道沈秉成会同运司方濬颐另议由官收买此屋，仍赁洋人，酌核办妥。该提督逗留在扬，与前任浙江处州镇总兵陈国瑞相遇。二人本有夙仇。李世忠匿怨纳交，与陈国瑞勾结往来，日夜演戏，不露声色。忽于四月十四早，潜赴陈国瑞寓中，乘其不备，喝令伙党，将陈国瑞捆缚赴船，行抵扬州之四里铺地方，关禁舟中，意在吓取财物，以图报复私仇。彼时正值运铅船一百余号及沿江上下湖广船只聚集两岸，大半与陈国瑞同乡。陈国瑞之侄陈泽培等闻信赶至，立时喊称救命，扬言有能救出陈国瑞者，立赏万金，捉获李世忠者，亦赏万金等语。一时各船之水手，近地之棍徒，啸聚数千人，呼声震天。李世忠见众怒难犯，将陈国瑞藏匿一船，派人送赴上游，而另觅小舟为逃生之计。因追者环绕，仓皇落水，遇救得生。其辎重及家属之小船，则被水手棍徒于十四日晚掳掠一空。婢妾四人，追逐登岸，内一人不知何时落水淹毙，其余三人拥至扬城，丛殴欺辱，经营务处候补道杨钟琛途遇喝禁，始行释放。迭据扬州文武各官及瓜洲营汛驰禀各情。臣正在饬查间，即据李世忠只身来辕开具失单，禀诉人财被掳等情。臣一面确切查讯，一面派员至江中迎提陈国瑞来辕。又据陈国瑞以无辜受辱，开具寓中失单，禀请查究。当经饬派营务处候补道袁保庆、瓜洲镇总兵吴家榜切实查办，录取两造初次亲供。又令其互相辩驳，再行呈递二次亲供，其中情节各执一词。

臣详加察核：李世忠所供陈国瑞从前结怨之事，同治元年有在高良涧劫去铅物一案，二年有寿州截杀李世忠部将朱元兴等一案，三年怀远劫留盐船及抢夺马鞍皮衣二案。揆度当日情事，正是陈国瑞打仗奋勇，声名日起之时。李世忠则人人切齿，中外交疑，正声名极坏之时，或畏陈国瑞而不敢与校，亦属意中之事。惟高良涧一案，据李世忠供称已由前漕督臣吴棠赔银一千五百两，陈国瑞则称赔银二千两。寿州一案，其时陈国瑞并未到寿，亲王僧格林沁因朱元兴、杜宜魁死于无辜，曾经奏参将苗景开、李万春正法，奉有谕旨。此二案业已了结。其未见明文者，怀远盐船一事，陈国瑞现供认掳得李世忠盐船变卖充赏。马鞍皮衣一事，陈国瑞现供系李世忠赠送，其为强夺无疑。然当时并未呈报有案，此次又未先行申诉。从前军营无理之事，只可概置不论，以持大体而弭争端。臣据理驳斥，李世忠亦俯首无辞。至此次扬州起衅缘由，李世忠早蓄诳诱之诡计，陈国瑞犹是强梁之积习。其供词之互异者，李世忠供称陈国瑞索取山石，陈国瑞则称李世忠以山石相送。查山石在李世忠旧房，即系教堂内之物。李世忠明知难取而故作挑衅之媒，陈国瑞自恃其强而思逞一朝之忿，其情均属可恶。

又据李世忠供称陈国瑞硬要戏班，陈国瑞则称李世忠派人送戏。查李世忠携带戏班到处送演，陈国瑞好勇斗狠，有意扣留。该二员素行顽狞，不足深论。惟捆缚一节，则为此案之正文。据李世忠供称，携手偕同回船，并未凌辱。陈国瑞则称，拖扭之时，揪落头发一绺，到船后捆缚唇罾，又逼写家信，勒取财物等语。查李世忠蓄恨已久，下此毒手，断无不加凌辱之理，且以陈国瑞之狡谲暴戾，若非李世忠用强逞蛮，何肯随同赴船？此尤理之显然者。至陈国瑞之侄纠集船户棍徒聚众酿命，则又为李世忠意料所不及，害人而适以自害。凡逞凶私斗，枝节横生，大率类此。平情而论，四月十四日以前，两人谬订知交，往还亲密，各怀猜疑，各蓄机心。陈国瑞供称屡以正言规劝李世忠，即系生平甘言欺人之伎俩。李世忠供称，陈国瑞有所求索，事事遂其所欲，即系平日蓄谋害人之伎俩。两人之心术相近，而李世忠尤为阴狠。闻上年曾软禁道员杨姓，勒令出银数万始准放还。此次又软禁陈国瑞，其行径同于掳人勒赎，若照例严办，厥罪甚重。臣仰体朝廷之意，业已保全于前，此次仍从宽议结。相应请旨将前任江南提督李世忠即行革职，免其治罪，勒令回籍，交地方官严加管束。如再出外滋事，一经查出，即行奏明重惩。陈国瑞于船户聚众之事，虽非其所主谋，而家属纠众酿命，亦不得尽诿为不知，且构怨由于昔年抢夺数次报复之来，亦素行乖谬所致，若一并奏参革职，咎亦难辞。姑念此次滋事，实由于李世忠寻衅，似宜分别轻重，相应请旨将记名提督前任浙江处州镇总兵陈国瑞以都司降补，勒令速回湖北原籍，不准再在扬州逗留，以免滋生事端。船户水手，滋事之人，现已拿获二名，俟再拿要犯后与陈国瑞之侄分别归案究办，另行咨结。所有曾任提镇大员寻仇构衅据实参奏缘由，恭折由驿三百里具陈，伏乞皇太后、皇上圣鉴训示。谨奏。

台洲墓表
（同治十年六月二十六日）

呜呼！惟我先考先妣既改葬于台洲之十三年，小子国藩始克表于墓道。

先考府君讳麟书，号竹亭，平生困苦于学，课徒传业者盖二十有余年。国藩愚陋，自八岁侍府君于家塾，晨夕讲授，指画耳提，不达则再诏之，已而三复之。或携诸途，呼诸枕，重叩其所宿惑者，必通彻乃已。其视他学僮亦然，其后教诸少子亦然。尝曰：“吾固钝拙，训告若辈钝者，不以为烦苦也。”府君既累困于学政之试，厥后挈国藩以就试，父子徒步橐笔以干有司，又久不遇。至道光十二年，始得补县学生员。府君于是年四十有三，应小试者十七役矣。

吾曾氏由衡阳至湘乡五六百载，曾无人与于科目秀才之列。至是乃若创获，何其难也！自国初徙湘乡，累世力农，至我王考星冈府君乃大以不学为耻，讲求礼制，宾接文士，教督我考府君穷年磨历，期于有成。王考气象尊严，凛然难犯。其责府君也尤峻，往往稠人广坐，壮声诃斥，或有所不快于他人，亦痛绳长子，竟日嗃嗃，诘数愆尤。间作激宕之辞，以为岂少我耶？举家耸惧。府君则起敬起孝，屏气负墙，踧踖徐进，愉色如初。王考暮年大病痿痹瘖哑，起居造次必依府君，暂离则不怡，有请则如响。然后知凤昔之备责府君，盖望之厚而爱之笃，特非众人所能喻耳。

咸丰二年，粤贼窜湘，攻围长沙，府君率乡人修治团练，戒子弟，讲阵法，习技击。未几，国藩奔母丧回籍，奉命督办湖南团练。明年，又奉命治舟师援剿湖北。府君僻在穷乡，志存军国。初令季子国葆募勇讨贼，既又令三子国华、四子国荃募勇北征鄂，东征豫章。粗有成效，而府君遽以咸丰七年二月四日弃养。阅一年而国华殉难于三河，又四年而国葆病没于金陵。朝廷褒恤，并予美谥。而国藩与国荃遂克复安庆、江宁两省。虽事有天幸，然亦赖先人之教，尽驱诸子执戈赴敌之所致也。

初，国藩以道光间官京师，恭遇覃恩，封王考暨府君皆为中宪大夫，祖妣暨先母皆为恭人。逮咸丰间，四遇覃恩，又得封赠，三代皆为光禄大夫，妣皆一品夫人。今上嗣位，四遇覃恩，又以战绩，兄弟谬膺封爵。于是曾祖府君儒胜，王考府君玉屏，暨府君皆封为大学士、两江总督、一等侯爵；曾祖妣氏彭，祖妣氏王，先妣氏江，仍封一品夫人。呜呼！叨荣至矣！

江太夫人为湘乡处士沛霖公女，来嫔曾门，事舅姑四十余年，饎爨必躬，在视必恪，宾祭之仪，百方检饬。有子男五人，女四人，尺布寸缕，皆一手拮据。或以人众家贫为虑，太夫人曰："某业读，某业耕，某业工贾。吾劳于内，诸儿劳于外，岂忧贫哉？"每好作自强之言，亦或谐语以解劬苦。咸丰二年六月十二日疾卒，九月二十二日葬于下腰里宅后。府君以七年闰五月初三日葬于周璧冲，至九年八月某日并改葬于台洲之猫面脑。府君有弟二人，仲曰上台，年二十有四而没。府君视病年余，营治医药，旁皇达旦。季曰骥云，推甘让善，老而弥恭。无子，以国华为之嗣。后府君三年而没。女四人者，其二先卒，其二继逝。诸子今存者，惟国藩与国潢、国荃三人。诸孙七人，曾孙七人。于是略述梗概，以著先人懿德，垂荫无穷。而小子才薄能鲜，忝窃高位，兢兢焉惟不克负荷是惧云。

拟选聪颖子弟赴泰西各国肄业折[*]
（同治十年七月初三日）

奏为拟选聪颖子弟前赴泰西各国肄习技艺，以培人才，恭折仰祈圣鉴事。

窃臣国藩上年在天津办理洋务，前任江苏巡抚丁日昌奉旨来津会办，屡与臣商榷，拟选聪颖幼童送赴泰西各国书院学习军政、船政、步算、制造诸书，约计十余年，业成而归，使西人擅长之技中国皆能谙悉，然后可以渐图自强。且谓携带幼童前赴外国者，如四品衔刑部主事陈兰彬、江苏候补同知容闳皆可胜任等语。臣国藩深韪其言，曾于上年九月、本年正月两次附奏在案。臣鸿章复往返函商，窃谓自斌椿及志刚、孙家谷两次奉命游历各国，于海外情形亦已窥其要领。如舆图、算法、步天、测海、造船、制器等事，无一不与用兵相表里。凡游学他国得有长技者，归即延入书院，分科传授，精益求精。其余军政、船政，直视为身心性命之学。今中国欲仿效其意而精通其法，当此风气既开，似宜亟选聪颖子弟携往外国肄业，实力讲求，以仰副我皇上徐图自强之至意。

查美国新立和约第七条内载，嗣后中国人欲入美国大小官学学习各等文艺，须照相待最优国人民一体优待。又美国可以在中国指准外国人居住地方设立学堂，中国人亦可在美国一体照办等语。本年春间，美国公使过天津时，臣鸿章面与商及，允俟知照到日，即转致本国妥为照料。三月间，英国公使来津接见，亦以此事有无相询。臣鸿章当以实告，意颇欣许，亦谓先赴美国学习，英国大书院极多，将来亦可随便派往。此固外国人所深愿，似于和好大局有益无损。臣等伏思外国所长，既肯听人共习，志刚、孙家谷又已导之先路，计由太平洋乘轮船径达美

＊ 此件与李鸿章会衔具奏。

国，月余可至，当非甚难之事。或谓天津、上海、福州等处，已设局仿造轮船、枪炮、军火，京师设同文馆选满汉子弟延西人教授，又上海开广方言馆选文童肄业，似中国已有基绪，无须远涉重洋。不知设局制造，开馆教习，所以图振奋之基也；远适肄业，集思广益，所以收远大之效也。西人学求实济，无论为士、为工、为兵，无不入塾读书，共明其理，习见其器，躬亲其事，各致其心思巧力，递相师授，期于月异而岁不同。中国欲取其长，一旦遽图尽购其器，不惟力有不逮，且此中奥密①，苟非遍览久习，则本源无由洞彻，而曲折无以自明。古人谓学齐语者，须引而置之庄岳之间；又曰百闻不如一见，比物此志也。况诚得其法，归而触类引伸，视今日所为，孜孜以求者，不更扩充于无穷耶？

惟是试办之难有二：一曰选材，一曰筹费。盖聪颖子弟不可多得，必其志趣远大，品质朴实，不牵于家累，不役于纷华者，方能远游异国，安心学习，则选材难；国家帑项，岁有常额，增此派人出洋肄习之款，更须措办，则筹费又难。凡此二者，臣等亦深知其难，第以成山始于一篑，蓄艾期以三年，及今以图，庶他日继长增高稍易为力。爰饬陈兰彬、容闳等悉心酌议，加以复核，拟派员在沪设局访选沿海各省聪颖幼童，每年以三十名为率，四年计一百二十名，分年搭船赴洋在外国肄习，十五年后按年分起挨次回华。计回华之日，各幼童不过三十岁上下，年力方强，正可及时报效。闻前此闽、粤、宁波子弟亦时有赴洋学习者，但只图识粗浅洋文洋话，以便与洋人交易，为衣食计。此则入选之初，慎之又慎。至带赴外国，悉归委员管束，分门别类，务求学术精到。又有翻译教习，随时课以中国文义，俾识立身大节，可冀成有用之材。虽未必皆为伟器，而人才既众，当有瑰异者出乎其中，此拔十得五之说也。至于通计费用，首尾二十年需银百二十万两，诚属巨款。然此款不必一时凑拨，分析计之，每年接济六万，尚不觉其过难。除初年盘川发给委员携带外，其余指有定款按年预拨交与银号陆续汇寄，事亦易办。

总之，图事之始，固不能予之甚吝，而遽望之甚奢，况远适异国，储才备用，更不可以经费偶乏浅尝中辍。近年来设局制造，开馆教习，凡西人擅长之技，中国颇知究心，所需经费，均蒙谕旨准拨，亦以志在必成，虽难不惮，虽费不惜，日积月累，成效渐有可观。兹拟选带聪颖

---

① 奥密，传忠书局刻本作"奥突"。——本书编者注。

子弟赴外国肄业，事虽稍异，意实相同。谨将章程十二条恭呈御览①，合无仰恳天恩饬下江海关于洋税项下按年指拨，勿使缺乏。恭候命下，臣等即饬设局挑选聪颖子弟妥慎办理，如有章程中未尽事宜，并请敕下总理衙门酌核更改，臣等亦可随时奏请更正。所有拟选聪颖子弟前赴泰西各国肄习技艺缘由，谨合词恭折具奏，伏乞皇太后、皇上圣鉴训示。谨奏。

---

① 原附"章程十二条"，省略未录。——本书编者注。

大界墓表
（同治十年七月初七日）

王考府君以道光二十九年十月四日弃养，倏历二十三年。当初葬时，吾父以书抵京师，命国藩为文，纪述先德，揭诸墓道。国藩窃观王考府君威仪言论，实有雄伟非常之概，而终老山林，曾无奇遇重事一发其意。其型于家，式于乡邑者，又率依乎中道，无峻绝可惊之行。独其生平雅言，有足垂训来叶者，敢敬述一二，以示后昆。

府君之言曰："吾少耽游惰，往还湘潭市肆，与裘马少年相逐，或日高酣寝，长老有讥以浮薄，将覆其家者。余闻而立起自责，货马徒行，自是终身未明而起。余年三十五，始讲求农事。居枕高嵋山下，垅峻如梯，田小如瓦。吾凿石决壤，开十数畛而通为一，然后耕夫易于从事。吾昕宵行水，听虫鸟鸣声以知节候，观露上禾颠以为乐。种蔬半畦，晨而耘，吾任之；夕而粪，庸保任之。入而饲豕，出而养鱼，彼此杂职之。凡菜茹手植而手撷者，其味弥甘；凡物亲历艰苦而得者，食之弥安也。吾宗自元明居衡阳之庙山，久无祠宇。吾谋之宗族诸老，建立祠堂，岁以十月致祭。自国初迁居湘乡，至吾曾祖元吉公，基业始宏。吾又谋之宗族，别立祀典，岁以三月致祭。世人礼神徼福，求诸幽遐。吾以为神之陟降，莫亲于祖考，故独隆于生我一本之祀，而他祀姑阙焉。后世虽贫，礼不可嬗；子孙虽愚，家祭不可简也。吾早岁失学，壮而引为深耻，既令子孙出就名师，又好宾接文士，候望音尘，常愿通材宿儒接迹吾门，此心乃快。其次老成端士，敬礼不怠，其下泛应群伦。至于巫医、僧徒、堪舆、星命之流，吾屏斥之惟恐不远。旧姻穷乏，遇之惟恐不隆。识者观一门宾客之雅正疏数，而卜家之兴败，理无爽者。乡党戚好，吉则贺，丧则吊，有疾则问，人道之常也，吾必践焉，必躬焉。财不足以及物，吾以力助焉。邻里讼争，吾尝居间以解两家之纷。其尤无状者，厉辞诘责，势若霆摧而理如的破，悍夫往往神沮。或具樽酒通殷勤，一笑散去。君子居下则排一方之难，在上则息万物之嚣，其道一耳。津梁道途废坏不治者，孤嫠衰疾无告者，量吾力之所能，随时图之，不无小补。若必待富而后谋，则天下终无可成之事。"

盖府君平昔所恒言者如此。国藩既稔闻之，吾父暨叔父又传述而告诫数数矣。

府君讳玉屏，号星冈。声如洪钟，见者惮慑，而温良博爱，物无不尽之情。其卒也，远近感唏，或涕泣不能自休。配我祖妣王太夫人，孝恭雍穆，娣姒钦其所为，自酒浆缝纫以至礼宾承祭，经纪百端，曲有仪法。虔事夫子，卑诎已甚，时逢愠怒，则竦息减食，甘受折辱以回眷睐。年逾七十，犹检校内政，丝粟不遗。其于子妇孙曾，群从外姻，童幼仆妪，皆思有惠逮之。权量多寡，物薄而意长，阅时而再施。太夫人道光二十六年九月十八日卒，春秋八十，葬于木兜冲。其后三年而府君卒，春秋七十有六，葬于八斗冲，迁太夫人之柩祔焉。其后十年为咸丰九年己未十二月，均改葬于大界。

府君之先，六世祖曰孟学，初迁湘乡者也。曾祖曰元吉，别立祀典者也。祖曰辅臣，考曰竟希。曾祖妣氏曰刘，祖妣氏曰蒋，曰刘，妣氏曰彭。以国藩忝窃禄位，府君初貤封中宪大夫，后累赠为光禄大夫、大学士、两江总督。祖妣初封恭人，后累赠为一品夫人。圣朝推恩，追而上之，竟希公累赠光禄大夫，妣彭氏亦赠一品夫人。府君生吾父兄弟三人，仲父上台早卒，季父骥云无子，以吾弟国华为嗣。孙五人。军兴以来，惟国潢治团练于乡，四人者皆托身兵间。国华、贞幹没于军，国藩与国荃遂以微功列封疆而膺高爵。而高年及见吾祖者，咸谓吾兄弟威重智略不逮府君远甚也，其风采亦可想已。曾孙七人，元孙七人，凡兹安居足食，列于显荣者，繄维祖德是赖。于是叙其大致，表于斯阡，令后嗣无忘彝训，亦使过者考求事实，知有众征，无虚美云。

致澄弟沅弟
（同治十年十月二十三日）

澄、沅两弟左右：

屡接弟信，并阅弟给纪泽等谕帖，具悉一切。兄以八月十三出省，十月十五日归署。在外匆匆，未得常寄函与弟，深以为歉。小澄生子，岳松崧字与岳字重复，应写此松字入学，是家中近日可庆之事。沅弟夫妇病而速痊，适朱氏侄女生子不育而不甚忧闷，亦属可慰。

吾见家中后辈体皆虚弱，读书不甚长进，曾以养生六事勖儿辈：一曰饭后千步，一曰将睡洗脚，一曰胸无恼怒，一曰静坐有常时，一曰习射有常时射足以习威仪强筋力，子弟宜多习，一曰黎明吃白饭一碗不沾点菜。此皆闻诸老人，累试毫无流弊者，今亦望家中诸侄试行之。又曾以为学四字勖儿辈：一曰看生书宜求速，不多阅则太陋；一曰温旧书宜求熟，不背诵则易忘；一曰习字宜有恒，不善写则如身之无衣，山之无木；一曰作文宜苦思，不善作则如人之哑不能言，马之跛不能行。四者缺一不可。盖阅历一生，而深知之深悔之者，今亦望家中诸侄力行之。养生与力学，二者兼营并进，则志强而身亦不弱，或是家中振兴之象。两弟如以为然，望常以此教诫子侄为要。

兄在外两月有余，应酬极繁，眩晕、疝气等症幸未复发，脚肿亦因穿洋袜而愈。惟目蒙日甚，小便太数，衰老相逼，时势当然，无足异也。

聂一峰信来，言其子须明春乃来，又商及送女至粤成婚一层。余复信仍以招赘为定，但许迟至春间耳。

章合才果为庸才，其军断难得力。刘毅斋则无美不备，将来事业正未可量。其欠饷，余必竭力助之。王辅臣亦庸庸，颇难寻一相宜之差。

东台山为合邑之公地，众人属目，且距城太近，即系佳壤，余亦不愿求之己有，信复树堂矣。

茶叶、蛏干、川笋、酱油均已领到，谢谢！阿兄尚未有一味之甘分与老弟，而弟频致珍鲜，愧甚愧甚。川笋似不及少年乡味，并不及沅六年所送，不知何故？

鸣原堂文，余竟忘所选之为何篇，请弟将目录抄来，兄当选足百篇，以践宿诺。祖父墓表即日必寄去，请沅弟大笔一挥，但求如张石卿壁上所悬之大楷屏似沅七年所书足矣，不必谦也。顺问近好。

复吴汝纶[*]
（同治十年十月二十五日）

八月接诵惠书，具聆一一。以外出巡阅，刻无暇晷，裁答稍稽。比审侍闱多祜，新履深州，政祉懋介，身执百务，劳勚倍常，至以为念。

承述所过见闻之状，曲为奖饰，自省在畿辅年余，无一可信幽独，可质交亲，不过循途守辙，涉笔画诺。其礼贤一节，豪无实际，而李君更招慢士之议。最后天津之役，物论沸腾，冒大不韪。而僚属犹殷殷存问，如来书所云者，则以体阁下爱仆之情，为一体相温之语，聊佐寒喧，岂足为去思之征验耶？

翰泉求还，目下断难设法。迭阅新闻纸内，彼族颇责罗使未能力持府县抵偿之议。李相盖深知其难，故不复答翰意外之求。阁下既询翰泉家属，知戍所尚不甚苦，将军复以优礼相待，即望以书告渠，劝其忍耐且住，勉效苏子卿、洪忠宣久居绝域之所为。若处之过于迫蹙，便觉度日如年，徒增郁闷，而于事仍无济，非自全之道也。

直隶淫霖为灾，津郡附近各属，几成泽国，为近数十年所仅见。荃相截漕十万，赈济灾黎，犹难遍及，旋疏请饬江浙两省各办米二万石，改解折色十万金。又函商鄙人，于淮鹾内筹捐二十万金。又谋及江浙官绅，捐棉衣二十余万件。当可补救一方，不致终成饿殍。深州向困于水，今年想更浩瀚，难于措手。一省办赈，则宜多用好官；一州办赈，则宜多用贤绅。阁下文学渊雅，识解迈伦，更能力矫视事太易之弊。目已察而尤恐未精，心已明而犹恐自是，不泄于迩，不忽于小，则绅富之气易通，贫民之情易达。苟无款筹则已，如省中有饷可拨，本境有银可捐，则得一钱一粟，必有实惠及民。古来良吏，岂有异术，亦惟心诚求

---

* 此信由本书编者辑自郭立志编《桐城吴先生年谱》（民国"雍睦堂丛书"本），岳麓书社版《曾国藩全集》中未载。该信及考释文字，见《曾国藩研究》，第一辑，长沙，湖南人民出版社，2007；又见《曾国藩与近代中国》，长沙，岳麓书社，2007。——本书编者注。

之，临事不苟而已。

官署岁入无多，只有节用之一法。仆平生好讲"俭"字，而署内实失之奢靡，由不能检察细务。阁下宜以为鉴，米盐薄物，事事减损，宅门以内，食者少而用者舒，则不至妄行挪欠。即使一旦因公亏累，亦为上下所共谅，神明所共鉴，弥缝终有时也。

鄙人目光昏霿日甚，无术可以挽回，眩晕疝气诸症，幸未复发，近惟两足浮肿，步履稍觉不便。内子沉疴就痊，第以两目无光，右脚比复痿痹，亦生理之极艰。大小儿正月生子，七月惊风殇亡，殊用郁郁。

八月十三出省补行大阅，先至扬州、淮、徐，后及镇、常、苏、松，十月十五日回署，应俗之酬酢，镇日纷扰，不特久疏文字，即公牍亦多所停阁。足下治公有暇，仍当从事书史，幸无废学为要。诸希心鉴，复颂台祺不具。国藩顿首。

同治十一年二月初一、二、三、四日日记

初一日

早饭后清理文件。坐见之客五次，立见者一次。围棋二局。阅《二程遗书》。中饭后，坐见之客二次。阅本日文件。小睡片刻。核科房批稿簿。是日，刘康侯搭轮船归里。傍夕，小睡颇久。夜改信稿二十余件。余精神散漫已久，凡遇应了结之件，久不能完，应收拾之件，久不能检，如败叶满山，全无归宿。通籍三十余年，官至极品，而学业一无所成，德行一无可许，老大徒伤，不胜悚惶惭赧。二更五点睡。①

初二日

早饭后清理文件。坐见之客三次。坐而假寐，疲甚，若不堪治一事者。围棋二局。至内室一坐。中饭后，坐见之客三次，厉伯苻谈颇久。阅本日文件，核科房批稿，内有一稿，略费思虑。又发病，如正月廿六日在城外官厅之状，手执笔而如颤，口欲言而不能出声，因停止不复阅核公事。登床小睡。请谢旭亭诊脉开方。夜又请蒋、萧二大令先后诊视。旋将批稿簿核毕，阅《二程遗书》。二更四点睡，尚能成寐。

初三日

早起，蒋、萧两大令来诊脉，良久去。早饭后清理文件，阅《理学

---

① 此后附记杂项略而未录。——本书编者注。

宗传》。围棋二局。至上房一坐。又阅《理学宗传》。中饭后阅本日文件。李绂生来一坐。屡次小睡。核科房批稿簿。傍夕久睡。又有手颤心摇之象，起吃点心后，又在洋床久睡。阅《理学宗传》中张子一卷。二更四点睡。

初四日①

晨起，书："既不能振作精神，稍尽当为之职分，又不能溘先朝露，同归于尽，苟活人间，惭悚何极！"

---

① 辑自同治壬申六月刊《曾文正公荣哀录》。据此书发现者胡卫平考证（见双峰县曾国藩故居管理所编《曾国藩研究导报》第四期《曾国藩〈日记绝笔〉小考》），此则日记当为可信。

病体垂危谨由梅启照代递遗折
（同治十一年二月初四日）

奏为天恩未报，臣病垂危，伏枕哀鸣，仰祈圣鉴事。

窃臣由道光十八年进士供职词垣，忝持文枋，蒙宣宗成皇帝特达之知，不次超迁。未及十年，洊贰春官，兼署吏部、刑部侍郎，毫无报称。道光三十年应诏陈言，语多戆直，渥蒙文宗显皇帝采纳优容，不加谴责。咸丰三年丁忧在籍，适值粤逆滋扰，激于义愤，创立楚军，转战湖南、湖北、江西、安徽各省。中间奉命援浙、援川、援闽，均不果行。综计驰驱军旅十有余年，艰难险阻，屡濒于危。仰托朝廷威福，诸将戮力，臣弟国荃誓死灭贼，克复江宁，仰荷圣恩锡爵，酬庸有逾常格。功薄位高，力小任重，每一念及，辄觉无以图报。同治四、五年间，剿捻无效，回任两江。本欲解职避贤，以闲散自效，而恩命再三，所以策励衰庸者无微不至。臣何人，斯何敢固执求退！迨奉旨调任直隶，整饬吏治，清理积谳，不敢稍遗余力。办理天津民教之事，刚柔未能得宜，内疚神明，外惭清议，五中耿耿，引为深耻。旋又奉命调任两江。自九年十月受事后，眩晕之证〔症〕时时间作。惟念两江为东南一大都会，朝廷鉴臣愚诚，怜臣衰病，温语下颁，勖以坐镇，用意至为深远，遭遇可谓极隆。臣仰体德意，默省素志，窃谓居官一日，尽职一日，虽右目失明，风疾屡发，从不敢具折请假，上烦圣虑。不意薄灾生竟成痼疾，本年正月二十六日，在城外公所，司道环坐，忽然心有所言，口不能出，自虑恐成中风之证〔症〕，赶紧延医服药，略有微效。二十七八九至二月初一二三等日，又发数次，犹谓春在肝旺，不甚措意。昼接属僚，夕治文牍，仍勉强如常，不敢稍息。初四日申刻，忽然心摇手战，不能自主，即命家人扶掖缓行数十步，旋觉足麻气促，顿异常时。医者咸云势极危险，臣自问亦已不支。

伏念臣生平略涉儒先之书，于义利公私之界辨之最严。自咸丰三年带兵之始,即自誓以身许国,无望生还。厥后军务粗竣,此中殆有天幸,臣始愿实不及此。承乏两江,前后三次,刻刻以旷官负职为惧。圣主待臣愈恕,而臣自治愈严,默揣平生,遭际实已逾分,不敢求一日之安,方冀从容整理,补救万一,而葵藿之志未舒,桑榆之景迫。目前边陲未靖,外患方长;南则黄流横溢,北则饥馑荐臻,断不敢以已治已安为粉饰承平之语。惟愿我皇上敬承皇太后懿训,兢兢业业,惟日孜孜,崇宽政以恤疲氓,纾远谟以弭隐患。深宫益崇节俭,则军需虽广而供亿不劳;圣学日进高明,则几务虽殷而措施悉当。臣待尽余生,语无伦次。臣长子纪泽前年蒙恩赏给员外郎,签分户部行走,次子纪鸿以附生应试,现均随任在署。臣惟有函属臣弟国潢、国荃,督率臣子等勉力读书,补臣未尽之志,以仰副圣天子眷念旧臣之至意。谨口授遗折,命臣子面交江宁布政使梅启照恭折代递。瞻望阙廷,神魂飞越,不胜感激屏营之至,伏乞皇太后、皇上圣鉴。谨奏。

曾国藩年谱简编

嘉庆十六年（1811 年）诞生 1 岁（虚岁，下同）

十月十一日（11 月 26 日）生于湖南湘乡县荷塘（今属双峰县）。

嘉庆二十一年（1816 年）6 岁

十月，曾祖竟希去世，寿年 74 岁。

是年，始入塾学习。

嘉庆二十五年（1820 年）10 岁

五月，弟国潢生。

道光二年（1822 年）12 岁

五月，弟国华生。后出嗣叔父骥云。

道光四年（1824 年）14 岁

八月，弟国荃生。

道光八年（1828 年）18 岁

九月，季弟国葆生。国藩除有胞弟（含出嗣之国华）四外，尚有胞姊妹四：姊国兰，妹国蕙、国芝、"满妹"。满妹于十岁上夭亡（时在道光十九年正月末）。

道光十三年（1833 年）23 岁

考取生员（秀才）。完婚，妻本省衡阳欧阳氏。

道光十四年（1834 年）24 岁

入岳麓书院学习。

乡试报捷，考取举人。

道光十五年（1835 年）25 岁

会试不售，留京读书（次年返乡）。治古文辞自此始。

道光十六年（1836 年）26 岁

再次会试（恩科）仍不售，返乡。

道光十八年（1838 年）28 岁

考中进士，入选翰林院庶吉士。

道光十九年（1839 年）29 岁

十一月初二日，子纪泽生（其上尚曾夭亡一兄）。

道光二十年（1840 年）30 岁

四月，散馆，授职翰林院检讨。

道光二十一年（1841 年）31 岁

七月，向湘籍京官、理学家唐鉴问学，被教以"读书之法"和"检身之要"诸项，并被教以效法倭仁记省身日记。

道光二十二年（1842 年）32 岁

知中英《南京条约》签订后，写信告家人"抚局已定"，"不得不权为和戎之策"，感慨"自英夷滋扰，已历二年，将不知兵，兵不用命，于国威不无少损"，幻想"夷人从此永不犯边，四海晏然安堵"。

道光二十三年（1843 年）33 岁

充四川乡试正考官。

道光二十六年（1846 年）36 岁

夏秋间，因病在城南报国寺休养，与同寓的汉学人士刘传莹交流、互学。

道光二十七年（1847 年）37 岁

六月，升内阁学士，官至二品。自任翰林院检讨，官职上续有多次升迁。获是职后，自有"湖南三十七岁至二品者，本朝尚无一人。予之德薄才劣，何以堪此"之说。

道光二十八年（1848 年）38 岁

二月二十四日，子纪鸿生。

道光二十九年（1849 年）39 岁

正月，升授礼部右侍郎。

八月，兼署兵部右侍郎。

道光三十年（1850 年）40 岁

正月，道光皇帝病死。

六月，兼署工部左侍郎。

十二月十日（1851 年 1 月 11 日），金田起义爆发，"太平天国"建号。

咸丰元年（1851 年）41 岁

四月，上奏以"敬陈圣德"而"预防流弊"之名，意在要新帝警惕和戒除"琐碎"、"文饰"、"骄矜"之弊。奏后生怕受祸，据说因有臣工说项得免。咸丰帝谕中虽责其奏言"语涉过激，未能持平"，"或仅见偏端，拘执太甚"，但毕竟未予处分。

五月，家书中言及上述奏事，有"此后折奏虽多，亦断无有似此折之激直者"之谓。

十二月，上《备陈民间疾苦疏》，指陈"粮价太昂，钱粮难纳"；"盗贼太众，良民难安"；"冤狱太多，民气难伸"。

咸丰二年（1852 年）42 岁

正月，兼署吏部左侍郎。

三月三十日，季女纪芬生。其上有四姊，分别为纪静、纪耀、纪琛、纪纯（还有一姊幼殇）。诸姊妹中，日后数纪芬境况最好，其夫聂缉椝清末官至巡抚，且为民族资本家，亦数纪芬最为长寿，享年 90 余岁。

六月，被派充江西乡试正考官。

七月，赴差途中行至安徽太和县境，获母亲去世讣告，改道回籍。

八月下旬，抵家，办理丧事。

十二月，赴省城长沙办理"团练"，是为其缔造湘军之始。

咸丰三年（1853 年）43 岁

二月，太平天国建都南京①（称天京）。

八月，所驻公馆为绿营兵突入哗闹，险受伤。事变缘于绿营与练勇之抵牾，亦见国藩与湖南官方之矛盾，因改驻衡州以避，水师主要由此地编练。

咸丰四年（1854 年）44 岁

正月末，所练湘军"建旗东征"，正式投赴镇压太平天国战场。时水、陆各十营，每营 500 人，连同"长夫"全军共约 17 000 人。作著名文告《讨粤匪檄》宣布于世。

四月初，亲率水陆部分营伍进攻长沙以北靖港，大败，羞愤投水自杀，被随员救起。其军另部在湘潭获胜。

---

① 时或称金陵，或称江宁，而"江宁"之称为更正规。以下叙述文字（直接、间接引文除外）中，对太平天国方面而言称"天京"，对清方而言称"江宁"。

八月下旬，其军攻陷湖北武昌、汉阳（后又曾被太平军占领）。

九月，咸丰帝闻湖北之捷高兴之下，谕令曾国藩署理湖北巡抚，但不日又收回成命，予以兵部侍郎衔，催令率军迅速东下作战。

十月，所部在鄂、赣交界地区的要隘田家镇（属湖北）获胜，遂进兵谋取江西九江。

十二月，其军惨败于湖口、九江之战。是役中，水师被太平军分割为内湖（鄱阳湖）、外江两部分，不能相顾，遂被重创。

咸丰五年（1855年）45岁

正月中旬，抵南昌，筹措整军。

三月，胡林翼署理湖北巡抚。其人湖南益阳籍，前在贵州任地方官数年，上年带"黔勇"数百赴楚地镇压太平军，因召用他的湖广总督吴文镕败亡，遂改隶曾国藩部下为将，受命自江西回援湖北不久，便获任是职。

九月，补授兵部右侍郎。

咸丰六年（1856年）46岁

二月，所部周凤山大营于樟树镇被击溃，江西省城南昌大震。是月，清军江北大营（在扬州）被攻溃（后复重建）。

三月，湘军将领罗泽南在湖北前线重伤死亡，其军由李续宾接统。

五月，扎于太平天国都城之下的清军江南大营被首度攻破。

八月，弟国荃自湘募勇组军赴援江西，谋攻吉安，由该地方供饷，因称"吉字营"。是月，太平天国领导集团发生内讧，史称"天京事变"。

十一、二月间，湖北湘军攻陷武昌、汉阳，胡林翼实授该省巡抚。鄂地湘军乘胜东下，攻向江西，李续宾部抵九江城外，国藩前往劳军。

咸丰七年（1857年）47岁

二月，在江西瑞昌大营接父亲去世讣告，奏报未及回谕，便委军回籍。

五月，三个月丧假即将届满，上奏陈请在家终制，未被允准。

六月，上奏复请在家终制，实意在于借端向清廷索要地方事权。极陈在军办事艰难情形，所举事例如受制于地方文武官员，所部官弁难以补缺，军饷难以筹措，关防不被认可，部下或被羁押凌辱等等。时江西军情稍缓，清廷遂顺水推舟，准其在家守制，使之图谋落空，致失落烦躁之极。

咸丰八年（1858 年）48 岁

三月，弟国华至九江投李续宾军。

四月，李续宾等部湘军攻下九江。

五、六月间，前因石达开军进入浙江，军情吃紧，同党乘机吁请朝廷让曾国藩复出，遂有令其督军援浙之旨。闻命即起，六月上旬自家启行。此次复出后，官场、人际应对策略有改"刚"为"柔"的明显调整。

八月，曾国荃军攻陷吉安府。

九月，抵江西建昌府扎营。国荃率部来，被留编为亲兵。

十月，李续宾部湘军被太平天国陈玉成、李秀成军聚歼于安徽庐州（今合肥）西南三河镇。李续宾、曾国华皆死于战场，且曾国华尸骸一度无寻。

十二月，李鸿章至建昌入幕。

咸丰九年（1859 年）49 岁

正月，于建昌军营，奉旨统筹全局，奏称近处数省之中，"安徽军务最为吃重，江西次之，福建又次之"，认为应"舍其枝叶而图其本根"，在"大江两岸，各置重兵，水陆三路，鼓行东下"，分剿皖南、皖北。

是月，作《圣哲画像记》，"择古今圣哲三十余人，命儿子纪泽图其遗像"，自为文记之，以为后代读书资鉴、取法。

六月，时已移驻江西抚州数月，在此接到朝命，令前赴四川扼守，以据两湖上游之势，阻截石达开部太平军进入。

七月，离抚州，先抵南昌，后至湖口。胡林翼忧国藩至川无地方事权窘迫，为之谋该省总督职（事终未成，遂谋留合攻安徽）。

八月，抵湖北黄州，与胡林翼相见于行馆，筹谋数日，启程西行，途中接"缓赴川省"之旨，遂于武昌与湖广总督官文会商军事。赴川之事至此便实际告结。

九月，复回黄州，与胡林翼商筹用兵安徽方略。后至巴河。

十月，与官文、胡林翼会奏进兵安徽方案，拟以四路，一"由宿松、石牌以规安庆"（国藩亲任），二"由太湖、潜山以取桐城"，三"由英山、霍山以取舒城"，四"由商（城）、固（始）以规庐州"。

十一月，先驻湖北黄梅，后移安徽宿松。

咸丰十年（1860 年）50 岁

闰三月十八日日记中记，欲名其居所为"八本堂"，"八本"为：读书以训诂为本，诗文以声调为本，事亲以得欢心为本，养生以少恼怒为本，立身以不妄语为本，居家以不晏起为本，居官以不要钱为本，行军以不扰民为本。此"八本"后由纪泽题于家乡"富厚堂"厅。

是月，太平军再破清军江南大营，该营至此不得复建。而西线湘军战事，自前数月以来，则屡有战利，并议定由曾国荃部为主进取安庆之具体方案。

同月，左宗棠来见。其人为湖南湘阴籍，曾做湖南巡抚幕僚多年，指划政务，上年为人控告，陷身案事，湘系同党合力营救，方告得免。事后遂出抚幕，至此到国藩处谋求出路。

四月，朝命署理两江总督。

五月，初三日上奏"统筹全局"，有谓"自古平江南之贼，必踞上游之势，建瓴而下，乃能成功"，"今东南决裂，贼焰益张。欲复苏（州）、常（州），南军须从浙江而入，北军须从金陵而入；欲复金陵，北岸则须先克安庆、和州，南岸则须先克池州、芜湖，庶得以上制下之势"。坚持不撤安庆之围，并拟江之南岸三路进军方案。

是月，接左宗棠以四品京堂襄办其军务之谕。自宿松启行前赴皖南祁门。

六月，抵祁门。实授两江总督，并授钦差大臣督办江南军务。

七月，置木匦于营门外，许军民人等投书言事。

八月下旬，太平军攻克徽州，势趋祁门，国藩军形势愈困。又接清廷谕旨，调湘军鲍超部"北援"，时英法联军正攻取北京。

九月，虑鲍超北上为人攘夺，与同党谋议应对之策，奏以在自己和胡林翼两人之中饬派一人率军北援。因"议和"告成，签订《北京条约》，"北援"之议遂寝。

十月中下旬之交，太平军李秀成部攻克黟县，距祁门仅六十里，万分危迫之下，曾国藩留遗嘱备死。鲍超等军驰至战利，稍解眼下之危。时左宗棠所募新勇至江西景德镇，亦作有力配合。

十一月初八日，就借俄兵"助剿发逆"并代运南漕事上奏，称"无论目前资夷力以助剿济运，得纾一时之忧；将来师夷智以造炮制船，尤可期永远之利"。一般视此为曾国藩洋务思想之滥觞。

咸丰十一年（1861 年）51 岁

正月，太平军分两路进逼祁门，失利退兵。

二月，胡林翼由湖北英山移驻安徽太湖，以加强对安庆围困。是月，太平军进至距祁门仅二十里，国藩军大营粮运中断，文报不通，形势愈危。

三、四月间，由祁门拔营，向西移驻东流。当初进驻祁门，朋僚便多有异议，认为该处为"绝地"，不宜驻扎，拒听，驻后果陷窘困。移出后，局面遂得改善。

五月，胡林翼离太湖返回湖北，一则军事需要，再则病体不支。

七月十七日，咸丰帝病死热河。

八月初一日，曾国荃部攻陷安庆。是役湘军方面自部署至结束时约两载，采取围城打援之法，双方多有鏖战，湘军终胜。至此太平天国都城天京上游再无重要屏蔽，直接暴露于湘军攻势之下。

是月二十六日，胡林翼病死于武昌。

十月十四日，上奏沥陈胡林翼"忠勤勋绩"，重申"安庆之克"，"推胡林翼为首功"，称"其心兢兢以推让僚友、扶植忠良为务"，在湖北筹巨饷养兵六万，"而商民不疲，吏治日懋"，谓其才胜己十倍。

是月，朝命督办江、皖、赣、浙四省军务，巡抚提镇以下文武各官皆归节制。

同月，曾国荃回安庆与兄商讨军务，随后回湘增募新勇。安庆战役结束后，他曾急急率部东攻，陷无为等处，因感兵力不足，遂暂返谋募勇增兵。

十一月下旬，奏辞节制浙江军务，荐"以左宗棠专办浙省"，谓"其才实可独当一面"。

十二月，左宗棠授浙江巡抚。其人先前曾与曾国藩有个人恩怨，自入曾军，屡得荐拔，至此跻身疆吏。

同治元年（1862 年）52 岁

正月，以两江总督兼协办大学士，跻身"相国"。

二月初五日，接奉上谕，仍令节制四省，"毋须再行固辞"。

是月，曾国荃率新募之勇返抵安庆。

三月，李鸿章率部由安庆出发出援沪上，此可视为"淮军"滥觞，亦"淮由湘出"、李鸿章"独立山头"之始。抵沪后，很快他即奉旨署理江苏巡抚。

五月，曾国荃部进逼太平天国都城天京城下。

是月，太平天国英王陈玉成就义。

七月初四日，观摩由华蘅芳、徐寿设计制造之火轮船演试，日记中记述船之构造和演试情况，感奋于"洋人之智巧，我中国人亦能为之"。

是月，僧格林沁以钦差大臣督办山东、河南军务，并调度直隶、山西两省防兵，重在镇压捻军。

八月，时疫流行，湘军染者亦重，左宗棠军"病者过半"，曾国荃部"染病者亦逾万数"，深忧之，上奏中有"中夜以思，不胜焦灼"之言。

闰八月，曾国荃大营受太平天国李秀成部日夜猛攻。

十月，曾国荃部坚守并反攻获胜，李秀成军退攻江北。

是月，李鸿章实授江苏巡抚。

十一月，季弟国葆染疫病死军中。他是在兄国华战死后为报仇投军，死时在国荃部。

十二月，朝命刘长佑调任直隶总督。其人湖南新宁籍，是湘军较早将领之一，咸丰十年任广西巡抚，迁两广总督数月后遂有移调直隶之命。

同治二年（1863 年）53 岁

正、二月间，由安庆赴太平天国天京城外巡查湘军营盘后返回。

三月，曾国荃授浙江巡抚，未赴任，仍留前敌统军。左宗棠升授闽浙总督。

四月下旬，上奏为国荃恳辞浙抚。

四、五月间，太平天国翼王石达开在四川紫打地（今安顺场附近）大渡河畔兵陷绝境，自投清营，被解成都酷刑杀害。

十月，太平军苏州将领郜永宽等杀主将谭绍光投降淮军，苏州城陷，而郜等八位降将随即被李鸿章诱骗杀害。

同治三年（1864 年）54 岁

正月下旬，曾国荃部湘军攻陷天堡城，进扎太平门、神策门外，天京被合围愈紧。

二月下旬，左宗棠军攻陷杭州。

四月上旬，李鸿章军攻陷常州。

是月二十七日，太平天国天王洪秀全在天京病卒。

五月末，曾国荃军攻陷地堡城，天京愈形危急。

是月，杨岳斌（原名载福）授职陕甘总督（暂未到任）。其人为湖南善化（今长沙）籍，起家于国藩部湘军水师将领。

六月十六日，曾国荃部湘军攻陷太平天国都城天京，当日夜即速向清廷驰报。此后多日间，在城内烧杀抢掠，肆虐无忌。

二十三日，与官文等会衔具奏，有谓"洪逆倡乱粤西，于今十有五年，窃踞金陵亦十二年，流毒海内，神人共愤"，"粤匪之变，蹂躏竟及十六省，沦陷至六百余城之多"，"此次金陵城破，十万余贼无一降者，至聚众自焚而不悔，实为古今罕见之剧寇。然卒能次第荡平，划除元恶"。

二十四日，由安庆动身赴江宁视察，次日抵达，见弟国荃"体虽较瘦而精神完好如常，为之大慰"。此后多日间接见朋僚，慰劳军队，巡视战地工事，良多感慨。

是月，获加太子太保衔（前为太子少保衔），封一等侯爵。弟国荃加太子少保衔，封一等伯爵。

七月初六日，李秀成在江宁被杀。其人是在天京城陷护送幼天王出逃途中，失散被俘。曾氏兄弟亲自审问，于囚笼中写下长篇"自述"，终被处死。

是月，着手裁减所统湘军，以释清廷疑忌。

八月下旬，上奏代弟国荃陈请因病开缺回籍调理（次月奉旨获准），为退避之计。

九月上旬，衙署由安庆移至江宁，暂设于前太平天国英王（陈玉成）府内。

十月，太平天国幼天王洪天贵福和干王洪仁玕先后死难。天京失陷时洪仁玕在外，后与逃出的幼天王会合，几经辗转至江西，同在石城杨家牌被俘，于南昌就义。

同治四年（1865 年）55 岁

正月，"金陵昭忠祠"成，率僚属致祭。

三月二十八日，早间阅京报，见本月八日革恭亲王奕䜣职谕旨，有"目无君上，诸多挟制，暗使离间，不可细问"等语，遂有"读之寒心，惴栗之至，竟日忡忡如不自克"之记。

三月末、四月初，赴瓜洲、扬州等地视察。

四月二十四日，僧格林沁在山东曹州地带被捻军杀死。

五月，连奉数旨，被命率军北上镇压捻军（两江总督由李鸿章署理），督办直隶、山东、河南三省军务，所有旗、绿各营及地方文武员弁均归节制。上奏陈述困难情形及行动"万难迅速"缘由，又奏辞节制直、东、豫三省之命（未获准）。在廷旨催迫之下，月末启行。

闰五月二十一日，上奏重申并进一步酌议用兵方案：安徽、江苏、山东、河南分别以临淮、徐州、济宁、周口为老营，亦即重镇，"四路各驻大兵，多储粮草、子药"，"一省有急，三省往援"，另置"游击之师"配合。

是月末，抵临淮关驻扎。

六月初六日，批总兵陈国瑞禀牍凡两千余言，历数其过失，与之申明三条禁约，一曰不扰民，二曰不私斗，三曰不梗令，辞旨严切。陈氏原隶僧格林沁部下，今归国藩节制，其人骄纵妄为，多滋事端，前后屡为国藩所参。

七月二十四日，奏陈"剿捻"兵略，谓"捻匪"可到之处约有八省（江苏、安徽、河南、山东、湖北、陕西、直隶、山西），分为三路，"论用兵缓急先后之序，则东路最重，西路次之，北路又次之"。是日，由临淮关移赴徐州。

八月初四，抵徐州驻扎。

九月初，调整布防，令临淮刘松山部接防徐州，调徐州全军前赴山东，调周盛波部移驻河南归德。

十月末，奏报不复拘泥前拟十二（三）府州战区之说，而"随贼所向，跟踪追剿"。

同治五年（1866年）56岁

二月，自徐州移驻山东济宁。其间，先后谒孟子、孔子、颜子、子思诸圣庙堂或林墓。

三月，弟国荃带新募之勇万余赴任湖北巡抚。授是职之朝命本年正月间下。此前尚有授山西巡抚之命，未曾赴任。

四月上旬，奏定分段防守运河、黄河之策。中旬，游览泰山。

六月上旬，行至嘉祥县，谒曾子庙及林墓，接见曾氏宗子曾广莆，捐银千两为助祀产之资。

是月中旬，纳刘铭传前议，奏定防守贾鲁河、沙河之策。出奏后，由济宁前往周口，沿途视察防务。

八月初九日，抵周口营地。

是月中旬，赖文光、张宗禹率捻军突破河南防区急趋山东，国藩河防之策遭受重创，急忙调军向山东追击。

同月下旬，弟国荃奏参湖广总督官文。事先未商，知而忧惧（结果，官文被召京而离职湖广）。

九月中旬，捻军在河南陈留、杞县一带，分为由赖文光、张宗禹各统的东、西两支。

十月十三日，上奏以"病难痊愈"，请开各缺，而仍留军中效力。之前，已数请病假。

二十五日，接奉上谕，再赏假一个月，在营调理，钦差大臣关防着李鸿章暂行署理。

十一月初六日，接奉上谕，着回两江总督本任，由李鸿章为钦差大臣专办"剿捻"事宜。至此，国藩正式结束镇压捻军帅任。其"剿捻无功"，所部当中已属主力的淮军不能实心听命当为主因之一。

同治六年（1867年）57岁

正月，由周口至徐州，接两江总督、（南洋）通商事务大臣关防、两淮盐政印信。李鸿章补授湖广总督（仍在军）。左宗棠被授钦差大臣，督办陕甘军务，专任"进剿"西捻军事宜。

三月初六日，返抵江宁，还驻两江总督衙门。

五月，补授体仁阁大学士，仍留江督之任。

十月，弟国荃告病开湖北巡抚之缺回籍。

十一月上旬，直隶总督刘长佑被革职，是职由官文署理。

十二月，赖文光在扬州被俘，数日后被杀，东捻军告败。

同治七年（1868年）58岁

四月，改授武英殿大学士。

闰四月，至上海视察江南机器局，查看轮船洋炮工程。

六月末，西捻军被困于黄河、运河、陡骇河间狭促地带，全军覆没，张宗禹不知所终。

七月二十七日，接奉上谕，移调直隶总督，两江总督由马新贻（原任闽浙总督）调补。

八月十三日，至下关试乘江南机器局所造之火轮船，为之命名为"恬吉"号，取"四海波恬，公务安吉"之意。当天日记记其逆水、顺水行九十里所用时间分别为十二刻、六刻，有言"中国初造第一号轮船，而速且稳如此，殊可喜也"。

十月二十六日，与赴任湖广总督途经江宁的李鸿章相见。

十一月初四日，由江宁启行北上。

十二月十三日，抵京。

十四至十六日，连续三次觐见、奏对。

同治八年（1869 年）59 岁

正月十六日，于乾清宫参加朝廷赐宴，被置汉臣首席。

十七日，上折奏陈直隶"应办事宜"，强调练兵、吏治、河工三项。

二十日，出都赴保定上任直隶总督，途中查看河工。

二十七日，抵保定。

二月初二日，接直隶总督关防、长芦盐政印信。

三月上旬，刊发《直隶清讼事宜十条》，核定《限期功过章程十四条》，旨在清理积案，改善诉讼、刑狱之事。

五月下旬，奏陈直隶练军事宜，提出"文法宜减"、"事权宜专"、"情意宜恰"等项，旨在强化"参用勇营之意"。刘长佑任直督期间，开创参照湘淮军之法抽练绿营兵的所谓"练军"，此时曾国藩意在前有基础上继续改进。

七月上旬，作《劝学篇示直隶士子》。

九月上旬，作《湘乡昭忠祠记》。

十月间，出行巡视、勘验河工，并至津勘查盐政，校阅洋枪炮队。下旬回至保定。

同治九年（1870 年）60 岁

二月初，奏报直隶"清讼完竣"，审结、息销旧、新各案计四万余起。

三月，左目昏蒙愈重，右目则全失明，身体每况愈下。

五月二十三日，发生"天津教案"。因疑教方主使迷拐人口、挖眼剖心，发生民教暴力冲突，法国驻津领事丰大业向清方官员开枪施暴，乱中被民众打死，并有包括教士在内的多名外国人被杀，教堂处所及法领事馆等多处被烧。事发后，法国联同列强其他国家强横胁迫清方，交涉事起。

二十五日，病假之中，接奉前赴天津办案上谕。

六月初四日，预感案事处置之难，写下给纪泽、纪鸿两子的遗嘱性家信，谓"老年病躯，危难之际，断不肯吝于一死"，嘱以"余若长逝，灵柩自以由运河搬回江南归湘为便"；以"不忮不求"为修身要则，并特以之为题作诗两首，留诸儿辈。

初六日，由保定启行赴津。

初十日，抵津。

二十三日，奏报"查明天津滋事大概情形"，认定所谓教堂"挖眼剖心则全系谣传"，而教方被疑忌也事出有因，报明鉴于"酿成如此巨案"，已撤天津道、知府、知县之任，正在捕拿"行凶首要各犯"。

二十八日，密奏当前情势下处置津案"惟有委曲求全之一法"。

七月，工部尚书毛昶熙、江苏巡抚丁日昌先后前来会办、协办案事。

是月二十六日，两江总督马新贻被张文祥行刺（通常称"刺马案"），当场重伤，次日身亡。

八月初四日，接奉调补两江总督、直隶总督由李鸿章接任之朝命。

二十五日，李鸿章至天津。津案最后阶段仍多纠葛，主要由李实际主持办理。日后该案最终结果：将案发时天津知府张光藻、天津知县刘杰发配，"民凶"处死者十六人（原判处死刑者二十人），另有多人处流刑，并向法国道歉、赔款。

二十六日，上奏请求将解京审办的张光藻、刘杰"从轻定拟"，并申说教中多收莠民、教士曲庇教民乃激发教案根源，作嗣后"教堂归地方官管辖"之议。

九月二十三日，由津启行入都。隔日抵达，留驻约二十日，其间三次觐见、奏对。

十月十五日，启行出都，赴江宁膺任。

闰十月二十日抵江宁。

十一月初二、三日，作家训日课四条：一曰慎独则心安，二曰主敬则身强，三曰求仁则人悦，四曰习劳则神钦。

十七日，接奉谕旨，兼充办理（南洋）通商事务大臣。

同治十年（1871年）61岁

正月十二日，上奏复陈"夷务"事宜，涉练兵备防、设局制造、人材培养等项，皆关学习洋人长技。

是月末，与刑部尚书郑敦谨（奉派前来与曾国藩会办"刺马案"事）会衔奏结"刺马案"，基本仍照前相关大员所拟，认定案犯所供属实，无他人主使别情。

二月十五日，监视将张文祥正法。

七月初三日，与李鸿章会衔具奏"选聪颖子弟前赴泰西各国肄习技艺"事，并附具体"酌议章程"，此乃促成选派幼童赴美留学的关键步骤。

八至十月间，出行至扬州、徐州、常州、苏州、上海等多处巡阅军营、军工厂局。

十一月二十二日，原两江总督衙门（太平天国曾作天王府）翻建完工，移此新署。

同治十一年（1872 年）62 岁

正月初二日，至旧友吴廷栋宅造访，言及昔年故交零落殆尽，黯然感伤。

二月初四日，午后由纪泽儿陪侍至署内西花园散步，忽感足麻（当为中风），被扶掖回书房，至戌时去世。由江苏布政使梅启照代递遗折。

二月十二日，上谕追赠太傅，谥文正，侯爵由其子纪泽承袭。

中国近代思想家文库

图书在版编目（CIP）数据

中国近代思想家文库. 曾国藩卷/董丛林编. —北京：中国人民大学出版社，
2014.8

ISBN 978-7-300-18704-4

Ⅰ.①中… Ⅱ.①董… Ⅲ.①思想史-研究-中国-近代 ②曾国藩（1811～
1872）-思想评论 Ⅳ.①B250.5

中国版本图书馆 CIP 数据核字（2014）第 146523 号

中国近代思想家文库

曾国藩卷

董丛林 编

Zeng Guofan Juan

出版发行	中国人民大学出版社			
社　　址	北京中关村大街 31 号		**邮政编码**	100080
电　　话	010 - 62511242（总编室）		010 - 62511770（质管部）	
	010 - 82501766（邮购部）		010 - 62514148（门市部）	
	010 - 62515195（发行公司）		010 - 62515275（盗版举报）	
网　　址	http://www.crup.com.cn			
经　　销	新华书店			
印　　刷	涿州市星河印刷有限公司			
开　　本	720 mm×1000 mm　1/16		**版　　次**	2014 年 11 月第 1 版
印　　张	38.75　插页 1		**印　　次**	2025 年 1 月第 3 次印刷
字　　数	618 000		**定　　价**	126.00 元